Barbara Hoffmeister

S. Fischer, der Verleger

Eine Lebensbeschreibung

S. Fischer

Für C. O.

Diese Veröffentlichung wurde von der S. Fischer Stiftung gefördert.

Satz: Fotosatz Amann, Aichstetten
Druck und Bindung: CPI – Clausen & Bosse, Leck
Printed in Germany
ISBN 978-3-10-032003-2

»Unsere Charaktere paßten zu einander,
und ich habe immer gefühlt daß ich der geborene Autor
für ihn und er mein geborener Verleger war.«

Thomas Mann, 1934

»Er ist der ritterlichste Mann, den ich kenne. Ich auch.
Das hat er von mir. Er verliert an meinen Büchern.
Ich auch. Er glaubt an mich. Ich auch.
Er wartet auf meinen Erfolg. Ich auch.
Ihm ist die Nachwelt sicher. Mir auch.
Wir sind unzertrennlich; das ist sein Vorzug.«

Joseph Roth an und über seinen Verleger
Gustav Kiepenheuer, 1930

»Das Literaturleben erscheint komisch?
Und ist doch tragisch. Es ist die Welt des absolutesten,
verzweifelnden Egoismus.«

Karl Gutzkow, um 1878

Inhalt

Vorweg

Er war hypochondrisch und zögerlich, an allem Neuen interessiert und niemals bereit, auf etwas Gutes zu verzichten – ein ungarischer Jude, der um 1879 nach Berlin kam und dort der maßgebliche deutsche Literaturverleger an der Schwelle des 20. Jahrhunderts wurde.

Auf Gruppenfotos pflegt er am Bildrand zu stehen, als der Mann mit Hut und Weste. Manchmal lugt er mit zusammengekniffenen oder müde gewordenen Augen aus dem Seitenaus auch nur herein. Man versteht, dass er wohl immer erst die Szenerie beobachtet, abwartet, bis die Beteiligten Aufstellung genommen haben, und sich als Letzter dann hinzugruppiert. Solch gewohnheitsmäßiges Verhalten mochte einer Eitelkeit, dem Wissen um die eigene kurze Gestalt geschuldet sein, entsprach aber auch der täglich angewandten Grundhaltung, nach der es galt, den dichterischen Hauptpersonen die Bühne oder zumindest den Boden zu bereiten, sie anzuregen, zu schützen, zu finanzieren und zu aller Vorteil beim Publikum durchzusetzen. Als Verleger gehörte Samuel Fischer tatsächlich stets zu den Ersten, die »im Bild« waren.

Außer in Briefen an seine Frau und seine Kinder (und einmal in einer Antwort an den Berliner Polizeipräsidenten) hat er zu keiner Zeit anders unterzeichnet als »S. Fischer«, meistens ohne die Feder abzusetzen. In den Tagebüchern und Korrespondenzen seiner Autoren wie in der nachgängigen Literatur lässt sich oft gar nicht unterscheiden, ob vom Menschen oder vom Verlag die Rede ist. S. Fischer istgleich S. Fischer Verlag, untrennbar, so hat er es gewollt, und so wurde er überliefert. Er schrieb weder Erinnerungen noch ein Tagebuch, und den Notizkalender mochte er im Kopf führen. Er brachte niemandem das »Gläserfressen« bei (wie sein Volontär Ernst Rowohlt), tanzte nicht zur Sonnenwendfeier (wie der Kollege Diederichs) und starb auch nicht im Alter von vierzig Jahren wegen seiner Begeisterung für schnelles Fahren und den Grafen Zeppelin an einer Mittelohrentzündung (wie der Konkurrent Albert Langen). Anekdoten über ihn lassen sich schwerlich finden, von ihm selbst verbreitete schon gar nicht.

Unvergessen bleiben Verleger durch ihre Autoren: Lessings Nicolai, Byrons Murray, Goethes Cotta, Camus' Gallimard. Ihr Nimbus rührt aus Zeiten her, in denen allein dem gedruckten Wort »geistige Führung« oblag und Verleger sich als dessen Sachwalter ansahen. Dieses Selbstverständnis würde auch Samuel Fischer, der vergleichsweise aus dem Nichts in seinen Beruf geriet, in hohem Maße entwickeln – am Ende noch gegen den sich verflachenden Geist der Zeit. Mit ihm als Verleger begann die »Demokratisierung« des anspruchsvollen Buches. Mit seinen Autoren begann die deutschsprachige literarische Moderne, mit Gerhart Hauptmann, mit Hermann Bahr, Peter Altenberg und Arthur Schnitzler, mit Hugo von Hofmannsthal oder Thomas Mann. Sie alle waren Menschen zweier Epochen, herausgefordert durch den Wechsel vom 19. zum 20. Jahrhundert.

Als der zwanzigjährige Fischer nach Berlin kam, waren junge ambitionierte Leute dabei, die Literatur neu zu erfinden, in einem jungen, nicht minder ambitionierten Kaiserreich, das unter Wilhelm II., der ihr Jahrgang ist, Deutschland neu erfindet. Man wusste sich hochbegabt in einem ungeheuer talentierten Land. Die internationale Sprache der Wissenschaft würde bis zum Jahrhundertwechsel Deutsch sein, in der Wirtschaft würde man England überholen und zu Amerika aufschließen. Nur in der Kunst hatte man einander nichts zu bieten. Das jüngste europäische Kaiserreich, 1871 im Ausland, in Versailles, proklamiert, wandelte sich in Windeseile zum Industriestaat und wusste bei aller Tüchtigkeit nicht damit umzugehen. In seiner »Gesittung« blieb das Land der Dichter und Denker modernefeindlich und preußisch-militaristisch geprägt. Man litt unter historischer Verspätung, so bildete das Nationalgeschichtliche einen wesentlichen Bezugspunkt. Noch 1929 würde Thomas Mann, Nobelpreisträger, für Deutschlands seelische Verfassung sprechen: Sie ringe nach neuen Ausdrucksformen, wolle in ihnen aber nun mal »nichts Fremdes, sondern nur sich selber wiederfinden«. Da hatte man den Ersten großen Krieg schon hinter sich.

Man verwendet gern die Metapher des knirschenden Gebälks, wenn es um die Vorzeichen für den Totalzusammenbruch Deutschlands im Zweiten Weltkrieg geht. Eine Bauernregel weiß, dass ein altes Haus drei Tage knackt, bevor es einstürzt. Verleger horchen in das Wollen und Wissen ihrer Zeit hinein, ihre Autoren stellen es dar. Im Mai 1933, nach der Bücherverbrennung, sprach man nur noch in Andeutungen, doch was hätte Samuel Fischer gesagt, wie lange es in dieser Gesellschaft bereits knackte? Seine Antwort hätte gelautet, es habe nach dem Krieg begonnen, mit dem Mord an Außenminister Walther Rathenau, seinem Autor und Nachbarn; und dann hätte er sich vielleicht besonnen, es knirschte ja eigentlich schon, als er nach Berlin kam, 1879. *S. Fischer* wurde der führende deutsche Verlag, und der gleichnamige Verleger, von dessen Lebensgang die folgenden Kapitel handeln, verkörperte ganz unbemerkt eine deutschjüdische Erfolgsgeschichte – beispielhaft für die Möglichkeiten und Gefährdungen einer jüdischen Karriere im wilhelminischen Kaiserreich, am Ende eingeholt von einer gesellschaftlich missglückenden Zeit.

Meine Leute

»Ich hasse Bücher oder Schriften, die mit einem Geburtsdatum anfangen.«
Thomas Bernhard, Beton

Es musste seltsam wirken auf einen Menschen wie Samuel Fischer, im ersten Jahr des neuen Jahrhunderts – oder gehörte es nicht eigentlich noch zum alten? – der ungarischen Heimat einen Besuch abzustatten und dort am Morgen im feinsten Hotel am Platz aufzuwachen wie ein Fremder. Tatsächlich hatte er nach der zweitägigen Anreise in Begleitung seiner Schwester Ernestine und der Neffen Carl und Oscar, die beide noch in Miklós geboren worden waren, besonders gut geschlafen, ausnahmsweise, und von seiner Frau in Berlin geträumt, was genau, behielt er vorerst für sich. Man habe hier nun doch noch so viele Verwandte und alte Freunde, dass beim Empfang der Berliner »gestern Abend bei meinem Onkel Ullmann ein großes Zimmer voll alter und junger Leute zu unserer Begrüßung beisammen« war. Auf diese Weise sei seine »Bangigkeit«, man werde in eine Stadt kommen, in der nichts mehr »an die alte Heimath« erinnere, »wo wir lauter neuen Gesichtern begegnen und damit das Bewusstsein der Vergänglichkeit keinen Moment verlieren«, schnell verflogen. Das Gefühl der Vergänglichkeit bei Anbruch des neuen Jahrhunderts hatte vielleicht schon den Impuls zu dieser Reise im April 1900 gegeben, denn Samuel Fischer ist seit etwa zwanzig Jahren nicht mehr hier gewesen.

»Also ich bin ein alter Herr, geboren am 24. Dezember 1859 in Liptó Szt. Miklós (in Ungarn). Seit 35 Jahren lebe ich in Berlin; vor 30 Jahren habe ich meinen Verlag begründet. Ist das genug für das dänische Conversationslexicon?« Die flapsige Nachfrage richtete sich über fünfzehn Jahre nach dem Aufwachen im heimatlichen Hotel, mitten im Ersten Weltkrieg, an den befreundeten Autor Peter Nansen in Kopenhagen, der für einen solchen lexikalischen Eintrag die Vermittlung übernommen hatte; sie war nur rhetorisch gemeint, der Verleger hielt seine Angaben, die im Übrigen »korrekte« Zahlen jeweils abrundeten, natürlich für hinreichend und kam auch nicht wieder darauf zurück.

Über den Geburtsort Samuel Fischers besteht kein Zweifel. Er stammt aus dem oberungarischen, heute slowakischen Liptovsky Mikulasch, das in seiner Jugend (1867) österreichisch-ungarisch wurde und bei einer Volkszählung für das Jahr 1858 insgesamt 2075 Einwohner verzeichnete. Fraglich ist nur, ob der seiner Angabe nach im Dezember 1859 Geborene damals nicht vielleicht schon mitgezählt wurde, denn in den alten Matrikeln des zuständigen Rabbinats findet sich seine Geburt für den 25. November 1858 eingetragen. Ein Irrtum gilt als ausgeschlossen. Und der Einwand, dieser Samuel von 1858 sei vielleicht einen plötzlichen Kindstod gestorben, so dass der nächste Sohn des Ehepaars Fischer, gut ein Jahr später geboren, noch einmal Samuel genannt wurde, weil man auf diesen Namen in der Familie keinesfalls verzichten wollte, wird sofort entkräftet: Ein solcher Tod ist nicht vermerkt, und der nächste Samuel erblickte im ganzen Umkreis überhaupt erst wieder 1862 das Licht der Welt.

»Freilich: die Papiere! Ein halbes jüdisches Leben verstreicht in zwecklosem Kampf gegen Papiere«, sagt der beste Zeuge in diesen Dingen, Joseph Roth. Vielleicht ist es also zu irgendeinem Zeitpunkt von Bedeutung gewesen, ein Jahr jünger zu sein, zur Unterschreitung von Fristen, Umgehung von Meldepflichten oder aus ganz privatem Aberglauben. Man kann sich auch verschreiben, Übermittlungsfehler kommen vor, und warum nicht vierfach. Zwei weitere Geburtsdaten finden sich nämlich in amtlichen Dokumenten an anderen Orten, man ahnt, das halbe Dutzend könnte voll werden. Genauen Daten ist damals nicht so viel Wert beigemessen worden, und bei Todesfällen, vor allem in Fischers Heimatbreiten, hieß es meistens nur, »starb im Alter von«, was von vornherein eine Wackligkeit, eben ein zweifaches Geburtsjahr mit sich bringt. (Solcher Wackligkeit begegnet man später auch bei den Büchern dieses Verlegers, die nach gängiger Praxis im Impressum vordatiert wurden, um ihnen längere Aktualität zu verschaffen.)

Nicht so viel, oder ganz das Gegenteil, besonders viel Wert, das lässt sich im Falle Samuel Fischers nur schwer unterscheiden. Die vielen persönlichen Daten, die sich nicht auf eines festlegen lassen, passen zu ihm. Es passt zu ihm, in Bezug auf die eigene Person eine leichte Unschärfe zu hinterlassen, eine Verwischung, die anonymisierend wirkt. Es würde auch zu ihm passen, über ein offizielles und ein privates Datum zu verfügen. Das wird sich wiederholen. An einem 1. Juni haben sich Samuel Fischer und Hedwig Landshoff verlobt, doch das jährliche Herzensdatum für eine liebevolle Erinnerung bleibt zeitlebens der 16. Mai, der Tag, an dem sie im Berliner Tiergarten heimlich ihr Einvernehmen besiegelten. Der Hochzeitstag wiederum, der 1. Oktober, wird eines Tages als Gründungsdatum des Verlags dienen, das eigentlich am 1. September (Eintrag ins Handelsregister) zu feiern war, wie der Verleger sehr wohl wusste. Doch Fischer legte diese beiden Daten bei fünfundzwanzigjährigem Bestehen seines Hauses und nach beinahe zwanzig Ehejahren spontan zusammen; irgendjemand hatte es genau wissen wollen, und sein »besserer Mensch«, wie er vielleicht sagen würde, entschied sich aus dem Moment heraus zu dieser Angabe. (Dabei ist sein Name tatsächlich zu einem 1. Oktober erstmals verlegerisch in Erscheinung getreten, als *Steinitz & Fischer* in der Berliner Friedrichstraße 174.)

Liptó Szent Miklós liegt auf 577 Metern Höhe in einem Talkessel zwischen den ersten Erhebungen der Hohen Tatra im Norden und der Niederen Tatra, dem Liptauer Gebirge im Süden. Es ist ein weites Tal, so dass die sacht geschwungene Landschaft hier unerwartet flach wirkt. Die eigentliche Naturbesonderheit des Liptauer Komitats liegt darunter: Tropfsteinhöhlen mit ausgedehnten unterirdischen Seen und Bächen südlich von Miklós. In östlicher Nachbarschaft befand sich die Zips. Für diesen Landstrich waren zu Ende des 12. Jahrhunderts aus Schlesien und Mitteldeutschland, später auch aus Bayern Bauern, Bergleute und Handwerker angeworben worden. Als die ersten Siedler von Liptó Szt. Miklós – oder St. Nikolaus in der Liptau – gelten ebenfalls deutsche Kolonisten, die im 13. Jahrhundert im Liptauer Gebirge Gold und Silber schürften. Nach hundert Jahren waren die Vorkommen erschöpft, seitdem lebte man vorrangig vom Holzhandel und der Gerberei und, klimatisch bedingt, eher von der Viehwirtschaft als vom Ackerbau. An Markttagen strömte die umliegende Bauernschaft auf den Hauptplatz, lieferte unter anderem den süßlichen Liptauer Schafskäse und deckte sich selbst mit städtischer Ware ein. *Meyers Conversationslexikon* von 1882/92 stellte außerdem die örtliche Produktion von Leinwand und Kotzen, einer Art Loden, heraus und unterstrich zeitbedingt die Tatsache, dass im Bezirk die neuesten Fabriken Oberungarns zu finden seien. Miklós ist immer auch ein Wechselort für Menschen und Materialien auf ihren Wegen auf der Ost-West- oder Nord-Süd-Achse gewesen.

Mitte des 19. Jahrhunderts lebten hier 17 600 Menschen, und zwar fast ausschließlich Slowaken. Sie gingen in die Geschichtsbücher ein, weil sie 1848 im evangelischen Pfarrhaus des Städtchens die erste nationalstaatliche Petition, die erste Forderung nach einem slowakischen Volksverständnis, formulierten. Doch die Nationalbewegung würde noch lange auf den eigenen Staat warten (bis 1993); zunächst – Samuel Fischer ist etwa acht Jahre alt – würde man die »Magyarisierung« des Gebiets nach dem 1867 unterzeichneten österreichisch-ungarischen Ausgleichsabkommen dulden müssen. Als Slowaken wurden bei der Volkszählung von 1858 auch die Juden angesehen, die damals im Miklóser Raum achteinhalb Prozent der Bevölkerung (1500 Menschen) ausmachten und vor allem in Miklós selbst lebten; von den 2075 Einwohnern der Kleinstadt waren 1065 Juden, 710 Lutheraner und 300 Katholiken. Man war vieles in dieser Region, die seit dem 10. Jahrhundert als die Provinz Oberungarn zum Königreich Ungarn gehörte.

Die einzigartige Geschichte der Juden von Liptó Szent Miklós nahm in den zwanziger Jahren des 18. Jahrhunderts mit den ersten Familien, die aus dem mährischen Holleschau einwanderten, ihren Anfang. Karl VI. (1685–1740, Kaiser seit 1711) hatte für Böhmen und Mähren »auf Druck ökonomisch interessierter Kreise« zum Zweck der zahlenmäßigen Reduzierung des jüdischen Bevölkerungsanteils die sogenannten Familiantengesetze in Kraft gesetzt. Sie schränkten die Heirats- und Niederlassungserlaubnis de facto auf den ältesten Sohn einer jüdischen Nachkommenschaft ein und lösten damit bei den zur Neuorientierung gezwungenen Familien eine Wanderbewegung von Mähren ins östlich benachbarte Oberungarn aus. Die Holleschauer fanden in Liptó Szent Miklós äußerst günstige Bedingungen. Der örtliche Großgrundbesitzer Graf Samuel Pongrác versprach sich von der Ansiedlung der mährischen Juden eine Weiterentwicklung seines kärglichen Landstrichs – ganz wie es die angestammte Rolle oder »das Spezifikum des Judentums in der europäischen Geschichte« war, im Wirtschaftskreislauf als »Mittler zwischen Stadt und Land«, zwischen Adel, Bauern und Städtern zu fungieren. Patron Pongrác bot den Holleschauern anstelle separater Judengässchen Häuser mit Ladenlokalen zu regulären Mieten ohne Sondersteuern direkt am Marktplatz an. Und seine besonders liberale Haltung sprach sich herum. Zu Ende des 18. Jahrhunderts verfügte der Marktflecken über eine rege jüdische Gemeinde (ein Drittel der Einwohner) mit einer gewachsenen Historie, geprägt vom weitreichenden Handel und von weit ausstrahlender Gelehrsamkeit, denn Miklós war zu einem Zentrum des Judentums geworden.

1731 hatte sich die Gemeinde eine hölzerne Synagoge gebaut, 1752 war eine Talmud-Thora-Schule und wieder zwanzig Jahre später, 1776, ein Rabbinerkolleg gegründet worden. Liptó Szent Miklós wurde als »Jüdisches Athen« beschrieben, als »Stadt der Weisen und Schriftgelehrten Gottes«. 1821 konnte man den allseits verehrten Eleasar Löw gewinnen, der für die Liptau sogar einen Ruf nach Fürth ausschlug. Der 1758 im polnischen Wodislaw geborene Rabbi war, benannt nach seinem Hauptwerk, der »Schemen Rokeach«. So hieß seine 1788 veröffentlichte Sammlung von Gutachten zur praktischen Anwendung bei problematischen Fragen des religiösen Lebens, wie sie in einer Kultur, die bis ins Einzelne umzusetzen versuchte, was der Glaube vorschrieb, tagtäglich aufkamen. Mehr als zweitausend Talmudisten soll der Gelehrte unterrichtet haben. Doch, als Komitatsrabbiner über die allgemeine Einhaltung der Gesetze wachend, musste der Schemen Rokeach gewahr werden, wie die um sich greifende »Nachahmung fremder Sitten« vor der Liptau nicht haltmachte. Die unter den Frauen ungarischer Städte »zunehmende Modesucht« des Kopfschmucks etwa – von einer Reise zurückkehrend, fand er sie in seiner Gemeinde vor. Willig ließen sich die Damen zu den alten Sitten läutern, doch irgendein in den Annalen nicht weiter benannter Verdruss gab schließlich den Ausschlag, dass der Rabbi mit dem silberweißen Haar zur Bekümmerung der Liptauer 1830 einem Ruf in das frommere ungarische Kleinstädtchen Szanto folgte.

Samuel Fischers Urgroßvater mütterlicherseits, Moses Ullmann, muss den Schemen Rokeach gut gekannt haben, vielleicht gehörte er sogar zu denen, die nach dessen zehnjähriger Amtszeit unter Tränen von ihm Abschied nahmen. Von seiner Geburtsstadt Fürth aus hatte sich der nur sechs Jahre jüngere Ullmann (geboren 1764) bereits zur Wende vom 18. zum 19. Jahrhundert mit seiner Frau Sarah und dem kleinen Sohn Salomon in die Liptau aufgemacht. Er war ins Rabbiner-Kollegium aufgenommen worden und gehörte dort angeblich zu den Anhängern der von Moses Mendelssohn (1729–1786) im fernen Berlin ausgelösten jüdischen Aufklärung. Mendelssohns Übersetzung des Pentateuch in deutsche Hochsprache verstärkte bei den Aufgeschlossenen unter den Hebräern der Liptau die Verehrung der deutschen Sprache und das Interesse am deutschen Schrifttum. Das reformerische Denken des frommen Mannes und Geschäftsführers eines Seidenfabrikanten, der bekanntlich ein enger Freund von Gotthold Ephraim Lessing (und Vorbild für dessen *Nathan der Weise*) sowie 1777 Besucher von Immanuel Kant in Königsberg gewesen war, sollte sich alles in allem auch in der Gelehrtenliptau verweltlichend auswirken, aufrüttelnd aus jeder Form selbstverschuldeter Unmündigkeit. So gründete man in den 1820er und 30er Jahren Privatschulen, die über die traditionellen jüdischen Lehrinhalte hinaus Naturwissenschaften, Geographie und Geschichte zu unterrichten begannen. Außerdem eröffnete der Ort 1829 die erste oberungarische Leihbücherei – ein bedeutsames Detail, denn wer regelmäßig las, erhielt seine Anregungen vornehmlich dort. Daneben bezog man deutsche Zeitschriften von überall her; seit 1864 aus Wien die als liberal geltende *Neue Freie Presse*, die bis in die letzten Winkel »Kakaniens« Verbreitung fand, aus Budapest die deutschsprachigen Tageszeitungen *Pester Lloyd* und das *Neue Pester Journal*.

In dieser Kleinstadt wurde nie Jiddisch gesprochen (die jüdische Umgangssprache mit mittelhochdeutschen Elementen, die Mendelssohn als »Kauderwelsch« bezeichnete), stattdessen ein überaus vielfältiges Deutsch – als die Sprache ihrer ersten katholischen Siedler und ihrer östlichen Nachbarn, der Zipser Sachsen; als die Sprache ihrer mährischen Einwanderer, für die es die hergebrachte Handels- und Verwaltungssprache der habsburgischen Monarchie war; als die Sprache der gelehrten Mendelssohn'schen Aufklärung und – als *aschkenasim* trugen sie das Deutsche schon im Namen – der deutschen Kultur, mit der sich die gebildeten Juden Mitteleuropas besonders identifizierten. Das Deutsche bedeutete auf zweifache Weise den Weg in die Moderne, einerseits aus der Orthodoxie in die Welt und andererseits aus dem slawischen »mittelalterlichen Sumpf« in die Bildung. Und irgendwann, unter dem erhöhten Druck der Nationalbewegungen, der slowakischen und der oktroyierten Magyarisierung von 1867, würde das Deutsche in der Liptau zunehmend die Sprache einer Gemeinschaft in insulärer Lage werden.

In jene angebrochene Neuzeit von Liptó Szent Miklós wurde Samuel Fischer als das jüngste von fünf Kindern 1859 oder 1858 hineingeboren. Seine Familie wohnte zur Miete in einem der niedrigen zweistöckigen Häuser direkt am längsrechteckigen Marktplatz; es war das Haus Nr. 30, an der schmaleren Nordseite, und gehörte dem ehemaligen Bürgermeister Scholz. Aus der Tür tretend, erblickt man noch heute am fernen anderen Ende das älteste Gebäude des Ortes, die katholische Pfarrkirche des Heiligen Nikolaus aus dem 13. Jahrhundert, die Miklós (Nikolaus) den Namen gab und einst für ihre drei Altäre bekannt war. Dazwischen, die Sicht über die Länge des Platzes großenteils versperrend, findet sich das überdimensionierte 1793 errichtete Liptauer Komitatshaus. Die 1846 im Beisein auch der nichtjüdischen Honoratioren eingeweihte spätklassizistische Prachtsynagoge lag von hier nur zwei Straßen weiter; und das evangelische Pfarrhaus, in dem zwei Jahre später die slowakische Petition verabschiedet wurde, in gleicher Entfernung zur anderen Seite. Alle drei Konfessionen haben in Liptó Szent Miklós oder St. Nikolaus in der Liptau oder Liptovsky Mikulasch sichtbare Zeichen gesetzt. Es war und ist eine Kleinstadt, in der jeder jeden kennt. Von feindlichen Auseinandersetzungen unter Slowaken, Deutschen und Magyaren, Juden und Nichtjuden ist für den hier in Frage kommenden Zeitraum nichts überliefert worden. Konfessionelle Toleranz habe vorgeherrscht, heißt es. Geschichte und Tradition des Ortes waren immer noch bindend.

In Samuel Fischers Kindheit, 1865, erwählte sich Miklós, nachdem Juden in Ungarn seit 1860 in der Verwaltung tätig sein durften, erstmals einen jüdischen Bürgermeister, den ersten in ganz Ungarn. Die Spannungen zwischen den Orthodoxen und den Reformern innerhalb der Gemeinde führten vorübergehend zur Spaltung, das war 1868, ein Jahr nachdem Juden im k. u. k. Ungarn offiziell Gleichberechtigung erhalten hatten, in Fischers 9. oder 10. Lebensjahr. Wie viel bekam man als Junge davon mit? Das Atmosphärische, die Kommentare der Erwachsenen. In Miklós bedeuteten solche Dinge vielleicht kaum Unterschiede. Nach der öffentlichen, auch Mädchen aufnehmenden Grundschule besuchte Sami, wie er in der Familie genannt wurde, das weiterführende Privatgymnasium von Rabbi Alexander Steiner, das zwar nur fünfzehn Jahre bestand (bis 1875), doch für den jüngsten Fischer wohl gerade noch lange genug.

In seiner Familie hatte sich die Frömmigkeit des Urgroßvaters Moses Ullmann aus Fürth, der im Revolutionsjahr 1848 in Miklós starb, nicht weitervererbt. Schon dessen Sohn (Samuel Fischers Großvater mütterlicherseits), der 1797 noch in Bayern geborene Salomon, soll ganz im Gegenteil ein Luftikus gewesen sein, »Salme Liederjan« genannt. Es muss viele Geschichten über ihn gegeben haben, denn er starb erst hochbetagt im Juni 1888. Im Alter von dreiundzwanzig Jahren hatte er die einzige Tochter eines vermögenden Kaufmanns geheiratet, die neunzehnjährige Rachel Friedler (geboren circa 1802). Die beiden bekamen acht Kinder, außer ihrer Ältesten, Minna, am 12. Februar 1823, der späteren Mutter von Samuel Fischer, vier weitere Töchter – Rosalie, Babette, Julia und Josephine – und drei Söhne: Friedrich (1827), Ignatz (1836) und Isidor Ullmann.

Ihr Jüngster und Tochter Julia starben früh, die zwei Schwestern Babette und Josephine Ullmann, später verheiratete Frau Ipper und Frau Venetianer, verschlug es irgendwann nach Budapest – »auf dem Lande war die Armut damals so groß, dass die Mädchen von zu Hause fortgingen und sich in Budapest für Kost, Logis und einen minimalen Lohn als Dienstboten verdingten. Ich erinnere mich noch gut an eine lange Reihe von Ilonkas, die bei meinem Großvater dienten«, erzählte der ungarische Landsmann Imre Kertész mit Bezug auf die 1930er Jahre. In welchem Maße dies bereits für die Ullmann-Schwestern galt (bei acht Kindern und einem Luftikus braucht sich selbst ein »Vermögen« rasch auf), soll nicht entschieden werden, doch war schon für diese Generation angezeigt, was bei deren Kindern selbstverständlich wird: in Wien oder Budapest eine Existenzgründung zu versuchen.

Zu besonderem Ansehen brachte es Friedrich Ullmann, er wurde Arzt und praktizierte seit 1859 im Bezirkskrankenhaus. Doch vor allem initiierte er zusammen mit dem örtlichen Apotheker 1866 den »Liptauer Wechselseitigen Aushilfsverein«, um die ansässigen Gewerbetreibenden und Kaufleute »mit dem Ziel zusammenzuschließen, ihr Geld sicher deponieren und mehren zu können«. Aus dem Verein ging vier Jahre später die Sparkasse von Miklós hervor, ihr Direktor: Dr. Friedrich Ullmann, sein Stellvertreter: der Apotheker Ludovit Ballo. Als die Stadt 1880 wieder einmal eine Schule gründete, konnte der verheiratete, doch kinderlose Friedrich Ullmann dafür ein Haus zur Verfügung stellen. Nach seinem Tod im Jahr 1888 (zwei Monate bevor sein alter Vater Salme starb) vererbte er den Großteil seines Besitzes seinem neun Jahre jüngeren Bruder – Fischers Onkel vom Begrüßungsabend.

Ignatz Ullmann, verheiratet seit 1864, betrieb eine Speditionsfirma in Miklós, die sich über die Jahrzehnte zu einem Monopol auswachsen würde, wenn sich erst Moritz, sein ältester Sohn von sechs Kindern, und einer seiner Schwiegersöhne assoziierten. Die Stadtgeschichte vermerkt, dass Ignatz Ullmann »im 20. Jahrhundert als einziger in Mikulasch die Konzession für 2 Lastkraftwagen« besaß, einen Chevrolet und einen Ford, 38 Angestellte beschäftigte und zu den sieben Großgrundbesitzern des Ortes gehörte; 1919 verfügte er über zwanzig Hektar Land. Sein Briefpapier aus dem Jahr 1900 (das der Berliner Neffe für die Grußbotschaften an seine Frau benutzen durfte) bezeugte, nach fortgeschrittener Magyarisierung auf Ungarisch und Deutsch, seine Vielseitigkeit: »Ullmann Ignácz / Spedition-, Sammelwagen- & Möbelverkehr, Steinkohlen-Verschleiss, Versuchsfeld-Eigenthümer / Liptó-Szent-Miklós.«

Die nächstjüngere Schwester von Samuel Fischers Mutter Minna, Rosalie Ullmann, heiratete in den 1850er Jahren den Landmann Emmanuel Beer, der im Umkreis von Miklós einen Pachthof bewirtschaftete. (Bauern? »Warum überrascht dich das?«, fragt Imre Kertész seinen Lektor im Gespräch. »Mein Großvater väterlicherseits kam als Jude aus dem Kleinbauernstand. Bis er sich eines Tages aufgemacht hat, um die Welt zu sehen.« Emmanuel Beer blieb jedoch, soweit man weiß, vor Ort.) Die Beers bekamen ebenfalls sechs Kinder, und die waren nun in ähnlichem Alter wie die fünf der Fischers; Minna Ullmann hatte den 1824 oder 1825 im mährischen Holleschau geborenen Kaufmann Carl Fischer geheiratet. Seine Zuwanderung aus diesem Gebiet über hundert Jahre nach den ersten Holleschauern musste ihn eigentlich zu einer besonderen Art von Ur-Liptauer machen. Zumindest lässt es auf einen weiterhin tätigen Austausch beider Regionen schließen, und Carl Fischer dürfte auf diese Weise nicht einfach ein »Zugezogener« gewesen sein, was auf dem Land immer eine Rolle spielt.

Jahr und Tag ihrer Hochzeit weiß man nicht, aber dass ihr ältester Sohn Joseph am 22. Januar 1851 in Miklós geboren wurde. Die erste Tochter, Nelli, folgte am 18. Juni 1852 und am 7. Juni 1853 eine Schwester, Ernestine. Nach den drei Großen im Einjahresabstand trat eine vierjährige Pause ein, bis am 19. Juni 1857 Moritz geboren wurde und dann der Jüngste entweder wieder recht bald, im November des folgenden Jahres, oder eben am 24. Dezember 1859 – was ist schon sicher. Zu den drei Kindergeburtstagen im Juni würde sich 1866 (wenn der Onkel Friedrich Ullmann seinen Aushilfsverein gründet und Sami sieben Jahre alt ist) ein trauriges Datum einstellen: Kurz vor ihrem vierzehnten Geburtstag starb Nelli. Woran, ist weder in den Matrikeln noch im Familienwissen überliefert worden, und auch nicht die Reaktionen der Angehörigen. War ihr Tod Folge einer längeren Krankheit, die alle gewarnt sein ließ, hatte ein Arzt oder der Onkel Friedrich in der Familie darauf vorbereitet, oder kam er plötzlich? Geschwister sind einander die nächsten Verwandten, ungeachtet dessen, wie man dies tagtäglich empfinden mag; und der Jüngste der Fischers hatte zu seinen Geschwistern ein enges Verhältnis, wie sich späterhin zeigen wird. »Peppi«, der Älteste, müsste gerade aus dem Haus gewesen sein. Mit vierzehn, fünfzehn Jahren kam er im mährischen Krasna, vermutlich durch väterliche Verwandte vermittelt, bei einem Glasunternehmen unter, das über Österreich-Ungarn hinaus einen Namen und 1855 dort in Krasna eine zusätzliche Produktionsstätte eröffnet hatte. Böhmen und Mähren waren Hochburgen der Glasproduktion. Es hatte einen guten Klang, bei »S. Reich« beschäftigt zu sein – und wirkte so wohl auch auf den kleinen S. Fischer.

Immerhin wussten die Brüder genug voneinander, um später zu Samuels Hochzeit im Stil der Zeit einige Impressionen aus der Kindheit zu reimen: »Schillern macht er kurz entschlossen / Schon als Kind sich zum Genossen, / Denn zu Miklosch in der Stadt / ›Räuber‹ er gedichtet hat«; doch: »Nicht zufrieden mit dem Raube / Hat er eine Gartenlaube / Auch als Knabe schon ediert, / eigenhändig redigirt – / Und auch selbst geschrieben.« (Die Region Miklós hatte einen eigenen berühmten Räuber vorzuweisen, einen Robin Hood'schen Volkshelden, der am Ende hier gehängt wurde.) Als Auskunftsquelle bleiben die Verse natürlich fragwürdig. 1893 war »Sami« bereits »S. Fischer«, und es würde geradezu Pflicht gewesen sein, sich in seinem hochzeitlichen Steckbrief daran auszurichten, was die Berliner Gäste beim mehrgängigen Menü als zum Bräutigam passend und zugleich als die generationentypischen Erscheinungen der eigenen Jugendzeit wiedererkannten. (Und die Schiller-Lektüre war damals so unvermeidlich wie das eigene Reimen.) Fischer behauptete gern, er habe keine poetische Ader. Vielleicht wollten die Brüder sagen, Sami las schon immer, hörte gern Geschichten, liebte das Spektakel – an selber Stelle findet sich eine eher aufhorchen lassende Anekdote: Als eines Tages eine der ziehenden Theatertruppen durch Miklós kam, klaute der übermütige Jüngste mit seinem Freund den Schauspielern die Schminke weg. »Als sie dann damit entwichen / Und sich ganz damit bestrichen, / Schrie der Sami plötzlich auf / Und nahm hastig seinen Lauf – / Auf die ›freie Gasse‹ // Denn die etwas falsch verwandte, / Niederträcht'ge Schminke brannte / So, dass er verzweifelt rief, / Während er nach Hause lief: / Ach, ich bin vergiftet! // Drauf man ihm das Fell versohlte, / Daß er sich nur schwer erholte«.

Welche Kindheitserfahrungen dem auch zugrunde lagen: eine besondere Sorge um die eigene Gesundheit wird den Erwachsenen kennzeichnen, und genauso hatte sich fahrendes Volk in seiner Seele als etwas Heimatliches eingeprägt. Einem weiteren dänischen Autor, Aage Madelung, eröffnete er einmal: »Was Sie über Zigeunermusik schreiben und über die Atmosphäre und den Zauber, der sich von ihr mitteilt, ist so stark und blutvoll erfühlt, dass ich an alte Stimmungen aus Knabenjahren, melancholisch bewegt, denken muß.« Die Fischer-Kinder werden vielfach sich selbst überlassen gewesen sein, in einem unbegrenzten Freiraum geschützt durch die allseits vertrauten Gesichter und Gepflogenheiten der ländlichen Kleinstadt, im Rhythmus des arbeitsamen Alltags; »patriarchalisch« habe es sich in der vielköpfigen Familie, selbst bei späteren Besuchen in Miklós, angefühlt, hat eine Cousine überliefert. Überdies in einer patriarchalisch geprägten Kultur.

Die wichtigste Person der Liptauer Kinder- und Jugendzeit dürfte tatsächlich der Vater Carl Fischer gewesen sein, von dem Samuel die hellblauen Augen geerbt hatte. Die Berufsbezeichnung Kaufmann konnte alles heißen und umfasste in seinem Falle wohl auch mehreres. Im Melderegister wurde bei der Geburt des Ältesten im Jahr 1851 als Profession des Vaters »Seifensieder« eingetragen. Durch Samuel Fischer selbst soll vom Spodium- oder Knochenmehlfabrikanten, ein andermal vom Knochenhändler und Lumpensammler die Rede gewesen sein – ein »rag and bone man«

also, wie es im Englischen noch heißt. (Eine kleine Knochenmehlfabrik ließ sich im Umkreis von Miklós geschichtlich ausmachen, ohne Besitzerangaben für diese Jahre.) In einer anderen Lesart hat Carl Fischer das örtliche Salzamt in Pacht gehabt, in einem der Häuser seines Schwagers Friedrich Ullmann; das regionale Salzdepot befand sich erst im dreißig Kilometer entfernten katholischen Rozsahegy (Rosenberg). Vielleicht wollte der zu Renommee gelangte Sohn die Neugierigen mit den aufdringlichen Fragen und nicht immer eindeutigen Absichten auch hier und da »ins Salzamt schicken«, wie man im Ungarischen in Anlehnung an eine nichtexistente Behörde, besonders ein nichtexistentes Beschwerdeamt, sagt: trollt euch.

Doch mit großer Wahrscheinlichkeit traf alles Genannte zu. Seife, Salz und Knochen waren zusammengehörige Stoffe und müssten gerade in den Gerbereien wie in der Landwirtschaft der Liptau begehrte Artikel gewesen sein. Knochenkohle beispielsweise (bei Luftabschluss geglühte Knochen) diente als Entfärbungsmittel, denn sie saugt Gase, Farbstoffe und Salze auf. Zu Pulver vermahlene Knochen, das Knochenmehl, konnten roh, gedämpft oder entfettet als phosphorsäurereiches Düngemittel und Hühnerfutter genutzt werden. Und das gereinigte Knochenöl ließ sich als Schmieröl und für Seifen verwenden. Mit Knochenpfriemen wiederum wurde Leder bearbeitet. Und beim Seifensieden schließlich gewann man Glyzerin, ebenfalls ein vielfältig nutzbares Grundprodukt, unter anderem als Schmier- und Textilhilfsmittel.

Als der Österreicher Hermann Bahr, einer der frühesten Autoren S. Fischers, nach dreißig Jahren in einen katholisch ausgerichteten Verlag wechseln wollte und an alter Stelle noch seine Autobiographie veröffentlichte, machte sein fast fünfundsechzigjähriger Verleger in einem handschriftlichen Briefzusatz eine rare Bemerkung: »Ich bin besonders von der Menschlichkeit Ihres Vaters angerührt, der eine auffallende Aehnlichkeit mit meinem Vater aufzeigt. Schon die äußere Gestalt ist dieselbe gewesen und in Einzelzügen hat mich das Bild wegen seiner Übereinstimung geradezu frappiert. Dieselbe graziöse Anmut, die in einer weichen Güte auf uns immer beruhigend gewirkt hat, und fast auch dieselben gut bürgerlichen Eigenschaften und Interessen, bei einem total verschiedenen Milieu. Ihr Sf.«

Dr. Alois Bahr, nichtjüdisch, mit schlesischen Vorfahren, ein lebenslanger Schiller- und Gutzkow-Verehrer und im Hauptberuf Notar in Linz, später auch Gemeinderat, Landtagsabgeordneter, Landesschulrat und Ähnliches, »Führer der Liberalen, ein hochgewachsener bärtiger schöner Mann, von jedermann gegrüßt, allgemein beliebt, ja verehrt, erhobenen Hauptes, zierlichen Ganges, freundlich selbstbewusst aufrecht«, sei »in seiner Art ein vollendeter Mensch« gewesen; »von einer inneren Freiheit, Anmut und Würde«, schrieb Bahr, »ein wohlwollend geborener Mann, der sein ganzes Leben nur Opfer gebracht hat und höchst erstaunt, ja beschämt gewesen wäre, wenn ihm jemand dafür gedankt hätte, was sich übrigens auch niemand einfallen ließ«. Empfänglich für die Schönheiten der Natur genauso wie für ein Gedicht von Platen, mit einem »angeborenen Vertrauen zum Leben« und einer »fast kindlichen Zuversicht«. Bahr sprach von »den besänftigenden Strahlen der väterlichen Heiterkeit«, die – in seinem Falle – das äußerst grimmige Wesen der Mutter in guten Stunden mildern konnten.

»Unrecht gern verzeihend, weil er es sich immer als Missverständnis auslegte, unerschütterlich in seinem Glauben an eine dem Menschenherzen angeborene Güte, die nur zuweilen irrt, weil es ihr, um sich selber recht zu verstehen, bisher noch an der rechten Ausbildung und Einübung des Verstandes gefehlt hätte«, »und darum, so wenig ihm, dem sein Leben lang ans Rad der Arbeit geflochtenen, das Schicksal eigentlich jemals Anlaß dazu gab, einer der glücklichsten Menschen, die mir je begegnet sind.« »Arm aufgewachsen, Bettelstudent, Hauslehrer in adeligen Familien, vergaß der Enkel des schlesischen Leinewebers nie, daß er von unten kam, aus dem Volke. Das war sein Stolz, aber ohne das leiseste Ressentiment. Wenn es ihm selber gelungen war, schloß er daraus, mit Fleiß, Ausdauer und Sparsamkeit müsse jedem gelingen, es zu was Rechtem zu bringen. Er war ein unverbesserlicher Optimist.« Und: »Alle Gaben, alle Kräfte waren in ihm einander so gut zugewogen, dass keine jemals aus dem ruhigen gleichen Schritt seines Lebens fiel. Und wenn keine besonders hervorstach, diese wunderbare Mischung selber war schon ungewöhnlich« – »wie denn überhaupt an ihm das Merkwürdigste war, welch hoher Idealist da ganz fest auf den breiten Schultern eines tüchtigen Bürgers von der mittleren Art saß.«

Dem eigenen Vater ähnlich bis in Einzelzüge, hatte Samuel Fischer geschrieben, ohne in diesem Besinnungsmoment ein Wort über die bei Bahr mitcharakterisierte Mutter fallenzulassen. Es war der kurze Blick über die Schulter eines sich alt fühlenden Mannes, der in ein paar Zeilen der tragenden Fundamente seines eigenen Daseins gewahr wurde. Und der Plural – »auf *uns* immer beruhigend« wirkend – entsprach dabei sicher nicht nur der persönlichen Zurückhaltung des Verlegers; Peppi und Ernestine nannten ihren ersten Sohn nach ihm, und die erste Firma der Brüder Moritz und Samuel hieß *Carl Fischer Söhne*. Nun wüsste man auch gern etwas über das *Beunruhigende*, zu dem dieser Vater die Gegenwirkung bedeutete.

Die Stoffe, die Carl Fischer vertrieb, verarbeitete und einatmete, schadeten womöglich seiner Gesundheit. (*Ach, ich bin vergiftet!*) Er starb schon im Alter von 54 Jahren, am 30. August 1879, an einem Gehirnschlag und hinterließ seiner Ehefrau Minna 2 Schränke, 1 Sofa, 6 Stühle, 2 Bilder,

2 Betten und Bettdecken, 2 Kissen und Kleidung – das Inventar der gemeinsamen Wohnungseinrichtung. Der Rabbinatsverweser von Miklós fügte hinzu: »Es ist zu erwähnen, dass der verstorbene Carl Fischer mehr als 3 Jahre krank war und während seiner Krankheit folgende Kosten für Arzt und Apotheker entstanden sind: 400 Forint.« Dies entsprach einem durchschnittlichen Monatslohn, hinzu kamen noch einmal 200 Forint für das Begräbnis. Carl Fischer hinterließ Schulden, was außer der Witwe die zwei noch ortsansässigen Kinder Ernestine und Moritz unterschriftlich zu bezeugen hatten. Der Älteste und der Jüngste waren schon weitergezogen.

Der Kontakt nach Miklós riss aus der Ferne nie völlig ab, wenngleich alle Fischers bis Ende der 1880er Jahre das Städtchen verlassen hatten. Doch gerade die Reise vom April 1900 – zu einem weiteren Besuch kam es nicht – machte bei aller Begeisterung »für meine Scholle« fühlbar, wie sehr der Berliner Verleger diesem Ort in den letzten zwanzig Jahren entwachsen war, vielleicht auch, wie viel Energie ihn dies gekostet hatte. Der Einundvierzigjährige erlebte sich verjüngt in der »frischen klaren Luft«, wenn er mit den jugendlichen Cousinen über die Felder wanderte, von einem Vetter das Fotografieren erlernte und die Familiengräber besuchte. »Die Schönheiten der Mikloser Umgebung sind mir erst heute ganz zum Bewusstsein gekommen. Miklós ist vollständig – allerdings im weiten Umkreis – von den herrlichsten schneebedeckten Karpaten umschlossen. Vom tiefsten Stahlblau bis zum zartesten Violett sind heute diese, in mächtige Schneekappen gehüllten Berge umflossen gewesen. Du weißt, wie gerade solche Lichtstimmungen auf mich wirken: ich habe meine Heimath neu entdeckt und lieben gelernt.« Die allseits verwöhnende Zuwendung der »guten und treuen« Verwandten wurde ihm nach den drei Tagen trotzdem zu viel und zu eng; nur eines noch: »Mit der litterarischen Geschmacksrichtung habe ich übrigens meine Leute unterschätzt. Der Sohn meines Onkels wünscht sich die Weber und Fuhrmann Henschel und der hiesige Buchhändler erzählte mir, dass er öfters Bücher meines Verlages – besonders Hauptmann – verkauft.«

Manchmal ist es gut, an den Ausgangsort zurückzukehren, weil sich nur von hier aus das Erreichte in seiner ganzen Dimension erfassen lässt.

Wiener Kulissen

»Als vierzehnjähriger Knabe kam er nach Wien. Dort stand er eines Tages vor dem Schaufenster einer Buchhandlung, und einem plötzlichen Einfall gehorchend, ging er in den Laden und fragte, ob man ihn nicht als Lehrling anstellen würde? Da er gänzlich mittellos war, nahm ihn der Chef auf die Zeit von vier Jahren in die Lehre.« Zu diesen Zeilen ist Fischers Wiener Lebensabschnitt geronnen, seitdem sie der für das kaum halbseitige Feuilleton der Berliner *National-Zeitung* verantwortliche Redakteur Richard Jügler – er hatte im Jahr zuvor über die Methoden der Charakterisierung bei Charles Dickens promoviert – auf maliziöse Weise verbreitete. Und auch wenn der es 1913 eher negativ meinte: solcherart beginnen Gründermythen. Ihren Wahrheitsgehalt bezeugt dann die Wiederkehr der Geschichte: »Wir sind am Ende des 19. Jahrhunderts, in der Zeit der großen Karrieren. Mein Großvater spazierte über die Kerepesi-Straße – die heutige Rákóczi-Straße –, und dort blieb sein Blick an einem eleganten Geschäft hängen, einer Kurzwarenhandlung, wie diese Läden damals hießen. Das emsige Treiben der Ladengehilfen um Kunden und Verkaufstische gefiel ihm außerordentlich. Ohne zu zögern, betrat er den Laden und war eins-zwei-drei als Gehilfe eingestellt. Und dann hat sich sein Leben nach den Märchengesetzen jener Zeit weiter gestaltet.« Für Imre Kertész' Großvater, den ehemaligen Kleinbauern, bedeutete dies, die Tochter des Budapester Ladenbesitzers zu heiraten und sich selbständig zu machen (und dann die Ilonkas einzustellen); doch bei aller Ähnlichkeit des tradierten Anfangs liegen die Gesetze, die in den nächsten ungefähr vier bis sechs Jahren für Samuel Fischer in Wien zur Anwendung kamen, weiterhin im Halbdunkel – weil sich sein »Märchen« dann erst in der nächstgrößeren Metropole gestaltete oder sich sein Geschick in der Stadt mit dem Schmäh nicht so leicht erzählen ließ.

Dabei ist Wien einer *der* Orte in seinem Leben geblieben. Viele bedeutsame Autoren seines Verlages lebten und haderten hier, wurden regelmäßig von ihrem Verleger besucht oder auf dem nahen Semmering bewirtet. Ganz zu schweigen von den wichtigen Theaterpremieren. In Fischers eigener Handschrift findet sich lediglich ein Satz aus den zwanziger Jahren (eine Antwort an Julius Bab auf dessen Nachfrage für einen biographischen Eintrag, vermutlich im *Jüdischen Lexikon*), er habe in einem kleinen ungarischen Städtchen »eine deutsche Schule besucht und in Wien einige Handelsschulkurse absolviert« (Bab würde es im Lexikon dann nicht erwähnen). Ansonsten keine Anspielung oder Nebenbemerkung, die an seine frühe Wiener Zeit erinnerte. Und was vielleicht noch erstaunlicher ist, genauso wenig in der erhaltenen Korrespondenz seiner sehr viel erzählfreudigeren Frau. Selbst Fischers autobiographische Stichworte aus dem Jahr 1907 enthalten »Wien« nicht. Dies alles wirkt sogar vor dem Hintergrund seiner generellen Zurückhaltung wie eine noch einmal vertiefte Verschwiegenheit. Auch hat kein Prinzipal einer Lehrbuchhandlung oder Herr Magister einer Handelsschule zu irgendeiner Zeit von sich hören lassen (und der plakettierfreudigen Stadt ein weiteres Relief gestiftet). Diese Buchhandlung, wenn es sie überhaupt gab, ist nicht der Rede wert gewesen.

Aber der Abrede. Auf den in Wien beheimateten Spötter Karl Kraus, Sohn eines jüdischen Papierfabrikanten in Böhmen, der zwar nie von Fischer verlegt worden ist, ihn aber schon vor der Jahrhundertwende persönlich gekannt und ihm einen seiner ersten österreichischen Autoren, den ehemaligen Buchhandelslehrling Peter Altenberg, vermittelt hat, musste etwas von diesem Schweigen gewirkt haben, dass er sich, vielleicht mit der Intuition des »bösen Blicks«, in seiner Zeitschrift *Die Fackel* mehrmals zu der Bemerkung herausgefordert fühlte, »Sami Fischer« habe ja einst in Budapest Möbel verkauft. Tatsächlich lässt sich Fischers späteres Tun in den 1880er Jahren in Berlin in den Dunstkreis einer österreichisch-ungarischen Möbelfirma bringen; doch darauf oder auf den Liptauer Holzhandel kam es, auch für Karl Kraus, gar nicht an. Es ging um Strategien der persönlichen Wappnung, der Selbstbehauptung in einem schwankungsanfälligen Reizklima, wie Fischer es noch erfahren würde. Er zog es eines Tages vor, keine berufliche Vorgeschichte mehr zu haben, nicht an der großen Glocke. So schrumpfte sie mit der Zeit wohl für ihn selbst – folgt man den autobiographischen Stichpunkten – auf ein Nichts zusammen. Denn eines ließ sich für alle Gesellschaften zwischen Wien und Berlin nicht vergessen: Es gab Karrieren, und es gab Karrieren von Juden. Einen ersten Geschmack davon mochte der Vierzehn-, Fünfzehnjährige fern der heimatlichen Liptau in Wien bekommen haben.

Rein äußerlich müsste die Kaiserstadt in genau diesen Jahren, zwischen 1873 und 1879, einem Handelsschüler viel Erinnernswertes geboten haben. Nachdem Österreich im Juli 1866 in Königgrätz den preußischen Truppen unterlegen war, von dem sich einenden Deutschland getrennt, nach Abtritt Venetiens im Frieden mit Italien auch hier territorial Verkleinerung erfuhr, durfte Wien als Hauptstadt der jungen österreichisch-ungarischen Doppelmonarchie 1873 im alten Stolz eines europäischen Kulturzentrums aufspielen: Nach den epochemachenden Ereignissen in den Metropolen London und Paris trat der 750 000 Einwohner zählende Ort als Gastgeber der Weltausstellung auf – und zugleich als eine Prachtbaustelle. Er präsentierte sich im ersten Glanz seiner jüngst aus dem Boden gestampften, von Kaiser Franz Joseph 1857 beschlossenen, durch Anreize beförderten und beschleunigten Erweiterung der inneren Stadt. In Wien herrschten Gründerstimmungen früher als anderswo.

Man hatte die alten Befestigungen geschleift und war dabei, das Glacis, die vormaligen Exerzierstätten, rundherum zu verbauen; am neuen Rathaus wurde seit 1872 gezimmert, am Parlamentsgebäude seit 1873, das Palais eines der maßgeblichen Architekten, Heinrich Ferstel, von der Nationalbank in Auftrag gegeben, war schon fertiggestellt; andere Paläste entlang der mittlerweile zum Symbol der Zeit gewordenen Ringstraße, ob Repräsentativbauten der erfolgreichen Geschäftsleute oder neueste Musentempel, entstanden erst noch, so das Gebäude des Burgtheaters, bekanntlich nach Ideen von Gottfried Semper, ab 1874. Stadtplanerische Visionen eines Souveräns gab es immer wieder. Zeitgleich baute Baron Haussmann in Paris ohne Rücksicht auf die mittelalterliche Grundanlage Boulevards und Parks und Brücken. Herausragend auch Sankt Petersburg, eine Idee des Zaren, die von 1703 an auf den Sumpf im Newadelta gesetzt worden war. Das Besondere an Wien wäre nun (neben der Stilemischung) seine »Umgürtung«: der überdimensionierte neue Ring umgab die alte Stadt wie ein Wall.

Den privaten Bauherren – Bankiers, Bierbrauer, Seidenfabrikanten, Eisenbahngesellschafter und viele Industrielle mehr, darunter Neureiche wie Altvermögende – winkten bis zu drei Dekaden Steuerfreiheit, wenn sie innerhalb von vier Jahren und nicht später als zwölf Monate nach Erwerb eines Grundstücks beginnend ihr Stadtpalais hochzuziehen vermochten. Der Besitzer der Wienerberger Ziegelwerke, wie manch anderer der bürgerlichen Investoren auf Erhebung in den Ritterstand hoffend, baute an zehn Stellen gleichzeitig. Und nicht selten waren dieselben Bauherren auch Eigner der Zinskasernen in den Wiener Vorstädten, hingestellt für die kleinen Leute, die Arbeiter, die es ja auch noch gab, sogar immer mehr, und jene zwar auf »einem erschreckend niedrigen Bauniveau«, doch optisch »im Ringstraßen-Stil«, gleichfalls mit den Wienerberger Ziegeln von Heinrich Drasche. »Kaum irgendwo sonst ist die Bourgeoisie gleich so triumphierend eingezogen, mit einem Banner aus Stein und hauptsächlich Gips«, heißt es bei Hermann Bahr: »In der Ringstraße hat sich eine neue Gesellschaft im voraus Quartier bestellt, die selber um eben diese Zeit erst anfing, in aller Hast improvisiert zu werden.« Diese Leute »bildeten jetzt das Rückgrat der Wiener Gesellschaft; die Aristokratie dagegen zog sich langsam aus dem öffentlichen Leben in ihre eigenen Zirkel zurück«, liest es sich positiver bei einer jüngeren Chronistin über das Heraufkommen des neuen Bürgertums.

Inmitten der frisch gestrichenen renaissancistischen, neobarocken oder neuromantischen Kulissen galt es erst noch einen Rückschlag zu verkraften. Die ihrerseits kaum fertiggestellte Leistungsschau, die am 1. Mai mit kaiserlichem Putz und Ehrengästen aus aller Herren Ländern, darunter der deutsche Kronprinz und der Prince of Wales, im Prater eröffnet wurde, drohte in ihrer Grundaussage zu Makulatur zu werden, denn acht Tage später, am 9. Mai 1873, natürlich an einem Freitag, gab es tatsächlich den unter Pessimisten längst erwarteten verheerenden Börsenkrach. Eine kurzfristige Ausnüchterung der Gründereuphorie, die immer waghalsiger und vor allem immer korrupter »mit dem Geld, das auf der Straße lag«, ihre »Funken patriotischen Gefühles« geschlagen hatte; nun musste die heiße Luft heraus.

Für den ein paar Tage später, am 15. Mai, elf Jahre alt werdenden Arthur Schnitzler, Schüler des angesehenen Akademischen Gymnasiums und Sohn des Laryngologen Professor Dr. Johann Schnitzler, wurde es zu einem der ersten Ereignisse in der Welt »draußen«, das einen Widerhall in seiner Seele fand, als »die ökonomische Katastrophe«, »in der mit manch anderen unschuldigen Opfern«, darunter die Eltern von Hugo von Hofmannsthal, »auch mein Vater alles verlor, was er bis dahin erspart hatte, und die mich« – so verwandelte sich das katastrophische »Draußen« in der jugendlichen Erfahrungswelt – »sogar zu fünf, wahrscheinlich humoristisch gedachten Szenen begeisterte«. Anders der aus altösterreichischem Adel stammende Hofmannsthal, Sohn eines Bankdirektors und Urenkel des Isaac Löw Hofmann Edler von Hofmannsthal, der wohl die Seidengewinnung im Kaisertum eingeführt hatte und manches mehr. Geboren neun Monate später, am 1. Februar 1874, erklärte er sich mit den Jahren die Labilität seiner Mutter (die selbst »während der Revolution von 48 geboren« war) als eine Folge des damaligen existentiellen Schocks; mehr noch, wie aus seinen Bemerkungen gegenüber Harry Graf Kessler im Dezember 1906 hervorging: »Er selbst sei gerade während des Bankkrachs von 73, in dem sein Vater sein ganzes Vermögen verloren habe, empfangen worden. Auf der Hochzeitsreise in Neapel habe sein Vater das Telegramm erhalten, dass er ruiniert sei. Er glaube, dass die besondre Sensibilität der Nerven, die diese Umstände bei seiner Mutter und seiner eigenen Geburt erzeugt hätten, das sei, was ihn zum Dichter gemacht habe.«

Der Börsenkrach, die Weltausstellung. Noch nach Jahrzehnten sah sich Arthur Schnitzler auf dem Weg zum Pratergelände »meinen Eltern gegenüber in einem geschlossenen Wagen sitzen, der sich langsam dem Tor der Rotunde nähert und an dessen Scheiben die Regentropfen klatschen«. Es ist der »erste schauderige Regennachmittag seit Monaten«, berichtete bestätigend ein Ausstellungshelfer (der schwäbische Dichter Max Eyth), der sich für eine englische Firma um den Vertrieb von Dampfpflügen zu kümmern hatte, seinerseits den Eltern von der Eröffnung wie von einem Vorzeichen: »Überall das Gefühl, daß ein feierlicher Act begangen zu werden habe, ohne Feierlichkeit. Überall, bei den eigentlich Betheiligten das Bewußtsein, daß der ganze Act an sich eine colossale Lüge sei. Der gewaltige Raum unter der Rotunde war leer, die Centralfontäne, halbfertig, wurde unter Strauchwerk und Blumen versteckt. Wasser gab es noch nicht. Eine ziemlich ärmliche Plattform für die hohen und höchsten Herrschaften.«

Unter den Ausstellern, die auf den Treppen standen und drei lange Stunden »die Rockkrägen ihrer Vordermänner studirten«, könnte sich in dem Moment auch Joseph Fischer als Vertreter der k. u. k. Firma *S. Reich & Co.* befunden haben, auf der südlichen Quergalerie 9a und Hof 10a in der Österreich Gruppe IX mit Glaswaren von der ordinärsten bis zur feinsten Sorte, wie es im offiziellen Katalog hieß. Dieses überaus erfolgreiche, 1813 von Samuel Reich in Mähren gegründete Glasunternehmen mit diversen Zweigstellen in Wien, das sich bis zum Zweiten Weltkrieg mit den unterschiedlichsten Lampengläsern millionenfach in Haushalte auf der ganzen Welt verbreitet haben würde, genoss die besondere Förderung des Kaisers und brachte zum Wiener Großereignis einen umfassenden Gesamtkatalog seiner Erzeugnisse heraus – geblasenes Beleuchtungsglas war einer seiner Hauptartikel, für den es 1874 eine Produktionsneuheit aus England einführte, eine effiziente Glaspressmaschine, sie müsste auf dem Pratergelände zu sehen gewesen sein.

Hatte man schon mit der Eröffnungsfeier nichts verpasst, wie Max Eyth seinen Eltern schrieb, nachdem er sich selbst dafür in der Oper entschädigen ging (Lohengrin – »es war eine Pracht«), so fiel die abschließende Bilanz im November nicht besser aus; letztlich hatten zu viele Besucher die Stadt lieber gemieden, nachdem auch noch von Cholera die Rede gewesen war. Doch was focht es den beharrlich als »phäakisch« verbrieften Wiener an, wenn er nur ins Theater gehen kann? Das vielbesungene Selbstverständnis »leichten Wiener Blutes« mit seinen Spurenelementen der verschiedensten Völker, dabei die namhaftesten Künstler zu Gast in der Hauptstadt der Musik und die blitzneuen Aufführungsstätten, all dies wollte bespielt sein. »E-Eis-Fis – die Eröffnungsakkorde der Ouvertüre, rasch nacheinander abgeschossen«, man habe darin sogleich den »Knall von drei Champagnerkorken« erkannt, »gefolgt von einem Strom prickelnder Musik«. Im April 1874, neun Monate nach dem Börsenkrach auch dies, wurde die »Champagner-Operette«, die *Fledermaus* von Johann Strauß, uraufgeführt, seitdem hieß es und zitiert es sich im Dreivierteltakt weiter: »Glücklich ist, wer vergißt, was doch nicht zu ändern ist!«

Natürlich vergaß hier niemand jemals. Und die Operette trug selbst zur langanhaltenden Erinnerung bei. Ihre Geschichte rund um ein Spekulantenfest im 2. Akt war so anspielungsreich, dass die Zensurbehörde aus den Reklamationen nicht herauskam. Auf andere Weise abwehrend behandelte der Wiener Hermann Broch die zwei Dekaden zwischen 1870 und 1890, wenn er von einem »Wert-Vakuum« sprach und gerade die *Fledermaus* als Ausdruck dessen ansah, was sich dort »breit zu machen begann«, nämlich »der platte Zynismus des schieren, d. h. des ausschließlich dekorativen Amüsements, und der adäquate Träger seiner Immoralität war das Straußsche Walzergenie«. Der hier so G'schmähte hatte auch das musikalische Programm zur feierlich-unfeierlichen Weltausstellungseröffnung bestritten, doch er war schon weiter, in den Heurigen-Lokalen der Vorstädte wartete er seinen vielen Verehrern nun mit der Schnellpolka auf.

»Nicht das Militärische, nicht das Politische, nicht das Kommerzielle hatte im Leben des einzelnen wie in dem der Gesamtheit das Übergewicht; der erste Blick eines Wiener Durchschnittsbürgers in die Zeitung galt allmorgendlich nicht den Diskussionen im Parlament oder den Weltgeschehnissen, sondern dem Repertoire des Theaters, das eine für andere Städte kaum begreifliche Wichtigkeit im öffentlichen Leben einnahm.« Seine Schauspieler und Sänger als die eigentlichen, auf Schritt und Tritt vereinnahmten Majestäten der Wiener Gesellschaft. »Dieser Fanatismus für die Kunst und insbesondere für die theatralische Kunst ging in Wien durch alle Stände«, fuhr Stefan Zweig in seiner Beschreibung jener goldenen Jahre fort. Doch eine (fatale) Kehrseite dessen benannte er an anderer Stelle auch: »unsere österreichische Indolenz im Politischen, das Zurückbleiben im Wirtschaftlichen gegenüber dem resoluten deutschen Nachbarreich«.

Die architektonische und gesellschaftliche Neuerfindung Wiens während dieser 1870er Jahre – eine Neuerfindung, die sich im putzblanken Gewande des Historismus den Schein des immer schon Erreichten gab (und dabei ihre eigentliche Sehnsucht nach dem Alten unfreiwillig karikierte) – fand ihren Höhepunkt mit dem noch einmal von Hans Makart, dem allgegenwärtigen Stilgeber der Wiener Gründerzeit, gestalteten Maskenzug zu Ehren der Silberhochzeit des Kaiserpaares Franz Joseph und Elisabeth am 27. April 1879. Er setzte mit fast dreißig Wagen an der Rotunde, dem Wahrzeichen der defizitären Weltausstellung, im Prater an und zog über weite Teile der Ringstraße in die innere Stadt bis vor das Burgtor. Das wandelnde Historienbild, ein Massenereignis, bei dem sich der Überlieferung nach viele Bürger fürstlich kostümierten, galt als die eigentliche Einweihung des Rings, und die Zeitungen freuten sich am nächsten Tag, dass sie ohne Störungen verlaufen sei (Schlägereien am Rande von Nationalitätenfesten, Risse im »Lebendbild«, sah man nicht als Störung an): »Auch das ist eine der liebenswürdigsten Eigenschaften unserer Bevölkerung, daß sie sich selbst zu regieren weiß und daß ihr Ausschreitungen verhaßt sind« – ist es noch Bericht oder schon Beschwörung? Wien habe »Volk«, aber keinen »Pöbel«, und deshalb sei der Festzug ein »Triumph des friedlich arbeitenden Bürgerthums« gewesen.

In der Liptau könnte man dies in der *Neuen Freien Presse* gelesen und beruhigt zur Kenntnis genommen haben. Carl Fischer, schwer krank, würde nicht mehr lange leben. Sein Sami hat als friedlich sich selbst regierender Buchhandelsgehilfe und/oder Handelsschüler womöglich unter den Schaulustigen gestanden, denn Anhaltspunkte für seinen Aufenthalt in Berlin datieren auf ein paar Monate später. Es sei denn, das Militär setzte ihm zu. Zwischen dem 1. April und dem 31. Mai wurde der neue Jahrgang der im Kalenderjahr das zwanzigste Lebensjahr vollendenden jungen Männer ausgehoben, um am 1. Oktober in die bewaffnete Macht eingereiht zu werden. So sah es das Wehrgesetz vom 5. Dezember 1868 für das Gebiet der Doppelmonarchie vor. Wenn Samuel sein Geburtsdatum nicht ohnehin um ein Jahr verschoben hatte, um eine Ausbildung unbehelligt abzuschließen, so wurde er nun doch 1879 in jedem Falle zwanzig Jahre alt. Man wusste um die hohe bis höchste Aufmerksamkeit der Militärbehörde (in Böhmen und Mähren sollen nicht selten Geburtsmatrikel verändert worden sein). Wenn Fischer tatsächlich, wie es damals in den Zeitungen stark propagiert wurde, in Abend- oder Sonntagskursen eine dreijährige Handelsmittelschule absolviert hätte, wäre er immerhin nach § 21 zum Einjährig-Freiwilligen-Dienst (anstelle von drei Jahren in der Linie und sieben in der Reserve) berechtigt gewesen.

Und um den Kreis zumindest spekulativ zu schließen: Samuel Fischer wird sich immer wieder als ein Organisationstalent erweisen, zugleich konnte er ein bis zur Ängstlichkeit vorsichtiger Mensch sein, so dürfte er im Vorhinein gewusst haben, wo er unterkommen würde, als er (oder wenn er denn) 1873/1874 von Miklós nach Wien aufbrach – ein Stück weit mit der gerade verlegten Eisenbahn oder mit der altgedienten Postkutsche oder auch auf dem Weg des Salzes, per Floß. Vielleicht allein, vielleicht mit dem vier Jahre älteren, von ihm so geschätzten Cousin Samuel Leo Beer. Der wird ein paar Jahre später, nach seiner Rückkehr in die Liptauer Heimat, einen Bijouterien-Laden eröffnen und am 1. März 1884 Ernestine Fischer heiraten. Doch nun wollte er erst einmal das Uhrmacherhandwerk erlernen, und er tat dies vielleicht in der Währinger Straße im 9. Bezirk beim Uhrmachermeister Leopold Hendl – bei dem aus dem oberungarischen Szobotisz stammenden Vater seines späteren Compagnons Otto Hendl. Ein Weggang nach Budapest war im Übrigen nicht in Frage gekommen (dies sei auch Karl Kraus mitgeteilt), weil Fischer kaum Ungarisch sprach.

Die weitverzweigte Ullmann'sche Großfamilie verfügte jedenfalls über Trabanten in beiden k. u. k. Hauptstädten, da war es ein Leichtes, Orientierung zu finden. Nicht zu vergessen Peppi, der große Bruder, der vermutlich nicht gleich von Krasna nach Berlin wechselte, sondern als Zwischenschritt erst die Niederlage seiner Lehrfirma *S. Reich & Co.* in der Czerningasse im 2. Wiener Bezirk geleitet haben könnte. Handelsschulen gab es in beiden Bezirken, in der Praterstraße 32, unweit der Czerningasse, sogar Wiens erste öffentliche.

Irgendwo bei Verwandten oder deren Bekannten im 2. oder 9. Bezirk, der Leopoldstadt oder dem Alsergrund, ließe sich Samuel Fischer also vielleicht ansiedeln, und dies auch im übertragenen Sinne. Während der 9. Bezirk mit seinen Akademikern im Umkreis der Universität, den niedergelassenen Ärzten und den eingesessenen Juden als das Viertel zudem der Kleinbürger etwas Unspezifisches behielt, war der 2. Bezirk links des Donaukanals das traditionelle jüdische Quartier. Man denkt an die vermehrten Zuströme ostjüdischer, vor allem galizischer Vertriebener seit den 1880er

Jahren, wenn es über die Leopoldstadt heißt: »zu keiner Zeit eine sehr gute Adresse, selbst an oder in der breiten, stellenweise prunkvollen Praterstraße, der Hauptstraße des Bezirks«. Nach Arthur Schnitzler war die Leopoldstadt damals aber durchaus »noch ein vornehmes und angesehenes Viertel, und insbesondere ihre Hauptstraße« – nämlich die Praterstraße, in der Schnitzlers Großeltern in den 1860er Jahren im Gebäude des Carltheaters lebten, so dass der Enkel vom Hoffenster die Schauspieler auf ihrem Weg von der Garderobe auf die Bühne und später, aus einem anderen Haus, »vorne heraus« beobachten konnte, wie »in Equipagen und Fiakern die große, die elegante, die leichtlebige Welt von den Pferderennen oder von Blumenfesten aus der ›Hauptallee‹ zurückgesaust kam«.

Wien konnte die Fischers nicht halten. Wie es der Rabbinatsverweser in Liptó Szent Miklós auf den Totenpapieren des Vaters vermerkt hat, lebte der Älteste der Geschwister im August 1879 als verheirateter Mann in der deutschen Hauptstadt; und in der Zeile darunter trug er für »Samuel, Sohn« ebenfalls »Berlin« ein. Was auch immer den Ausschlag gab: das Wiener Wert-Vakuum oder in Hermann Bahrs Worten der »wesenlose Wirbel leer lärmender Emotionen« jener kreiselnden »Aristokratie des Besitzes«, die so empfindlich auf Neuankömmlinge reagierte, Berlin hatte wohl von vornherein die größere Anziehungskraft ausgeübt. Fischer selbst notierte rund drei Dekaden später auf einem seiner grüblerischen autobiographischen Stichwortzettel, und es müsste genau diesen und den folgenden Jahren gelten: »Frühzeitig war ich durch Umgebung [gestrichen: ›Erziehung‹] und Verhältnisse darauf hingewiesen, den Aufstieg in eine höhere soziale Existenz als Ziel aller Arbeit anzusehen. Da war ich, nur mit *diesem* Ziel im Auge, ein ganz vom Erwerb besessener Mensch. Nach und nach wurde es heller und weiter in mir.«

Das alte Berlin

Wenn es mit rechten Dingen zuging, dann kam Samuel Fischer bei seiner Übersiedlung von Wien nach Berlin am Anhalter Kopfbahnhof an, in einer strahlend neuen Halle, die recht kurz vor ihrer Einweihung stand und gewiss noch gar nicht ganz fertiggestellt war. Sozusagen in Fahrtrichtung bleibend, drei Querstraßen nordöstlich von hier, über die Königgrätzer und die Wilhelmstraße und dann noch einmal die Friedrichstraße querend bis zum Eckhaus Kochstraße 63/Friedrichstraße 43, dort die Treppe hinauf in den zweiten Stock – und Samuel Fischer wäre an seinem ersten nachweisbaren Berliner Wohn- und Wirkungsort angelangt. Er würde sich bei den Distanzen wohl verschätzt haben, denn für einen Fußgänger entsprach schon die jetzige, noch vergleichsweise geringe Ausdehnung der deutschen Hauptstadt keinem geläufigen Maßstab mehr.

Immerhin tappte man bei einer Ankunft am Abend nicht gänzlich im Dunkeln, insofern sich die städtische Gasanstalt während der letzten beiden Jahrzehnte mit immer neuen Fabriken stetig erweitert hatte und außerdem just 1879 von der Firma Siemens & Halske (mit Sitz im Straßenblock gegenüber der Kochstraße 63) erste elektrische Lichtanlagen installiert wurden; sie leuchteten probeweise in der Kaisergalerie (zwischen Friedrichstraße/Ecke Behrenstraße und dem Boulevard Unter den Linden) sowie mit Einweihung der neuen Halle 1880 eben auch am Anhalter Bahnhof. »Noch war jedoch die Kritik größer als die Begeisterung«, überlieferte Fischers späterer Skatfreund, der Kunsthistoriker Max Osborn, der selbst gerade mit seinen Eltern nach

Berlin gezogen war. Man befand, »das helle Licht wirke nachteilig auf die Augen, der dadurch hervorgerufene Wechsel von Licht und Schatten sei zu unvermittelt, es lasse die Gesichter kreidig erscheinen, es sei zu teuer und gehe überhaupt über das Bedürfnis der Öffentlichkeit hinaus«. Das Bedürfnis der Öffentlichkeit sollte sich ändern, auch wenn der Berliner auf die Einführung des Telefons, ebenfalls 1880, noch einmal genauso reserviert reagierte. Ganze 200 Personen der mehr als eine Million Einwohner meldeten sich im ersten Jahr an, und es brauchte weitere zwei Dekaden, bis der Fernsprechapparat zur selbstverständlichen Ausstattung der Haushalte gehörte.

Der zweiundzwanzigjährige Hermann Bahr, einmal mehr, konnte vor Aufregung nicht schlafen, als er ebenfalls in diesen Jahren, im April 1884, von Wien nach Berlin zog, um dort zur Beruhigung des Vaters der jüngsten Mode entsprechend immerhin Nationalökonomie zu studieren: »Hier also wandelte Bismarck, Bismarck!, leibhaftig unter den Menschen herum! Die Steine dieser Stadt schienen mir geheiligt und ich wunderte mich nur, wie wenig doch eigentlich den Leuten von ihrer Seligkeit anzumerken war.« Bahr irritierte die »Vorliebe des Berliners fürs ›Rüde‹, vor der unsere Wehleidigkeit zunächst erschrickt«, ehe man sich dann erstaunlich schnell daran gewöhnte und willig entwienerte. »Seltsam, wenn ich unwillkürlich die beiden Städte verglich! Wien war doch viel älter, aber es tat ja damals um jeden Preis neu. Berlin war schon viel größer, aber es gab sich noch klein. Berlin war auch schon viel reicher, aber noch hielt es Armut in Ehren, ja es posierte fast auf arm und ich erinnere mich heute noch meines sprachlosen Schreckens, als ich einen alten General, einen von den großen preußischen Generälen, leibhaftig in einer humpelnden Droschke zweiter Güte zum Hofball fahren sah: der jüngste Leutnant der österreichischen Armee war damals in einem Einspänner undenkbar, er wäre vom nächsten Wachmann arretiert und standrechtlich degradiert worden.«

Die humpelnde Droschke durfte nicht darüber hinwegtäuschen, dass Wilhelm I., sein Kanzler und die preußischen Generäle vor nicht langer Zeit, im Januar 1871, in unheilvoller Großmannsgestik nach außen, untereinander zugleich zerstritten, ihren letzten Sieg, den mit fünf Milliarden Francs an Reparationszahlungen besonders lukrativen über Frankreich (vier Milliarden in der neuen einheitlichen Reichswährung), aufwendig in Versailles gefeiert hatten. Dabei passte es wohl zum inneren Selbstwiderspruch der neuen Reichshauptstadt, dass die Proklamation von Wilhelm I., König der Preußen, zum Kaiser des geeinten deutschen Reiches, trotz der hauptstädtischen Paradenfreudigkeit und trotz der Bedeutung eines verbindenden Gründungsrituals gerade auch nach innen, unter Ausschluss des eigenen Landes – der »verspäteten Nation« – nicht in Berlin, sondern auf niedergekämpftem Territorium fern der Heimat stattgefunden hatte. In dieser Hinsicht wie in manch anderer sei auch der vierundsiebzigjährige deutsche Kaiser (oder Kaiser von Deutschland, wie er lieber hätte sagen wollen) an der Seite seines sechsundfünfzigjährigen Reichskanzlers, dem vom Grafen zum Fürsten beförderten Bismarck, ambivalent gewesen. »Denn eines war deutlich: 1866 hat Preußen sich fast zu Tode gesiegt, mehr fremde Provinzen geschluckt, als durch den alten Beamten- und Militärstaat integrierbar waren, und zu sehr mit dem deutschen Nationalismus paktiert, als daß der Konservatismus dies unverändert hätte überstehen können.« (Michael Stürmer) So habe Wilhelm I. am Tag der Proklamation eine Äußerung getan, »die viele Historiker später unterschrieben: ›Heute tragen wir das alte Preußen zu Grabe!‹« Genau besehen doch »humpelnde Droschke«.

Helene von Nostitz, die 1878 geborene Diplomatengattin,

verwies einmal auf die »undurchsichtige Maske«, hinter der sich »verborgenes Leben« verstecke: eine »besondere Verhaltenheit Berlins, die dem Fremden mit scheinbarer Gleichgültigkeit Jahrhunderte alter Kultur verschweigt« und die ein preußisches Erbe sei. Man konnte Berlin »mit keiner anderen europäischen Hauptstadt vergleichen«, so die Nichte Hindenburgs im Rückblick. »Es ist weniger mystisch als Paris, Rom, Wien oder London – es steht nicht unter dem Schatten einer Kathedrale. Der Mensch, der hier ganz auf sich selbst gestellt ist, verlangt deshalb wohl umso entschiedener nach Ordnung und militärischer Zucht – und sucht dann wiederum einen Ausgleich in seinem manchmal etwas grimmigen Humor, der mit ironischer Überlegenheit schwere und gefährliche Situationen spielerisch umzubiegen versteht.« Die mit Rainer Maria Rilke, mit Hugo von Hofmannsthal und aller Welt korrespondierende Chronistin erläuterte solch grimmig-überlegenes Umbiegen als eine sich mit Schwere und Gefährlichkeit der Situation verstärkende »Gegenspannung«, und dies zu einem Zeitpunkt, der die Kontinuitätserkenntnis in ihren Formulierungen so aufschlussreich wie anrüchig werden lässt: 1938.

Man reagierte empfindlich auf das Neue, doch auf die »rüde« Weise ließ es sich für eine Weile noch vom Leibe halten (gar nicht erst ignorieren, wie es eine Redensart vorschlägt). Der Berliner im Allgemeinen galt als gelassen, und er blieb es auch, als sich nun, 1879, hier und da »Gegenspannungen« bemerkbar machten und Namen wie Adolf Stoecker, Hofdomprediger und Gründer der Christlich-Sozialen-Arbeiterpartei, oder Heinrich von Treitschke, Reichstagsabgeordneter und einflussreichster Geschichtsbildner seiner Zeit, programmatisch wurden, der eine in den Arbeitervereinen, der andere in den gebildeten Kreisen. Und ein Dritter, der Nationalökonom Eugen Dühring, unter den Studenten. Juden waren am Ende eines jahrzehntelangen Prozesses bei Gründung des Kaiserreichs rechtlich gleichgestellt worden, nun wurde darüber debattiert, ob sie nicht »unser Unglück« seien. Die im selben Jahr gegründete »antisemitische Liga« Wilhelm Marrs sah dieses Unglück als erwiesen an, von der Öffentlichkeit bis dato unbemerkt würde der neue Ausdruck »Antisemitismus« alle neuen judenfeindlichen Elemente in sich aufnehmen. Bismarcks »Kulturkampf« gegen den politischen Katholizismus war am Abflauen, doch ebenfalls im Sinne der Ordnung traten im Oktober 1878 des Kanzlers Maßnahmen gegen die Sozialdemokratie in Kraft (die Partei selbst war neun Jahre alt). Die Arbeiterfrage, die Judenfrage, die Frauenfrage, die Frage der nationalen Einheit und viele mehr – Parallelen, die sich im Unendlichen noch schneiden würden.

Berlin ist schon im 18. Jahrhundert ein Zuzugsort und im Jahr der Reichsgründung mit 826 000 Einwohnern die bevölkerungsstärkste mitteleuropäische Stadt gewesen. Doch es wuchs in den Jahrzehnten zwischen 1870 und 1900 parallel zu seinen Industrien in sogar für seine Verhältnisse gesteigerter Geschwindigkeit. Max Osborn, Hermann Bahr oder die Fischers – sie gehörten zu der halben Million Menschen, die dort allein bis 1885 und meist aus ländlichen Gebieten zuwanderten. Jedes Jahr gesellte sich eine ganze, Arbeit suchende Kleinstadt hinzu (nämlich 35 000 Menschen, Spandau beherbergte 1871 als größter Vorort 20 000); das mochte sich wie eine Verdopplung der Einwohner in nur vierzehn Jahren anfühlen. Die Vorstädte und das Zentrum wuchsen aufeinander zu: Der Berliner Großraum, in chronischer Wohnungsnot, würde 1895 mehr als 2,2 Millionen Menschen zählen. Es war der ideale Ort, etwas aus sich zu machen, im Auge der dynamischsten Volkswirtschaft Europas (nachdem das zu schnell gezahlte französische Geld 1873 auch hier erst einmal zu Börsenkrach und Fortschrittsdämpfung geführt hatte).

Doch das Berlin der 1880er Jahre, hierin stimmen die Stadtgeschichte und die persönlichen Eindrücke der Zeitzeugen einmal mehr überein, lag immer noch von landwirtschaftlich genutzten Feldern und Wäldern umgeben: »Noch war Berlin damals seines alten märkischen Sinns, seiner alten märkischen Kraft so gewiß, daß es den schon in seinen Eingeweiden lauernden Dämon niederhielt.«

»Ich lernte das alte Berlin kennen, als es Abschied von sich nahm. Es war damals das gerade Gegenteil großstädtischen Schwindels: eilends wachsend, aber unwillig, ohne sich's merken lassen zu wollen«, fuhr Hermann Bahr in seinem Rückblick von 1923 fort. Es gab noch eine »Anhänglichkeit an die behaglicheren Lebensformen der Vergangenheit, obwohl man deren Absterben ohne Sentimentalität bemerkte«, erklärte sich dasselbe Phänomen nach den Beobachtungen Max Osborns. »Wir wissen genau, daß die Äußerungen dieser Jahre in der wunderlichen Architektur der Gebäude, die durch ihr Gedränge äußerlich angehefteter Schmuckmotive imponieren wollten, wie in der Frauenmode, die mit Schleifchen, Rüschen, Bändern, Volants, Falten, Knöpfen, Besätzen aller Art die Parallele dazu bildete, in den Möbeln und sämtlichen Erzeugnissen des Kunstgewerbes, die von solcher Art oder Unart mitgeschleift wurden – daß dies alles ein naives Vergnügen an neuem Reichtum spiegelte, der auch zu protzen nicht vergaß.« Hinter schweren Vorhängen lagen Prachtausgaben deutscher Klassiker, Kultur darstellend, wie die Theater. Gerade eben feierte Ernst von Wildenbruch, ein Abkömmling preußischen Hochadels, Erfolge mit seiner Wiederbelebung der nationalen Stoffe: die *Karolinger.* Bei aller Dissonanz im Zugleich der großstädtischen Veränderungen ließ sich noch etwas Einheitliches ausmachen: eine »sich sonderbar ausdrückende« Romantik (Osborn).

»In jenen achtziger Jahren, deren Tiefstand [in der Kunst]

so viel gescholten und beklagt worden ist, schufen Conrad Ferdinand Meyer, Fontane und Raabe Meisterwerke, und Nietzsche dichtete den Zarathustra. Dennoch empfand man die Zeit als arm und begann leidenschaftlich gegen sie zu kämpfen. Das hatte mehrere Gründe; den wichtigsten, dass das Theater, als die sichtbarste Kunst, in der Tat verödet war; einen anderen, dass das Vorzügliche, was geschaffen wurde, von älteren Männern herrührte.« So erinnerte sich Fischer selbst. Der ältere Mann, Theodor Fontane, war Jahrgang 1819, hugenottischer Abstammung, gelernter Apotheker, ehemals London-Korrespondent, seit 1860 Redakteur der (von Bismarck mitgegründeten) konservativen *Neuen Preußischen Zeitung*, kurz *Kreuzzeitung*, Berichterstatter von den Kriegsschauplätzen, dabei unter Spionageverdacht für zwei Monate in französische Haft geratend, mit Bismarcks Hilfe freigekommen und seitdem, seit 1870, gewichtiger Theaterkritiker der liberalen *Vossischen Zeitung*. Mit beinahe sechzig Jahren veröffentlichte Fontane 1878 seinen ersten Roman und ließ von nun an fast jährlich einen weiteren folgen. Mit seinem erklärten Interesse für das »Mittlere«, das er, »idyllisch und humoristisch angeflogen, am liebsten behandle«, schilderte er ein Berlin, das atmosphärisch und topographisch so überschaubar blieb wie die Garnisonsstadt Neuruppin in der Mark Brandenburg, in der er aufgewachsen war. Ein Berlin, wie es Fischer bei seiner Ankunft noch kennengelernt haben musste.

Die von adeligem Offiziers- und Junkertum geprägte Werte- und Gesellschaftsordnung Preußens hat in Fontanes Romanen noch Bestand. Sie wird nicht offen in Frage gestellt, doch deren Protagonisten geraten an den Bruchkanten erheblich ins Wanken, wenngleich mit versöhnlicher Anmut. Jedem zeitgenössischen Leser musste sich dies vermitteln, denn es spielte damals, als man noch die Berliner Persönlichkeiten, darunter den Autor aus der Potsdamer

Straße, zu geregelten Zeiten im Tiergarten antreffen konnte, deutlich auf die Gegenwart an. Fontane ließ sich nicht nur von allseits erinnerten Vorkommnissen anregen, seine Figuren charakterisieren (neben der Symptomatik) die Chiffren ihrer Zeit bis hin zu den literarischen Zitaten.

Schon der erste seiner Berliner Romane, der im Sommer 1880 in zwei Folgen in einem Zeitungsdruck erschien, lehnte sich derart an ein Ereignis aus den Gesellschaftsspalten des Jahres 1874 an. *L'Adultera*, die Ehebrecherin. Betitelt nach einem Gemälde Tintorettos (*Christus und die Ehebrecherin*), das in der Novelle eine Schlüsselrolle zugewiesen bekam, insofern eine Kopie davon nach wenigen Seiten vom Ehemann gekauft und fortan als das »Vorherbestimmte« des Folgegeschehens immer schon an die Wand gemalt und in Gesprächen über das Bild so kunstvoll wie indirekt von den Eheleuten besprochen sein wird: der Ausbruch der fünfundzwanzig Jahre jüngeren Frau des Kommerzienrates van der Straaten aus ihrer einvernehmlichen »Vernunft«- also Versorgungsehe und die Frage nach der Schuld. (»Und daß ich dir's gestehe, sie wirkt eigentlich rührend auf mich. Es ist so viel Unschuld in ihrer Schuld ... Und alles wie vorherbestimmt.«) Doch entgegen der gesellschaftlichen Erwartung *und* Forderung der Zeit nahm die weibliche Eigenmächtigkeit bei Fontane nach reiflichen Krisen einen glücklichen Ausgang (ganz anders als bei seiner späteren, sehr viel berühmteren *Effi Briest*).

Es kennzeichnete die Beteiligten, sich letztlich nichts vormachen zu können und ihren für sie selbst leidvollen Bruch mit den herrschenden Normen zugunsten des Wirklichkeitsrechts der empfundenen »Wahrheit« durchzustehen: man durfte vielleicht »bourgeois« genannt werden, aber »spießbürgerlich« war man nicht. Melanie van der Straaten verließ Mann und Töchter in dem Stolz, »das kleine Gefühl« nicht länger ertragen zu wollen, »das an aller Lüge haftet«.

Sie war kein verwöhntes Leichtgewicht, würde nun erstmals »Stundengeben« (hieß arbeiten) und später ein weiteres Mädchen bekommen. Unverkennbar trug Fontanes Melanie Züge der Ibsen'schen *Nora*, die etwa zeitgleich ihr Puppenheim verließ, um herauszufinden, wer am Ende recht behalten werde, sie, die eigenwillige Einzelne, die zu sich selbst finden wollte, oder »die Gesellschaft«, die immer schon sagte, wer man sei. *L'Adultera* rief die Empörung hervor, die Ansteckung verhindern soll. Der Roman wurde weder von Fontanes bisherigem Verleger noch von seinem nächsten gedruckt und erschien als Buch erst 1882 in Breslau.

Um den hohlen Klang des »guten Tons«, um Realitätsverdrängung und das leere Festhalten am Äußerlichen ging es Fontane auch in der anschließenden, 1882 bei Wilhelm Friedrich in Leipzig erscheinenden Erzählung *Schach von Wuthenow*. Seine Titelfigur, ein Offizier (und »einer der besten«) des Regiments Gensdarmes in der Zeit vor den berühmten Schlachten von Jena und Auerstedt, in denen die Preußen am 14. Oktober 1806 Napoleon unterlagen, entzog sich unter dem Eindruck öffentlicher Bloßstellung einer ungewollten, schließlich jedoch vom König dekretierten Ehe mit einer folgenreich von ihm verführten, äußerlich durch Narben benachteiligten Dame der Gesellschaft, indem er Selbstmord beging. Auch dieser Stoff entsprach im Kern einer wahren, markant vom Autor veränderten Geschichte; sie bot Fontane den Rahmen, um im Salon einer schönen Witwe und ihrer klugen Tochter (ebenjener) in provokanten Streitgesprächen unter Offizieren (darunter ein historisch verbürgter Leutnant Karl von Nostitz) unterschiedliche Perspektiven auf den Niedergang der preußischen Geschichte, wie er sich zuletzt im persönlichen Verhalten des Schach von Wuthenow kristallisierte, zu inszenieren: die Möglichkeit, also die Vorzeichen, einer »Episode Preußen«.

Dabei glaubte noch der Schlusskommentar des in ihren

Gesprächen eigentlich zeitkritischsten Kameraden von Bülow das Verhalten des beliebten Offiziers zuerst als Ausnahme erklären zu dürfen, aber nein, es war ja doch schon die Regel; so oder so, Schach von Wuthenow verkörperte mit seiner schwächlichen Eigenliebe den Anfang vom Ende: »und Größeres als er wird folgen«. Jedes dritte Wort in dieser preußischen Armee sei »Ehre«, doch die sei längst zu Dünkel verkommen, zum »Kultus einer falschen Ehre, die nichts ist als Eitelkeit und Verschrobenheit«. »O, dieser gute Ton! Eine Stunde später war ein Reich zertrümmert und ein Thron gestürzt. Und warum? Weil alles Geschraubte zur Lüge führt und alle Lüge zum Tod.« Zürnte von Bülow unter dem Eindruck der Erschütterung (Fontane datierte dessen Fazit genau einen Monat vor die vernichtende Schlacht, auf den 14. September) und erinnerte dabei an eine vormalige Gesprächssituation mit dem toten Kameraden: »Schach tadelte mich damals als unpatriotisch. Unpatriotisch! Die Warner sind noch immer bei diesem Namen genannt worden.«

Lüge, Verlogenheit, Schein. In seiner Zuneigung zum alten Preußen, sich selbst ihm zugehörig fühlend, verzeichnete Fontane mit melancholischer Eindeutigkeit dessen enttäuschendes Ende. Preußen war am Ende, weil es sich hinter schweren Vorhängen von innen heraus verbraucht und erschöpft hatte. Dass es dies nicht wahrhaben wollte (womit noch die letzte Chance der Erneuerung vertan wäre), gehörte zum Befund (wohl auch, dass er selbst sich als Autor von den hier Angesprochenen verschmäht wähnte).

Insofern traf der jugendlich drängende Heinrich Mann, geboren 1871, den Punkt, als er in der ungeliebten, vom Vater verordneten Dresdner Lehrbuchhandlung schmorte, für die eigenen »Stilübungen« unablässig literarische Vorbilder suchte (Bruder Thommy wiederholte derweil in Lübeck noch einmal eine Schulklasse) und seinem Freund Ewers, wenn nicht über Frauen, dann über seine aktuellen Lektüreerfahrungen (manchmal auch über beides: »die realistische Auffassung der Frau«) – nun also über sein momentanes »Lieblingsthema« Fontane schrieb, von Werk zu Werk sehe er klarer: »Dieser Siebziger gehört ja auch zu den jungen Décadents, eigentlich.« Dieser unschätzbare Zeuge seiner Zeit »versteht alles und verzeiht alles«, so Mann, er »vertieft sich teilnahmsvoll in die grundverschiedensten Seelenzustände (›Seelenstände‹ würde Hermann Bahr sagen), zeigt überall die Notwendigkeit der einzelnen Entwickelung. Wem er selbst recht gibt, wird man sich am Schluß seiner Werke vergeblich fragen«. Er wisse nicht im Entferntesten: »Ist er Christ – oder Darwinist – oder gar Kompromiß-Mensch?« (Dies die jüngsten weltanschaulichen Alternativen.) Fontanes subtile Art, nicht Partei zu ergreifen und sie damit dem Leser anheimzustellen, faszinierte ihn. »Es steht alles fest; es ist eigentlich von vornherein alles mehr Zustand als Handlung.« Und: »Er ist fern von allem Stürmen und Schreien: Es muß besser werden. Er konstatiert nur: So ist es, und wie die Sachen liegen, *muß* es so sein.«

Die Sachen lagen nicht gut. Stürmen und Schreien standen unmittelbar bevor. Der in den Eingeweiden lauernde Dämon, wie der allgegenwärtige Hermann Bahr es mit Bezug auf diese Jahre ausdrückte, in denen er dann für die Literatur, wie gerade gehört, eine tonangebende Rolle spielte, wird sich nicht mehr niederhalten lassen, und er wird mit der programmatischen Parole *Wahrheit!* seinen Weg über die so gediegenen wie selbstzufriedenen Theaterbühnen nehmen. »In diesen achtziger Jahren wurde der moderne Typus des Berliners geboren, der hellhörig, begierig, wohl kritisch und gern spöttelnd, doch vorurteilslos und für jede Anregung dankbar-empfänglich, mit angespannten Nerven und erstaunlicher geistiger Regsamkeit alles in sich aufzunehmen suchte, was der lebendige Tag ihm zutrug. Freilich, dieser Typus stand damals erst in seinen jungen Jahren, und seine Hauptvertreter fand er in der aufwachsenden Generation.«

Es war genau besehen die junge Generation der Zugezogenen, von der Max Osborn hier sprach – der wirkliche Berliner stammt aus Breslau, lautete ein Hauptstadt-Bonmot der Zeit (das mit den Statistiken nicht ganz übereinstimmt). Und einen der Katalysatoren ihres eigenen neuen Ausdrucks fand diese Generation, zu der Samuel Fischer zählte, im kühlen Norden. Der norwegische Dramatiker Henrik Ibsen würde die Gesichter nun kreidig erscheinen lassen, im scharfen Wechsel von hell und dunkel: Es war das Stück *Gespenster*, ein *Familiendrama*, das bei Anwesenheit des Autors als Gastproduktion des renommierten Meininger Ensembles im Januar 1887 im Residenztheater seine fulminante Berlin-Premiere erlebte und fortan unvergessen blieb; *Gengangere* im Original, behandelte es wenig erbaulich das Wiedergängerische falschen Lebens und verknüpfte dabei auf drastische Weise das Marode der christlich-moralischen Menschenverfassung mit den determinierenden Gesetzen jüngerer Naturwissenschaft, indem sich die Sünden der Väter bis ins dritte und vierte Glied hier buchstäblich fortzeugten.

»Es ist ja nicht nur, was wir von Vater und Mutter geerbt haben, das in uns herumgeistert« – im Falle des Protagonisten Osvald Alving die Syphilis im Letztstadium, die er also nicht etwa seinem Pariser Künstlerleben, sondern den väterlichen Ausschweifungen verdankte –, es sind auch »alte, abgestorbene Überzeugungen«: »Sie sind nicht lebendig in uns; aber sie sitzen doch in uns fest, und wir können sie nicht loswerden«, die »gängigen Meinungen, die in der Welt in Umlauf gesetzt werden und dann wirken wie –« Gespenster. Wie Überlebtes. Wir sind Überlebte in einer überlebten Gesellschaft, sprach es unmissverständlich aus dem tristen Bühnenraum, aus dem Paralyse-panischen Kunstmaler Osvald und aus seiner alten Mutter, die um sich herum nur noch traurige Wahrheiten sah, und »darum sind wir auch so gotterbärmlich lichtscheu; wir alle miteinander«.

Die so verzweifelten wie ketzerischen Ideen der alten Hauptmannswitwe Alving kann der Pastor nur auf ihre abscheuliche, aufrührerische, ungute Lektüre zurückführen (der ironische Eigenverweis auf die als gefährlich angesehenen, tabubrechenden Schriften fand sich nicht selten). Sie wird ihm jedoch den mit »heißer Nadel« genähten Saum seiner christlichen Lehre vorwerfen: »Ich wollte nur einen einzigen Knoten lösen; aber als ich den aufhatte, war gleich alles aufgetrennt.« Paralyse auch des Glaubens also, und das bei der gewichtigsten Person des Stückes. »Riechen wir noch Nichts von der göttlichen Verwesung? – auch Götter verwesen! Gott ist todt! Gott bleibt todt! Und wir haben ihn getödtet! Wie trösten wir uns, die Mörder aller Mörder?«, fragte 1882 der andere einflussreiche Frühmoderne, Friedrich Nietzsche, klassischer Philologe und Pastorensohn. (Vorgreifend möchte man sagen, die im Kaiserreich anhebende moderne Literatur S. Fischers begann mit einem syphilitischen Sohn aus nordischen Landen in französischer Bohème und endete mit einem vater(lands)losen syphilitischen Genie aus Kaisersaschern: Thomas Manns Komponist Adrian Leverkühn im *Doktor Faustus*, der sich mit dem Teufel eingelassen hatte, wie sein Heimatland; geschrieben während des Zweiten Weltkriegs.)

Gespenster ist 1882 von einer Wandertruppe in Chicago uraufgeführt worden, nachdem der Zensor des Königlichen Theaters in Kopenhagen (wo 1879 Ibsens *Nora. Ein Puppenheim* ohne größere Skandale über die Bühne gegangen war) das Stück mit Abscheu verboten hatte. Wegen seiner schlimmen Verkehrung der Werte. Es gibt Menschen, in denen sich Umbrüche, Zäsuren, Übergangszeiten zu verkörpern scheinen. Henrik Ibsen, geboren 1828, war rund zehn Jahre jünger als Theodor Fontane (der ja noch zum Alten gehörte, trotz seines ausgeprägten Sensoriums für das Kommende) und ebenfalls einst Apothekerlehrling. 1887 lebte er bereits zwölf Jahre, mit Unterbrechungen, in Deutschland, in München vor allem, und war den Interessierten kein Unbekannter mehr; *Gespenster* konnte man seit 1884 für zwanzig Pfennige bei Reclam kaufen. Doch wann etwas eine kritische Masse erreicht, ins allgemeine Bewusstsein dringt und Geltung zugesprochen bekommt, folgt eigenen Gesetzen – ein anerkannter Spielort, die Sternstunde einer Besetzung oder einer Inszenierung (zumal wenn sie von außen kommt), die etwas unausweichlich werden lassen, wovon die Verstörten wie die Begeisterten gleichermaßen zeugen.

Die Erregung, die diese Berliner Aufführung verursachte, eine von der Zensur genehmigte Separatvorstellung, wurde von den Anwesenden der empfänglichen Generation, die sie mit in die Wege geleitet hatten, nun auch mit allen Mitteln aufrechterhalten. Sie waren ja längst auf diesen Autor, auf diese Stoffe und diese »kräftigste Realpoesie« aus, wie Paul Schlenther, seit ein paar Monaten der junge Kollege Theodor Fontanes bei der *Vossischen*, es formulierte. Er war zusammen mit seinem Kommilitonen Otto Brahm schon 1878 in einem kleinen Stadttheater in der Lindenstraße auf Ibsens *Stützen der Gesellschaft* gestoßen, zufällig: »und sogleich empfingen wir die erste Ahnung einer neuen poetischen Welt, wir fühlten uns, ein erstesmal, vor Menschen unserer Tage gestellt, an die wir glauben konnten, und aus einer allumfassenden Kritik der Gegenwart sahen wir die Ideale der Freiheit und der Wahrheit als der Stützen der Gesellschaft [so bei Ibsen], siegreich emporsteigen. Von Stund an gehörten wir dieser neuen Wirklichkeitskunst und unser ästhetisches Leben hatte seinen Inhalt empfangen.« Die Erregung neun Jahre später, sie bewies, wie überfällig eine neue Sprache, neue Konventionen, neues Denken waren; die Zeit war

»reif« für einen Paradigmenwechsel, wie man es heute nennen würde, und er ging mit dem Anspruch auf einen Generationenwechsel einher. Noch herrschte allerdings die Macht der alten Gespenster. Weitere Vorstellungen der »Spitalpoesie« blieben durch die preußische Zensur verboten.

Auch Samuel Fischer müsste am 9. Januar 1887 in der Sonntagsmatinee gesessen haben, und zwar mit einiger Nervosität, denn der schon nach dem ersten Akt von Otto Brahm auf die Bühne gerufene und, bei eher gedrungener Gestalt, recht patriarchisch auftretende Ibsen, war gerade »sein« Autor geworden, im Grunde sein erster. Am 28. Januar würde dessen jüngstes Stück *Rosmersholm*, geschrieben 1886 und in acht Tagen im norwegischen Bergen in der Uraufführung zu sehen, vom genauso jungen *S. Fischer, Verlag* ausgeliefert werden. Vielleicht ist der rund Achtundzwanzigjährige dem bald Sechzigjährigen mit zweigeteiltem Backenbart bei dieser Gelegenheit kurz vorgestellt worden? Ibsen schrieb immerhin am 4. Februar in einem Dankesbrief an seinen Berliner Gewährsmann, den Dänen Julius Hoffory, dass er »unter ein paar näher angegebenen Bedingungen betr. der Korrektur nichts dagegen einzuwenden habe, wenn ihre [Marie von Borchs] Übersetzung der ›Wildente‹ im Verlag des Herrn Fischer herauskommt statt bei Reclam«. Das war ein gutes Zeichen, ein sehr gutes.

Fischer hat experimentiert seit seiner Ankunft am Anhalter Bahnhof und sich mit aller Umtriebigkeit auf mehrere Orte ausgedehnt. Erstmals unterschied sich 1887 seine Wohnadresse, Lützow Ufer 19a, von den derzeit zwei Firmenstandorten, dafür lebte er dort auch über kurz oder lang in einem »Ibsen-tauglichen« Szenario: zu siebent in drei Generationen.

Von *Carl Fischer Söhne* zu *S. Fischer, Verlag*

Der moderne Hamlet steht mit dem Kursbuch in der Hand ...
nach John McClough

Es war eher eine Kaufmannskarriere, die Fischer vorschwebte, als er sich irgendwann in den 1870er Jahren für den Buchhandel entschied. Dieses Gewerbe konnte damals nicht als jüdische Domäne gelten, das wurde es erst in den folgenden Jahrzehnten. Der Buchhändler, bei dem der Liptauer in Berlin vielleicht seine erste, in jedem Falle seine entscheidende Arbeitsstelle fand, hieß Hugo Steinitz. Er war 1853 in Gleiwitz geboren und hatte sich nach langjährigen Gehilfenanstellungen in zwei renommierten Berliner Firmen just im November 1879 selbständig gemacht, in dem ungefähren Ankunftsjahr von Fischer in Berlin und, was für den Jungunternehmer in dem Moment bedeutsamer gewesen sein mochte, buchhändlerisch in dem ersten Novitäten-Rekordjahr wieder seit 1843.

Sein Ladenlokal, die *Centralbuchhandlung*, lag kundenstrategisch außerordentlich günstig, auf einer Achse zwischen der Universität, der Kunstakademie, verschiedenen Gymnasien und der Nationalgalerie im Osten sowie dem Reichstag mit zugehörigen Institutionen im Westen, in unmittelbarer Nähe zum Kaiserpanopticum und direkt gegenüber der Universitätsbibliothek, zwischen dem Deutschen Theater im Norden und dem Schauspielhaus im Süden. Steinitz bot seine Dienste und Bücher in der auch durch die Laufkundschaft der Cafés, Geschäfte und Hotels stets belebten Friedrichstraße

Nr. 141–143 an, in dem Abschnitt zwischen Dorotheen- und Georgenstraße, und dort wiederum im Laden 24 (später Laden 14) im »Central-Hotel«, ums Eck vom Bahnhof Friedrichstraße. Es war die einzige Buchhandlung in diesem Komplex, flankiert von einer Wäscherei und einem Hutmacher, und Steinitz wird seinen Laden parallel zu allen Veränderungen der folgenden Jahre auch nie aufgeben.

Sein Geschäft verband die Sortimentsbuchhandlung mit einem Antiquariat und einem »Leseinstitut«. Letzteres bezeichnete nicht eine der verbreiteten Leihbibliotheken, die 1880 zwanzig Prozent des Buchhandelsgeschäftes ausmachten, sondern einen Kommissionsverlag. Der Name passte noch zu den alten Gepflogenheiten des Buchhandels, nach denen die Sortimenter von den Verlagen mit ihren Novitäten unaufgefordert überschüttet wurden. Man gab die Ware dann unverzüglich an seine potentiellen Kunden weiter und remittierte am Ende, was von diesen vielleicht gelesen, aber doch nicht gekauft worden war! Solche Sitten wandelten sich gerade. Der Sortimenter entschied nun selbst nach den Erfahrungen des eigenen Standorts und sandte an die Verlage – oder den Zwischenhandel, wie die »Barsortimenter« – seinen »Wahlzettel«. Steinitz deckte also jedes Lebensstadium der Ware ab: das begehrte, aber vergriffene Buch, das man für den Interessierten über Annoncen suchte, daneben vielleicht die eine oder andere Novität des modernen Antiquariats, die als Folge von Überproduktionen billig angeboten werden konnte (was allerdings in großem Stil, für einen Buchhändler alten Schlages unfein war); im Sortiment natürlich das bereitgehaltene sowie das dank verbesserter Transportwege schnell lieferbare Buch und schließlich jenes in statu nascendi, in Manuskriptfassung, dessen technische Herstellung, Druck und Vertrieb man gegen volle Kostenerstattung und Beteiligung organisierte.

Der gewöhnliche Sortimentsbuchhändler stand in den

1870er und 80er Jahren unter dem Preisdruck einerseits der als »Schleuderer« verschrienen Zwischenbuchhändler, die bei Massenabnahme extreme Rabatte einräumten (die Rabatte waren überhaupt ein Dschungel), und andererseits der »Ramscher«, der gleichfalls verschrienen Großhändler, die sich auf die Abnahme von spekulativ überproduzierten Auflagen, die einen Verlag ab einer bestimmten Höhe so gut wie nichts mehr kosteten, spezialisierten und auf diese Weise eine Novität bereits in ihrem Erscheinungsjahr verbilligt an den Mann bringen konnten. Es gab keinen verbindlichen Ladenpreis; mit den verschiedenen Geschäftszweigen schuf man sich Ausgleichsmöglichkeiten für das Unwägbare. Das Steinitz'sche Sortiment selbst wird eine Bandbreite enthalten haben von Immerverkäuflichem (Schiller!) und Novitäten, dabei angepasst an die besondere Interessenlage der mehr oder weniger bekannten Viertelskundschaft sowie der Gelegenheitskäufer – Touristen, die etwas über Berlin zu lesen suchten. Von Wien kommend, musste sich Fischer beim Studium der Zirkulare, Publikumskataloge und Wahlzettel nicht umstellen; der österreichische Buchhandel bezog sein deutschsprachiges Sortiment aus Deutschland, das hieß auch: seine heimischen österreichischen Autoren. Mit eigenen Verlagen sah es im Nachbarland mau aus.

Steinitz und Fischer entfalteten eine rege Aktivität in diesen Jahren. Inwieweit dies mit der angedeuteten chaotischen Vielfalt des Buchhandels zusammenhing oder mit der persönlichen Entwicklung des einen und/oder des anderen, lässt sich nicht entscheiden. 1883 trennte Steinitz den Verlag vom Sortimentsbetrieb und firmierte damit offiziell ab dem 1. Oktober als *Hugo Steinitz & Co.* in der zweiten Etage der Kochstraße 63. Hinter dem »Co.« verbarg sich Samuel Fischer, es war sein erstes Auftreten als Eigentümer. Seine etwaige finanzielle Beteiligung kennt man nicht, dass sein Anteil allein in Wissen bestand, erscheint allerdings unwahrscheinlich – es passt nicht zu ihm. Außerdem waren Buchgeschäfte gar nicht investitionsaufwendig, und was er nicht selbst gespart haben mochte, ließ sich leihen. Eher plausibel war sogar, dass die Initiative von Fischer ausging, er den Kommissionsverlag ausbauen und dabei auf die Eingeführtheit des Steinitz'schen Namens, vielleicht auch auf dessen Erfahrungsvorsprung, nicht verzichten wollte. Steinitz seinerseits hätte mit einer Erweiterung des Verlags nichts zu verlieren, und dieser Teil des Buchhandels machte wohl auch einfach Spaß – bediente man nicht einen ungemein wirkungsvollen Hebel, und brachte nicht die wundersame Zufriedenheit bei Erhalt einer frisch gedruckten Ware jedes Mal aufs Neue diesen Eindruck mit sich? Es gab einen enormen Informations- und Aufklärungsbedarf, und alles, alles lief über die Schrift, das Druckerzeugnis.

Das Berliner Adressbuch, in dem sich der Verlag als *Steinitz & Co. Publikationsbüreau* bereits im Jahr 1883 eingetragen findet (demnach hätten sie sich vor Redaktionsschluss 1882 entsprechend organisiert), weist aus, dass »Fischer, S., Kfm.« im zweiten Stock der Kochstraße 63 auch wohnte, und zwar nicht allein, sondern zusammen mit seinem nächstälteren Bruder Moritz. Der half seit etwa derselben Zeit, 1882/83, in der *Centralbuchhandlung*. Und beide führten unter dieser Adresse zugleich eine weitere Firma: *Carl Fischer Söhne*, eine ominöse Agentur für Kommissionsgeschäfte, die sich außerdem als Vertreter des Unternehmens *Mayer, Langfelder & Hammerschlag* in der Burggasse 33, im VII. Wiener Bezirk annoncierte. Die Idee zu dem Unternehmen ging vermutlich von Moritz Fischer und dem Cousin Samuel Beer aus, denn Beer (der gerade in Miklós die Schwester Ernestine heiratete) wird 1884 neben Moritz als Inhaber »außerh.[alb]« angegeben, bevor dann S. Fischer als Mitbesitzer vermerkt ist. War es der Ehrgeiz, oder wollte er dem schwerfälligeren Bruder zur Seite stehen? Und welche

Waren konnten in dem Dreieck Berlin – Wien – Liptó Szent Miklós kursieren?

Kurzer Ausflug nach Wien. *Mayer, Langfelder & Hammerschlag* bestanden als offene Gesellschaft mit Eintrag ins Handelsregister seit 1878, auch sie legten ihre Ware nicht fest. Doch die Burggasse 33, in der Eduard Langfelder mit seiner Frau Pauline und den drei Kindern (und zeitweise auch Anton August Mayer) wohnte, ist ein stattliches Haus mit Palatschen und ausgedehntem Grundstück – gebaut ab 1864 und tatsächlich, wie vom Kaiser versprochen, bis 1894 für den Bauherrn, Langfelders Schwiegervater, steuerfrei. Langfelder war Jahrgang 1837. Er hatte mit Pauline die einzige Tochter von Adolph und Anna Kohn geheiratet; so wurde er für eine Weile der siebente zeichnungsberechtigte Gesellschafter der weitverzweigten k. u. k. Möbel-Dynastie *Jacob & Josef Kohn* mit Stammsitz im mährischen Wsetin. Mit ihren sechs Fabriken für Möbel aus gebogenem Massivholz waren die Kohns nicht nur der Hauptkonkurrent der berühmten Firma Thonet, sie betrieben daneben auch ein paar »k.k. landesbefugte Zündwaaren-Fabriken«, unter anderem in Krasna, sowie fünf Dampfsägewerke. Die Liste ihrer, laut Firmenanzeige von 1878, 24 Niederlagen, von Amsterdam oder Athen, über Beyrut (sic), Damaskus und Glückstadt bis Moskau, New York, Odessa, Petersburg, Riga oder Stockholm war nur wenig länger als die ihrer Privilegien und Auszeichnungen, darunter natürlich ein Preis bei der Wiener Weltausstellung 1873; dort standen sie unweit von *S. Reich & Co.* (die außer in Krasna ebenfalls eine Niederlage in Wsetin unterhielten) im nördlichen Hof 11b, Österreich Gruppe VIII. In Berlin firmierten *Jacob & Josef Kohn* gerade mal ein paar Schritte von der Kochstraße 63 entfernt, nämlich in der Friedrichstraße 34. Fiel hier also ein Geschäft für *Mayer, Langfelder & Hammerschlag* und ihre Berliner Vertreter *Carl Fischer Söhne* ab, oder ist dies buchstäblich ein Holzweg? Da wäre noch die Rudolphsquelle in Deutsch Kreutz, Langfelder war ihr Besitzer, unter dem Namen *Juvina* sprudelt sie noch heute, doch Anhaltspunkte für die gesuchte Commissionsware bleiben versickert. 1885 ist *Carl Fischer Söhne* in die Markgrafenstraße 35 umgezogen, danach findet sich von dieser Firma keine Spur mehr; und *Mayer, Langfelder & Hammerschlag* wurden in den Wiener Akten im Januar 1888 »uiber Dissolution gelöscht«. Allein der Rest einer herrlichen Jugendstiltapete – man sieht die passenden Möbel unmittelbar vor sich – hat sich in der Burggasse 33 bis heute erhalten.

Zurück nach Berlin. Parallel zu dem Treiben von *Carl Fischer Söhne* kündigten *Steinitz & Co.* zum 1. 10. 1884 mal wieder eine Umgründung an: Sie verbanden mit dem abgekoppelten Verlag erneut ein Sortiment und hießen nun *Steinitz & Fischer, Verlag – Sortiment – Antiquariat.* Das Gemeinschaftsunternehmen zog von der Kochstraße in die Friedrichstraße 174, in die »lebhafteste und schönste Straße Berlins«, und verfügte dort über »große Schaufenster« – und darüber, im dritten Stock, befand sich auch wieder die Privatwohnung der Brüder. Man darf es sich in der Praxis wohl so vorstellen, dass Samuel Fischer das Geschäftslokal von Nr. 174, im Abschnitt zwischen der Jäger und der Französischen Straße, betreute, während Steinitz ein paar Blocks nördlich davon in seiner angestammten *Centralbuchhandlung* stand. Und Moritz Fischer half mal hier, mal da.

Dies mochte dem Getriebe der sich gelassen gebenden Hauptstadt in dem Jahrzehnt zwischen börsenverursachter Dämpfung (1870er) und besonders gestählter internationaler Konkurrenzfähigkeit (1890er) entsprechen; doch bedeutete der zweite Gesamtbuchhandelsbetrieb nun ein Zeichen für gut laufende Geschäfte ihrer vereinten Kräfte oder für eine verkappte allmähliche Selbständigkeit Fischers, vielleicht sogar beschleunigt durch eine günstige Gelegenheit, den momentanen Leerstand im Haus Nr. 174? Als Verleger hätte sich Fischer jederzeit selbständig machen können. »Verleger« war ein etwas unscharfer Begriff geworden. Seit 1869 bestand Gewerbefreiheit, und in der Provinz gab es schon Kleinhandwerker, die ihren Betrieb um eine »Buchhandlung« erweiterten. Doch Carl Fischers jüngster Sohn zielte wohl von vornherein auf etwas Solideres, auf eine Reputation und auf die Absicherung durch seine Aufnahme in die Buchhändler-Corporation. Möglicherweise darin angespornt durch das Vorbild des sechs Jahre älteren, gutausgebildeten Hugo Steinitz, der gerade in diesem Sommer zum Schriftführer der Berliner Branchenvereinigung gegen die Schleuderer und für ein geregeltes Geschäftsgebaren ernannt worden war.

Das viele Hin und Her der Partner stiftete jedenfalls auch bei den Kunden Verwirrung; Steinitz und Fischer wiesen auf getrennte Konti ihrer Unternehmenszweige hin, die es bitte sehr zu beachten gelte. Zwecklos. Denn als wären dies eben tatsächlich mehr schlecht als recht funktionierende Übergangsarrangements, haben die Compagnons ein paar Monate später schon wieder neu gemischt und diesmal eine partielle Trennung eingeleitet. Am 16. Februar 1885 ging das Sortiment von *Steinitz & Fischer* an die Firma *Gebrüder Fischer, Sortiment und Antiquariat* über (die Adresse blieb die Friedrichstraße 174). Zwei Tage später richtete Fischer sein Aufnahmegesuch an die hiesige Buchhändler-Corporation, und keine drei Wochen später wurde es positiv beschieden. Mit diesem Tag, dem 28. Februar 1885, war Samuel Fischer ein in die Corporations-Rolle eingetragener, durch Unterschrift den Statuten verpflichteter Berliner Buchhändler und Verleger und obendrein, im Rahmen seiner derzeitigen Beteiligung an drei Firmen – *Gebrüder Fischer Sortiment, Carl Fischer Söhne* sowie *Steinitz & Fischer* –, Import-/Exportkaufmann von bis heute unbekannter Ware.

Für die nächsten anderthalb Jahre konsolidierten sich die Geschäftsstrukturen. *Carl Fischer Söhne* wurde, wie erwähnt, eingestellt, man unterhielt zwei Buchhandlungen mit Ladenlokalen und einen gemeinsamen Verlag. Im nahe gelegenen Café Bauer, einem schon in der Literatur der Zeit verewigten Anziehungspunkt, der von Touristen auf Geheiß ihres Baedekers bis spät in die Nacht nicht ausgelassen wurde, hatte man obendrein für interessierte Firmen Werbeflächen abzugeben. Im Frühjahr ging es nach Leipzig zur »Ostermesse«, die hauseigenen Neuerscheinungen wurden der Branche im *Börsenblatt für den Deutschen Buchhandel* inseriert. Es waren die unterschiedlichsten Dinge, die von Steinitz und Fischer in Kommissionsverlag genommen wurden. Broschüren zu Spezialthemen, zu Zollfragen oder der Damenschneiderei, oder ein Werk des gleichaltrigen Carl Bleibtreu, Sohn eines Schlachtenmalers und selbst Schlachtenschilderer. Dessen *Erinnerungen eines französischen Officiers* an Sedan (wie bei seinem äußerst erfolgreichen Vorgängerbuch *Dies irae* in anderem Verlag) erfreuten sich schon 1884, noch bei *Steinitz & Co.*, der vierten Auflage. Dass die Compagnons nicht nur Zeitungsleser waren, sondern manche der dort Tätigen persönlich kannten (das Ullstein'sche Pressehaus befand sich in der Kochstraße), legt eine Geschichtensammlung, ein Familienalmanach Berliner Autoren, nahe, den sie unter dem Titel *Souvenir* herausgaben und als solches verstanden wissen wollten: als Mitbringsel für stolze vier Mark.

Sie betreuten auch Verbandszeitschriften, die neue medizinische Monatsschrift *Hygienische Rundschau* oder den *Berliner Hotel-Courier*, eine sogenannte Inseraten-Plantage, die in den Hotels auslag und sicherlich eine Eigenanzeige der Kommissionsverleger enthielt. Dabei beschäftigte Samuel Fischer (laut seiner Frau Hedwig) einen »alten tüchtigen Annoncenaquisiteur«, mit dem er etwa die großformatige Reclame-Mappe *Der Welthandel in Bildern* zusammentrug; sie reiste auf den Ozeandampfern mit – ein weiterer prosperierender Bereich der in Bewegung versetzten Menschheit – und brachte über die Jahre ein hübsches Sümmchen ein (vielleicht behauptete dies nur die Gerüchteküche); umgekehrt fanden die Touristen der angloamerikanischen Sprachsphäre bei *Steinitz & Fischer* einen Berlinführer mit Kartenanhang. Und der eigentliche Renner? Als Sinnbild der Neuzeit gilt weithin die Eisenbahn, man könnte mit gleichem Recht die Schnellpresse wählen, zusammengenommen ergibt sich der Fahrplan: das *Taschen-Kursbuch für Nord- und Mitteldeutschland* war ihr größter Verkaufserfolg. (Und wenn man in späteren Briefen liest, mit welcher Engelsgeduld Samuel Fischer seiner Frau die alternativen Zugverbindungen ans Ferienziel mitteilte, dann ahnt man, wie nützlich und zufriedenstellend er selbst dieses Produkt seiner Verlagsbuchhandlung fand.)

Überraschenderweise kündigte das Adressverzeichnis von 1885 für den 1. April einen privaten Wohnungswechsel von Hugo Steinitz in den dritten Stock der Brüder Fischer an. Es mochte an der Berliner Raumnot und den ständigen baulichen Maßnahmen liegen, vielfach war es die Stadtbahn, der mühsam Platz geschaffen wurde. Eine solche Maßnahme verhalf den beiden Buchhändlern jedenfalls ein Jahr später zu ihrer endgültigen geschäftlichen Lösung. Das Haus Friedrichstraße 174 sollte noch 1886 um- oder neugebaut werden, die Mieter wurden gegen eine Abstandssumme (von 10 000 Mark ist die Rede) um Auszug gebeten. Dies war Auslöser genug, nach gut drei Jahren gemeinsamer Geschäftsführung auch ihre Betriebe auf neue Fundamente zu stellen. Steinitz behielt die medizinischen Fachschriften, die sich angesammelt hatten, Fischer fast ausschließlich Berlin-Titel. Im Börsenblatt annoncierten die beiden Partner, zum 1. September 1886 ihre Firma *Steinitz & Fischer* liquidieren und zum selben Datum ihr Tun mit den eigenen Verlagsbuchhandlungen getrennt fortsetzen zu wollen. Zwei Straßen weiter in südlicher Richtung, in der Mohrenstraße 10, firmierte von nun an *S. Fischer, Verlag*. Es war erneut ein besonders günstiger Standort mit dem Postamt und der Telegraphenstation, der Hotel-Gesellschaft und dem von ihr betriebenen Hotel Kaiserhof sowie dem Wiener Café in unmittelbarer Nachbarschaft (Mohrenstraße 1). Im selben Haus hatte man Schreyer's Lithographische Anstalt sowie Stangen's Reise-Bureau; *Stangen's illustrirter Führer durch Berlin, Potsdam und Umgebung* wird also nicht zufällig im neuen Verlag erscheinen, bis 1894 in zehn Auflagen. Dessen junger Besitzer schaffte sogleich ein Telefon an, im November ließ er sich in den just in diesem Jahr gegründeten Deutschen Verlegerverein aufnehmen, allein mit der Sortimentsbuchhandlung der Gebrüder, die in die Friedrichstraße 165 umgezogen war, blieb alles beim Alten.

Dass etwas »beim Alten« blieb, ließ sich mit Bezug auf irgendeinen Zweig des Verlagsbuchhandels allerdings nicht wirklich sagen, denn dieses Gewerbe war noch immer dabei, mit den enormen technischen Neuerungen der letzten Jahrzehnte, sowohl in Sachen Papierherstellung und Schriftsatz als auch maschineller Vervielfältigung und Buchbinderei, strukturell Schritt zu halten. Die Veränderungen waren tiefgreifend. Sie vollzogen und verzahnten sich, ausgehend von den industrialisierten Produktionsbedingungen, der Mechanisierung und Automatisierung, in allen Bereichen des Lektürebetriebs und betrafen auch alle daran Beteiligten: Herstellung, Vertrieb und Zensur, Leser, Verleger und Autoren. Sicherlich war es leichter, in solchen Umbruchzeiten sein Unternehmen zu beginnen, als die Neuanpassung eines altgedienten Betriebes bewältigen zu müssen. Die Lage erschien einem ambitionierten jungen Mann vermutlich sogar besonders günstig; nicht von ungefähr verdoppelte sich zwischen 1865 und 1880 die Zahl der Buchverlage und löste Berlin das ehrwürdige Leipzig als Verlagshauptstadt ab. Die Lage im Winter 1886/87 – ein Schnelldurchlauf:

Bereits 1818 war in Berlin eine dampfbetriebene Mühle aufgestellt worden, durch die sich die tägliche Papierproduktion verzehnfachen ließ. Nach Einführung der in Amerika und Schweden entwickelten Zellstoffproduktion auch in Deutschland (1874) konnte die Ressource Papier dann auf preiswerte Weise ins Unbegrenzte gesteigert werden. Adäquate Falzmaschinen und leistungsfähige Setzmaschinen hielten mit dieser Entwicklung erst ab etwa 1880 Schritt. Anders die Druckmaschine: Schon 1814 stellte die *Times* in England ihre Zeitung auf das von Friedrich Koenig erfundene Verfahren der Schnellpresse um. Koenig hatte anfänglich im eigenen Land auf seine Innovation nur verhaltene Reaktionen geerntet, er gründete dennoch 1817 mit einem Compagnon eine Druckmaschinenfabrik in Würzburg. Seine Konstruktion revolutionierte den Buch- und Zeitungsdruck; Dampfschnellpressen arbeiteten bereits in Hamburg, Berlin und Augsburg, als erstmals auch Buchverlage (Metzler in Stuttgart und Brockhaus in Leipzig) eine Maßanfertigung für ihre Druckereien bestellten. Sie fiel mit 15 000 Gulden in der Anschaffung und noch einmal 800 Gulden jährlicher Betriebskosten ins Gewicht, dafür sparte sie den Jahreslohn von 20 000 Gulden für einen gelernten Drucker. Man brauchte nur noch zwei »möglichst arme Gassenjungens«, einen Lehrling und einen Aufseher, jedenfalls keinen Buchdrucker mehr, wie mit Fortschrittsfreude geworben wurde.

Die durch Groschenjungens entbehrlich Gewordenen hatten nun umso mehr Zeit zu lesen, was die Wundertiere in ganz neuer Auflagendimension ausspuckten. (Und es würde tatsächlich immer mehr ihnen gelten, was es dort zu lesen gab; während sie sich jetzt erst einmal unter Wert zu verkaufen hätten.) Die als standesbewusst bekannten Buchdrucker wehrten sich vergebens gegen den Niedergang ihres Handwerks, in dem Können und Kenntnis von nun an nicht mehr das Ausschlaggebende sein würden: »So ist z. B. in Tilse ein Buchbinder auch Besitzer einer Buchdruckerei, der weder die Kunst erlernt hat, noch sie selbst üben kann. Ein Tuchhändler besitzt eine Officin, die sein verstorbener Bruder vor fünf Jahren einrichtete, und führt sie mit einem Compagnon im Tuchhandel und einem Oekonom weiter fort.« So beschwerte sich 1834 ein Verbandsblatt; man forderte noch den inneren Zusammenhang von Besitz und Besitzer im Besitztum.

Auch Goethes Verleger Johann Friedrich Cotta, nicht gleichermaßen fachfern wie ein Tuchhändler, kaufte eine solche Maschine, um darauf schließlich seines bestbezahlten Autors Ausgabe letzter Hand auf industrielle Weise drucken zu lassen: verbilligt und beschleunigt. Er hatte sie deshalb auch erst nach einem harten Konkurrenzkampf, einer regelrechten Versteigerung, zugeschlagen bekommen. Goethes Übertreffenszwang, seine latente Verarmungsangst (»Er hat den Schlüssel des Holzstalles unter seinem Kopfkissen und läßt das Brot abwiegen«, wird Schillers Schwägerin zitiert) sowie sein Misstrauen gegenüber den neu auftretenden Marktmechanismen, darunter das ungeregelte Geschäft mit Nachdrucken, machten es seinem Verleger schwer; Goethe: »es ist dies: daß der Verleger jederzeit genau weiß, was ihm und seiner Familie frommt, der Autor dagegen völlig im Dunkeln ist. Denn wo sollte er in dem völlig gesetzlosen Zustand des deutschen Buchhandels Kenntnis nehmen, was darinnen Rechtens ist, was Herkommens und was nach sonstiger Convenienz Buchhändler sich einander verzeihen und gegen die Autoren erlauben.« (Als latentes Grundgefühl wird sich auch nach Einführung des Urheberrechts diese Ungewissheit über alle Autorengenerationen hinweg erhalten.)

Die 20 000 Exemplare der Goethe-Ausgabe werden dann erst 1840 verkauft sein, acht Jahre nach dem Tod von Verleger und Autor, doch zu einer Auflage von 100 000 Exemplaren, ebenfalls für Autor und Verleger posthum, brachte es im selben Verlag schon 1837/38 Friedrich Schiller, nicht zuletzt dank der weiter verbesserten Stereotypie (ab 1830), durch die sich mehrere Parallelabdrucke gleichzeitig, also höhere Auflagen in noch kürzerer Zeit und noch einmal preiswerter anfertigen ließen.

Den Markt beherrschten zu diesem Zeitpunkt tatsächlich die, welche die Maschinen am besten auszulasten verstanden. Das Cotta'sche Verlagsmodell der kostspieligen Klassikerausgaben würde in der nächsten Generation des jungen Nachfolgers Georg überholt sein. Zwei Jahre nach Goethes und seines Verlegers Tod empörte sich (parallel zu den Buchdruckern) 1834 im Gründungsheft des Börsenblatts für den Deutschen Buchhandel der Verleger Friedrich Perthes über die »Buchhandels-Bijouterie-Fabrication« der Spekulanten, die Eingang in das ehrwürdige Gewerbe deutscher Geisteswahrung – gekennzeichnet durch »Wissenschaftlichkeit, Gründlichkeit und Gediegenheit« – gefunden hätten und dabei unterstützt würden von »der federschnellen Zunft der Scribler«. Bis zu einer »schwindelnden Höhe« hätten es, dank der deutschen Industrie und der trefflichen »Beachtung des augenblicklichen Bedürfnisses«, solche Unternehmungen gebracht wie »das Pfennigmagazin und alle diejenigen periodischen und enzyklopädischen Werke, die mit ihm in Konkurrenz getreten sind«. Wenn der Buchhändler nun nicht mehr »Ehre höher achtet«, dann droht »das Versinken in den Dienst der Seichtigkeit, der Oberflächlichkeit, der Vielwisserei, des Bilderkrames unter der täuschenden Firma der Volksbildung nur um des Gewinnes willen!« Kulturverfall. Ausgelöst durch das neue Phänomen des Gewinns durch Masse.

Das trefflich erkannte »augenblickliche Bedürfnis« meinte vor allem die billig produzierte und verkaufte Literatur der neuen »speculativen Richtung« des Verlagswesens, die sich im liberalen Stuttgart konzentrierte. Spekulativ in zweierlei Hinsicht: auf den Geschmack des Publikums und in der Höhe der Auflagen, die von einem bestimmten Punkt an nur noch wenig kosteten. »Diese belletristischen Groschenbibliotheken funktionierten allesamt nach dem gleichen Rezept: leichte Romankost ausländischer, daher nicht zu honorierender Autoren, schnelle Übersetzungen durch karg entlohnte Studenten und Militärs, billige Ausstattung, Massenauflagen und zudringliche Publikumswerbung.« Unter solchen Ausgaben fanden sich jedoch auch Namen wie Charles Dickens, Walter Scott oder George Sand, und der Stuttgarter Metzler Verlag lieferte sukzessive, was den Verkauf bekanntlich fördert, eine Bibliothek griechischer und römischer Klassiker in insgesamt 729 Bändchen. Doch den Bildungswächtern war auch dies nicht recht: »jedes Nähtermädchen kann sich für ein paar Thaler eine Bibliothek klassischer Romane anschaffen. Unnatürlich schnell hat sich die Sucht nach dieser Art von Dichtungen verbreitet, und hunderttausend Menschen haben jetzt durch diese Groschenbibliotheken einen Maßstab erhalten, nach welchem sie eigensinnig unsere deutschen Produkte messen.«

Die Bedrohungen waren demnach vielgestaltig: die Originalliteratur deutscher Autoren geriet, weil teurer, weil anstrengender, ins Hintertreffen (die mit Abfälligkeit erwähnten deutschen »Scribler« waren, nebenbei bemerkt, meistens Beamte, die nach Feierabend das pikante oder gemütliche »Leihbibliothekenfutter« produzierten, zu 80 bis 90 Prozent Romane); und den altehrwürdigen, noch im 18. Jahrhundert geborenen Programmverlegern, wie allen voran der Beschwerdeführer Friedrich Perthes (1772–1843), wie Cotta (1764–1832) oder Georg Andreas Reimer (1776–1842), der

Verleger von Kleist und Tieck sowie den Grimm- und den Humboldt-Brüdern, drohte Identitäts- und Statusverlust. Sie wollten ihre »Kulturmission« mit dem hohen geistigen Gut, das sie vertrieben und repräsentierten, nicht durch die Gewinnmaxime spekulativer Verlage profanisiert sehen. Die Vorzüge der verbilligten Produktion, nämlich die Emanzipation einer ganz neuen Leserschaft, die sich durch die erschwinglich gewordene, im Kolportagehandel geradezu hinterhergetragene Lektüreware (preiswerter zu abonnieren, als in den Bibliotheken zu leihen) ihrer Schwellenangst entledigen und Geist, Moral und Gehör schulen konnte, die lehnten sie deshalb genauso sehr ab. Die »deutschen Produkte« mussten vor ungezügelten Urteilen bewahrt, Bildung sollte den Gebildeten vorbehalten bleiben – wie viel Eigensinn vertrug ein »Nähtermädchen«, genauer, wie viel Eigensinn eines Nähtermädchens vertrug die Welt?

Wenn es nach der Zensur ging, nicht ein bisschen. Der Andrang des Papiers – Zeitschriften, Broschüren, Flugblätter, Bücher, Hefte, Pamphlete etc. etc. – und die neuen Leserschichten, die damit zu erreichen waren (gerade im sich weiter und weiter ausdehnenden Kolportagevertrieb der Haustürverkäufer), stellten diese Seite des Lektürebetriebes längst vor große Probleme. Für die Zensur waren bereits Autoren wie Goethe, Schiller und Kleist beziehungsweise deren Protagonisten am Text korrekturbedürftig gewesen. Sie wirkten unter anderem zu liberal (*Egmont*) oder blasphemisch (*Faust I*), majestätsbeleidigend (wenn der *Prinz von Homburg* weinte) oder eben revolutionär (*Tell*). Wie verfuhr man nun erst mit den erklärten Oppositionellen, den »Jung-Deutschen«, die unter dem Einfluss des Pariser Bürgeraufstands im Juli 1830 Kritik am herrschenden System formulierten, die mitbestimmen wollten, und sei es zwischen den Zeilen? Man wurde rigoroser. Bestand man bis dahin auf einer Vorzensur von Publikationen bis zu 320 Seiten, führte man jetzt 1830 ergänzend die nachträgliche Konfiskation und schließlich das Verbot der Werke einzelner Schriftsteller (Heinrich Heine) und ganzer Verlage im Vorhinein ein.

Neben den konservativen (die eine Zensur der Lektüre für Nähtermädchen nicht schädlich fanden) und den spekulativen Verlegern (die es nicht tangierte), betraf dies vorrangig einen buchhandelsgeschichtlich neuen Typus liberaler Förderer oppositioneller Literatur und ihrer Autoren; allen voran den so gefürchteten wie angesehenen Julius Campe, der etwa Heinrich Heine, trotz des Generalverbots, an der Zensur vorbei zu verhältnismäßig großer Verbreitung verhalf, in der Regel Dreitausender-Auflagen. Hoffmann von Fallerslebens vorgeblich *Unpolitische Lieder* brachten es 1841 sogar auf 20 000 Exemplare. Campes Verlag galt »als Heimstatt der fortschrittlichen Literaten des ›Jungen Deutschland‹«, die er mit konventioneller, mit Epigonen-Literatur, und wissenschaftlichen Werken einzubinden und zu finanzieren verstand. Seit 1823, damals einunddreißig Jahre alt, leitete er als Inhaber die Firma *Hoffmann & Campe* in Hamburg, in deren Verlagsverzeichnis man 146 Werke von 36 oppositionellen Autoren gezählt hat, »von liberalen Konstitutionalisten bis zu radikalen Demokraten, getreu seinem Motto ›Mein Hauptverlag ist junge Literatur‹.«

Der Not der Zensur verdankte sich immerhin die allmähliche Regelung des Autoren-Urheberrechts, des Rechts am geistigen Eigentum. Hier traf sich das gegen räuberische Nachdrucke gerichtete Autoren- und Verlegerinteresse mit dem Kontroll- und Eindämmungsbedürfnis der Obrigkeit gegenüber den Eigensinn fördernden Schriften. Mit Fortschreiten der technischen Möglichkeiten nahmen die Praktiken des Raubdrucks für Verleger und Autor wirtschaftlich schädigende Ausmaße an; die ideologische Arbeit der Zensur wiederum machte die Reproduktionstechnik langfristig aussichtslos. Was sie ohnehin war. Die unterschiedliche Handhabung dieses Herrschaftsinstrumentes in den verschiedenen deutschen Kleinstaaten ließ den »Ideenschmuggel« (Gutzkow) blühen. Von Oppositionsverlagen, die aus dem deutschsprachigen Ausland agierten, ganz zu schweigen. Teil der sich hinziehenden Regelungen und ein Markstein der Buchhandelsgeschichte wurde die Einführung der bei Todesfall einsetzenden dreißigjährigen Schutzfrist für die verlagsvertraglichen Urheberrechte von Autoren. Zum Stichtag erklärte man den 9. November 1837: drei Jahrzehnte später, ab dem 9. November 1867, durfte dann jedermann Texte von Schiller, von Goethe, Wieland, Herder, Lessing, Kleist und vielen anderen zum Selbstkostenpreis publizieren. Und die jüngste Generation der Satz- und Druckmaschinen, namentlich die seit 1865 eingesetzte Rollenrotationsmaschine, stand zum Stichtag für dieses Futter, das nun zu einer ersten echten Massenverbreitung verdaut werden würde, gut geölt bereit.

Der Erfolg galt als sicher, denn die Antwort von Cotta junior auf die »Buchhandels-Bijouterie« und die großen Erfolge der Kolportage-Abonnements war in den letzten Jahren eine besonders exklusive Verlagspolitik gewesen, und zwar nicht nur die fast vollständig von ihm verlegten Klassiker betreffend. Er hatte mit dem Prestigebedürfnis des Besitzbürgertums kalkuliert und wohlausgestattete Luxusausgaben herausgebracht; auch Illustrationsverfahren hatten sich vereinfacht. Seine *Volksbibliothek deutscher Classiker* wurde nur geschlossen abgegeben, oder der Leser wich auf die umso teureren Einzelband-Bibliotheken aus. Auf das »Klassikerjahr« 1867 bereiteten sich unter vielen anderen so große Verlage wie Brockhaus und Meyers Bibliographisches Institut punktgenau vor, um nun »das breite Volk« für zwei Groschen (statt zwei Reichstalern, was das Vierundzwanzigfache war) in den Genuss *seiner* Klassiker kommen zu lassen.

(Der Zensur konnte es recht sein.) Der Verlag Reclam, 1828 gegründet und zu den liberalen, einst oppositionellen Verlagen zu zählen, der 1846 sogar verboten war, würde mit seiner Idee der *Universal-Bibliothek* langfristig als der große Gewinner dieses Jahres hervorgehen, ihr erster Band: Goethes Faust I; und unter den toten Autoren mit Millionenauflage Friedrich Schiller.

Das Klassikerjahr, in dem sich unter preußischer Führung auch der Norddeutsche Bund gründete, in dem der alte Julius Campe starb, die Schreibmaschine aufkam sowie Band I des Marx'schen *Kapitals* in einem Hamburger Verlag erschien, bedeutete für die Lesehungrigen aller Stände einen Bildungsschub. Und es bestimmte nicht zuletzt die Kindheits- und Jugendlektüre der in den 1880er Jahren erwachsenen Generation. Man könnte dieses Jahr jedoch ebenso zum Markstein deutscher Rückwärtigkeit erklären – Rückwärtigkeit auf hohem Niveau und mangels überzeugender zeitgenössischer Lektüre –, wenn man daran denkt, was sich im selben Jahr, 1867, in Frankreich als Neuerscheinung diskutieren ließ: die mit all ihren sozialen Implikationen pathologisch genau dargestellte Kriminalgeschichte der *Thérèse Raquin* von Emile Zola, dem Begründer der literarischen Richtung, die in den Kreisen der jungen Autoren im Norden und im Süden Deutschlands während Samuel Fischers Anfangsjahren hinter all den gegenläufigen Zeiterscheinungen gärte, des Naturalismus.

S. Fischer in der Mohrenstraße 10 nahm nun die *Thérèse Raquin* zwanzig Jahre nach ihrer Originalausgabe in seinen ersten Monaten des Betriebs in Verlag. Und zwar nicht in einer »Soldatenübersetzung«, sondern in einer deutschen Dramenfassung von Jocza Savits, dem Regisseur des Münchner Hoftheaters. Nach zwei weiteren Übersetzungen würde Zola dem Verleger schreiben: »Ich erhalte das Exemplar des

Traums, den Sie in deutscher Sprache herausgebracht haben, und die Ausführung scheint mir perfekt. Ich danke Ihnen für die Sorgfalt, die Sie dieser Ausgabe gewidmet haben.« Zu seinem eigenen Bedauern hatte der Autor die Rechte an der dramatischen Fassung nun leider schon vergeben. »Warum haben Sie sich nicht früher mit mir in Verbindung gesetzt?« Die Frage ließ sich beantworten. Fischer folgte Empfehlungen, und seine Verbindungen nach Frankreich waren weniger leichtgängig als etwa nach Russland, durch den Experten, Übersetzer und Agenten August Scholz, der gleich 1887 das Tolstoi-Drama *Macht der Finsternis* (und nachfolgend noch einige Dostojewski-Werke, darunter *Der Idiot*) bei ihm unterbrachte. Noch leichtgängiger waren seine Verbindungen nach Skandinavien, durch Mittelsmänner wie den dänischen Enthusiasten und Literarprofessor in Berlin, Julius Hoffory, der »seinen akademischen Dünkel« vergaß, so Paul Schlenther, als er merkte, er werde seine Ideen nur in einem kleineren Verlag der Friedrichstraße los. Fischers Hauptaugenmerk blieb auf dem sich längst von selbst empfehlenden Ibsen, der, zur Erinnerung, in diesem ersten Jahr gleich mit zwei Stücken bei ihm vertreten war, *Rosmersholm* und *Die Wildente*. In welchem Maße aus eigener Begeisterung oder geschäftlicher Witterung, lässt sich an dieser Stelle nicht sagen. Hoffory jedenfalls hatte keinen anderen Verleger gefunden.

Fischers vielfältiges Angebot des ersten Jahres, in dem passenderweise die Buchpreisbindung eingeführt wurde, zeigt auch, in welch hohem Maße er auf seinen Erfahrungen im Gesamtbuchhandel aufbaute: Die Nützlichkeit des *Berliner ABC*, Kursbuch des Eisenbahnnetzes nebst Karte von Mitteleuropa und Taschenfahrplan, hatte er im Gemeinschaftsverlag mit Steinitz erprobt; die humoristischen *Berliner Wespen* des (zugezogenen) »Ur-Berliners« Julius Stettenheim (Erfinder der komischen Figur des Kriegsberichterstatters *Wippchen*), die Fischer ebenfalls mitnahm, erschienen 1887 bereits im 20. Jahrgang. Mit Verbandszeitschriften und Inseratenblättern kannte er sich einschlägig aus, seinem »alten tüchtigen Annoncenaquisiteur« wird er so schnell nicht kündigen. Im Gegenteil. Der ambitionierte Kommissionsverleger nahm 1887 zwei weitere Zeitschriften in Verlag, ein *Special-Offertenblatt für das Commissions- und Export-Geschäft*, dessen Redaktion Julius Stettenheim gleich mit oblag, und das *Waaren-Börsenblatt. Officielles Organ der Berliner Waaren-Börse.* Letzteres müsste ein Coup gewesen sein, nicht nur, weil Fischer es stolz im eigenen Verbandsbörsenblatt annoncierte, sondern weil sich die Berliner Producten-Börse in den nächsten Jahren zu einer der größten der Welt entwickelte.

Erwähnt sei noch das rund dreißig Jahre zuvor im Original erschienene *Dekameron* des Ungarn Mór Jókai (1825–1904). Ein Schriftsteller und Journalist, Vielschreiber vor allem historischer Romane, der mit Walter Scott verglichen wurde und zugleich im ungarischen Parlament saß (1861 bis 1897). In seiner, und Fischers, Heimat erfreute er sich als entschiedener ungarischer Patriot an der Seite Sándor Petöfis im März 1848 und als Verfolgter der Habsburger einer enormen Bekanntheit. 1874 hatte er Bismarck getroffen und spätestens mit Theodor Fontanes einzigem österreichisch-ungarischen Roman *Graf Petöfy*, der 1884 in einem Dresdner Verlag erschienen war, dürfte Mór Jókai auch in Berlin angekommen sein. Samuel Fischer musste die Literatur seines Landsmanns noch aus der Leihbibliothek von Miklós kennen, sie lag schon in den 1850er Jahren auf Deutsch vor.

Berlin bedeutete einen Standortvorteil, wenn der junge Selbständige mit Bezug auf Ibsen nun erstmals in seiner Buchhandelskarriere in einen Wettbewerb eintrat und sich auf diesem schon bestehenden Markt durchzusetzen versuchte: hier lebten dessen glühendste Verehrer, stärkste Befürworter und Ratgeber. Um der Qualität sicher zu sein und wenigstens ein bisschen selbst daran zu verdienen, hatte der Norweger die deutschen Übersetzungen seiner Stücke einst auf eigene Kosten anfertigen lassen und sie in München, wo er lebte, in Kommissionsverlag gegeben – gegenüber Reclams Ausgabe zu teuer. Ein anderes Mal überzeugte er den Übersetzer, sein neues Stück mit dem Original zusammen herauszubringen, die deutschen Theatertantiemen würde man sich teilen, und der deutsche Buchhandelserlös wäre das Übersetzerhonorar – unwürdig. Ibsen war im Ausland rechtelos. Die *Berner Übereinkunft*, der völkerrechtliche *Vertrag zum Schutz des Urheberrechts von Werken der Literatur und Kunst*, wurde zwar im September 1886 (Ende 1887 in Kraft tretend) von zehn Staaten unterzeichnet, darunter jedoch nicht von Norwegen (erst 1896), Dänemark (1903) und Schweden (1904). »Auf einen wirklichen Verlag für die Arbeiten der norwegischen Dramatiker wagen die deutschen Buchhändler sich nicht einzulassen, da sie wegen der fehlenden Konvention nie sicher sein können vor Konkurrenzausgaben.«

So der Autor 1882, nicht zum ersten und nicht zum letzten Mal enerviert über den Missstand, in einem Brief an den norwegischen Staatsrevisor Hagbard Emanuel Berner. Darin erfährt man auch, warum es keine Lösung war, zwecks Urheberschutz den deutschen in einem Band mit dem norwegischen Text als Quasi-Originalausgabe zu veröffentlichen: Philipp Reclam »benutzte sofort die Gelegenheit, seine Billigkeitsausgabe in großen Mengen nach Skandinavien zu schicken, wo sie nur 20 Pf. kostet und durch den großen Absatz die Originalausgabe zu 2.25 Kr. merkbar verdrängte. Durch geschäftliche Verbindungen erfuhr ich damals, daß ein einzelner Buchhändler in Kopenhagen 6000–8000 Exemplare der deutschen *Nora* verkauft hatte. Auf diese Weise kann ich ausrechnen, daß ich alles wieder verloren habe, was ich an deutschen Theatern verdient hatte.« So ging es also nicht, und Ibsen, dessen heimischer Verleger Frederik Hegel im selben Jahr, 1887, auch noch starb, war ein schwieriger Autor geworden, vielleicht immer gewesen.

Samuel Fischer jedenfalls würde auf zwei Wegen versuchen, Reclam und am besten auch die anderen acht bisherigen Verlage zwischen Bremen und München, die einen Vorsprung genossen, aus dem Rennen zu werfen: mit ansehnlichen, von Ibsen offiziell »autorisierten« Ausgaben in besten Übersetzungen und ein massives Hereindrängen auf den Markt durch die nachgeholte Publikation mehrerer, ja aller Werke innerhalb kürzester Zeit. S. Fischer wollte Ibsens Verleger werden und ihn dafür auch bezahlen.

»Entwickelungskampf«. Werden der man ist.

Hofbuchhändler

Ende November 1888 erging ein geheimer Bericht an den Freiherrn Bernhard von Richthofen, seines Zeichens Polizeipräsident zu Berlin:

»Der Verlagsbuchhändler Samuel Fischer, am 23. Dezember 1858 in Lipto-Miklos im Königreich Ungarn geboren, mosaischer Religion u. unverheirathet, am Lützow Ufer N:19a in Gemeinschaft mit der Familie seines Schwagers Beer eine Wohnung für den jährlichen Mietspreis von 1900 Mark inne hab[end]. Er ist seit dem Jahre 1880 [!] alleiniger Besitzer der zur Zeit in der Charlottenstraße N:79 belegenen Verlags- und Sortimentsbuchhandlung, ist nach einem Jahres-Einkommen von 4800 bis 5400 zur 4ten Steuerstufe veranlagt, erzielt einen jährlichen Umsatz von etwa 15 000 Mark und zahlt 342 Mark Steuern jährlich. Die Veranlassung zu der in Aussicht genommenen Verleihung des Prädikats als Hoflieferant Seiner Majestät des Königs von Schweden und Norwegen, dürfte in dem Umstand zu sehen sein, daß der [?], Fischer die von Seiner Majestät herausgegebenen Gedichte in seinem Verlage erscheinen läßt und daß er sich außerdem mit der Norwegischen Literatur und der Herausgabe von Werken der modernen Schriftsteller, wie Ibsen, beschäftigt, deren Romane und Gedichte er in seinen Verlag genommen hat. Die Führung des Fischer hat zu Ausstellungen bisher keine Veranlassung gegeben, in polizeilicher Beziehung zeigt er sich indifferent.«

Und anschließend noch der durchgestrichene Vermerk:

»Bei den letzten Landtags-Wahlen hat er als Ausländer nicht gewählt.«

Weder der Verlagsbuchhändler noch der königliche Polizeipräsident, noch die Minister für innere und äußere Angelegenheiten hatten diesen Akt zu Gesicht bekommen, mussten sie auch nicht, er kursierte ordnungsgemäß in der zuständigen preußischen Beamtenhierarchie, und am Ende, im Februar 1889, wurde der Titel genehmigt. *Dass* er erst von hiesigen Ministerialstellen genehmigt werden musste, wusste Samuel Fischer wahrscheinlich nicht, als er sich auf unbedarfte Weise darauf einließ, wegen der Aussicht auf einen Hofbuchhändlertitel die *Gedichte und Gedanken* des Königs Oscar II. von Schweden und Norwegen zu verlegen, und zwar in preußischblauem (?) Einband mit Goldprägung: »Muthig das Herz, / Träumend von künftiger Ehre, / Achtend der Väter Lehre, / Fest wie von Erz.«

Hier agierte der Übersetzer als eine Art Titelhändler, und der war ausgerechnet dem anderen König der nordischen Literatur kein Unbekannter geblieben: Emil Jonas hatte Ibsens Stücke »bearbeitet«, gekürzt und schon 1878 wegen Misshandlungen, die dem »simpelsten literarischen Pfuscher« nicht eingefallen wären, schwersten Zorn des Autors auf sich gezogen. Er würde später noch als »berüchtigter literarischer Räuber« zwischen Ibsen, Reclam und Fischer Unfrieden stiften. Doch dies alles dürfte Letzterer nicht geahnt haben, er kannte Jonas gerade erst von einer Übersetzung her, die nicht beanstandet, sondern autorisiert worden war (vielleicht weil es sich um eine Anthologie ohne Originalausgabe handelte: *Lars Dillings Novellen*). In der Sache bedeutete der Titel eine sich selbst erfüllende Prophezeiung, denn auf die nordische Literatur würde sich Fischer, dessen Angebote das Sammelsuriumhafte bisher nicht abgestreift haben, überhaupt erst noch verlegen – sollte es also ein Signal sein für die ins Auge gefasste Ausrichtung und ein

Gütesiegel für deren Qualität? Das wäre anfängerhaft, aber ein Anfänger war er ja auch.

Wer aus Kakanien stammte, konnte mit einem Hoflieferantenprädikat nur k. u. k. Gutes verbinden, und so schelmisch es erlangt worden sein mochte, hier war Fischer dem Potential, das er in sich spürte, in gewisser Weise nur voraus. War er nicht überhaupt immer ein bisschen sich selbst voraus? Nach den Maßstäben der fortgeschrittenen Soziologie, die in jenen Jahrzehnten in ihren wissenschaftlichen Anfängen steckte, galten Titel wie der des »Hofbuchhändlers« bis vor kurzem noch als ein Indikator »für die hohe gesellschaftliche Stellung und die Integration der Verleger in die herrschenden Schichten. Sie bezeichnen die Staatsnähe, die die moderne Sozialgeschichte als ›Grundorientierung im oberen Wirtschaftsbürgertum‹ der Kaiserzeit herausgearbeitet hat.« Die jüngste Soziologie hat dies zurückgenommen; solche Titel sagten nichts über Kaisertreue oder die eigene »Feudalisierung« aus (umso weniger, wenn sie, wie hier, aus dem Ausland herrührten, und dies in einem Jahr, in dem der *deutsche* Kaiser zweimal wechselte). Doch wie viel »Staatsnähe« brauchte ein Verleger? Genau dies würde sich der k. u. k. Ungar und Kgl. schwedische Hofbuchhändler in Preußen in den folgenden Jahren selber fragen.

In dem geheimen Rapport, der von Kenntnissen nicht gerade strotzte, waren allein zwei Dinge von Relevanz: die polizeiliche und politische Auffälligkeit und die finanzielle Lage. Fischer hatte gut verdient. Sein bei der Finanzbehörde ermitteltes Jahres*einkommen* entsprach dem Achtfachen eines durchschnittlichen Arbeitnehmerjahresgehalts in den Bereichen Industrie / Handel / Verkehr von 650 Mark; sein Jahres*umsatz* bezifferte das Salär eines preußischen Unterstaatssekretärs, dem darüber hinaus noch eine Wohnzulage von 1500 Mark zustünde, wodurch sich bestätigen mag, wie hoch eine private Miete von 1900 Mark ausfiel. Der Verlagsbuchhändler wird sich die Summe mit seinem Schwager Beer geteilt haben, denn die Fischer-Brüder hatten das Parterre am Lützow Ufer 1886 mit Blick auf den Zuzug der letzten Liptauer – deren Söhne Carl und Oscar waren ein und zwei Jahre alt – in dieser Größe angemietet. Und nach dem Tod ihres Bruders Friedrich und ihres alten Vaters Salme in Miklós zog auch die Mutter Minna ihren Kindern hinterher, just in diesen Titularzeiten. Ihren Jüngsten traf sie allerdings kaum zu Hause an, auch nicht am neuen Verlagsstandort in der Charlottenstraße.

Die Freie Bühne

Zwei schmale Hintertreppen in der Wilhelmstraße hinaufeilend, jugendlich-hoffnungsvoll, doch fast mehr fordernd denn wünschend, so sei Samuel Fischer 1888 bei ihm aufgetaucht, um ein Vorwort zu erwirken zu Ibsens angejahrtem Stück *Kaiser und Galiläer* – »dem einsam ragenden Werk realer Historiendichtung«: Otto Brahm hatte schon einige Artikel über Ibsen geschrieben und, man erinnere sich, zusammen mit dem etwas älteren Freund bei der *Vossischen Zeitung*, Paul Schlenther, versucht, den Norweger in Berlin hoffähig zu machen. Brahm, eigentlich Abrahamson, war 1856 in Hamburg geboren, hatte, nach einer dreijährigen Banklehre, in Heidelberg, Berlin und Straßburg deutsche Philologie studiert (unter anderem bei dem seine Generation prägenden Wilhelm Scherer) und 1879 über *Das deutsche Ritterdrama im 18. Jahrhundert* promoviert, bevor er Theaterkritiker wurde; 1881 bis 1885 als Fontanes Kollege bei der *Vossischen Zeitung*, anschließend vor allem bei der Wochenschrift *Die Nation*, einem »Bekenntnisblatt des geistigen Liberalismus« (Helene Lange), das in dem Ruf stand, sich um eine objektive Kritik und »Aufgeschlossenheit gegenüber der Moderne« zu bemühen. Brahm war ausgezeichnet worden für seine 1884 veröffentlichte Biographie über den – als Dramatiker, der nicht eines seiner Stücke aufgeführt sah, wie als preußischer Soldat – glücklosen Heinrich von Kleist und arbeitete nun über Schiller. »Als Student war ich ein Schillerhasser«, weil der sich nicht auf die Tatsachen beschränkte und »gleich zu den letzten Dingen emporflog«. Damit sind auch die geistigen Pole benannt, zwischen denen der Hamburger als Regisseur den deutschen Bühnenrealismus begründen wird. (Die Schiller-Biographie blieb nach einem Teilband unvollendet.)

Dass die zahlreichen, miteinander konkurrierenden Hauptstadtbühnen nichts zu schreiben hergaben, während in allen Bereichen – der Wirtschaft, der Wissenschaft, der Technik, des Alltags und des Zusammenlebens – die Neuigkeiten und Neuerungen nur so anschwollen; dass nicht anders der junge, im Juni 1888 inthronisierte Wilhelm II., als 1859 Geborener eigentlich ihr Jahrgang, an den königlichen Bühnen das Alte nur pompöser fortführen ließe, stellten weitere Kreise der jüngeren Kritikergeneration fest. Der einundzwanzigjährige Theodor Wolff, jüngster Redakteur des *Berliner Tageblatts*, hatte in Paris beobachtet, wie das dortige *Théâtre Libre* des Schauspielers André Antoine den Betrieb aufrührte, indem es experimentierfreudig war und nur neue ungespielte Stücke auf die Bühne brachte. Sein Kollege Maximilian Harden, freier Mitarbeiter desselben Blattes, geboren 1861 und ausnahmsweise in Berlin, hatte sich bis zu seinem Wechsel in die Kritik, bis gerade eben noch (1888), als Schauspieler betätigt und schwärmte für Strindberg; unter dem Namen Kent schrieb auch er für die *Nation*, als »Apostata« für die *Gegenwart* – vor allem über das reformbedürftige Theater. Im März 1889 luden diese beiden dann eine Reihe von Leuten in die Weinstube Kempinski: die Kollegen Schlenther und Brahm, die einmal vom honoren Fontane gegenüber dem Chefredakteur der *Vossischen* als »die besten Nummern der jungen Schule« verteidigt wurden, die Dichterbrüder Julius und Heinrich Hart (geboren 1859 und 1855 in Münster), die schon fünf Jahre zuvor in ihrer Programmschrift *Kritische Waffengänge* »mehreren Literaturgrößen der Gegenwart arg zu Leibe« gerückt waren (Heinrich Hart) und eine neue deutsche Kunst, einen »Ideal-Realismus« forderten; das Urgestein Stettenheim sowie, als Männer der Praxis, den Juristen Paul Jonas, Theateragent George Stockhausen und: Samuel Fischer.

In Berlin ist er der Ibsen-Verleger, trotz nicht nachlassender Ambitionen der Reclams in Leipzig. Gerade am 5. März hatte man den eigens angereisten Autor bei einem »solennen Mahl« (Fontane) im Hotel Kaiserhof vor der Erstaufführung der *Frau vom Meer* hochleben lassen, der Dirigent Hans von Bülow und Johannes Brahms, der Antipode des sechs Jahre zuvor verstorbenen Wagner, saßen unter den Gästen. (Dank Theodor Fontane, einmal mehr, wissen wir, dass dann nur wenige avancierte Kritiker für das neue Ibsen-Stück eintreten würden, die »Ibsenianer« und er selbst; obwohl es unter den Novitäten der Saison für ihn nur eine Konkurrenz gab: *Die Quitzows* von Ernst von Wildenbruch, über den Sieg der Hohenzollern über die Märkischen.) Bei der Gelegenheit müsste noch etwas gefeiert worden sein. *Die Frau vom Meer* war gerade bei S. Fischer »in würdiger Gestalt« (Verlagsprospekt) als Band 1 der jüngst gegründeten *Nordischen Bibliothek* erschienen, übersetzt von Julius Hoffory, dem Herausgeber dieser angehenden »Sammlung moderner Erzählungen und Schauspiele aus dem Dänischen, Norwegischen und Schwedischen«. Die *Nordische Bibliothek* darf als Fischers erste literaturverlegerische Tat gelten, darauf zielend, den Bedarf wachzuhalten, und mit einem Programm zugleich ein Profil auszubilden.

Der Verleger scheute sich nicht, weitere drei noch in diesem, weitere acht Ibsen-Stücke im nächsten Jahr herauszubringen und zugleich eine Art Werkausgabe anzugehen, die mehrbändige Sammlung *Moderne Dramen*.

Vom Profil her war Fischer den Theatergründern also einen Schritt voraus. Sie benannten nach diversen turbulenten Treffen im Café Schiller und der Erarbeitung solider Satzungen im April 1889 folgende Ziele: Man wolle sich einsetzen »für das von der herrschenden Richtung verfemte Drama« (Julius Hart), für »Aufführungen moderner Dramen von herausragendem Interesse« (Otto Brahm), und in Form eines Mitgliedervereins *»frei«* bleiben von den Zwängen der Wirtschaftlichkeit und vor allem von den Rücksichten auf die Zensur, die im Aufspüren jedweder Gotteslästerung, Majestätsbeleidigung oder Sittenwidrigkeit auf der Bühne sehr viel rigider verfuhr als beim Druckerzeugnis. Nach § 2 des Preußischen Vereinsgesetzes ließen sich geschlossene Veranstaltungen durchführen, in denen die Zensur weitgehend ausgehebelt bliebe, wenn die Veranstaltungen keinen Gewinn erwirtschafteten und als privat, also nicht politisch gelten konnten: auf öffentliche Angelegenheiten nicht Einfluss nehmend! Und dies war offenbar schon gegeben, wenn man Frauen mit aufnahm, denn die *durften* sich politisch gar nicht betätigen. Der findige Paul Jonas wusste sehr genau, was er tat, und das beharrliche »Herr und Frau« auf den veröffentlichten Mitgliederlisten entsprach demnach nicht nur der Höflichkeit. Um zugleich von Einflussnahmen der zahlenden Förderer unbehelligt zu bleiben, erklärten sich die zehn Gründungsmitglieder zum allein verantwortlichen Programmausschuss. Zum Leiter ihrer Bühne wählten sie Otto Brahm, den erforderlichen Vereinsvorstand bildeten Brahm, Jonas und Fischer.

Die Logistik der Unternehmung war aufwendig, von der Mitgliederwerbung, der Vorfinanzierung durch Beiträge über zu mietende Theater, das Engagement eines Regisseurs (Hans Meery) und der erstrebt besten Schauspieler, die für die geplanten zehn Aufführungen des ersten Theaterjahres und vorherige Proben allesamt die vertragliche Einheit von Ort, Zeit und Handlung finden mussten, bis hin zu den geforderten Absichtserklärungen gegenüber der Zensurstelle, den Pressemitteilungen oder der Gestaltung des Vereinsbriefpapiers. All diese organisatorischen und agitatorischen Schritte übernahmen Brahm und Fischer in enger Absprache; das wichtige erste Zirkular zur Mitgliederwerbung etwa musste nach Formulierung und Gesamtwirkung wohldurchdacht sein: »Sollte man nicht die Unterschrift ›Verein Freie Bühne‹ und unsere Namen etwas kleiner drucken? Mir erscheint es so zu pomphaft. Wenn Sie in Ihrer Unterschrift den ›Hofbuchhändler‹ fortlassen wollen, so würde ich vorschlagen zu sagen: ›Verlagsbuchhändler S. F. Schatzmeister‹«. Einen Monat nach Erhalt würde Fischer seinen Titel also schon wieder los sein, ob aus Platzgründen oder weil es sich als Signal konträr zu ihrer künstlerischen – antihöfischen – Intention verhielte, musste Brahm nicht präzisieren. Er musste sich allerdings schon mal für Alleingänge bei Fischer entschuldigen, was er immerhin tat. Und wie es bei solchen Gründungen zuzugehen pflegt, geschah es auch hier: die Dominanz ihres Leiters ließ den Initiator Harden gleich als Ersten aus der Unternehmung wieder aussteigen, gefolgt von Stockhausen und ein paar Monate später von Wolff (ersetzt durch die Schriftsteller Ludwig Fulda und Fritz Mauthner). Harden gründete dann im Oktober 1892 im Verlag des Berliner Bahnhofsbuchhändlers Georg Stilke seine eigene Zeitschrift, *Die Zukunft*, Wolff kehrte zum *Berliner Tageblatt* zurück und wurde 1906 dessen Chefredakteur.

Die Kritikerinitiative der *Freien Bühne*, die bis Ende Juni 364 illustre Mitglieder zur Finanzierung gewonnen hatte, löste vor allem jedoch in der Zunft der Schreibenden Begeisterung aus. Seit Beginn der 1880er Jahre hatten sich gegen die wenig gedeihliche Situation der Künste im Kaiserreich größere und kleinere fluktuierende Gruppen gebildet, und die erhielten nun gleichsam eine sie inspirierende Mitte – jedenfalls für eine Weile, bis die Zentrifugalkräfte das allzu Disparate wieder auseinanderstreben ließen. Ihr kleinster programmatischer Nenner seit etwa zehn Jahren lautete »Naturalismus«, meinte eine Steigerungsform von Realismus und wurde dabei sehr unterschiedlich aufgefasst. Angefangen bei den Münchener Protagonisten der »Bewegung« um die von Michael Georg Conrad 1885 gegründete Zeitschrift *Die Gesellschaft*. Der Franke hatte zuvor lange Jahre in Paris gelebt und persönlichen Umgang mit Emile Zola gepflegt; seine Monatsschrift, die von 1887 an bei Wilhelm Friedrich in Leipzig herauskam, versammelte alle, miteinander auch widerstreitende, die nach Erneuerung und dabei nach Rang und Namen strebten. Das Gravitationsfeld im Norden bildete sich derweil um die Brüder Hart. Ihre meistgenannten, selbst sehr unterschiedlichen literarischen Vorbilder landauf, landab hießen Ibsen, Zola oder Tolstoi, Dostojewski und Turgenjew.

Fischer dürfte bis zu diesem Zeitpunkt mit den Berliner Naturalisten wenig zu tun gehabt haben – ihr Verleger war Wilhelm Friedrich –, denn er führte zwischen 1887 und 1889 lediglich zwei ihrer Vertreter in seinem Angebot. Stattdessen die fast komplette, auch in anderen Verlagen erhältliche Riege der Vorbilder gleich in seinem ersten Jahr. Diese mochte überzeugende Fürsprecher gefunden haben, die erwähnten Übersetzeragenten, die auf eigene Rechnung in Kommissionsverlag gaben; tatsächlich hatte sie aber auch viel zu bieten. Die Lektüre der Ibsen'schen Stücke konnte süchtig machen, sie schulte zugleich den Sinn für Qualität, und wenn man ihn schon hatte, dann präzisierte sie ihn. Es könnte sein, dass Fischer die ihm eventuell in Kommission angetragenen deutschen Texte schlichtweg nicht mochte, nicht an sie glauben konnte. Er wird hier auch später sehr wählerisch bleiben. Der eine, den er 1888 als einen der wenigen Deutschen überhaupt verlegte, in einer Auflage von 1000 Exemplaren, war Max Kretzer mit seinem *Sozialen Roman* des *Meister Timpe*. Eine gute Wahl bis heute; Julius Hoffory kannte und schätzte Kretzer, doch Fischer könnte das Buch auch als Berlin-Roman angenommen haben. Der zweite, 1889 im Programm, war der ihm noch von *Steinitz & Co.* erhalten gebliebene Carl Bleibtreu, der Schlachtenschilderer, diesmal mit einer Schrift über den 100. Geburtstag der Französischen Revolution. Die beiden waren Einzelphänomene an den äußeren Rändern des Spektrums: Kretzer als der einzige »echte Proletarier« unter den Naturalisten, wie M. G. Conrad ein wenig älter als sie, Autodidakt und Sozialist; und der Kriegsdichter Bleibtreu, redaktioneller Mitarbeiter von Conrads *Gesellschaft*, als Monumentalist. Er brauchte »große Zeiten«, »Kriegs- und Revolutionszeiten« oder »einen großen Hintergrund, den der Sage, den der Geschichte, den der großen Natur in Meer und Berg, den einer Idee« (Albert Soergel). Das »Unverständnis für große Stoffe und Motive« und die »Abneigung gegen alles Historische« hielt Bleibtreu für das »eigentliche Dekadenzsymptom« der Zeit (Guido K. Brand). »Man kann nicht klug aus ihm werden«, summierte Hermann Bahr.

Man konnte aus manchen nicht recht klug werden. Die naturalistischen Autoren gehörten der »empfänglichen Generation« der um 1860 Geborenen an, und was sie ästhetisch, moralisch radikalisierte, waren die »konventionellen Lügen« (um ein einflussreiches Buch gleichen Titels von Max Nordau zu zitieren, 1883). In dem Empfinden eines Stillstands der Kunst, einer sich vergrößernden Kluft zwischen Kunst und Wirklichkeit und eines schreienden Mangels an einer erneuerten deutschen Kunst richteten sie sich gegen das Epigonentum, die Geistesarmut, den als schal empfundenen Historismus und Eklektizismus der stagnierenden Gründerzeit, die sie bis in die Flachheit der Kritik fortgesetzt sahen. Den gesellschaftlichen Niederschlag dessen erkannten manche zugleich in der Verdrängung der »Sozialen Frage« und staatlichen Kriminalisierung der Sozialdemokratie. Dabei provozierte das über allem schwebende Reichskaisertum, das von der Bühne der Heldenverehrung, der Operette und Boudoir-Unterhaltung nicht wegkam, ohne doch beides eigentlich zu haben, das Heldenhafte und die französische Salonkultur; währenddessen die Gegenwart konträre Bilder abwarf, das Dissonante und Asoziale wachsender Großstädte. Es ging ebenso um das Recht auf das eigene Neue und um jene längst fortgeschrittenen gesellschaftskritischen Literaturen unter psychologisch und wissenschaftlich geschärftem Blick aus Russland, Skandinavien und immer wieder Frankreich, die vermittelt wurden über Leute wie den dänischen Literarhistoriker Georg Brandes, der zwischen 1877 und 1883 in Berlin lehrte, oder früh Aufmerksame wie Michael Georg Conrad und wie Hermann Bahr, der ebenfalls eine Weile in Paris lebte, Russland bereiste und, immer enthusiastisch, in manchmal kurzem Wechsel das jeweils Kommende und Gehende ansagte, nun also die »Nichts-als-Wirklichkeitsschilderung« (René Schickele).

Untergründig setzten die Naturalisten Gedanken zur Ästhetik, über einen mehr oder weniger poetischen, mehr oder weniger prosaischen Realismus fort, wie sie mindestens seit Mitte des Jahrhunderts verstärkt umliefen. »Die Welt ist des Spekulierens müde«, hatte Fontane in seinem *Realismus* betitelten Aufsatz von 1852 geschrieben, sie schließe jetzt die »Vortrefflichkeitsschablonen« ins Pult und gucke auf das Wirkliche, wolle Erfahrungen. Was nottue, sei der entsprechende Poet, jemand wie in der Bildhauerei Christian Daniel Rauch, der Friedrich den Großen als den »Alten Fritz«, als »König mit dem Krückstocke« im Standbild enthüllte. Doch er kam nicht, es herrschte Reaktionszeit. Ein Jahr später, 1853, schrieb in Königsberg der Philosoph Karl Rosenkranz (ein Anreger Friedrich Nietzsches) den ersten systematischen Versuch einer *Ästhetik des Häßlichen* und beklagte im Vorwort neben der Prüderie in den Wissenschaften die »Dezenz« als »exklusiven Maßstab« auch in der Kunst: »Und wie erreicht man diese Dezenz heutzutage am besten? Man spricht gar nicht von gewissen Phänomenen. Man dekretiert ihr Nichtdasein. Man sekretiert sie gewissenlos, um salonfähig zu bleiben.« Man gebe »mit mikroskopischen Enthüllungen eine Physiologie heraus, eine Lehre vom Leben, Vorlesungen, gehalten vor einem Kreise von Damen und Herren in einer Hauptstadt, und sagt vom ganzen Generationsapparat und von allen sexuellen Funktionen kein Wort. Gewiß recht dezent. Unsere deutsche Literaturgeschichte ist durch das Zurechtmachen derselben für Mädchenpensionate und höhere Töchterschulen schon ganz kastriert worden, um nur das Edle, Reine, Schöne, Erhebende, Erquickende, Gemütliche, Liebliche, Veredelnde und wie die Stichworte weiter lauten, für die zarten Jungfrauen- und Frauenseelen herauszustellen.«

In Frage und auf dem Spiel stand die beharrlich verteidigte Gleichsetzung des Ästhetischen mit dem Schönen als Ziel jeder Kunst (die Wertetrias des Schönen, Wahren und Guten befand sich bereits seit Lessing in der Krise). Im jungen Kaiserreich allerdings wurden weiterhin Tischbeine verhüllt. Salonfähigkeit war wörtlich zu nehmen – »Parterrefähigkeit« mangelte der Kunst so sehr wie ihrem Publikum. Der deutsche Naturalismus, der zwischen 1888 und 1892 im Radius der *Freien Bühne* in seine beste Phase eintrat, entsprach deshalb auch einem wiederkehrenden Gestus: »Bewußte Naturalismen entstehen überall da, wo man in fortschrittlich gesinnten Kreisen hinter der Stagnation einer künstlerischen Entwicklung die ideologische Endphase einer bestimmten Gesellschaftsschicht wittert, der man die Formlosigkeit der unbeschränkten Wahrheit entgegenzusetzen versucht.« Die vorangegangene Epoche werde dabei von ihrer Kehrseite aufgerollt, so der Kulturgeschichtler Jost Hermand, »was oft zu grotesken Zerrbildern der bisherigen Ideale führt. Genau genommen ist er nur ein Impuls, ein Fanal, ein Realismus in Angriffsstellung, der die Formlosigkeit des bloß Natürlichen über alle ästhetischen Wertfragen stellt.« Er war demnach eine seit langem angestaute antibürgerliche, antiwilhelminische Unverträglichkeitsreaktion jener Generation (oder, in der Sprache der von ihr hofierten Naturwissenschaft, eine »Brown'sche Molekularbewegung«, ein Gewimmel, das sich zu keiner Richtung addierte). Dass eine umso ausgeprägtere Gestaltungskraft gefordert war, wenn dabei Werke auf der Höhe des eigenen Anspruchs entstehen sollten, brachte manchen Naturalisten, der aus den theoretischen Entwürfen oder allein der Rebellion nicht herausfand, in die Vergessenheit.

Der naturalistische Wirklichkeitsbegriff reichte von der Aversion gegen Gekünsteltheit, Konvention und Heuchelei, dem Bedürfnis nach unverfälschter Darstellung gesellschaftlicher Wirklichkeit in neu zu entwickelnden Ausdrucksformen über größtmögliche, naturwissenschaftliche »Objektivität« bis hin zu der nationalstolzen Hoffnung auf eine »dritte klassische Periode« (Heinrich Hart 1878) für das geeinte Deutschland in einer neuen Literatur »aus der germanischen Volksseele heraus«: »mehr Tiefe, mehr Gluth, mehr Größe« (Julius und Heinrich Hart 1882). Man theoretisierte, pamphletierte in offenen Briefen an Reichskanzler Bismarck und in Funktionsbestimmungen des Kaisers für die Kunst oder schrieb tatsächlich. Und mancher wollte einfach alles dürfen: »In unserer eigenen Seele war eigentlich nichts so laut wie die Botschaft von der unendlichen und ewigen Freiheit des Künstlermenschen«, Julius Hart im Rückblick.

Der auf solche Weise bald überwundene Emile Zola (1840–1902), laut Joseph Roth der erste Schriftsteller, der mit dem Notizblock loszog und den Schreibtisch verließ, hatte noch gefordert, Wissenschaftler zu sein; erst physiologische, soziologische und psychologische Daten zu sammeln, bevor der Autor im »Experimentalroman« das menschlich Gegebene ohne Werturteil abbildete – und »nichts acht' er fremd«, nicht Leichen, Kokotten oder Engelsgeschichten: »Ausgegangen war er von der Schule Taines, von dem Prinzip moderner Geisteswissenschaft, welches das Individuum in allen seinen Lebensäußerungen, in seinem Werden und Sein ableiten will aus den so oder so gesetzten Bedingungen seiner Umgebung, seines Milieus, und welches zuletzt in Übertreibung dieser Methode bis zur völligen Vernichtung des Individuums gelangt und die primäre Charakterform und die Willensfreiheit auflöst bis auf den letzten Rest, unter den Einflüssen der Zeit, des physischen und geistigen Klimas.« So Otto Brahm am 24. November 1888 in der *Nation.* (Wie lässig schmolz hier hundert Jahre nach der Französischen Revolution die Freiheit des Menschen zu aufgeklärter Vernunft und Willensentscheidung auf eine neue determinierende Unmündigkeit zusammen; und die des Künstlers auf eine nicht wirklich machbare Mimikry im Reproduktionsmittel Sprache.) Zolas Landsleute Auguste Comte (1798–1857) und Hippolyte Taine (1828–1893) hatten nacheinander die Grundsteine der Soziologie gelegt; Letzterer hatte Rasse, Milieu und geschichtlichen Moment als die vorgängigen Bedingungen jedes Einzelnen ausgemacht. Gesellschaftliches Sein bestimmt das Bewusstsein, erklärte 1859 auch Karl Marx und meinte das ökonomische Sein – die Welt war des Spekulierens müde.

Angelehnt an den Positivismus, der in den Wissenschaften Einzug gehalten hatte, sollte also in der Kunst in faktischen Kausalzusammenhängen dargestellt werden, was Subjektivität nicht völlig ausschloss: Kunst ist ein Stück Natur, »gesehen durch ein Temperament«, lautete Zolas berühmte Definition. Die zolagetreuen »konsequenten« Naturalisten in Deutschland bildeten die Formel »Kunst = Natur – X« (Arno Holz) und versteiften sich unter anderem auf einen »Sekundenstil« gedehntester Wirklichkeitsnachbildung mittels Satzzeichennotation.

Als nun die *Freie Bühne* ihren Betrieb am 29. September 1889 im Lessingtheater mit den in Berlin tatsächlich weiterhin verbotenen *Gespenstern* aufnahm, bedeutete dies einen konservativen Auftakt und kein gutes Zeichen für die Stürmer und Dränger zwischen unendlicher Freiheit und experimentellem System; für Otto Brahm bedeutete es eine Anknüpfung und Geste gegenüber dem Publikum vom Januar 1887, an das man sich halten wollte. Ibsen war eingeführt und über seine Qualität, sein »weltenrichterliches Wesen« (Brahm), bestand auch bei seinen »Gegnern« kaum noch Zweifel. »Es zeugt von einer klugen Leitung, die sich der Gegnerschaften nicht bloß voll bewußt ist, sondern ihnen vielleicht sogar ein bestimmtes Maß an Berechtigung zugesteht und ebendeshalb beflissen ist, beim Übergang über das Eis lieber die bewährten festen Schollen als die schülbrigen, über Nacht erst überfrornen Stellen zu benutzen. Eine Schlitterbahn bleibt es immer noch«, lobte Theaterkritiker Fontane die gelungene Auftaktveranstaltung in seiner *Vossischen*. Er gehörte, nebenbei bemerkt, zu den Vereinsmitgliedern der ersten Stunde, im alphabetischen Verzeichnis hinter Hofbuchhändler S. Fischer aufgeführt.

Gegen die entschieden kritischen Stimmen glaubte Brahm als Leiter der Bühne am 5. Oktober in der *Nation* einen Artikel in eigener Sache schreiben zu müssen. Man habe angesichts der angekündigten Stücke und ihrer Autoren (darunter noch Strindberg, Tolstoi und die Goncourts) das Schlagwort von der »traurigen Ausländerei« ausgegeben und zwei der drei *deutschen* Autoren, Arthur Fitger und Ludwig Anzengruber (ein Österreicher), nicht gelten lassen wollen, weil sie bereits an anderen Theatern (mit anderen Stücken, wie Brahm zurechtrückte) gespielt wurden: »Ja, du lieber Himmel, haben wir denn versprochen, funkelnagelneue Talente, zehn im Jahre zu entdecken. Haben wir versprochen, eine dramaturgische Päppelanstalt zu gründen und die ersten Gehversuche unfertiger, aber deutscher Männer zu unterstützen?« Nein, hatten sie nicht. (Und Dilettanten, die einem 1870 erstarkten Deutschtum zusprachen, mochten sie wohl zuallerletzt »päppeln«.) Die Beschwerden waren jedoch nicht nur tendenziös, wie der Mitstreiter Adalbert von Hanstein erklärte, man sei auch schlicht enttäuscht gewesen, dass niemand einer Versuchsbühne genügen sollte. Eine Versuchs- oder Dilettantenbühne (wie des Herrn Antoine) hatte Otto Brahm wiederum nie im Sinn gehabt. Die den stehenden Bühnen »ihrem Wesen nach schwerer zugänglichen« Werke wollte der Verein bringen, »die für die neuere Kunstrichtung vorbildlichen Werke«. Dabei glaubte Brahm, naturalistische Extreme erführen die ihnen nötige Zähmung und Mäßigung, wenn sie auf die »konservativste« der Künste träfen, das Theater – vielleicht auch, indem sie auf ihn träfen. Man verfuhr streng in der Auswahl, die Werke der Mitbegründer Hart gelangten nicht durchs Nadelöhr. Und die organisierten deshalb auch in Kürze zusammen mit den erklärten Brahm-Kontrahenten Conrad Alberti und Carl Bleibtreu eine *Deutsche Bühne* für deutsche Autoren.

Als Brahm jene Zeilen schmetterte, hatte der Verein seinen deutschen Mann schon gefunden und für ihn die zweite Aufführung im Spielplan umgestellt – man hört es Brahms Verteidigung nun an. Sogar das neue zehnte Mitglied im Direktorium der *Freien Bühne* war er geworden. Erst im August hatte er an achtzig Personen frisch gedruckte Exemplare seines bei der *Gesellschaft* abgelehnten (bei Paul Ackermann in der Friedrichstraße selbstverlegten) ersten Dramas schicken lassen, darunter an Ernst von Wildenbruch, Georg Brandes, Henrik Ibsen und an Otto Brahm; manche reichten es weiter, an Theodor Fontane zum Beispiel. So begeisterte man sich ziemlich gleichzeitig, denn natürlich wartete auch die *Freie Bühne* auf deutsche Begabungen. Man hoffte auf die guten Stoffe, die formalen Innovationen, die aus der eigenen Sprache, Kultur und Gegenwart erwuchsen: »erfreuliche Übereinstimmung« (Brahm an Fontane), das war etwas zur Aufführung, es hieß *Vor Sonnenaufgang* und stammte von dem bislang unbekannten Gerhart Hauptmann. Auch Samuel Fischer lernte den gebürtigen Schlesier des Jahrgangs 1862 erst am 19. September 1889 persönlich kennen: »Heut abend auf Einladung von Brahm zusammen in einem Restaurant mit Schlenther, Brahm, Stettenheim, Fischer (Verlagsbuchhändler), Hans Meery. Stettenheim klein, possierlich, ungezogen, etwas hanswurstig. Schlenther bieder-Cognac-Bier. Meery Schauspieler.« Die beiden Unkommentierten, vielleicht ein Ausdruck von Respekt, denn der angehende Dramatiker »sammelt« eigentlich immer, werden von nun an dessen stärkste Förderer (und der biedere-Cognac-Bier-Schlenther schon bald sein erster Biograph).

Der sechsundzwanzigjährige Hauptmann, der kurz mit der Schauspielerei geliebäugelt hatte, war erst Landwirtschaftseleve gewesen, bevor er in Breslau die Bildhauerei studierte, in Rom davon zu leben versuchte (1883/1884), in Dresden noch eine Zeichenklasse absolvierte und sich anschließend für zwei Semester in Berlin einschrieb, während er doch eigentlich dichtete. Seit 1885 lebte er mit seiner Frau Marie Thienemann, mit zwei lappischen Schlittenhunden gegen das streunende Diebsvolk und nach und nach mit drei kleinen Söhnen unter Kiefernwäldern in der Nähe des Müggelsees, in Reibungsdistanz zur Hauptstadt, eine Stunde östlich der Metropole, in dem kleinen Ort Erkner. Hauptmann litt an Blutstürzen, das hatte ihn in die märkische Heide ziehen lassen: »Ich lebte damals in einer durch die Nähe Berlins mitbedingten tragisch großen Phantasmagorie. Trat ich des Abends vor das Haus, so sah ich im Westen bei klarer Luft den Widerschein der Riesin blutrot am Himmel.« Er schrieb, und wenn *sie* so weit war, trat wie auf einen Ruf hin »die Norne« aus dem Wald und half bei der Geburt. Die Hauptmanns fühlten sich als entlegene Kolonisten in fruchtbarer, belebender Natur; die auf unheimliche Weise zugleich Großstadtperipherie wurde – in den Wäldern fanden sich in jedem Sommer von Fliegen umsummte Selbstmörder. Nur die einfachen Leute der Gegend, Bahnwärter, Förster, Fischer oder Arbeiter einer nahe gelegenen Chemiefabrik, hatten, so der Dichter, nichts von einem neuen, geeinten Deutschland gehört: »Es gab einen Kaiser in Berlin: viele wußten noch nichts davon.«

Hauptmann kannte die Brüder Hart als Mitglieder des gut zwanzigköpfigen Berliner Vereins *Durch!*, gegründet im Mai 1886 in ausdrücklicher Gegnerschaft zum staatlich geförderten Klassizismus; manchem, wie Wilhelm Bölsche (geboren 1861 in Köln) und Bruno Wille (geboren 1860 in Magdeburg), den beiden Harts oder Arno Holz (geboren 1863 in Rastenburg), ging es hier eigentlich zu »subjektiv-liberal« zu, weswegen sie vorübergehend noch den *Ethischen Klub* gründeten. *Durch!* pflegte an Freitagabenden zu diskutieren, Ibsens *Gespenster*, die *Naturwissenschaftlichen Grundlagen der Poesie* (ein verbreitetes Buch Bölsches von 1887) oder Hauptmanns Vortrag über Georg Büchner. Wie viel Wirklichkeit (Realismus) vertrug die Kunst und wie viel Wohlgestaltlichkeit (Idealismus) die Wirklichkeit? Wer sollte von wem lernen, der Dichter von den »Kindern des Alltags, des Herkömmlichen und Gewöhnlichen«, oder war es »nicht doch« am Ende »menschlich sinn- und zweckvoller« umgekehrt (Julius Hart)? Solche Klärungen zur *Durch*-Setzung der eigenen künstlerischen Individualität blieben, so Hanstein, für einige untrennbar von ihrer Vorstellung von sich als Jüngst-Deutschen, als einer Schriftsteller-Avantgarde, die erstmals wieder (seit dem Vormärz) den progressiven Kräften zum Durchbruch verhalf. *Durch*-Setzung des Naturalismus verband sich für diese mit einer Unterstützung der von Bismarck quasi-verbotenen Sozialdemokratie. Und Hauptmann?

»Hauptmann selbst huldigte damals dem Entsagungspessimismus«, so Hanstein im Jahr 1900. »Er meinte, alle Reden, die man halten, alle Dichtungen, die man schaffen könne, würden die Menschheit doch nicht um ein Senfkorn vorwärts bringen. Bei alledem habe ich nie einen Menschen gesehen, dem das soziale Empfinden mehr in Fleisch und Blut, ja in das ganze Nervensystem übergegangen war, als ihm. Nach Autodidaktenart las er alles, was von naturwissenschaftlicher, staatsmännischer oder theologischer Seite über Soziologie geschrieben wurde. Darwin und Marx waren seine Führer, ohne daß er aber zu einer bestimmten politischen Partei sich bekannt hätte.« Anregungen erfuhr Hauptmann vor allem von der Experimentiergemeinschaft Johannes Schlaf/Arno Holz, denen er *Vor Sonnenaufgang* als Ersten vorlas und später widmete. Der konsequenteste Naturalist Holz, der den Autor zugunsten des reinen Dramas nach der Natur zu überwinden suchte, war es auch, der erstmals krude Alltagssprache, Stammeln und Stottern auf die Bühne brachte, wenn es der gewählte Bildausschnitt, etwa die Berliner Hintertreppe, so verlangte. Holz hielt nun Hauptmanns Stück, zu dem er den endgültigen Titel vorschlug (statt »Der Saemann«), für das beste Drama, das je in deutscher Sprache geschrieben worden sei.

Vor der Premiere, einer Sonntagsmatinee am 20. Oktober 1889 im Lessingtheater, versicherten sich Autor und Programmleiter im Vorhinein des gegenseitigen Dankes und Zueinanderhaltens. »Was auch heute der Bildungspöbel über Sie verhängen mag, mir wird es stets ein Stolz sein, zur Darstellung dieses Stückes beigetragen zu haben« (Brahm). Man steigerte sich noch in das eher seltene »Du«, derart bloß lagen die Nerven, und zu Recht. Die Aufführung zeigte wie keine andere, dass der Naturalismus seine stärkste, eigentliche, berückend-bedrückende Wirkung gerade auf der Bühne entfalten musste, vor allem, wenn die Schauspieler sich im Sinne der Brahm'schen Anweisungen den dazugehörenden realistischen Darstellungsstil angewöhnten, der alles hergebracht Theatralische, ja, schützend/distanzierend Theatralische vermied.

Die fünf Akte spielten im zeitgenössischen Schlesien, im geisterhaften Haus des Bauern Krause, der sich wie die anderen Witzdorfer seine Äcker für (vermeintlich) hohe Summen hatte enteignen lassen, nachdem man Kohle unter ihnen fand. Krause lebte fast nur noch in der Schenke für den Alkohol. Die »gnädige« sehr viel jüngere zweite Ehefrau, eine frühere Kuhmagd, ergab sich dem Treiben wie beim lieben Vieh. Währenddessen der Schwiegersohn, der skrupellose Ingenieur Hoffmann, der schon an der Übervorteilung der Witzdorfer beteiligt war, nach seiner Heirat mit Krauses ältester »Goldbauerntochter« die Gelder vermehrte und das Haus der Familie nach eigenen Bedürfnissen auf Stadtkurs (mitsamt Telefon) trimmte. Unangekündigt trat hier nun ein ehemaliger Kamerad Hoffmanns aus dem Kolonialverein Vancouver Island auf den Plan: Alfred Loth, Sohn eines an Lungenschwindsucht verstorbenen Seifensieders, »sozialistischer Agitator«, vormals Redakteur der »Arbeiterkanzel« und trotz Gefängnisaufenthalts ein »Idealist« geblieben. Zu Hoffmanns Beunruhigung wollte er in Witzdorf Milieustudien über die Lage der Kohlengrubenarbeiter anstellen. Doch der sogenannte Idealist, der das geistig-moralische Elend im Haus des Ingenieurs nicht zu bemerken schien, fand vorerst Ablenkung in einer zarten Pflanze, in der bei den Herrnhutern erzogenen jüngeren Goldbauerntochter Helene, die sich längst verloren glaubte und dank Loth nun wieder Hoffnung für sich schöpfte. Das Unheil nahm für diese einzig Mensch Gebliebene im Hause Krause seinen Lauf, als unverhofft ein drittes ehemaliges Kolonialvereinsmitglied auftauchte: der Arzt Schimmelpfennig. Nach sieben Jahren des Rundumdieuhrpraktizierens wollte er nun sein Buch zur Frauenfrage schreiben. Ausgestattet mit zwei Doktorexamen und intimsten Kenntnissen über die Krauses, öffnete er dem blinden Loth die Augen: »der Vater ein Säufer, die Stiefmutter eine Ehebrecherin, die Schwester dem ererbten Laster des Trunkes verfallen.« Loth »graut«, denn er vertrat auch Volksgesundheitsideale, eine durch Alkoholismus degenerierte Frau käme ihm nicht ins Haus; »so kehrt er mit idealistischer Rücksichtslosigkeit der Geliebten den Rücken und sein Treuebruch treibt die an jeder Rettung nun Verzweifelnde in den Tod«. Das war nicht einmal das Schlimmste des Stückes, das Schlimmste war das Zurücksinken in die Natur, die Vertierung. Die Aufführung löste für Hauptmann einen »Hexensabbath« aus.

Vor Sonnenaufgang frappiert heute vor allem durch seine Schablonenhaftigkeit und das wuchtige Hauptmann'sche Darüberhinaus. Es versammelte die drängenden Themen (im April und Mai hatte es blutige Massenstreiks im Bergbau gegeben) vor weltanschaulichem Hintergrund (Verstädterung der Landschaft und Entwurzelung der Landleute im industriellen Prozess, im gleichen Zuge deren Übervorteilung und Verelendung; die Plage des Alkohols, Kompensation auch der metaphysischen Verluste. Der seltsam verquaste »Sozialist« Loth, der ein verkappter religiöser Eiferer war – wer glaubte an einen göttlichen Schöpfer? Die dem Freitod anheimfallende Herrnhuterin vielleicht, zwischen allen zermahlen, letztlich kraftlos, und damit selbst Ausdruck gnadenlos waltender biologischer Determination). Jedem musste Hauptmanns Lehrmeister aus dem Norden, zumal er drei Wochen zuvor frisch ins Gedächtnis gebracht worden war, kenntlich werden. Die erworbenen und angeborenen Eigenschaften, Milieutheorie und Vererbungslehre – das Modethema der Vererbung, auch hier ins Zentrum gerückt. (Darwins *Entstehung der Arten* wird vor dem Jahrhundertwechsel bei einer Umfrage der *Berliner Illustrirten* als das dritteinflussreichste Buch angegeben werden, nach dem Konversationslexikon und der Bibel). Auch Hauptmann verband auf diese Weise Sinnbildhaftigkeit der Erbsünde mit (atheistischer) Wissenschaft; das eine ließ sich am anderen fundamentieren oder auch reduzieren. (Je nachdem, ob man nun im Sinne Heinrich Manns Christ, Darwinist oder Kompromissmensch war.)

Als sei er eine Figur aus der Zukunft, galt für den Brautwerber Loth als oberstes Gebot die Volksgesundheit. Ende der 1850er Jahre hatte der französische Psychiater Benedict Augustin Morel (1809–1873) eine Degenerationslehre entwickelt; Eugenik und »Rassenhygiene« nahmen von hier ihren wissenschaftlichen Ausgang. Und Hauptmanns Kenntnisse stammten aus erster Hand. Im Jahr zuvor hatte er seinen Bruder Carl für mehrere Monate in Zürich besucht und dabei Einblicke in die akademische Medizin sowie die therapeutische Praxis der »Irrenanstalt Burghölzli« gewonnen.

Der ihm gut bekannte Leiter der Klinik, der Schweizer Psychiater Auguste Forel, war es, »dessen Erschließungen von überwiegendem Einfluß auf mich gewesen sind. Er hat mir ein unverlierbares Kapital von Wissen um die menschliche Psyche vermittelt.« Nicht nur zur Psyche, auch zur degenerativen Wirkung des Alkohols wurde im Freundeskreis um den Totalabstinenzapologeten Forel mit Hauptmann diskutiert, der diesen Punkt für übertrieben hielt: »Aber der Kampf ums Dasein hat doch wohl andere Schädigungen in unendlicher Menge aufzuweisen, die den Kämpfer und also auch seine Nachkommen schwächen.« Alfred Ploetz (der den Begriff Rassenhygiene 1895 prägen wird) kannte Hauptmann aus Breslauer Zeit und zählte zu seinen besten Freunden. Der Dichter würde noch (passives) Ehrenmitglied der sich 1905 gründenden *Gesellschaft für Rassenhygiene* werden, zu deren Hauptzielen die »Verbreitung des rassenhygienischen Gedankens und schließlich praktizierte Rassenhygiene in der eigenen eugenischen Lebensgestaltung« gehörten. Doch der Alkoholismus als Ausdruck des gestörten Daseins, eines schließlich in die Gene gewanderten Elendsmilieus, floss in naturalistischen Stücken wie *Vor Sonnenaufgang* erst noch in Strömen.

Und das Publikum platzte vor Aufregung so sehr wie vor Abscheu. »Sind wir denn in einem Bordell?« Dr. Isidor Kastan hieß der Mann, der in den Anekdotenfundus einging, weil er sich für die Premiere wohlweislich bewaffnet hatte und trotz einer durch Otto Brahm entschärften Bühnenfassung des Stückes plangemäß mit seiner Geburtszange fuchtelte, in Protest gegen die nun gar nicht stattfindende Drastik einer Geburtsszene. Es gab ja noch genügend anderes. Der Kastan'sche Naturalismus trug am Ende zu einer Beschwerde vom *Büreau des Männerbundes zur Bekämpfung der Unsittlichkeit* beim Königlichen Polizeipräsidium seiner Exzellenz von Richthofen bei, die sich auf das in Rezensionen (!) im *Kleinen Journal* und im *Reichsboten* Gelesene bezog und dringendst darum bat, dieses »im höchsten Maße sittengefährliche Schauspiel«, resp. weitere Aufführungen desselben, »im Interesse des Volkswohls untersagen zu wollen«. Der lapidare interne Kommentar in der Zensurakte verwies für nächste Beamte – sie waren ja auch eine geschlossene Gesellschaft – auf die bestehende Gesetzgebung, wonach geschlossene Gesellschaften in geschlossenen Räumen ... Erhalten hat sich an selber Stelle ein Schreiben des Hausjuristen der *Freien Bühne* Paul Jonas, der seinerseits »lebhaft« bedauerte, dass bei gestriger Vorstellung nicht die Loge 3 »für die Vertreter der Polizei-Behörde« freigehalten worden sei, sondern Loge 4, das komme nicht wieder vor. Man sah vermutlich besser aus der Loge 3. Was die Besonneneren auf sämtlichen Plätzen am stärksten verblüffte, war allerdings der Autor selbst: ein zurückhaltender, fast schüchtern wirkender schmaler junger Mann, blond, blauäugig, so gar nicht drastisch, eher wie ein Pastorensohn auftretend – und hatte er nicht auch ein für Christen lehrreiches heidnisches Drama geboten?

Theodor Fontane schrieb trotz Tabubrüchen und Tumult eine luzide Rezension in seiner angesehenen liberalen Zeitung, in der er den Lesern das Substantielle dieses Dramentextes, die notwendig andere Qualität der Aufführung und das Zukunftspotential vor allem des Autors und der ganzen Richtung, die, zugegeben, bisher einen Hang zum Elenden habe, auseinandersetzte. Fontane wusste schon vor mehr als dreißig Jahren, dass man auf dem Wege der Erneuerung erst durch »nackten, prosaischen Realismus« würde hindurchmüssen. Für ihn bedeutete Hauptmann eine »Erfüllung« der Möglichkeiten, die beim verehrten Ibsen bisher semigraue Theorie, ein »Verlaufen ins Unbestimmte« und das »Bestreben, das Zugespitzte noch immer spitzer zu machen« blieben. Hauptmann sei das *wirklich*, »was Ibsen bloß sein will, aber nicht kann«, hieß es im Brief an die Tochter Martha. Den rechten Ton, den rechten Mut und die rechte Kunst attestierte er dem Jungen, dazu alle Qualitäten Ibsens: das Hineingreifen ins volle Menschenleben, »die Neuheit und Kühnheit der Probleme, die kunstvolle Schlichtheit der Sprache, die Gabe der Charakterisierung, dabei konsequenteste Durchführung der Handlung und Ausscheidung alles nicht zur Sache Gehörigen«.

Ganz anders Paul Lindau im *Berliner Tageblatt*: Von »abgedroschenen Tiraden des sozialdemokratischen Helden« war die Rede, von diversen Ekelhaftigkeiten und entsprechendem Gezische im Publikum, alles in allem: »das Hervortreten eines irregeleiteten Talentes und zugleich die Niederlage jener Schule, die Alles, was nicht aus dem muffigen Dunste ihrer ozonleeren Werkstatt hervorkommt, für eitel Schund erklärt.« Wilhelm Liebknecht, Mitbegründer der SPD und Redakteur des *Vorwärts*, rückte die Figur des Loth zurecht; der sei *kein* Sozialist, »nicht eine blasse Idee« habe der von Sozialismus, das hier sei »Puder, der über Haar und Haut gestäubt ist«. Im *Berliner Volksblatt* schrieb das Vereinsmitglied Kurt Baake vor allem über das Publikum, zusammengesetzt »aus Börseanern, Rechtsanwälten, Assessoren, Lebemännern, Weibern der Bourgeoisie und der Halbwelt«; Leuten, die bei allem Neuen dabei sein wollten, weil es für gebildet galt, und dafür »die 30 oder 50 M.« Mitgliedsbeitrag für die feineren Plätze aufbrachten. »Als fremdartiger Zusatz saßen unter oder richtiger über diesem Publikum im zweiten Range junge Leute, Studenten, Schriftsteller, Maler und Schauspieler: Enthusiasten, verständige und unverständige, für die neue Kunstrichtung. Ein Schauspiel im Schauspiel, dieses Publikum!« Immerhin. Ein anderes Problem hatte Otto Brahm, der trotz seines Wechsels in die Oberregieführung weiterhin rezensierte. Sein Lob auf Hauptmann in der *Nation* am 26. Oktober, auf dessen »unerschrockene Konsequenz« (also auch die eigene) in der »Ausgestaltung eines grausigen und ›peinlichen‹ Stoffes«, führte zu einer wortreichen, bemühten, aber eben doch: Distanzierung der Redaktion.

Man sieht sie nun zusammensitzen, den Verleger S. Fischer und den Regisseur und Publizisten Otto Brahm, und schnell entscheiden: die neue Kunst ihrer Bühne brauchte ein eigenes Organ, um sich ungehindert der Welt zu erklären. Die Zahl der Vereinsmitglieder, potentieller Abonnenten, lag derzeit, Ende Oktober 1889, bei 890 Personen, namhaften Bürgern (*ohne* Dr. Kastan, der noch gegen seinen Ausschluss vor Gericht klagte).

Verlegerische Gemengelage

An den zwei meistgebrauchten Wortfeldern lässt sich die atmosphärische Aufladung dieser Jahre erahnen: *Wahrheit* und *Waffen* oder *Kampf.* Sogar bei Brahm und Fischer fanden sie sich nun mehrfach im Geleitwort des ersten Heftes der *Freien Bühne für modernes Leben* vom 29. Januar 1890, das überhaupt so feierlich klang wie ein Gelöbnis (darin waren sie dann doch typisch naturalistisch): »Der Bannerspruch der neuen Kunst, mit goldenen Lettern von den führenden Geistern aufgezeichnet, ist das eine Wort: Wahrheit; und Wahrheit, Wahrheit auf jedem Lebenspfade ist es, die auch wir erstreben und fordern. Nicht die objective Wahrheit, die dem Kämpfenden entgeht, sondern die individuelle Wahrheit, welche aus der innersten Ueberzeugung frei geschöpft ist und frei gesprochen: die Wahrheit des unabhängigen Geistes, der nichts zu beschönigen und nichts zu vertuschen hat. Und der darum nur einen Gegner kennt, seinen Erbfeind und Todfeind: die Lüge in jeglicher Gestalt.« Von »kriegerischen Tagen« war die Rede, von den »Waffen des Geistes« und immer wieder vom Kampf – gegen »das todte Alte, die erstarrte Regel und die abgelebte Kritik«.

Es war die Ankündigung zu einer antiprogrammatischen Haltung gegenüber allem, was in »einer Zeit voll Schaffensdrang und Werdelust« gemäß der »Unendlichkeit der Entwicklung« Substanz bewiese, und bezeugte beiläufig eine kleine kopernikanische Wende für jenes »Wahrheitsziel« der Literaturen: Sollte sich ursprünglich den Naturalisten die Wahrheit der Darstellung vom Gegenstand der Betrachtung herleiten, hier fand sie sich ausdrücklich durch das Subjektive des Betrachtergeistes bedingt; diese Richtung würde die Literatur nehmen (vom Objekt auf die Eindrücke kommen – Stimmung, Gefühl, Nervenreiz – und auch wieder »Geheimnis« in die Dinge legen).

Doch an wen oder was dachte Otto Brahm konkret, wenn er 1890 vom Todfeind *Lüge* sprach? An die kaiserlich bevorzugte Illusionskunst, gestützt vom Zensurapparat, an ein ignorantes Publikum oder an die Ideen neidvoll Übelgesonnener in nächster Nähe? Vor allem an Letztere, denn der Erfolg der *Freien Bühne* spitzte die Kontraste zu. Andere hielten sich für die rechtmäßigeren Vertreter der eigentlichen Ziele der Bewegung. Mancher Naturalist der ersten Stunde fühlte sich überholt und enteignet, daran änderte die Gegengründung der *Deutschen Bühne* nichts, und polemisierte gegen den durchsetzungsfähigen Berliner Naturalismus. *Die Gesellschaft* kam 1885 in München mit dem Schlagwort »Wahrheit« heraus, so konnte man die Brahm'sche »Wahrheit« des ersten Hefts der *Freien Bühne*, ähnlich grünlich wie Conrads Zeitschrift, als Kampfansage verstehen – »auch wir« hatte es ja geheißen.

Brahm sah sich von Hause aus als eine »kämpfende Natur« an. Und er hegte den erzieherischen Ehrgeiz, das Theater im Schiller'schen Sinne als eine moralische Anstalt wiederzubeleben. Die unverbrauchten Begabungen wollte er schon 1883 versammeln – »nur die geblähte Talentlosigkeit bleibe uns fern, die mit lärmenden Uebertreibungen eine gute Sache zu entstellen droht, denn gegen die kläglichen Mitläufer der neuen Kunst, gegen die Marodeure ihrer Erfolge sind wir zum Kampfe so gut gerüstet, wie gegen blind eifernde Widersacher«. Die rhetorische Militanz war auch »Mimikry an die Gewaltstimmung« (Guido K. Brand), wie sie allgemein herrschte im »Kampf ums Dasein«, im Kampf um die Höherentwicklung, im Kampf um den rechten Platz in der Gesellschaft. Für Samuel Fischer jedenfalls läutete die Gründung der Wochenschrift, herausgegeben von Otto Brahm, tatsächlich eine verstärkte Kampfzeit ein.

Die Großfamilienwohnung am Lützow Ufer hatte sich aufgelöst. Der Verlag und das bewährte Brüdergespann waren in die Linkstraße 25 (am Potsdamer Bahnhof) gezogen. Das Sortiment der Brüder wurde zugunsten einer von Moritz betriebenen *Gebrüder Fischer, Anstalt für die vervielfältigenden Künste* liquidiert, einer Anstalt für Kunstdrucke in der Wilhelmstraße 10, III. Stock (benannt nach der ersten ihrer Art in Wien). Und sogleich müsste man eine Marke setzen: Fischers Verlag, der aus dem Buchhandel hervorgegangen war, stand von nun an für sich. Und hier liefen immer mehr unaufgeforderte Manuskripte ein. »Sehr geehrter Herr! Da Sie mich kaum auch nur dem Namen nach kennen dürften, teile ich Ihnen, gewissermaßen um mich vorzustellen, mit, daß ich ein von der Kritik mit vielem Beifall« – eine Monographie über Henrik Ibsen, von Georg Brandes besprochen. »Ich habe nun ein fünfaktiges Trauerspiel: ›Die große Sünde‹ vollendet«, in den Bahnen Ibsens … »Ich will Euer Hochwohlgeboren« – »ob Sie überhaupt gewillt sind, die Übernahme desselben« – Auflage 2000, Honorar 100 Mark pro Bogen – »in Erwägung zu ziehen. Vielleicht darf ich Sie um die Güte einer umgehenden Beantwortung dieses Schreibens ersuchen. Mit ausgezeichneter Hochachtung Ihr ergebener Hermann Bahr 31 Boulevard St. Michel. N. B. Ibsen, Kretzer, Scholz, die ja bei Ihnen verlegen, kennen meine Werke. H. B.« Solche, dabei etwas weniger ironisch geschraubten Schreiben trafen im Januar 1889 ein; seit Gründung des Vereins galt er obendrein als »S. Fischer, der Verleger, das selige Vertrauen und die Hoffnung der drucksehnsüchtigen Jugend und der frohe Teilnehmer an ihren dionysischen Gelagen«. Es mochte im seligen Gedenken an ihr Leben »ganz à la bohémienne« zwischen Kristiania und Montmartre gesprochen sein. Von den vielen, die hofften, druckte er wenige.

Für die Zeitschrift, die Beiträge zu den Stücken, Aufführungen und Reaktionen liefern würde, aber auf Fischers Wunsch auch Vorabdrucke, Teilabdrucke neuer Dramen, wurde Arno Holz als Redakteur engagiert, sicherlich auf Geheiß von Hauptmann, der sich dem Freund erkenntlich zeigen wollte, denn mit Brahms Vorstellungen hatte der experimentaltheoretische Holz, der nebenher noch anonym für das politisch-satirische Arbeiterblatt *Der wahre Jacob* schrieb, wenig gemeinsam. Und Hauptmann war der Star. »Es strahlte schon in jener Zeit die unverkennbare Aura des außergewöhnlichen Menschen von ihm aus« (Max Halbe). Natürlich wollte der vom Autor und von der Person wie alle anderen angetane Verleger den Mann aus Obersalzbrunn verbindlich sowohl für die Zeitschrift als auch für seinen Verlag gewinnen, wobei die Zeitschrift nicht nur bei ihm herauskam, sondern auch von ihm finanziert wurde. Das führte für eine Weile zu Reibungswiderständen, die zeigten, dass Fischer, der Schatzmeister des Vereins, im Kreis der dominanten Persönlichkeiten von nun an umso genauer seine Rolle zu bestimmen hätte, auch für sich selbst. Welches Verhältnis bestünde zwischen Zeitschrift und Verlagsprogramm, in welchem Maße wollte er die Inhalte des Heftes mitentscheiden? Das müsste sich erst noch finden. Doch schon im Juli 1890 erwog der Verleger, voll und ganz die Sache hinzuwerfen.

Das Jahr hatte unter schwierigen Vertragsverhandlungen mit Hauptmann begonnen, und weil sie Fischer einen Vorgeschmack davon geben konnten, worauf er sich als Literaturverleger eigentlich einließ, hören wir ausschnittweise hinein.

Hauptmann, 11. Januar 1890: »Einige Punkte unsrer Vorbesprechung sind mir im Kopfe herumgegangen. Ich habe doch recht gehört? Sie rechneten mir von tausend Exemplaren (à 1 Mk 50 *d*) zuerst 150 Mk, dann 300 Mk Honorar heraus. Dreihundert Mark, das wären *20 Procent*, und dies ist der Satz, der für mich fest stand, bevor ich zu Ihnen kam. Damit nun also keine Unklarheit besteht, theile ich Ihnen das hierdurch nochmals mit. Den Contractentwurf anlangend, welchen Sie mir in Aussicht stellten, bitte ich Sie, den Honorarsatz für den Abdruck in ›Freie Bühne für modernes Leben‹ genau anzugeben. Ich habe darüber bis jetzt noch *keinerlei* Vorstellung. Bezüglich meiner künftigen Arbeiten möchte ich mich schließlich nach keiner Richtung hin binden. Es ist, meiner ganzen Natur nach, geradezu unmöglich für mich, eine lebenslange Verpflichtung einzugehen. Die Möglichkeit freier Entschlüße muß ich jederzeit offen haben. Und – seien wir realistisch! – was zwingt mich, mir selbst Fesseln aufzulegen?« … »Andererseits, sehr geehrter Herr Fischer! bin ich in gewißer Beziehung, ein conservativer Mann und außerdem bereit, Ihnen das Vorkaufsrecht für meine künftigen Arbeiten einzuräumen. Das Evangelium Judä müßte allerdings auch hiervon ausgenommen sein, denn – wie ich Ihnen ja schon einmal erzählte – ich habe es Fontane junr. [Friedrich F.s Verlag seit 1888] versprochen. Hier steh ich, ich kann nicht anders! Mit den besten Grüßen Ihr ergebener Gerhart Hauptmann«.

Hauptmann, 13. Januar: »Nachfragen unter der Hand etc.

und dann auch eigne Berechnung haben mich in der Annahme bestärkt, daß meine Ansprüche auf 20% vom gedruckten Exemplar nicht unbillig sind, und daß Sie geehrter Herr Fischer! dabei sehr wohl auf Ihre Rechnung kommen müßen. Deshalb kann ich nicht umhin, auf meiner Forderung zu bestehen. Was den Abdruck in ›Freie Bühne‹ anlangt, so bin ich zu einer Rücksichtnahme auf das junge Unternehmen, wie ich Ihnen auch sagte, von vorn herein gern bereit gewesen. Der Honorarsatz jedoch, welchen Sie für mein Drama pro Nummer festgesetzt haben, scheint mir doch über die Maaßen gering und kein Aequivalent für das Gebotne. Abgesehen davon, daß es noch nicht feststeht, ob, und wie weit der Zeitschriftabdruck auf das Buch zurückwirkt, es ist eine weit wichtigre Frage noch unentschieden: ob sich nämlich die Chancen der Aufführung durch den Zeitschriftabdruck nicht vermindern. Darüber giebt es verschiedene Meinungen und beide haben viel für sich. Es ist mir nicht einen Augenblick leid, mein jetziges Drama in Ihrer Zeitschrift abgedruckt zu sehen, denn wie Sie ganz richtig sagten, die geistigen Interessen gehen mir über die materiellen. Stelle ich mich aber auf den materiellen Standpunkt, dann geht – bis mich Jemand eines Besseren belehrt – meine Ansicht in der That dahin, daß es für ein Drama am vortheilhaftesten sei, es erst aufzuführen und dann als Buch zu bringen, oder jedenfalls es nicht vor der Aufführung ganz allgemein bekannt zu geben. Sie selbst, geehrter Herr Fischer! haben mir erklärt, daß Sie dem Abdruck meines Dramas in Ihrer Zeitschrift einen großen Werth beilegen« … »Einmal sogar sagten Sie, daß das Project ohne mein Drama für Sie fallen würde. Nun, ich selbst habe keinerlei Meinung in dieser Sache« …

Hauptmann, 19. Januar: »Der mir von Ihnen übergebene Vertragsentwurf, weicht in zwei wesentlichen Punkten von meinen Ihnen ausgedrückten Wünschen ab. Ich wiederhole deshalb nochmals, daß ich Ihnen, erstens, das Vorkaufsrecht nur in dem Sinne einräumen möchte, daß, bei zwei gleichen Geboten, Sie die Vorhand haben; Zweitens daß ich nicht darauf eingehen kann 20% vom verkauften Exemplar zu beziehen, – sondern vom gedruckten. Sie werden mir nicht ver[denken] können, daß ich diese Forderungen an Sie stelle von de[nen] ich sicher weiß, daß sie mir anderwärts erfüllt werden.«

Brahm, 21. Januar: »Was mich betrifft, so war von einem ›Dazwischentreten‹ nicht die Rede; H. fragte mich um Rath und ich antwortete ihm, indem ich ihm meinen Contract mit Herz mittheilte. Das ist alles. Auf die Einzelheiten der Verhandlungen habe ich in keiner Weise eingewirkt, und noch weniger habe ich geglaubt, ihn vor ›Ausbeutung‹ schützen zu sollen; von dergleichen ist nie die Rede gewesen, auch nicht von ersten und zweiten, alten und jungen Firmen.« … »die Verbindung zwischen Zeitschrift und Buchverlag, die Sie heute andeuten, haben Sie bisher *nicht* in dieser Bestimmtheit ausgesprochen.« … »Was nun H's Verhalten anlangt, so glaube ich Sie beurtheilen es viel zu scharf: er ist kein Geschäftsmann, und wenn er im ersten Augenblick anderes zu sagen schien als jetzt, so ist das eher ein Mangel an Geschicklichkeit, sich sogleich zurechtzufinden, als ein Schwanken und ›Handeln‹. Das letztere liegt ihm sicher fern! Er hat den Begriff Tantieme eben anders aufgefaßt als Sie ihn gebrauchten, und ebenso den Percentsatz nicht gleich richtig erkannt, weil er einen anderen Ladenpreis annahm. Das geht mir aus seiner Darlegung hervor, und aus dem, was auch Sie mir erzählten.« … »Die Vorschläge, die er Ihnen jetzt macht, sind eben die, welche er von Anfang an machen *wollte*« … »H. ist durch seine Unweltläufigkeit vielleicht bei Ihnen, der Sie auf Klarheit in geschäftlichen Dingen geschult sind, ins falsche Licht gekommen; aber Sie werden sich überzeugen, denke ich, daß er im vollsten Wortsinn Gentleman ist, und daß ihm jede Ausbeutung der Situation vollkommen fernliegt. *Er* wünscht abzuschließen, *Sie* wünschten es – weshalb sollte da nicht eine Einigung zu Stande kommen?«

Hauptmann, 23. Januar: »Sie haben mir mit verhältnißmäßig großer Schnelligkeit den Stuhl vor die Thür gesetzt. Daß ich Ihnen neue und immer neue Bedingungen gemacht habe, entspricht nicht ganz Thatsachen; ebensowenig trifft die Behauptung, nach welcher ich eine Geschäftsverbindung mit Ihnen *nicht* wünschte, zu – wofür hätte ich denn sonst andere Anerbietungen abgelehnt? Wenn Sie mir durch Ihre Ablehnung kurzer Hand nunmehr Ihrerseits bewiesen haben, daß Ihnen an einer Verbindung mit mir nichts liegt, verletzt es nun dennoch nicht im geringsten meinen Stolz, Ihnen die Versicherung zu geben, daß es mir aufrichtig leid sein wird, Ihren Namen nicht auf dem Titelblatt meines Werkchens zu finden.«

Und immer so weiter. Man weiß, dass Hauptmann sein Leben lang in Fischers Verlag blieb, trotz Bindungsscheu und trotz notorischer Klagen; doch für den Verleger (wie für Hauptmann) fühlte sich dieses Bleiben niemals als sicher und dessen »Unweltläufigkeit« stets sehr weltlich an.

Das Jahr ging unsanft weiter. Das akute Kampfesgeschehen brachte *Im Suff. Eine naturalistische Spital-Katastrophe in 2 Vorgängen.* »Den edlen Diobscuren Otto Brahm und Paul Schlenther in Anerkennung ihrer Verdienste um die neue Fuselpoesie hochachtungsvoll gewidmet.« Die Parodie entstammte dem Umfeld der *Deutschen Bühne*, als Autor zeichnete der Breslauer Conrad Alberti alias Sittenfeld, ein erklärter Feind des gleichaltrigen Hauptmann und zuvor schon durch »seine wilden und oft maßlosen Ausfälle gegen ältere Schriftsteller« (Hanstein), vor allem Paul Heyse, aufgefallen. Sein Giftpfeil zielte gegen das Verfehlte und zu Verfemende der *Freien Bühne*, Schauplatz: »Irrenanstalt der

Charité«, Zeit: »nach Gründung der ›Freien Bühne‹«. Ein Zehnpersonenstück um den dirigierenden Arzt »Dr. med August Krawutschke«, seine vier »Deliranten« und den »Hauptmann der Deliranten« namens Abramsen. Letzterer wurde bei erstem Auftreten mit großer Lust über eine halbe Seite nach jüdischen Äußerlichkeiten hin karikiert, wie überhaupt der ganze Text vor Einfällen sprühte. Samuel Fischer bekam darin die Rolle eines der vier Deliranten verpasst (bis heute die einzige eindeutige Literarisierung des Verlegers): »Angler, Annoncensammler (31 J.)«.

Sein Auftritt, nachdem er von Dr. Krawutschke zu sich gerufen wurde: »*Angler* (tritt heraus mit dem wirren, stieren Blick des Deliranten) Nun … haben se sich besunnen endlich, Herr Doktor … wollen sie schreiben für mich Geschichte der Medicin? … sss? … *Krawutsche* [sic]. Haben se noch immer die unglückseligen Einbildungen, Angler? Se sein doch Annoncensammler und nich Verläger! … *Angler*. Wirst du sagen mir, was bin ich? Bin ich Brockhaus! *Krawutschke* (hat seinen Puls gefaßt). Na, ich denke, se sein Cotta! … *Angler*. Bin ich auch Kotta, bin ich beides! Vornämmes Verlag, was ich bin! (schmeichelnd) Härn'se, Doktor … schreiben sie mir Buch …« Und so weiter, bis sich »Mikosch« Angler auch noch »Wesben« auf der Nase einbildete und wieder in den Saal der Deliranten entschwand, zu Bulle, Lude und Mieze.

Den Höhepunkt bildete der »Nachgang«: Isidor Kastan mit der Geburtszange entpuppte sich als Gotthold Ephraim Lessing, der mit Wahrheit und Lüge in seinem Namen aufräumen will: »Seid ärgere Lügner als die Andern Alle! / Wißt und erzittert! Auferstanden bin ich, / Den Stall der Musen neu zu reinigen, / Denn wahrlich hohe Zeit zur Säuberung ist's. / Ja reinigen will ich ihn vom argen Schmutz / Des Frankenthums, der Zote, der Gemeinheit, / Vom Gift der Spekulation, von all / Der Frechheit« … »Die Kunst beschmutzen, heißt nicht sie befrei'n. / Hinweg ihr Helden von der ›Freien Bühne‹ – / Die Bühne mach' ich frei zuerst von euch! …« Kastan lässt zum Schluss die Zange auf die Köpfe der noch Anwesenden niedersausen. »Ende. Berlin, Karneval 1890«. Die letzten Seiten des schmalen Heftes (Verlag Cassirer & Danziger) füllen Anzeigen von Wilhelm Friedrich. Hauptmann antwortete mit der Satire *Der räudige Hund*, bereits im Dezember 1889 hatte er im Tagebuch vermerkt: »Dieser Alberti ist ein jüdischer Antisemit, ein Oppositionskriecher, ein republikanischer Monarchist, ein literarischer Auslandsschweinigel, Sittenverderber und Sittenrichter. Polizist und Rowdy.«

Der nächste Krisenherd um Otto Brahm, der die modernen Akteure zwischen München und Berlin polarisierte, war schon da. Redakteur Arno Holz konnte im April den aus Paris anreisenden Hermann Bahr an die Zeitschrift binden (für 150 Mk. im Monat), doch der Österreicher, dessen Roman *Die gute Schule. Seelenstände* im selben Jahr bei Fischer erschien (auch in der Zeitschrift) und den Auftakt vieler weiterer Bücher bedeutete, erwies sich als unverträglich mit dem Herausgeber.

Bahr, Anfang Juni 1890: »Sehr geehrter Herr! Ich erhalte soeben von Holz die unvermutete Mitteilung, daß Herr Dr. Brahm sich geweigert hat, meine ›Suggestionen‹ zu drucken. Darüber werden wir sprechen, sobald ich wieder retour bin.« … »Es ist durchaus wider das Interesse des Blattes, wenn eine allzu lange Pause in der Folge der ›Sugg.‹ eintritt – das Publikum kennt sich dann am Ende gar nicht mehr aus. Ich bin daher bereit, aus Rücksicht auf das Blatt, in dessen Dienst ich meine Kraft gestellt habe, u. Freundschaft für Sie, trotz der Merkwürdigkeit des Brahm'schen Verfahrens Ihnen bis Montag früh eine Seite anderer Sugg. zu senden. Ich muß aber auf der Bedingung des unveränderten Abdrucks bestehen, da Herr Dr. Brahm die Sitte hat, alles dasjenige herauszustreichen, um dessentwillen ich schreibe, um dessentwillen Sie sie wünschen, um dessentwillen das Publikum sie liest.«

Brahm, 2. Juli: »Geehrter Herr Fischer! Wollen sie den beil. Artikel ansehen? Ich gestehe: meine Hoffnung wird immer geringer, mit diesem parfümirten Ekel auf einen grünen Zweig zu kommen. Ich werde morgen um – ½ 3 im Kurfürsten sein; wenn Sie wollen, können wir da weiter davon reden. Grüssend OB«.

Brahm, 16. Juli: »Geehrter Herr Fischer, falls Sie, wie ich hoffe, nicht schon zu einem negativen Beschluss in Betr. der F.B. gelangt sind, bitte ich Sie Beif. zu lesen. Es ist wieder in einem heillosen Stile; viel Worte, und nichts gesagt. Wäre B. externer Mitarbeiter, so würde ich es mir dreimal überlegen, den Artikel aufzunehmen. So aber fühle ich mich gebunden; denn dass sich sein Hochgefühl im Einzelnen nichts abdingen lässt, wissen Sie. Ich folgere daraus von Neuem, dass wir gut thun würden, das bisherige Verhältniss zu ihm am 1. August aufzuheben. Mit bestem Gruss Ihr erg OBrahm«.

Weil währenddessen hinter den Kulissen gegen Brahm und für Bahr (der die Herausgabe der Zeitschrift selbstverständlich übernehmen würde) agitiert wurde, wie sich etwa im Tagebuch von Otto Erich Hartleben nachlesen lässt, der am 25. Juni zu nachtschlafender Zeit von Johannes Schlaf Besuch bekam (»so jagte ein Schlaf den andern«), ist die Intrige als das Stichwort »Palastrevolution« auf Samuel Fischers autobiographischen Zetteln vermerkt. Hartleben: »Holz, Schlaf und Bahr sagen sich los. Brahm ist ihnen nicht gefügig genug. Um ihren Austritt mit möglichstem Eclat und Nachdruck zu bewerkstelligen, wollen sie eine Erklärung in die Zeitungen bringen.« Die doch bitte viele unterzeichnen sollen: die *Freie Bühne* werde als »Organ der neuen Kunst nicht anerkannt«; Hartleben fühlte sich Fischer befreundet, wusste nicht recht, wie er sich verhalten sollte, und wollte sein Tun an Gerhart Hauptmann orientieren, der es wissen musste, wenn Brahm untragbar wäre; doch genau diese erfolgreiche Duzverbindung befeuerte manchen gerade, sein Heil woanders zu suchen (etwa bei der *Deutschen Bühne*, um die sich die Geschmähten scharten). Die Palastrevolution im Gerangel um den prägenden Einfluss führte zu Zeitungsgeraschel und endete vor Gericht, weil Fischer den Mitarbeitern Holz und Bahr wegen ihres rufschädigenden Tuns im Zuge der veröffentlichten »Absage« das Juli-Honorar nicht auszahlte. Es blieb etwas hängen, selbst bei Wohlmeinenden. (Der Prozess würde im nächsten Februar verloren.) Fortan wurde Wilhelm Bölsche als Redakteur gewonnen, ein Mann, der für diverse Zeitschriften schrieb, »zolaisierende Theorien« pflegte und mit Hauptmann befreundet war. Für den mehr oder weniger überparteilichen Verleger, der den Laden zusammenhielt, entspannte sich die Lage nicht, im Gegenteil.

Fischer reiste nun häufiger nach Friedrichshagen. Als Mitglieder des alten *Durch!*-Vereins bildeten Bölsche und Bruno Wille dort in der Kiefernheide den Kernbestand einer Art von Kolonie. Die beiden waren 1888 dem Ruf der schönen Landschaft und der Anregung Gerhart Hauptmanns gefolgt, dessen Erkner eine Station weiter gen Osten lag. Gerade eben, 1890, zogen die Brüder Hart hinterher, und nun wurden sie immer mehr, viele vorübergehende Siedler mit viel Besuch, ob aus den Münchner Kreisen Frank Wedekind und Hanns von Gumppenberg, ob August Strindberg, der »Edelanarchist« John Henry Mackay oder Edvard Munchs »phantastisch wüster« Freund Stanislaw Przybyszewski. Hier fanden im Zeichen des *geflügelten Schweinchens*, das man sich in Reaktion auf das Verdikt des Kaisers von der »Rinnsteinkunst« als Wappentier erkor, die dionysischen Künstlerfeste statt. Friedrichshagen war nicht irgendein Ort; 1753 von Friedrich dem Großen (noch ohne Krückstock) als Baumwollspinnerdorf gegründet, hatte es sich mittlerweile zur Sommerfrische und zum »Kurort« gemausert. Seit 1875 wurde hier wöchentlich der *Anzeiger für Friedrichshagen und Umgebung* im Wohnstubenverlag von Dr. Gotthard Hübner zusammengesetzt; der war vordem Dramaturg an der Pariser Comédie Française und am Wiener Burgtheater gewesen und hatte dann durch seine Bekanntschaft mit August Scherl, dem zukünftigen Berliner Zeitungsmagnaten (neben Rudolf Mosse), Interesse am Blattmachen gefunden. Hier wohnte auch eine Reihe linker Politiker, wenngleich die SPD unter August Bebel einen Sicherheitsabstand zu den exaltiertesten Dichtertemperamenten hielt.

So oder so war es nur folgerichtig, als von hier der Impuls ausging, eine *Freie Volksbühne* für die Berliner Arbeiter zu gründen. Seine treibende Kraft, Bruno Wille, der als Dichter und Sozialist gerade den Band *Einsiedler und Genosse. Soziale Gedichte* herausbrachte (nicht bei S. Fischer), hatte am 23. März 1890 einen Aufruf ins *Berliner Volksblatt* gesetzt: »Die Bühne ist eben dem Kapitalismus unterworfen und der Geschmack der Masse ist in allen Gesellschaftsschichten vorwiegend durch gewisse wirtschaftliche Zustände korrumpiert worden« … »Stücke, in denen ein revolutionärer Geist lebt«, scheitern »gewöhnlich am Kapitalismus« (weil nichts einbringend) »oder an der polizeilichen Zensur«. Zeitlich und finanziell machbar, einmal im Monat an einem Sonntagnachmittag für 50 Pfennig (nicht 1,- bis 3,50 Mark wie bei der *Freien Bühne*) sollte der Arbeiter im Theaterverein künstlerisch ausgewählte Stücke zu sehen bekommen, naturalistische und historische, jedoch »keine Possen, Schwänke und Operetten«. Wille sah seine zukünftigen Mitglieder als »Zöglinge im volkspädagogischen Sinne«, denen »die Poesie in der modernen Dichtung vorzuführen und insbesondere zeitgemäße, von Wahrhaftigkeit erfüllte Dichtung darzustellen, vorzulesen und durch Vorträge zu erläutern« wären.

Otto Brahm hatte er schon gewonnen, und der wollte nun Hauptmann gewinnen. Bei einer Zusammenarbeit mit der *Freien Bühne* glaubte Wille wohl auch, die komplizierte Organisation des Unternehmens los zu sein (das hieße, an Fischer). Wie sich aus der Korrespondenz Fischer/Brahm ersehen lässt, brachte er diese fähigeren Leute, die sich nicht als politische oder antibürgerliche Revolutionäre, sondern am ehesten als eine kulturelle Avantgarde verstanden, schließlich nicht ungeschickt in Zugzwang. Am 29. Juli 1890 stieg die Gründungsversammlung im *Böhmischen Brauhaus* in der Landsberger Allee. Von 2000 Anwesenden wurde berichtet, »hauptsächlich Arbeiter, aber auch viele Intellektuelle wie Richard Dehmel, Gustav Landauer und die [Politiker-]Brüder Bernhard und Paul Kampffmeyer« aus Friedrichshagen, außerdem »viele Mitglieder der ›Freien Bühne‹, u. a. Brahm und Fulda«; und wahrscheinlich auch Samuel Fischer, denn man befand sich mit den Beteiligten in der Konzeptionsphase. Wenn ja, hatte er sich während der Massenveranstaltung, deren Polizeispitzel ungezählt blieben, vielleicht unsichtbar gemacht – sie dürfte ihm nicht behagt haben.

Coburg, incognito

Otto von Bismarck pflegte Sozialisten und ihre Unterstützer als »vaterlandslose Gesellen« zu beschimpfen (die Kritischen sind noch immer unpatriotisch genannt worden, hatte Schach von Wuthenow gesagt). 1878 kamen dem Kanzler zwei seltsame Attentatsversuche auf den Kaiser – im Mai vom Klempner Hödel, im Juni durch den Akademiker Nobiling, beide nicht Mitglieder der Arbeiterpartei – gerade recht, um sein restriktives *Gesetz gegen die gemeingefährlichen Bestrebungen der Sozialdemokratie* durchzusetzen.

Wer dagegen verstieß – in hohem Maße Auslegungssache –, konnte seines Wohnsitzes verwiesen, ein Buchhändler, der entsprechende Schriften vertrieb, mit Gewerbeverbot belegt werden. Das Gesetz sollte Angst machen. In Ergänzung zur Restriktion erklärte Bismarck 1881 die Sozialpolitik zum Staatszweck und leitete die Sozialversicherungen ein, doch sein Kalkül, durch beide Maßnahmen die Arbeiterschaft von der Sozialdemokratie fernzuhalten, ging nicht auf. 1888 versuchte er, das Sozialistengesetz um die Strafe der Ausbürgerung weiter zu verschärfen, doch nach Lage der Dinge erzeugte Druck nur mehr Gegendruck; das Gesetz wurde in seiner alten Fassung verlängert, und in der überstand es noch den kompromisslosen Kanzler, der just im März dieses Jahres, 1890, von Wilhelm II. seines Amtes enthoben wurde (was den einstigen Friedrichshagener Gefängnisinsassen Wille vielleicht erst zu seinen Aufrufen im selben Monat beflügelt hatte).

Fischer jedoch blieb, außer wohl überlastet, beunruhigt. Am 16. August 1890 antwortete Otto Brahm von Norderney aus auf dessen jüngste vertraulich mitgeteilte Rückzugsüberlegungen von der Zeitschrift: »Die ›Sache, der wir dienen‹, werden Sie aber jedenfalls am meisten fördern, wenn Sie dabei bleiben, ob nun mit oder ohne F.V.B. [Freie Volksbühne] Die persönlichen Gründe, die Sie nennen, kann ich nach allem nur in Ihrem Bedenken wegen der Sozialdemokratie, resp. der Ausweisung finden, und da bitte ich sagen zu dürfen, daß ich für Ihre Besorgniss auch nicht den entferntesten Grund erkenne. Die Gefahr ist ungefähr so nahe nach meiner Ansicht, wie dass ich auf der Seefahrt von hier ans Land verunglücke – d. h. 1:1000! Ihr Ausscheiden würde sicher zu neuen Gerüchten Anlass geben, und ich würde es nicht nur aus praktischen Gründen, sondern auch aus allgemeinen sehr bedauern: bleiben Sie bei der ›Sache, der wir dienen‹, bitte ich darum, und machen Sie Ihre Meinung in vollem Umfange geltend, wie es Ihr gutes Recht ist. Ihr erg O Brahm«.

Otto Brahm hatte das gute Gewissen des allein an der Kunst Interessierten oder eine (etwas eigennützige) Gelassenheit darüber, was in der Stütze seiner Kulturrevolution vorging. Auch Hauptmann hatte schon Gerichtserfahrung. Der Staat konnte ja Zähne zeigen. Im Juni war es jetzt vonseiten der Zensur zu einem ersten sogenannten Realistenprozess gekommen, nämlich gegen Hermann Conradi (*Adam Mensch*), Willhelm Walloth (*Der Dämon des Neides*) und: Conrad Alberti (*Die Alten und die Jungen*). Die drei Autoren *und* ihr Verleger Wilhelm Friedrich standen in Leipzig unter Anklage der Gotteslästerung und des Verstoßes gegen den Unzuchtsparagraphen. Staatsanwalt Nagel vermisste in ihren Romanen den »der Kunst immanenten Begriff des Strebens nach dem Schönen«; das »Scham- und Sittlichkeitsgefühl in geschlechtlicher Hinsicht« sah er als »gröblichst« verletzt an (fast vierzig Jahre nach Rosenkranzens Bemerkungen). Der Prozess erregte großes Aufsehen. Wilhelm Friedrich und M. G. Conrad begannen gerade in diesem Monat August mit einem Abdruck der Prozessprotokolle in der *Gesellschaft*. Die Chance der Selbstdarstellung vor Gericht, wie sie Conrad Alberti wohl hämisch-keck genutzt hatte – Conradi starb vor Verhandlungsbeginn, Walloth wurde wegen Stammelns und verwirrter Geisteszustände von seiner Anwesenheitspflicht befreit –, konnte über das Quälende eines Gerichtsprozesses, vorherige Hausdurchsuchungen bis unter die Matratze, Beschlagnahme von Korrespondenzen und Kopierbüchern des Verlegers, und dann etwaiger Verurteilungen zu Geld- und Gefängnisstrafen nicht hinwegtäuschen.

Vor solchen Prozessen durfte sich Fischer in Berlin vielleicht dank Paul Jonas (und dem eigenen Temperament) einigermaßen geschützt fühlen, doch eine Verbindung zur Sozialdemokratie, eine unterstellte Unterstützung ihrer »den öffentlichen Frieden, insbesondere die Eintracht der Bevölkerungsklassen« gefährdenden Anliegen, wog mutmaßlich schwerer. Im Gegensatz zu allen anderen in seiner Umgebung war er Ausländer, und als solcher fühlte er sich nun zu exponiert. Nach § 22 Sozialistengesetz konnten Ausländer »von der Landespolizeibehörde aus dem Bundesgebiete ausgewiesen werden«. Das hieß: »Nicht zur Ausstoßung aus der bestehenden Staatsangehörigkeit, wohl aber zur Fernhaltung von außen kommender Sozialdemokraten genügte der bürokratische Abwehrimpuls und wurde anhand zahlreicher Einzelfälle bis zum Ende des Kaiserreichs immer wieder bestätigt.« (Also bis weit nach dem stillen Ausklang des Sozialistengesetzes am 30. September 1890.)

Fischer wusste seine Lage als Verleger, der es mit der Sittenpolizei und nun vielleicht noch mit der politischen Polizei zu tun bekommen konnte, nicht einzuschätzen. Für eine grob und unhinterfragt kategorisierende Behörde wäre er ein sittenloser Naturalist, friedengefährdender Sozialist, dabei Ausländer und Jude. Brahms Antwort vom 16. August spielte für ihn gar keine Rolle mehr, denn acht Tage zuvor hatte er sich bereits mit einer Adresse in Coburg versorgt und in die dortige Zuzugsliste eintragen lassen. Seit dem 8. August 1890 lebte Samuel Fischer also angeblich in der Lossaustraße 10, in der Rubrik »Legitimation«: ein schlichtes Fragezeichen! Im Verlag in Berlin, wo der alte Stettenheim die Stellung hielt, während Brahm fast täglich Vorschläge zum Volksbühnen-Vertrag einsandte, hatte Fischer bei Abreise eine Adresse hinterlegt. Demnach befand er sich im nicht weit von Coburg entfernten thüringischen Sonneberg. Was hatte er denn als Grund der Reise angegeben?

Dem Verleger musste längst bewusst geworden sein, dass er sich schon gegen die Fährnisse des Lebens als ausländischer Jude in Deutschland allein durch eine Naturalisation schützen konnte. Dabei geriet er nun in ein ungünstiges

Klima hinein. »In Preußen wurde Juden die Naturalisation seit 1890 [!] fast völlig unmöglich gemacht, denn der preußische Innenminister warnte die Unterbehörden immer wieder davor, russische, polnische, rumänische und galizische Juden einzubürgern.« Im Januar 1892 folgte dann die Anweisung, Gesuche »der jüdischen Kaufleute Rumäniens mit besonderer Vorsicht zu behandeln«. (Lag Miklós in den Karpaten oder in Siebenbürgen?) Auch diese Praxis verdankte sich noch den Direktiven Bismarcks, zu dessen politischen Ängsten (vor den Katholiken und vor den Sozialisten) die vor der östlichen Nachbarschaft gehörte, vor einwandernden Polen (»den hosenverkaufenden Jünglingen«, wie Heinrich von Treitschke sich ausgedrückt hatte) und vor Juden, die vor russischen Pogromen nach Preußen flohen. Im Mai 1881 gingen geheime Anweisungen an die preußischen Statistiker, rückwirkend alle »im Zeitraum zwischen 1848 und 1880 in Preußen eingebürgerten Juden« zu erheben und, weil es sich schwierig gestaltete, »in Zukunft die Religionszugehörigkeit und Nationalität aller Ausländer aufzulisten« – dies kam einer inoffiziellen Wiedereinführung der abgeschafften Sonderkontrolle bei der Einbürgerung von Juden gleich.

Hinter alldem verbarg sich ein »selektiver Charakter der Einbürgerungspolitik«, der sich noch steigerte und von vornherein der Öffentlichkeit vorenthalten wurde, um deren Rückschlüsse auf Diskriminierungen zu vermeiden, »die gegen das Gebot staatlicher Gleichbehandlung der Konfessionen sowie gegen außenpolitische Rücksichten verstießen und innerstaatliche Feinderklärungen, insbesondere gegen Sozialdemokraten und mißliebige ausländische Journalisten, enthielten«. Historiker, die sich mit der deutschen Einbürgerungspolitik vor und nach Gründung des Kaiserreiches durch Zusammenschluss Süddeutschlands mit dem Norddeutschen Bund befassten, verwiesen auf »das Paradox, daß sich der Aufbau einer politischen, d. h. nicht nur rechtlichen Gemeinsamkeit über ein Negativum, die Einigung über die Ablehnung Außenstehender«, vollzog. Die Nation konstituierte sich »wesentlich über die Definition und Abwehr gemeinsamer Feinde«. Der Feinde im Innern, wohlgemerkt.

Wer Samuel Fischer auf die Idee brachte, im Herzogtum Sachsen-Coburg-Gotha sein Einbürgerungsgesuch zu stellen (das dann für das gesamte Reichsgebiet gälte), ist unbekannt, vielleicht niemand. Es verdeutlicht jedoch seine ausgeprägte Vorsicht und das Maß seiner Verunsicherung sowie, vor diesem Hintergrund, in Berlin auch seinen Mut. Der zweiundsiebzigjährige Herzog Ernst II. (1818–1893), selbst künstlerisch tätig, verband politische Toleranz und Furchtlosigkeit mit einer großen Affinität zum Theater, beides dürfte bekannt gewesen und musste Fischer günstig erschienen sein. Genauso die grundsätzliche Preußenfreundlichkeit des Herzogtums. Von Preußen ging zwar ein starker Druck aus, im Kaiserreich den Ton anzugeben – 1891 würde man im Bundesrat durchsetzen, »dass Einbürgerungen erst vorgenommen werden dürfen, nachdem die Behörden derjenigen Bundesstaaten Gelegenheit zur Stellungnahme hatten, in denen sich der Antragsteller bisher aufgehalten« hat, denn »Preußen fürchtete, kleine Bundesstaaten könnten die antisemitische und antipolnische Einbürgerungspolitik konterkarieren«, doch bis vor kurzem hatte man einander als Ausland angeredet, das brachte immer noch eine gewisse Uneinnehmbarkeit mit sich. Und besonders deutlich wurde dies an den für das Haupteinwanderungsgebiet Preußen brennenden Fragen der 1870 beschlossenen reichseinheitlichen Staatsangehörigkeit.

In der Residenzstadt Coburg, die auf einer Achse zwischen Meiningen und Bayreuth genau in der Mitte liegt, hatte 1886 Johann Strauß (*nicht* glücklich vergessend, was zu ändern war) um Einbürgerung nachgesucht, weil er sich in Wien nach österreichischem Recht nicht von seiner zweiten Gattin scheiden lassen durfte. Im Januar 1887 wurde er Coburger, im August heiratete er dort seine dritte Frau, Adele Deutsch. Als wirkte die geographische Lage auf das Programm ein, wurden neben Richard Wagner Naturalisten aufgeführt – und Fischer wusste immer, wo seine Autoren gegeben wurden. Im März 1890 spielte man, in Gegenwart des von Gotha herüberkutschierten Herzogs, das mancherorts noch verbotene Stück *Die Ehre* von Hermann Sudermann (»der Mann, von dem die Reformdurstigen Reformen erwarteten, bevor in Gerhart Hauptmann das offizielle Licht erkannt war. Er war modern, bevor noch die Moderne ihren Einzug gehalten hatte; er ist der älteste Prügelknabe der reaktionären Kritik«, hieß es im zeitgenössischen Lexikon von Hanns Heinz Ewers über den 1857 geborenen Ostpreußen). Auf dem Spielplan stand des Weiteren Ibsen, dem man in Meiningen bereits 1886 einen Orden verliehen hatte. Und vor allem tat sich das Herzogtum als Gastgeber von Kongressen hervor; hier herrschte Meinungs-, Presse- und Versammlungsfreiheit auch für Nichtstaatsangehörige. Ausgerechnet in Gotha, wo der Bildungswächter Friedrich Christoph Perthes bis zu seinem Tod (1843) gegen die »Buchhandels-Bijouterie-Fabrication« gewettert hatte, hielt 1875 der Allgemeine Deutsche Frauenverein seine 7. Generalversammlung ab und wiederholte seine Forderung nach Gleichberechtigung für Frauen, konkret nach der Zulassung zur Universität (Nähtermädchen aller Länder …). Im selben Jahr beherbergte man die Sozialdemokraten auf ihrem Vereinigungskongress zur Sozialistischen Arbeiterpartei Deutschlands und gleich noch den Vereinigungskongress sozialdemokratischer Gewerkschaften.

In Coburg wurden auch keine Fragen zum abgeleisteten Militärdienst am Heimatort gestellt. Ganz im Unterschied zum klammen Preußen, hier waren »Migranten, die ihr Heimatland nur deswegen verlassen hatten, um der Militärpflicht zu entgehen und solche, die bereits viele Jahre im Inland ansässig waren und den Einbürgerungsantrag erst in einem Alter stellten, in dem sie in der Praxis nicht mehr zum Militär herangezogen« wurden, »nicht erwünscht«! Auf eine Naturalisation bestand im Reich kein Rechtsanspruch, sie blieb ein »Gnadenakt« höherer Verwaltungsbeamter, in der Regel Juristen. Für eine Einbürgerung in den Coburger Staatsverband brauchte man einen dortigen Wohnsitz (keine Mindestaufenthaltsdauer), ein gesichertes Auskommen und die Geburtsurkunde; Fischer, der zusätzlich um Aufnahme in den städtischen Bürgerverband ersuchte, lieferte anbei »Führungsattest über die Zeit meines Aufenthalts in Berlin sowie Beleg meiner Gewerbesteuereinschätzung für mein Hauptgeschäft in Berlin«. Die erforderliche Freigabe aus der bisherigen k. u. k. ungarischen Staatsangehörigkeit werde allerdings noch von ihm nachgereicht, wie er in seinem Antrag am 23. Februar 1891 einräumen musste.

Die zarte Spur, die Fischer in den Coburger Archiven hinterlassen hat, legt nahe, dass er sich in dem halben Jahr zwischen seinem Eintrag in der Zuzugsliste (8. August 1890) und dem offiziellen Einbürgerungsgesuch einen geeigneten ortsansässigen Compagnon für die vage in seinem Aufnahmeantrag erwähnte (Potemkin'sche) Zweigniederlassung seines Berliner Verlags suchte, hiermit wohl um eine Untermauerung der lauteren Absichten und der gesicherten Lebensgrundlage bemüht. Der hilfreiche Mann hieß Albert Seitz, stammte aus dem thüringischen Günthersleben, war 1858 geboren wie der Samuel Fischer der Liptauer Geburtsurkunde und wohnte seit mindestens 1883 in Coburg am Marktplatz. Dorthin zog Fischer dann auch virtuell um (»Markt 14 bei Seitz«), und nun, im zweiten Anschreiben vom Oktober 1891 mit Anlage der ungarischen Freigabe, wird für diese »meine hiesige Zweigniederlassung in Gemeinschaft mit Herrn Buchhändler Alb. Seitz« auch freigiebig eine Adresse genannt, Herrengasse 10 (Fischer, der mit seinem vollen Hofbuchhändlertitel unterzeichnete, schrieb 11!). Von der unbekannt gebliebenen Vereinbarung der zwei Buchhändler ahnt man, dass sie am Ende beiden nützte: Fischer wurde zum 31. Oktober 1891 in Coburg naturalisiert, und Albert Seitz annoncierte 1892 im jährlichen Adressbuch des Deutschen Buchhandels: »Seitz, Albert, Buch-, Kunst- und Musikh. in Koburg. Gegr[ündet]. 15. Okt. 1891.« Keine Silbe von Fischer. Der hatte hier wahrscheinlich durch Anschubfinanzierung jemandem zur Selbständigkeit verholfen, und keinem Schlechten. Seitz starb nach schwerem Leiden im Januar 1914 als Kommissionsrat, Herzoglich Sächsischer Hofbuchhändler und langjähriges Aufsichtsratsmitglied der Vereinsbank (er hatte sich, nebenbei bemerkt, erst drei Jahre nach Fischer in den Coburger Bürgerverband aufnehmen lassen). Man weiß nicht, ob er jemals über seine Verbindung zu dem Berliner Verleger gesprochen hat – der tat es nicht.

Die Ironie der Gleichzeitigkeiten wollte es, dass genau während dieser Monate ein sogenannter Volontär im Verlag saß, der keine große Hilfe bedeutete und sich die häufige Abwesenheit des Chefs zunutze machte, »um ein Schriftstellerleben zu leben, wie es mir bisher noch nicht geblüht«. Auf dem Briefpapier des Hauses sortierte er die Welt: »*Christentum – Sozialdemokratie*« (Mitleid; alle haben gleiche Rechte auf Gleichheit) versus »*Darwinismus – Individualismus*« (Zuchtwahl der Lebensfähigsten, jeder kämpft für sich). Zugleich plante der Zwanzigjährige, aber »bitte Diskretion!«, mit dem »ersten Gehilfen« Fischers eine »populär-literarisch-wissenschaftliche Beilage, hauptsächlich für sozialdemokr. Zeitgn.«, doch »möglichst tendenzlos, um auch

Freisinnige zu angeln« und eine Auflage von 30 000 zu erreichen. Im März hatte sich sein Vater höchstselbst darüber ins Bild gesetzt, wo der Sohn, wenn er schon eigenmächtig die Lehre in Dresden abbrach, auf gut Glück unterzukommen gedachte; »ein Brief an *Fischer*, da Fischer mir gerade einfiel (weshalb? dunkel), und umgehende zustimmende Antwort.« So stand dann der zermürbte Thomas Johann Heinrich Mann, Lübecker Getreidehändler und Steuersenator, mit dem Verleger in dessen Büro (seit diesem Jahr auf der anderen Seite des Potsdamer Bahnhofs) und sprach über seinen schwierigen Ältesten (der lenkbarere Bruder ging weiterhin zur Schule). Heinrich konnte hier Manuskripte und Korrektur lesen. Also bitte, er durfte umziehen, bekäme 100 Mark Pensionsgeld. »Hauptsache: Berlin«, lautete dann nur dessen Triumphgeheul an seinem zwanzigsten Geburtstag, am 27. März 1891, und: »Morgen stell ich mich Herrn Fischer vor. Österr. Jude, sehr zivilisiert und liebenswürdig, dem Vernehmen nach.«

Entbundene Moderne

1891 gewann der zweiunddreißigjährige Verleger nicht nur als angehender Coburger Boden unter den Füßen zurück, er stellte nun auch in allen anderen Bereichen eigene Weichen. Die von ihm wohl nie wirklich gewollte Kooperation mit der Freien Volksbühne scheiterte von selbst. Die *Nordische Bibliothek* als Reihe ließ Fischer mit Band XVII, mit Knut Hamsuns Roman *Hunger*, im dritten Jahr ihres Erscheinens auslaufen, weil sich ihr Herausgeber Julius Hoffory seit Ende 1890 in fortschreitend labilem geistigen Zustand befand, wie nicht zuletzt Henrik Ibsen immer wieder besorgt seinem neuen Ansprechpartner und Übersetzungsaspiranten Julius Elias mitteilte. Nicht ohne unvermindert die eigenen Ansprüche vorzubringen (»Seien Sie übrigens so gut, Herrn Fischer auf das freundschaftlichste zu grüßen. Er ist ja ›ein guter Kerl‹, nur mit seiner übertriebenen und unnötigen Ängstlichkeit kann ich mich nicht abfinden.« Dies etwa im Januar 1891, als Reclam gerüchteweise mit dem erwähnten Räuber eine Blitzübersetzung vom neuen Stück *Hedda Gabler* herauszubringen drohte.) Hoffory fiel aus, doch mit dem dänischen Autor Peter Nansen gewann Fischer in Zukunft einen Agenten inmitten der Skandinavier, die in Deutschland eine wahre Mode wurden; während er vor allem die Russen vor ihrer eigentlichen Zeit nicht weiterverfolgte. Zugleich gründete er noch in diesem Jahr, 1891, das Subunternehmen *Fischer's technologischer Verlag, Fischer und Heilmann*, um Geld für Zusatzgeschäfte wie die Zeitschrift zu verdienen. Auch hier traf Fischer jetzt Entscheidungen.

Von Januar 1892 an stellte er die *Freie Bühne* mit dem vorübergehenden Untertitel *für den Entwickelungskampf der Zeit* auf eine Monatsschrift um. Der Kreis der Persönlichkeiten, die über die Zeitschrift Einfluss auf die Welt zu gewinnen suchten, hatte sich erweitert. Der 1859 im österreichischen Rodaun geborene Christian von Ehrenfels, ein Freund der Hauptmann-Brüder aus Züricher Zeit, spendete im Januar 1891 bei nicht eindeutiger eigener Ambition an Fischer 10 000 und an Brahm, der die Ambition des Gönners hinhaltend nährte, 5000 Mark zur Autorenpflege. Daraus entwickelte sich ein fünfzigprozentiger Teilhabervertrag mit Fischer, der jenem eine redaktionelle Mitsprache und die Veröffentlichung eigener Beiträge garantierte. Ehrenfels erhoffte sich hier ein Forum für »›praktische Philosophie‹ in des Wortes eigentlicher Bedeutung«. Das ihm, in Absprache mit Redakteur Bölsche, de iure Gewährleistete überstieg nun wieder die Toleranz des Herausgebers, zu Fischers Bedauern, doch so hatten es alle Beteiligten letztlich geschehen lassen. Brahm musste es hinnehmen, dass ihm die Kontrolle über das schöne Spielzeug entzogen wurde. Ihr derzeitiger Vertrag habe ja »die Eigenthümlichkeit der sebstthätigen Thüren«, bemerkte er am 27. September 1891 beherrscht gegenüber Fischer, er »schliesst von selbst«. So geschah es, und so trug es zu Brahms bedeutsamem Wechsel in die Theaterregie bei. Ein neuer Herausgeber wurde nicht benannt, die Leerstelle füllte mehr Fischer als Ehrenfels aus. Bis zu seinem Ruf an die Prager Universität 1896/97 blieb der ein sehr stiller Teilhaber.

Fischers Zeitschrift würde ihre Distanz zu den künstlerischen Streitern stetig vergrößern und sich ab 1894 unter dem Kunst- und Musikhistoriker Oscar Bie als verantwortlichem Redakteur von einem einst schnell agierenden feuilletonistischen Kampfblatt zu einem führenden Organ der literarischen Intelligenz entwickeln. Mit Bie, ebenfalls Breslauer (Jahrgang 1864), käme die antiprogrammatische Haltung gegenüber der Kunst, wie sie im ersten Heft von Brahm angekündigt worden war, vollends zur Entfaltung. Der neue Schriftleiter entstammte keiner kunsttheoretischen oder parteienpolitischen Kampfesseite mehr, war Privatdozent und Publizist; er propagierte keine Schule, nicht Akademismus oder Ideologismus, sondern bezog sich bei Antritt ausdrücklich auf Kant, den Begründer der Autonomie des Ästhetischen, und rückte den individuell schaffenden Künstler mit seinem zeitgerechten Werk unabhängig von jeder Gruppenzugehörigkeit oder Instrumentalisierung durch Sittlichkeit und Theorie ins Zentrum. Die Monatsschrift sollte das dazu passende, an den neuen Formen interessierte, aufgeklärte oder aufklärbare Publikum finden.

Dem Verleger diente sie als sein Fischernetz: mit der Zeitschrift machte er seine Entdeckungen, hier köderte und erprobte er Autoren wie Publikum. Dabei würde das Blatt nach Themen, Leseproben und Beiträgern immer einen wesentlich größeren Radius behalten als das S. Fischer Buchprogramm – und genau darin bestünde sein ausstrahlender Reiz und Reputationswert für den Verlag. Auf diese Weise spielte es nicht wirklich noch eine Rolle, dass es sich nicht trug. »Sehr geehrter Herr! Ich beehre mich, Ihnen mitzutheilen, daß ich die Autorisation des jüngsten Romanes von *Guy de Maupassant* (*Notre coeur*) erworben habe; und ich gestatte mir die Anfrage, ob Sie geneigt wären, den Roman für Ihre *Freie Bühne* und Ihren Verlag zu akzeptieren. Ich glaube, daß im gegenwärtigen Augenblick das Interesse für Maupassant derartig gestiegen ist, dass ein guter Absatz wohl im Voraus mit Sicherheit anzunehmen ist. Gleichzeitig frage ich Sie an, ob ich ein Probeheft der Fr. Bühne (Januar) erhalten kann?« So ging das also.

Dass Fischer Maupassants Roman trotz dieses Angebots von Leo Berg (einem Friedrichshagener) vorbeiziehen ließ, wäre ihm mit seinem Volontär vielleicht nicht passiert. Der schwärmte nämlich früh für den Neffen Flauberts. Nach dem plötzlichen Tod seines Vaters im Oktober 1891 hatte er den Verlag jedoch vor Ende des Jahres verlassen. Für Heinrich Mann, der sich in Lübeck fälschlich und ironisch als »der junge Zola« tituliert wusste, war der Naturalismus (wie für Hermann Bahr, der sich nach Brahms Weggang freudig der Zeitschrift wieder annäherte) längst überholt. Als 1871 Geborener repräsentierte er allerdings auch eine nächstjüngere Generation, die von den Tabubrüchen der 1860er profitierte, ohne sie selbst noch begehen zu müssen: »Mein Vorbild ist nicht der französische Photograph, der das in seinen Rahmen, den er ›Wahrheit‹ nennt, mit plumper Gewissenhaftigkeit gespannte Stück Natur ›porträtiert‹, gleichgültig, ob es ein Engelskopf … nein, den gibt es ja nicht, der ist ja nicht natürlich … also ein Kohlkopf – oder ein kackender Weiberarsch ist – mein Ideal ist der deutsche Künstler, dessen Schöpfungen schön bleiben, auch wo das Sujet ein unschönes ist«, so favorisierte er achtzehnjährig (ein paar Tage nach der Premiere des *Sonnenaufgangs*) Heinrich Heine. Oder René Schickele, Jahrgang 1883, der in einem seiner Romane ebenfalls undankbar vom naturalistischen Gemüse schrieb: »Wir schlenderten an den Hallen vorbei. Hunderte von Körben mit Erdbeeren standen im Viereck, wie ein Regiment der alten Garde, daneben waren Pyramiden von Kohlköpfen und roten Rüben aufgetürmt, und immer neue Ladungen wankten auf zweirädrigen Karren heran. Allerhand Rindvieh sah blutig aus grauem Segeltuch hervor. Weiche Flaumhügel von Gänsen, Enten und mannigfachen Hühnern schlossen ein Schlachtfeld von vierfüßigem Wild ein, und drinnen in den Hallen stockte einem der Atem vor dem Geruch von Fisch und faulem Gemüse. Diese Hallen sind wüst, imponierend und langweilig wie ein Roman von Zola.«

Früh ist der Naturalismus belächelt worden, gerade von seinen auf irgendeine Weise Beteiligten: »Deutschland erlebte sehr intensiv alle Literaturströmungen des Westens, Nordens und Ostens mit, aber schöpferisch steuerte es nichts dazu bei, nicht anders als wir Polen«, so Stanislaw Przybyszewski. »Es fiele schwer, wollte man die ganze materielle Not beschreiben, in der dieser Kreis der deutschen ›Weltumstürzler‹ lebte. Die deutsche Öffentlichkeit war ja so unglaublich borniert, diese ›konsequenten Realisten‹, diese sanften und zahmen Naturalisten für Umstürzler zu halten.« Dabei »brachte die Entwicklung, die sich angeblich zwischen 1880 und 1890 in Deutschland vollzog, keine literarische Revolution. Es gibt in der gesamten deutschen Literatur nicht ein Werk, das man als Wendepunkt bezeichnen könnte. *Jung-Deutschland* lebte vor allem von den Brosamen der königlichen Tafel, die Frankreich, Rußland und vor allem Skandinavien reich gedeckt hatte.« … »Ich will nicht ungerecht sein, aber dieses ganze *Jung-Deutschland* war im Grunde erschreckend unfruchtbar.« »Keiner von den deutschen Künstlern, auch nicht der kultivierteste, hatte die Unarten des deutschen Burschenschaftlers abgelegt«; und: »Sobald einer seiner Vertreter tiefer lotete, stieß er unweigerlich auf Goethe.« … »Sobald etwas überhaupt ernst zu nehmen war, dann quoll aus allen Ritzen Goethe hervor: *Goethe, Goethe und kein Ende!* Über Goethe hinauszugehen, dazu war *Jung-Deutschland* nicht imstande.« Ein Urteil aus nächster Nähe und eine Prophetie, die sich für den Polen umso mehr bewiesen haben musste, als er diese Erinnerung 1926 verfasste. Klassikeraspirant Hauptmann sorgte vorher aber noch für den letzten Höhepunkt des deutschen Naturalismus.

Die *Freie Bühne* büßte ihre Notwendigkeit ein, immer mehr stehende Theater nahmen »ihre« Stücke ins Programm. Keine drei Monate nach der Uraufführung von Hauptmanns drittem Drama *Einsame Menschen* im Verein (nach einigem Ringen mit dem Autor vorabgedruckt in der Zeitschrift), wurde es am 21. März 1891 am *Deutschen Theater* gespielt, und nicht einmal als die allererste öffentliche Vorstellung eines Hauptmann-Stückes; diesen Rang lief einen Monat zuvor Frankfurt am Main der Konkurrenz ab. Im Dezember würde es am Wiener Burgtheater gegeben. Der Gefragte war ungemein produktiv, seine Sicherheit im Schreiben wuchs. Die Publikumseroberung wirkte stimulierend, und wie fördernd rückhaltlose Befürworter waren, erfuhr Hauptmann vor allem in seiner angeregten Verbindung zu Otto Brahm. Der Dramatiker und der Regisseur nahmen nun zügig ihren Weg auf die öffentlichen Bühnen, die avantgardistische Randerscheinung wanderte auf eine gesellschaftliche Mitte zu. Hier bewies sich, was in späteren Studien zum Erfolg naturalistischer Autoren herausgestellt wurde: eine Durchsetzung hing entscheidend davon ab, ob es dem Betreffenden gelang, »eine dauerhafte Verbindung mit einem bestimmten Verleger bzw. Theaterleiter einzugehen«. Das Besondere im Falle von Hauptmann, Brahm und Fischer war, dass sich Verleger und Theaterleiter, indem sie ihren Autor in die Mitte nahmen, selbst erst eine Bresche schlugen.

Der neue deutsche Mann für das Theater (der Autor, nicht der Regisseur) war mittlerweile ins eigene Haus im schlesischen Schreiberhau gezogen und dort an seinen bisher größten Stoff gefesselt. Hauptmann trieb die Holz'schen Errungenschaften naturalistischer Sprachbehandlung weiter und verfasste sein Stück über den Aufstand der Leineweber von Langenbielau im Jahre 1844, welche im Übergang von der Handarbeit auf Maschinenbetrieb in der schlesischen Weberindustrie zu den »Ärmsten der Armen« geworden waren, durchgängig in Mundart: *De Waber* – »ich beherrschte den Volksdialekt. Ich würde ihn also, war mein Beschluß, in die Literatur einführen. Dabei dachte ich nicht an sogenannte Heimatkunst oder Dichtung, die den Dialekt als Kuriosum benützt und meistens von oben herab humoristisch auswertet, sondern dieser Volkston war mir die natur- und kunstgegegebene, dem Hochdeutsch ebenbürtige Ausdrucksform, durch die das große Drama, die Tragödie ebenso wie durch Verse Goethes oder Schillers Gestalt gewinnen konnte.« Auf solche Weise wollte Hauptmann, selbst Weberenkel, »dieser in Preußen übel vermerkten Erinnerung« neue Gegenwart, »ja möglicherweise Dauer« geben. Nachdem sie schon in der Literatur des Vormärz, an prominentester Stelle durch Heinrich Heines *Weberlied*, von der Zensur höchlichst verfolgt, Bewahrung gefunden hatte: »Alt-Deutschland, wir weben dein Leichentuch, / Wir weben hinein den dreifachen Fluch. / Wir weben, wir weben!« Für wie kurz hielt Hauptmann das Gedächtnis von Gott, König und Vaterland, die bei Heines Webern im dreifachen Fluch angeklagt wurden, als er sich mit seinem ersten Meisterstück in diese Tradition einschrieb, und sei es, wie er sagte, von ihr »abweichend«?

Am 20. Februar 1892, einen Monat nach der Premiere von Hauptmanns *College Crampton* (mit großem Publikumserfolg) am *Deutschen Theater*, wurde das Drama von Direktor Adolph L'Arronge der Zensur eingereicht und damit eine der spannendsten Auseinandersetzungen über die Wirkungsmacht eines literarischen Werkes ausgelöst, die mutmaßlich je stattgefunden hat – »der spektakulärste politische Zensurprozeß in der Geschichte der deutschen Literatur« (Manfred Brauneck). An der Auslegung des Dramas beteiligten sich vorneweg der Polizeipräsident, Anwälte und Gerichte, Feuilletonisten, Kirchenvertreter, Sozialdemokraten, Liberale, Nationalkonservative etc. Schon vier Monate zuvor (am 9. Oktober 1891) hatte der Breslauer Regierungspräsident den Freiherrn von Richthofen gewarnt, ob man denn wisse, dass die »Berliner freie Bühne« die Aufführung eines neuen Dramas von Gerhart Hauptmann plane, welches mutmaßlich durch die reichsweiten Presseagitationen des hiesigen Pastors Klein (zur *akuten* Weberkrise) angeregt worden sei und »unter Benutzung des ›Weberliedes‹ den Aufstand der Schlesischen Weber im Eulengebirge im Jahre 1844 behandeln soll«.

Man wusste nicht. Doch man würde nun keine zwei Wochen nach ihrer Einreichung *De Waber* für öffentliche Aufführungen aus »ordnungspolizeilichen Gründen« verbieten. Sie richteten sich gegen »die geradezu zum Klassenhaß aufreizende Schilderung des Charakters des Fabrikanten im Gegensatz zu denjenigen der Handwerker im 1. und 4. Akt, die Deklamation des Weberliedes im 2. und am Ende des 3. Aktes, die Plünderung bei Dreißiger [dem Fabrikanten] im 4. Akt und die Schilderung des Aufstandes im 4. und 5. Akt«. Die Zensur fürchtete, »daß die kraftvollen Schilderungen des Dramas, die zweifellos durch die schauspielerische Darstellung erheblich an Leben und Eindruck gewinnen würden, in der Tagespresse mit Enthusiasmus besprochen, einen Anziehungspunkt für den zu Demonstrationen geneigten sozialdemokratischen Teil der Bevölkerung Berlins bieten würden, für deren Lehren und Klagen über die Unterdrückung und Ausbeutung des Arbeiters das Stück durch seine einseitige tendenziöse Charakterisierung hervorragende Propaganda mache«.

Ob Hauptmanns Darstellung »einseitig tendenziös«, politisch ausgerichtet war oder nicht, würde man auch eingehend unter den Rezensenten debattieren und dann als Tatsache von *beiden* Flügeln des politischen Spektrums her beklagen. Fontane zeigte, dass Hauptmann aus *dichterischer* Notwendigkeit, »was ursprünglich ein Revolutionsstück sein sollte, schließlich als Antirevolutionsstück ausklingen« lassen musste. Und Bertolt Brecht wandte Jahrzehnte später ein (damit auch seinen grundsätzlichen Einwand gegen das naturalistische Drama benennend): »Der Klassenkampf war dargestellt, das war realistisch, aber er hatte einen eigentümlichen Naturcharakter im bürgerlichen Sinn, das heißt, die Natur war metaphysisch aufgefaßt.« Hieß weiter: »Es war natürlich, daß die Proletarier kämpften, aber es war auch natürlich, daß sie besiegt werden. Der Einfluß der Umgebung auf die Menschen wurde zugegeben, aber nicht, um diese auf den revolutionären Geist zu lenken; die Umgebung trat als Schicksal auf, wurde nicht als von Menschen aufgebaut und von Menschen veränderbar dargestellt.«

Solche Unterscheidungen konnte sich die preußische Obrigkeit nicht leisten, die Veränderbarkeit menschlicher Zustände durch Menschen war ihr verdächtig, sie hörte das Fanal zum Aufstand für den vierten Stand durch ansteckendes Theater. Das Stück musste unter Kontrolle bleiben, im Dezember desselben Jahres wurde es in seiner hochdeutschen Fassung ebenfalls verboten. (Die unterschiedliche Behandlung des Druck- und des Theatererzeugnisses durch die Zensur sticht im Falle der *Weber* besonders ins Auge, insofern Fischer beide Fassungen sogleich verlegte. Man hatte gehörigen Respekt vor der sozialen Funktion des Theaters.)

Des Autors Reaktion auf das erste Verbot klang noch gelassen: »Hauptsache ist, die *Weber* haben ein hundertjähriges Leben garantiert erhalten«, so an Brahm am 7. März 1892; an Fischer ein paar Tage vorher: »Eine Klage: ich war in Breslau. Crampton ging sehr gut. Das Interesse für die Weber ist dadurch noch gesteigert. Dennoch hatte nur eine einzige Buchhandlung ›de Waber‹ ausliegen. Ein einziges armes Exemplar. Lieber Herr Fischer, gehen Sie nicht zu behutsam vor? Sollten Sie nicht vielleicht mehr Exemplare drucken? So daß Sie die Sortimenter überschütten können.« (Dass sich Sortimenter in dem durch seine Nähe zum bedürftigen Webergebiet von Behördenseite besonders beäugten Breslau ihrerseits zurückhielten, kam Hauptmann nicht in den Sinn.) Seine Reaktion auf das zweite Verbot war nun der Gang vors Gericht. Sein Anwalt Dr. Grelling würde hier die Strategie verfolgen, nachzuweisen, wie genau sich der Autor an die überlieferten, längst überholten *historischen* Fakten gehalten hatte, mit denen sich heutige, im Maschinenzeitalter geborene Arbeiter gar nicht mehr identifizieren könnten. In gedichteter Parteienpolitik sähe Herr Hauptmann außerdem eine Herabwürdigung der Kunst.

Von seiner »künstlerischen Objektivität« sprach auch Otto Brahm, der in der Zwischenzeit mit Fischer die *Freie Bühne* ankurbelte und das Stück also dort uraufführte. Es sei »objektiv geschichtlich«, allerdings »in Zeiten, wo Kapitalismus und Sozialismus in heftigstem Kampfe liegen«, leicht als Tendenzdrama auffassbar, befand der Germanist Adolf Bartels. Das Drama stamme hinsichtlich seiner Begrenztheiten aus einer vorsozialistischen Phase der sozialen Auseinandersetzung, erklärte Samuel Lublinski, auch unter Hinweis auf Hauptmanns Kleinbürgerherkunft, »die den Dichter allenfalls zu einem Ausdruck des Mitleids als humanitärer Geste gelangen ließen«, aber nicht zu jener »Energie des aufsteigenden und schöpferisch erregten vierten Standes, der das Leben der Gesellschaft umformen und mit neuen Idealen durchsättigen möchte«. Nur dies nicht, waren sich die Kritiker der konservativen Richtung mit dem Polizeipräsidenten einig, der durch den Ausruf »Die janze Richtung paßt uns nich!« noch in ferner Zukunft zitiert werden würde, wobei »uns« den dreiunddreißigjährigen Kaiser einschloss.

Wilhelm II. kündigte seine Loge, nachdem das Stück schließlich allein für das *Deutsche Theater* vom Oberverwaltungsgericht genehmigt worden war, weil es dort von aufwiegelbaren Arbeitern aus finanziellen Gründen kaum gesehen werden könne. Dafür konnten die *Weber* noch während der preußischen Exegesen unter dem Applaus von Emile Zola der »königlichen Tafel« im Théâtre Libre etwas für ihre Brosamen zurückgeben – es war das erste deutsche Stück, das seit 1871 in Frankreich zur Aufführung kam. In New York spielte 1894 schon Hauptmanns *Hannele*. Im August 1895 schaute sich Wladimir I. Uljanow in Berlin die *Weber* an, seine Schwester übersetzte sie ins Russische. Und Käthe Kollwitz übertrug sie in Zeichnungen. Doch der deutsche Kaiser blieb Hauptmanns erklärter Feind. 1898, zu seinem zehnjährigen Thronjubiläum richtete er eine Rede an seine Königlichen Bühnen-Schauspieler und sagte: »Das Theater ist auch eine meiner Waffen«, eine Waffe zur »Veredelung der sittlichen Anschauung«. »Ich bitte Sie nur, daß Sie mir fernerhin beistehen, um dem Geiste des Idealismus zu dienen und den Kampf gegen den Materialismus und das undeutsche Wesen fortzuführen, dem schon leider manche Bühne verfallen ist. Und so wollen Sie in diesem Kampfe fest bestehen und in treuem Streben ausharren«. Wie viel Wirklichkeitsnähe brauchte ein Kaiser?

Die »janze Richtung« prägte sich überhaupt am stärksten

bei ihren Feinden ein; das nationalistische Lager wurde nicht müde, den Naturalismus »als sozialistische Parteiliteratur, als ›ästhetischen Anarchismus‹ oder schlichtweg als ›Pornographie‹« zu verdammen. »Der west- und süddeutsche Geist schien ausgeschaltet«, blickte Friedrich Lienhard bereits 1894 in seinem Artikel *Persönlichkeit und Volkstum als Grundlagen der Dichtung* auf die »Haupterfolge der neuen Richtung« zurück, auf die Autoren Halbe, Sudermann und Hauptmann, »alle Drei aus dem östlichen Preußen«. Dieser Provenienz sollten die gesuchten Nationaldichtungen nicht sein. »Die exakte Analyse und die sozialen und seelischen Zustände triebhafter Menschen wurden Methode und Stoff. Das Geniale, das Heroische, das Liebenswürdig-heitre schien neben diesen Zergliederungen nicht mehr oder noch nicht aufzukommen.« Auch Carl Bleibtreu (Fischers früherer Autor) habe »vergebens geklagt, daß die Klein- und Elendschilderung seine heroisch gemeinte Revolution verpfusche«, wurde in der späteren Buchfassung über eine Fußnote ergänzt – »vom *deutschen Volksgeist* sprach kein Mensch«. Und Juden seien wegen fehlenden »deutschen Bodengeruchs« von vornherein »aus der *deutschen* Poesie hinauszuweisen«.

Das Organ solcher Anklageerhebungen war die 1890 gegründete Zeitschrift *Das Zwanzigste Jahrhundert. Deutschnationale Monatshefte für sociales Leben, Politik, Wissenschaft, Kunst und Literatur.* Ihr Gründer, der baltendeutsche Erwin Bauer, Spezialist für die zeitgenössische russische Literatur, schrieb dort im ersten Jahrgang über *Die »Modernen« in Berlin und München* und sprach sogleich von den »Berliner Geschäftssemiten Otto Brahm, S. Fischer und Genossen«, von dem »demokratischen Allerweltsdusel und kosmopolitischen Mischmasch« des »internationalen Semitenthums« auf seiner »abschüssigen Bahn, auf welcher die Ideen der französischen Revolution die abendländische Kultur geführt haben«. »Das, was unserem deutschen Leben heute, nach der politischen Einigung der Mehrheit der deutschen Stämme, noththut, ist die nationale Wiedergeburt unserer ursprünglich deutschen Eigenart und die Gesundung unseres durchseuchten und kranken Gesellschafts- und Volkskörpers durch die sociale Idee des reinen Urchristenthums.« Wegen seiner mehrheitlich deutschen Männer zog Bauer die Münchner Modernen vor; die suchten nämlich noch »nach den ›neuen Werthen‹ für das deutsche geistige und sociale Leben, wie wir Alle, die wir das Wehen der neuen Zeit verspüren«.

Bauer betätigte sich auch in Einzelpublikationen. Mit seinem Verlegerfreund Paul Heichen (dem Übersetzer von Jules Verne und Vater des Jugendautors Walter Heichen) hatte er dabei eine besonders perfide Form entwickelt. Im Ton wohlkalkulierter, lustig-lächerlicher Selbstbezichtigung verbreiteten sie sich in Briefen an die Heimat (ostsüdöstlich von Preußen) als »Dr. Isidor Feilchenfeld« und »Sally Simon Tilles« genüsslich über »unsere Mischpoke« in der Hauptstadt, über jüngste kulturelle Erfolge oder Ereignisse, identifizierbar meistens ohne Namensnennungen – und dies »jüdelnd«. Titel wie *Das literarische Berlin* oder *Die Mischpoke im Berliner Buchhandel* behandelten ihr Kernthema. 1892 erschien *Die Israeliten als »Träger der Kultur«* und enthielt einen direkten Angriff auf Samuel Fischer: »ob das S. wohl heißt: Samuel oder Schmul? oder Salomon, oder Sally? oder ob man zu lesen hat dafür: ›der Saubere‹?« … »Ja, mein Isidor! der Fischer, der S. Fischer, der ist auch gekommen aus Ungarn, aus Budapest, herauf nach dem Norden, dem deutschen« … »und ist jetzt der alleinige ›Chef‹ der großen Handlung ›S. Fischer, Verlag‹, die vermehrt hat die Schaar der Berliner ›kleineren‹ Verleger, die heute drucken ›Plato‹ und ›Venus im Pelz‹ vom Sacher-Masoch, und morgen König Oskar's ›Gedichte‹ oder Stark's tägliches Gebetbuch« … »und die auch vermehrt hat die Schaar der deutschen Monatsschriften durch die feine und fürnehme ›Freie Bühne‹, die herrliche Schöpfung vom Otto dem Brahm, alias Abraham!« … »Der Moriz, der Fischer, dagegen hat vermehrt die Anzahl der Winkel-Antiquare, unter denen man antrifft jetzt im lieben Deutschen Reich … ganze Gattungen von Levi mit all' den bekannten Variationen dieses klangvollen Namens, Reihen von Simon und Cohn mit anmuthigem Wechsel der Schreibweise … – die üppig können schießen ins Kraut bei dem feigen wie faulen und seichten ›Liberalismus‹, dem der Durchschnitts-Buchhändler zugethan ist in der Regel mit Leib und mit Seele« …

Das dreißigseitige Heft zu den undeutschen Entwicklungen in »unserm modernen Bücherhandel« fand bis Wien Verbreitung, denn »es muß klar werden in den Köpfen, damit das, was als Gift und Krankheit unter uns herumschleicht und an dem Marke des Volkes zehrt, zum Verschwinden gebracht wird«, so die Zielvorgabe des *Zwanzigsten Jahrhunderts,* annonciert im Innendeckel. 1895 würde dann Heinrich Mann, der Verlagsvolontär, der einmal ein Beiblatt für sozialdemokratische Zeitungen plante, »vermehren was?« und Herausgeber der letzten zwei Jahrgänge werden; »weshalb? dunkel«, würde er vielleicht antworten, oder dass man als Vierundzwanzigjähriger alles durfte und darüberstand.

Rund 50 Artikel soll er für das Radikalblatt geschrieben haben. Nach dessen völkisch-nationalistischen Geboten befürwortete er hier die »Einnahme gesunder und fruchtbarer Kolonien« und lehnte er die freie Konkurrenz für die »fruchtbare und gesunde Kernmasse des deutschen Volkes« als schädlich ab: die »beiden großen staatserhaltenden Stände der Landleute und Handwerker« seien am Untergehen, wenn nicht »die tiefe und mächtige Volksbewegung, die man Antisemitismus nennt«, dies abwende. (Sprach hier der Sohn eines liquidierten Patriziers und einst an der Börse gescheiterten Getreidehändlers?) Juden seien der »sichtbare Begriff alles dessen, was zerstört und niedrig macht«, jüdische Intelligenz propagiere luftiges Menschentum. »Jeder vom nationalen und sozialen Gewissen geleitete wird daher Antisemit sein.« Für seinen Biographen Manfred Flügge erklärte sich diese Phase »aus dem Geist hochfahrender Selbstgefälligkeit«, verstärkt durch Neid: Er hatte im Herbst 1894 die von der Zensur allein für das *Deutsche Theater* gestatteten *Weber* gesehen und dabei »die ganze Mischpoke des Parketts und ersten Ranges« verachtet. (Warum nicht die Zensur?) Die Berliner Bühne, auf die es ihn drängte, gehörte vorerst anderen. (Und was drängte ihn in den »Ostraum«? »*Darwinismus – Individualismus*«, jeder kämpft für sich allein.)

Als die »Entbindung der Moderne« hat Hermann Bahr die Funktion des Naturalismus bezeichnet, und ohne jüdische Autoren, Verleger und Förderer wäre die literarische Moderne zu jeder Zeit ein »Torso« (Volker Dahm) geblieben. Die Frage, ob nichtjüdische Zeitgenossen der 1890er Jahre dies anerkannten, führt meistens dazu, lakonische Aussprüche Fontanes zu zitieren.

Brahm und Fischer jedenfalls hatten schon zu Beginn ihrer Suche nach den deutschen Talenten den Blick über die Forderungen des Tages hinaus in die Weite gerichtet: »Dem Naturalismus Freund, wollen wir eine gute Strecke Weges mit ihm schreiten, allein es soll uns nicht erstaunen, wenn im Verlauf der Wanderschaft, an einem Punkt, den wir heute noch nicht überschauen, die Strasse plötzlich sich biegt und überraschende neue Blicke in Kunst und Leben sich auftun.« »Die Strasse, von der er sprach«, ergänzte der Verleger, »hat sich nicht gebogen, sondern aufgelöst; rückblickende Augen bemerken in ihrer Fortsetzung folgendes: die stark eingedrückten Fährten einzelner, solcher von damals und andrer. Stellenweise plötzlich vielfaches neues Getrippel, Auftauchen hastiger kleiner Spuren, Zusammenfliessen. Es sieht abermals wie ein Strassenbau aus. Tafeln mit Aufschriften stehn. Decadence; Neu-Idealismus; Heimatkunst; Neu-Romantik; Grossstadt. Der Boden sehr vertrampelt. Die Pfähle schief. Die Aufschriften verwaschen. Nach einem kurzen Stück: Versunkenheit, Nichts oder die neuen Fährten Einzelner.«

Die Landshoffs

16. Mai 1893. An »Fräulein S. Fischer, postlagernd«.

»Sei nur ganz ruhig, ... mache Dir keine unnötigen Sorgen. Stelle Dir die Sache bei Deinen Eltern nicht so schwer vor ... ich sehe wirklich keinen Grund, warum man Deinem Sehnen im Wege stehen soll, zumal ich in der Lage bin Dir eine Existenz zu bieten ... Also sei vergnügt und sei mir auch nicht böse, daß ich in meinem ersten Brief von ›Existenz‹ spreche. Das gehört nun einmal auch dazu und du sollst auch in dieser Beziehung vollständig beruhigt sein.« Beruhigt nach heimlicher Verlobung. Wie brachte man es ihren Eltern bei?

Samuel Fischer besann sich nach den aufreibenden letzten Jahren auf sich selbst. Alles hatte sich für ihn verändert, nur sein Privatleben nicht; die Unterscheidung gab es wahrscheinlich gar nicht, doch vielleicht einmal ein »Blumenmädchen«, wie man so sagte in der Literatur der Zeit. In einem Brief an Max Halbe wurde sein Nachkommen in dessen Sommerfrische erwogen (»Giebt's denn dort Wohnungen?«) und gutgelaunt weitergefragt: »Kann man ab und zu München bequem erreichen um ein liebend Weib zu suchen oder giebt es einen gesunden weiblichen Menschenschlag in Ammerland, den ich singend bezwingen könnte?« Etwa zur selben Zeit lernte er Hedwig Landshoff kennen, an Pfingsten 1892 bei einer »Kremser-Landpartie«, zu welcher der Berliner Baumeister Max Ravoth einlud. Er war ein Verwandter der Landshoffs und Mitglied der *Freien Bühne*. Fischers Engagement an dieser Stelle hatte sich klärend auf seinen beruflichen Fortgang ausgewirkt und zugleich seinen gesellschaftlichen Radius ungemein erweitert. Die Ravoths und der Verleger könnten sich in diesem Zusammenhang angefreundet haben und als Theaterbegeisterte auch einmal gemeinsam nach Bayreuth gefahren sein (wohin die Fischers später nämlich nicht zu pilgern pflegten: »Bayreuth? Hilfe, nein. Salzburg. Nach Salzburg fuhr man«, sagt die Enkelin). Hedwig jedenfalls glaubte bis ins hohe Alter gern, sie verdanke die folgenreichste Begegnung ihres Lebens letztlich Richard Wagner.

In gedämpfter Stimmung sei sie damals gewesen, weil ihr Vater gerade mit aller Autorität dafür gesorgt hatte, dass sich die Einundzwanzigjährige ihren Klavier- und Gesangslehrer (später ein Opfer der Schwindsucht) als ernsthaften Bewerber aus dem Kopf schlug. Der pfingstliche Ausflug endete dann im Regen, das Picknick wurde bei den Landshoffs eingenommen, denn sie wohnten am westlichen Rande der Stadt, am Nollendorfplatz 7. Eine völlig fremde Welt habe sich ihr in den Gesprächen mit dem Herrn Fischer eröffnet, der von nun an immer wieder seine Aufwartung machte, den Damen Blumen und Bücher zuschickte oder im Sommer in ihrer Nähe im Kaiserbad Heringsdorf auftauchte, dem gehobenen Badeort der stadtflüchtigen Wohlsituierten. Und im Winter versuchte er es Hedwig zuliebe auf der Rousseau-Insel im Tiergarten mit dem Schlittschuhlaufen, nicht ohne Paletot und Zylinderhut, versteht sich.

17. Mai 1893. *»Es ist eine Lust zu leben, für Dich zu leben, Dich zu hüten und für Dich zu sorgen. Das ist ein neuer Lebensinhalt für mich, von dem ich mir auch in meinem Beruf eine starke Förderung meiner Thatkraft verspreche.«*

Es war wohl vor allem Hedwigs bisherige Behütetheit, die ihr die Welt des ein Dutzend Jahre älteren S. Fischer so fremd und anders erscheinen ließ. Am 8. September 1871 wurde sie als das erste von drei Geschwistern in Stettin geboren. »Beide Eltern stammten aus guten, für die damaligen Juden fast patrizischen Verhältnissen.« Beide Großeltern lernte sie noch kennen. Israel Lesser, ursprünglich aus Königsberg i. d. Neumark, der Vater ihrer Mutter Julie, die am 7. Juli 1846 als jüngstes von elf Kindern in Stettin geboren wurde, besaß hier »im eigenen Haus« am Kohlmarkt »ein grosses Stoff- und Konfektionsgeschäft«. Die goldene Hochzeit der Lessers hatte sich der Enkelin besonders eingeprägt, wegen der Doré'schen Bilderbibel, die bei solchen Anlässen vom König verschenkt wurde und bei den Großeltern in lila Samt eingebunden in eine Glasvitrine gelegt worden war. (Ihr Zukünftiger wird ihr einmal im Gedenken daran eine solche Bibel überreichen.) Der Großvater väterlicherseits, Louis Landshoff, unterhielt in Schwerin ein ebenso »grosses Getreidegeschäft« und das noch von seinem Vater Michael Hirsch Landshoff 1830 eigens gebaute Haus; Hedwigs Vater, geboren am 27. Februar 1842, führte den Getreidehandel bereits in dritter Generation fort. »Der Großvater hatte Wagen und Pferde und pflegte, ebenso wie später sein jüngster Sohn auf die umliegenden Güter zu fahren, um das Getreide von den Besitzern zu kaufen. Ich bin selber oft auf solche Fahrten mitgenommen worden, zu Büttners auf Grunzig oder an die Obermühle zu Nickes.« In jungen Jahren hatte sich dann ihr Vater Hermann, der älteste Sohn von Louis, mit seinem Compagnon Hessel in Stettin mit einem Getreide-Commissionsgeschäft selbständig gemacht. »Er war im Krieg als Armeelieferant in Metz gewesen, ich nehme an, dass er dort den Grund zu seinem Vermögen gelegt hat.«

18. Mai 1893. *»Deine Eltern waren heute so frostig zu mir, daß ich mich veranlaßt fühlte den Ausstellungspark zu verlassen. Du wirst begreifen, daß ich mich in meinem Stolz verletzt fühlte und dass ich nicht wedelnd um Gunst buhlen kann. Ich weiß nicht, was gegen mich vorliegt; was es aber auch immer sein mag, Du … darfst nicht zweifeln …«* – denn die Hindernisse konnten ja nur »Episode« sein.

Hedwig und ihre Geschwister Ludwig (geboren am 3. Juni

1874) und Else (30. August 1877) wuchsen »ganz frei« auf, »unreligiös (d. h. ohne Confession), aber wir mussten morgens ein Gebet sagen. Das meine fing an: ›Begnadige uns, oh Gott, mit Einsicht und Verstand‹.« Die drei genossen eine Bilderbucherziehung. Für ein Dutzend fehlerlose Diktate gab es Andersens Märchen (in der Reclam-Ausgabe), man studierte mit anderen Kindern, darunter die drei des Firmensozius Hessel, Theaterstücke ein, tollte mit Kameraden in einem der zwei großen Gärten oder unternahm mit dem Vater, der nach einem Sturz vom Pferd nicht mehr nur ritt, ausgedehnte Spaziergänge in die Umgebung. Die Kinder lernten früh schwimmen, doch für Hedwig bedeutete Heimat das Schlittschuhlaufen auf den »Mölln-Wiesen oder auf der Oder«. Nach der Schulzeit wurde sie »für ein Jahr nach Neuveville am Bielersee in die Pension Godet« geschickt, unter Tränen. Es haben sich fast tägliche Episteln an ihre Stettiner Tante erhalten. Doch Hedwig freundete sich schnell mit einer Italienerin und einer Engländerin an. »Jede von uns pries ihre Heimat und ihr Land, und es wurden oft heisse Kämpfe darüber ausgeführt.« Währenddessen wurde ein fließendes Französisch gelernt und bei der Schülerin Rubinsteins, eben Madame Godet, weiterhin fleißig das Klavierspiel geübt.

Überhaupt die Musik. Musik bestimmte das gesellige und gesellschaftliche Leben der Landshoffs. Julie Lesser, einst zart von Gestalt, hatte laut ihrer Tochter eine vollständig ausgebildete Sopranstimme, »mit der sie sicherlich hätte zur Bühne gehen können. Sie sang aber nur in Konzerten in Stettin, in Kirchen-Konzerten und als Solistin im Lorenzschen Gesangverein«. Alle Geschwister wurden für teure zwanzig Mark die Stunde unterrichtet. »Bei uns verkehrte fast immer ein Sänger oder Kapellmeister des Stadttheaters im Hause und dann wurden Duette, Terzette oder Teile aus Opern gesungen.« Anlässlich eines Maskenballes im Elternhaus wurde Hermann Landshoff von seiner Frau mit einer Aufführung der *Schönen Galathée* von Suppé überrascht – und immer so weiter.

Oder nicht ganz. Der Vater – er war ja die Generation des Thomas Buddenbrook (die Zähne wurden kariös) – erkrankte nach einer Kieferoperation (Eiter drang in die Lunge), so dass die Familie für rund sechs Monate das Klima wechselte. Erst San Remo, dann Mentone: »Damals ging man noch an die Riviera im Winter, wenn man lungenkrank war, und so waren eine ganze Menge Kranker im Hotel, Frauen, junge Mädchen mit den üblichen Liebes-Affairen. Mein Vater mit grauem Spitzbart (er war noch nicht 50 Jahre alt) wurde immer für einen früheren Militär gehalten und meine graziöse Mutter mit ihren weißen Haaren (ich habe sie garnicht mit dunklem Haar gekannt), dunklen Augen, dunklen Augenbrauen, sah aus wie eine Roccoco Marquise.« Die polyglotte Älteste übersetzte für den Vater, der sich so gern mit den anderen Ausländern, den »Diplomaten usw.« unterhielt, oder begleitete den mütterlichen Gesang im Salon. Bekannte traf man natürlich auch damals schon (den ebenfalls leidenden Stettiner Freund der Eltern etwa, für den sie einst, eine Kinderei, eine kleine Neigung hegte), so dass sich ein abwechslungsreiches Hotelleben mit Konzertabenden und Hedwigs erstem Tanzball ergab; die Kavaliere mit dem erforderlichen Lungenvolumen waren zwei griechische Barone und schmucke italienische Offiziere.

Als nun sein jüngerer Bruder Carl unerwartet in Berlin starb, entschloss sich der genesene Hermann Landshoff, sein Stettiner Unternehmen einem Vertreter zu überlassen und der besseren Geschäftsmöglichkeiten wegen den hauptstädtischen Zweig der Familienfirma *Landshoff & Hessel, Getreide- u. Spiritus-Kommiss. Gesch.* zu übernehmen, als dessen Mitbesitzer er im Berliner Adressbuch auch schon 1886 angegeben ist. Die Familie trennte sich ungern von ihrem schönen Stettin, doch der Übergang in die Hauptstadt fiel nach den ausgedehnten Auslandsaufenthalten auch nicht mehr allzu schwer. Im Gegenteil, für die Kinder kam der Umzug, als er im Winter 1889/90 stattfand, gerade recht. Sie kannten Berlin von diversen Verwandtenbesuchen her, hatten im *Deutschen Theater* ihren ersten *Faust* gesehen und würden von nun an mit der Mutter auf die »Bülow-Konzerte« abonniert sein.

19. Mai 1893, ein Uhr nachts, nach einer Lesung von Max Halbe mit anschließender Kneipgesellschaft – *»und weißt Du mein Schatz wer der Fröhlichste war? Dein Bräutigam!« … »Aber anderseits müßten wir uns von Schwärmereien rechtzeitig loslösen, da wir sonst Gefahr laufen süßliche Geschöpfe zu werden, die der erste Wind wegfegt« … »und bei Deiner gefährlichen Neigung zu Schwärmereien muß ich mich doppelt in Acht nehmen« … »Nicht, dass ich Dir meine Natur oder meine Anschauungen vom Leben aufdrängen wollte, im Gegentheil« … »und ich denke nicht daran Dich auf die passive Rolle des ›theilnahmsvollen Zuschauers‹ zu degradiren.«*

Wie sich Fischer eine Ehe vorstellte, dass die Auserwählte in ihrer Existenz gesichert wäre, aber nicht von einer eigenen Meinung und Betätigung abgehalten werden sollte – dies alles beschäftigte Hedwig Landshoff nicht. Da war ihr Zukünftiger, der Arbeitgeber von Übersetzerinnen wie Marie von Borch (die durch ihre Nachtarbeit eine Tochter zu ernähren hatte), der Verleger von Schriftstellerinnen wie Hedwig Dohm (ab 1896) oder Lou Andreas-Salomé (die seit 1890 in der *Freien Bühne* unter anderem über Nietzsche schrieb), von Gabriele Reuter (seit 1891) oder Elsa Bernstein alias Ernst Rosmer (deren jüngstes Stück *Dämmerung* mit der zentralen Figur einer wegen der deutschen Universitätssperre gegen Frauen zwangsläufig in Zürich ausgebildeten Augenärztin gerade im aktuellen Mai-Heft zu lesen war), fortschrittlicher als sie selbst. Die vielen Artikel zur »Frauenfrage« allein im ersten Jahrgang der *Freien Bühne* tangierten sie nicht. Hedwig war verliebt, und die Tatsache, ihren Schwarm, dessen Handschrift ihr so gut gefiel, den Hofbuchhändler, der auch noch die blauen Augen der Landshoffs hatte, unter Verwandten kennengelernt zu haben, mochte ihr, zusammen mit dem Altersabstand, Gewähr genug sein, dass sie gut aufgehoben bliebe. Konnte es überhaupt anders kommen? Sie hatte eine Erziehung durchlaufen, die sie darauf vorbereitete, für die adäquate gesellschaftliche Ergänzung eines erfolgreichen Mannes zu sorgen, ein »großes Haus« zu führen, anmutige Konversation zu treiben, in den Künsten versiert zu dilettieren. Die vordringliche Frage war vielmehr, ob Samuel Fischer dem Wunschbild eines Schwiegersohnes entsprach.

Der Mutter Julie erschien er zu alt für die Tochter, und Hermann Landshoff hätte vielleicht eher auf einen gestandenen Getreidehändler zur Fortführung seines Geschäftes gehofft (obwohl es um den Getreidehandel nicht gut stand). Hedwigs jüngere Geschwister kamen für eine Erfüllung dieses Wunsches noch weniger in Frage, die sechzehnjährige Else ließ sich zur Opernsängerin ausbilden; auch Hedwig begann eine Gesangsausbildung, doch hatte sie »nur eine kleine Stimme«: »Ich war hauptsächlich auf Ausdruck angewiesen«. Und der neunzehnjährige Ludwig wollte Musikwissenschaft studieren, er war schon auf halbem Weg nach München. Über kurz oder lang träfe er dort zufällig auf den jüngeren Sohn des Lübecker Getreidehändlers selig, der ein halbes Jahr vor seinem Tod besorgt zu S. Fischer nach Berlin gereist war. Im Akademisch-dramatischen Verein unter der Regie Ernst von Wolzogens (seinerseits episodischer S. Fischer-Autor) studierte er die Rolle des ehemaligen Theologen Molvik ein; »Ibsens grandiose ›Wildente‹«, so Thomas Mann, »ein Stück, das ichselbst im Verein sehr warm befürwortet habe und worin ich den Großhändler Werle spielen werde«, wie er seinem Lübecker Intimus Otto Grautoff mitteilte, und zwar »vor einem exquisiten Publikum, der Bluts-, Geld- und Geistesaristokratie Münchens«. (Dabei hieß es im selben Brief: »Das Modernste ist heute die Reaktion. Weißt Du, daß Bahr jetzt auf die Klassiker schwört?! Und der ist l'homme de tête und hat immer die richtigen Instinkte für den letzten und kommenden Zeitgeist.« *Reaction!* lautete zur selben Zeit auch der erste Aufsatz von Bruder Heinrich, an unrühmlicher Stelle.) Die Getreidehändler dieser Generation hatten einfach Pech mit ihren Söhnen.

21. Mai. *»Ich denke, es ist doch gerade kein so großes Unglück, daß ich Dich heiraten will und ich bin doch schließlich ein Mensch, der sich eine Position erabeitet hat und der durchaus ernst genommen wird. Nun, das brauche ich dir ja alles nicht zu sagen, denn Du überschätzt mich ja und häl[t]st von mir ohnehin viel zu viel. Ich bin allerdings von der Rolle des weit abgewiesenen nicht sehr erbaut, da ich mindestens ein ›freundliches‹ Refus erwarten dürfte und zu einer solchen Behandlung kaum Anlass gegeben habe …«*

Hermann Landshoff hatte sich nun erstmals zu einer direkten Unmutsäußerung genötigt gesehen, so dass der Brautwerber einen Tag später ebenfalls erstmals direkt entgegnete. Er sei ja wohl imstande, seine Hedwig glücklich zu machen, und außerdem habe gar keine »Überrumpelung« stattgefunden, sondern alles die richtige Reihenfolge gehabt: erst die Klärung mit der Braut, dann der Antrag beim Vater. Es ist nicht auszumachen, ob sich Landshoff bei der ältesten Tochter besonders empfindlich und ungeübt, in Kenntnis ihrer schwärmerischen Neigungen besonders vorsichtig oder wegen des Anwärters besonders skeptisch verhielt. Nach seinem familiären Hintergrund war Fischer nicht standesgemäß zu nennen, neben den Getreide-Landshoffs und den Textil-Lessers. Wie die akuten Zensurkalamitäten mit den *Webern* auf den Vater wirken mochten, vielleicht auch auf die Lessers, die in Berlin, einem Zentrum der Textilproduktion, vor allem der Konfektion und Mode, eine *Shawls-Tücher- & Wollenwaarenfabrik* betrieben, ist nicht überliefert. Nur die Hochzeitsausgabe der *Freien Bühne*, die recht lose Moral des Otto Erich Hartleben darin, habe den Vater dann »etwas chockiert«, so die Braut später.

Fischer kam aus dem Osten, auch wenn »Osten« nicht gleich Osten war. Er lebte seit mehr als zehn Jahren mit seinem Bruder Moritz zusammen, im Moment in der Köthener Straße 44, der Geschäftsadresse seiner drei Firmen. Um auch als Verleger repräsentabler zu werden, denn Hauptmann veranstaltete gern private Leseabende in der Stadt, legte er sich gerade 1892/93 zusätzlich eine untermietliche Junggesellenwohnung in der Königgrätzerstraße 125 zu (wahrscheinlich bei Witwe Goldschmidt). Hier hatte Hedwig den Dramatiker die religiös-märchenhafte *Traumdichtung* von *Hanneles Himmelfahrt* vortragen hören, in kleiner Runde mit zwei oder drei der Marschalks. (Die Geschwister Marschalk, vier Schwestern, ein Bruder, betrieben in der Friedrichstraße ein Fotoatelier und verbanden die verschiedensten Kreise.) Ansonsten ging Samuel gern zu seiner Schwester Tini, ließ sich bekochen und legte sich bei Kopfschmerz oder vor Verabredungen bei ihr aufs Ohr – gerade erst vor ein paar Tagen wieder, am 19. Mai, in diesem aufreibenden Schwebezustand mit Hedwig. Bei Ernestine fand er seine Rückzugsmöglichkeit. Der Schwager und Cousin Beer hatte sich um 1890, nach seiner Beteiligung an *Carl Fischer Söhne* und an einem auf »Wiener Herrenmoden nach Maaß« spezialisierten Unternehmen mit Ladenlokal Unter den Linden, endgültig auf »unechte Bijouterien, Spezial.: Uhrketten in Nickel u. Talmi«, und auf »Goldwaren Engr.[os]« konzentriert.

Es kam ja alles vor in dieser Familie: der Älteste lebte mit Frau und Sohn und drei Dienstboten im Norden Londons, in

Hampstead, und vertrat von dort *S. Reich & Co.* Doch obwohl Hedwigs Vater das von Samuel Fischer in kurzer Zeit Erreichte beeindruckt haben musste, verlor er die Unruhe nicht. Er verhängte eine Kontaktsperre und ließ über den Schutzverein der Berliner Bau-Interessenten sowie Max Ravoth Nachforschungen anstellen; sie reichten bis zum Bürgermeisteramt und zur Sparkassendirektion von Liptó Szent Miklós zurück.

27. Mai 1893, elf Uhr abends. *»Ich zweifle nicht daran, daß Dein Papa von mir nur Gutes hören wird und sollte er bei den manigfachen Erkundigungswegen von schlecht oder übelberichteten Personen etwas weniger günstiges hören, so werde ich in der Lage sein durch persönlichen Nachweis jeden Schatten zu verscheuchen. Du wirst Dich doch jedenfalls nicht irre machen lassen und ich verpfände Dir mein Ehrenwort, daß Du Dich in mir nach keiner Richtung hin täuschen wirst. Du weißt vielleicht, mein geliebter Schatz, daß ich von mir, von meinen Verhältnissen und von meiner Position beinahe nie spreche, aber jetzt kann ich es Dir ja sagen, daß ich, obwohl ich erst am Anfang meiner Carriere stehe Dir doch eine Basis biete, die Dir eine vollständig unabhängige Position sichert. Was meine soziale Stellung betrifft, so kannst Du ebenfalls ganz ruhig sein, sie ist eine weit geschätzte und vielleicht eher überschätzte. Ich habe mir diese Stellung selbst erarbeitet und ich habe den Ehrgeiz, sie durch ernsthafte Arbeit auf ein sehr hohes Niveau zu bringen. Deine Liebe wird mich darin unterstützen und das Bewußtsein, daß es auch für Dich geschieht wird meine Kraft bedeutend heben.«*

Hier schimmerte (bei bestem Willen und Fürsorgesinn) allmählich ein Ohnmachtsgefühl durch die Zeilen. Vier Tage noch, und die zweiwöchige Zitterpartie würde ein Ende nehmen. Der Schutzverein war mit Hilfe seines Detektivs zu keinem anderen Befund gekommen als Fischer selbst, und dessen »zielbewußte Methode« in seinem Tun und Denken über seinen Verlag hatte auch den Fürsprecher Max Ravoth beeindruckt. Am 31. Mai bekam der Bewerber den Bescheid, wenn's recht sei, werde er am nächsten Tag zur Suppe abgeholt, zur offiziellen Verlobung am Nollendorfplatz. Der Vater würde die Heiratserlaubnis unterzeichnen und Hedwigs gute alte »Tante Haber« in Stettin schließlich seufzen können: Sei glöcklich, gutes Kind! Nachmittags wurden beim preußischen Hofjuwelier Gebrüder Friedländer die Ringe ausgesucht, drei an der Zahl, denn ein Verlobungssaphir mit Brillanten für die Übergangszeit bis zum Oktober durfte nicht fehlen. Die glücklichen Strapazen setzten dem Bräutigam so zu, dass er am Abend verschlief und erst verspätet mit Schwester, Schwager und Mutter zum Familienessen erschien.

Es war wohl das erste Mal, dass Fischer in diesen Monaten sogar seinen Verlag vernachlässigte. Ein wenig. »Lieber Freund! Was ist denn eigentlich mit Ihnen? Wo in aller Welt vagabundieren Sie herum?«, fragte Bahr wegen seines Interviewbandes im Juli 1893. »Ich weiß, daß es grausam ist Ihre junge Idylle zu stören, aber ich möchte doch eine Reihe von Dingen mit Ihnen noch definitiv« – »Hede, wenn Du Deinen Fischer sehen könntest«, depeschierte die Cousine Anna Ravoth zur selben Zeit nach Ems, er »isst u. trinkt für zwei u. lacht für 15 über die ältesten jüdischen Witze«. Und auch der Bräutigam selbst klang zum Ende des eigenen Besuches in Bad Ems bei seiner Ankündigung gegenüber Max Halbe, zusammen mit Hermann Landshoff über München zurückreisen zu wollen, fast übermütig: »Mein Schwiegervater ist ein sehr brauchbarer Trinkgenosse und ich hoffe, wir erleben dort einige frohe Tage miteinander.«

Jetzt, wo alles beschlossen war und man einander besser kennenlernte, herrschten auf allen Seiten Freude und Erleichterung. Julie Landshoff, die mit der Tochter die Mitgift einkaufte – bei Grünfeld, dem angesehensten Leinenkaufhaus, das im schlesischen Landeshut seine Stoffe produzieren ließ –, erwies sich als eine für sich selbst bescheidene Person, die noch zum Geburtstag (»rührender Ausdruck« ihres »oekonomischen Sinnes«) lediglich Küchenutensilien wünschte. Hermann Landshoff vertiefte sich gleich während des gemeinsamen, sittsam separaten Aufenthalts in Bad Ems in den für ihn angefertigten Band Hauptmann'scher Dramen und verwöhnte seinerseits den Schwiegersohn, seine unmusikalische Verstärkung in der Familie, mit einer Uhrenkette. Die Braut wiederum glaubte sich später zu erinnern, mit großem Stolz schon im Kurgarten erste Briefdiktate entgegengenommen zu haben (nach Fischers Abreise bekam sie dann aber jeden Morgen Blumengrüße). Bruder Lutz mochte sich in den eigenen Ambitionen bestärkt fühlen, und Elses Reaktion ist nicht bekannt. Man merkt, welch gute Ergänzung Fischer für die Landshoffs bedeutet hat und wie seine eigene Familie dabei allmählich in den Hintergrund geriet, namentlich sein Bruder Moritz, für den die Hoch-Zeit des Jüngeren eine Zäsur eigener Art gewesen sein dürfte: *Gebrüder Fischer, Anstalt für die vervielfältigenden Künste* wurde aufgelöst. Während die Verlobten Möbel aussuchten für die erste gemeinsame Wohnung unweit des elterlichen Nollendorfplatzes, in der Steglitzerstraße 44/ Ecke Genthiner, Köchin inklusive, »3 Treppen hoch, dicht unter dem Himmel, wie Lutz sagte«, verschwand Moritz für die nächsten drei Jahre ganz aus dem Adressanzeiger. 1897 tauchte er mit *M. Fischer Kunst-Verlag* in der Großbeerenstraße 64a/I. Stock wieder auf, zwischen dem Anhalter Bahnhof und dem Halleschen Tor lebte er nun ganz in der Nähe der schwesterlichen Familie.

Das Sorgen und Behüten, das er Hedwig versprochen hatte, machte Samuel Fischer wahr. Er ist ein »Kümmerer«. Ob es sich um Detailfragen des Alltags oder die Unannehmlichkeiten komplizierter Reisepläne in der »Schmorzeit« und, nach der Geburt des geliebten »Pinchens« (Gerhart) im August 1894, um dessen richtige Ernährung handelte – er hatte zu allem Vorstellungen, machte sich über jegliches Gedanken, bedachte alles mit. Inwieweit dies auf seine Frau erdrückend gewirkt haben mochte, lässt sich nicht einschätzen, denn von ihrer Korrespondenz haben sich nur seine Briefe erhalten. (Weil Hedwig sie aufhob.) Aus der steten Wiederkehr seiner so liebevollen wie anstrengenden Regelungen und Ermahnungen geht eines dann aber doch deutlich hervor: Hedwig *war* in hohem Maße unselbständig. Auch im Umgang mit ihren Stimmungen. »Hedel, Hedel, was soll das werden! Wie kann man nur immer bei anderen dasjenige sehen was man gerade selbst brauchen zu können sich einbildet. Denn die ganze Sache – die Verwöhnerei – ist ja nichts weiter, als die Einbildung müder nervöser Menschen, die sich hilflos vorkommen.« Selbst Stimmungen unterworfen, versuche er, sich mit dem Verstand beizukommen (kannte er Hedwigs einstiges Morgengebet?). »Ich sage Dir, jeder Mensch muß sich selbst helfen, jeder Mensch ist auf sich selber angewiesen und es geht allen Menschen schlecht, die sich auf andere verlassen und jede Selbständigkeit in wohligem Behagen langsam selbst aufgeben. Denn darauf käme es schließlich bei einem Dusselchen (in Deinem Genre) heraus. Werde hart!« Sie sei durch ihn »dann erst ein richtiger Mensch geworden« – ohne Frage, Hedwig Landshoff war nicht nur verliebt, sie hatte »unbegrenztes Zutrauen« zu ihrem Bräutigam.

Beim wöchentlichen »jour fixe« am Nollendorfplatz habe ihr Vater mit Fischer gern »weltanschauliche, sociale oder politische Gespräche« geführt. Vielleicht im Rauchzimmer, bei geistigen Getränken, während die Damen hinter zwei Türen Lieder am Klavier einstudierten. Unter Kaufleuten, beide zurzeit mit *Es ist erreicht*-Bart. Denn dass Samuel

Fischer ein kaufmännisches Selbstverständnis hatte, Juden ohnehin die besseren Kaufleute waren, stand für ihn außer Frage. Wobei er sich der paradoxen Besonderheit *seiner* Ware immer bewusster wurde: »Das Buch, das der Verleger druckt, ohne vorher feststellen zu können, wer es kaufen wird, paßt nicht in das Handelsschema des Warenverkehrs.« Deshalb musste sich der Buchhandel mit anderen Verkehrsformen als denen des üblichen Handels »einen besonderen Markt schaffen, *einen Markt für geistige Werte*, der kulturbildende Kraft hat«. Was war man da für ein Kaufmann? »Der Verleger, als ein Mann, den es lockt, Arbeit und Geld an immaterielle Werte zu setzen, will Entdecker sein. Er will helfen, neue Werte ans Licht zu fördern, als organisierender Geschäftsmann, neue Werte zu schaffen. Aber das setzt voraus, daß er als Liebhaber ›Phantasiewerte‹ abschätzen kann, was auf rein kaufmännischer Grundlage nicht möglich ist.« So könnte er es seinem Schwiegervater zu erklären versucht haben. Und der würde dann, von dem Stichwort »Phantasiewerte« abgelenkt, anstelle einer Nachfrage, wie man jenen Markt schüfe, seine Sorge über die jüngsten Entwicklungen in der Burgstraße geäußert haben. Hier lag nicht nur sein Geschäft, sondern auch sein Arbeitsplatz, die Börse. Und die krankte, aus allzu vielen Gründen.

In Berlin wehte ein anderer Wind als in Stettin. Der gute Hut konnte einem vom Kopf fliegen. Es stand ja in jeder Zeitung, was los war: Ausgelöst durch die ostelbischen Junker (die ostelbischen »Büttners« und »Nickes«), die nicht zum ersten Mal die Getreidehändler der spekulativen Preismanipulation bezichtigt hatten, war von Bismarcks Nachfolger Reichskanzler Caprivi im Jahr zuvor eine Enquête-Kommission gebildet worden. Deren Untersuchungen des deutschen Börsenwesens (es gab circa 27 sehr unterschiedliche Einrichtungen im Reich) sollten in ein einheitliches Börsengesetz einmünden. Bisher kontrollierte sich die Börse selbst, man machte Geschäfte per Kopfnicken, und im Konflikt klärte ihr Schiedsgericht. Nun war von einem Terminregister für die Produktenbörse die Rede, sogar von Zugangsgebühren und staatlicher Aufsicht (wie in Wien). Auf den Stettiner wirkte dies ehrenrührig, vielleicht auch, als bekämen altgediente Kaufleute, die auf das Prinzip von »Treue und Glauben« hielten, Angst vor sich selbst.

Der unbescholtene Landshoff war nach seinem Zuzug, wie es sich gehörte, im März 1890 nach Entrichtung der Beitrittsgebühr eingetragenes Mitglied in der Berliner *Korporation der Kaufmannschaft* geworden. Er fragte sich nun, ob er nicht zusätzlich oder sogar stattdessen in den *Verein Berliner Kaufleute und Industrieller* eintreten sollte, der sich 1879 in Opposition zur *Korporation* gegründet hatte. Seit etwa einem Jahr setzte ein regelrechter Trend dorthin ein – wohl ein Verdienst des neuen Mannes an der Vereinsspitze (Bankier Max Goldberger) und eine Reaktion auf die Flügelkämpfe in der *Korporation.* In beiden Verbänden dominierten die Textilindustriellen und lagen an dritter Stelle die Getreidehändler und Spiritusfabrikanten; doch in dieser besonderen Krise würde sich Landshoff im *Verein* vielleicht besser aufgehoben fühlen.

Die alte Berliner *Korporation* stand, seit sie 1820 in den Besitz der Börse in der Burgstraße gekommen war, immer wieder unter dem Verdacht, »vorrangig Börseninteressen zu vertreten«, namentlich die börsenaktiven Bankiers und die Getreidehändler. Die Tonlage verschärfte sich dann nach dem Krach von 1873: »Galt in der noch weitgehend an traditionellen Werten orientierten Gesellschaft der Handelsprofit ohnehin als moralisch fragwürdig und die Tätigkeit der Händler als volkswirtschaftlich ›unproduktiv‹, so steigerte sich das Unwerturteil hinsichtlich der Börse bis zu Abscheu, ja Haß.« Börsentätigkeit, von kaum jemandem verstanden, bedeutete nun »Spekulation und Spiel, wo windige Börsianer auf Kosten angeblich verführter Investoren mühelos Millionen zusammenrafften.« Und gerade eben, 1893, zürnte die agrarisch-konservative *Kreuzzeitung* im Sinne ihrer Leser, »dass die Börse der Inbegriff der Entartung des Kapitalismus« sei, die »äußerste Konsequenz alles dessen, was in der heutigen Entwicklung der kapitalistischen Privatwirthschaft faul, unmoralisch und volksverderblich ist«.

Es ging um mehr als um etwaige Fälle der Preismanipulation. Man stand am Kristallisationspunkt der Frage nach der zukünftigen deutschen Wirtschaftspolitik, so der Historiker Christof Biggeleben: »Welcher Wirtschaftsform sollte dabei der Vorrang eingeräumt werden? Der Landwirtschaft, die stetig an ökonomischer Bedeutung verlor, oder der Industrie, die das Deutsche Reich binnen Jahrzehnten in eine global agierende Wirtschaftsmacht verwandelt hatte?« Glaubte man denn, man konnte noch zurück? Es war das Jahrzehnt, in dem sich die deutsche Industriegesellschaft als international konkurrenzfähig erwies, mehr noch, sie schloss zu England und Amerika auf. Zugleich ist unter dem Grafen von Caprivi außenpolitisch die »Wirtschaftspolitik Vorspann der Sicherheitspolitik« geworden; seine Handelsverträge mit Russland (ukrainischer Weizen gegen deutsche Industriegüter) mussten innenpolitisch jedoch den deutschen Kornproduzenten zusetzen, den entrüsteten Junkern. Und den Druck gaben sie weiter.

Entrüstet blieben nun auch die von ihnen gern denunzierten Getreidehändler, als im Dezember 1893 die Ergebnisse der Börsenenquête vorlagen. Der alte Landshoff verurteilte wie andere »den ruinösen und herabwürdigenden Charakter« der geplanten Neuerungen, vor allem des Terminregisters; einer am 8. Januar 1894 eigens gebildeten *Freien Vereinigung der Berliner Producten-Börse* saß er vor. Seine Gesundheit zwang ihn dann jedoch schon im Mai 1895, von den Ämtern zurückzutreten, und damit vor dem

Höhepunkt der Krise. (Am 1. Januar 1897 traten die Getreidehändler reichsweit in Streik, in Reaktion auf das Börsengesetz, das bis dahin von Sachverständigen ausgearbeitet wurde, darunter der außerordentliche Professor für Handelsrecht und deutsches Recht an der Universität Berlin, Max Weber. Halle, Köln und Stettin streikten, mit Berlin setzte die größte europäische Getreidebörse aus. Der Berliner Handel wurde von den Streikenden vorerst außerhalb der Börse im Feenpalast fortgeführt, auf vereinsrechtlicher Basis. Der Boykott der Getreidehändler würde über Jahre die Berliner Zeitungen beschäftigen: »Kampf bis aufs Messer« – und sogar Fontane bezog noch in seinen letzten Lebensjahren gegen »großmäulige« Junker Stellung.)

Landshoff hatte sich bei Zuspitzung der Krise im Mai 1894 dann tatsächlich auch für die Interessenvertretung durch den *Verein Berliner Kaufleute und Industrieller* entschieden. Der galt parteienpolitisch in dieser Zeit eher als nationalliberal, die *Korporation* eher als linksliberal. Und beide Vertretungen zählten ungefähr denselben Anteil jüdischer Mitglieder, jeweils gut die Hälfte, »völlig integriert«. Bereits im Parlamentsstreit von 1879 setzte die *Korporation* »ein Zeichen der Toleranz und verwahrte sich gegen die Äußerungen Heinrich von Treitschkes«. Dass sich solch komplexe wirtschaftspolitische Verunsicherungen, wie die akute, in verstärkten Wellen der Aversion gegen Juden niederschlugen, erkannte man hier wie da als ein Instrument der politischen Manipulation: »prägnant hatte 1883 bereits Georg Siemens den Zusammenhang von konservativer Modernisierungskritik, agrarischer Interessenpolitik und Judenfeindschaft vor den Mitgliedern des VBKI beschrieben« (Christof Biggeleben).

Modernisierungskritik, Interessenpolitik und Judenfeindschaft, diesem Amalgam war der Schwiegersohn auf seinem Gebiet ja ebenfalls begegnet. Selbst bei der *Vossi-*

'Iinna und Carl Fischer mit Ernestine, Joseph, Moritz und Samuel.
.iptó Szent Miklós, um 1867

Die Heimat, fotografiert von Samuel Fischer, April 1900

Rabbi Eleasar,
genannt Schemen Rokeach.

Arthur Schnitzler, geboren 1862

Hugo von Hofmannsthal, geboren 1874

Hermann Bahr, geboren 1863

Peter Altenberg, geboren 1859

Die Praterstraße in der Leopoldstadt, II. Wiener Bezirk, vor 1900

Samuel Fischer, Berlin 1883

Henrik Ibsen

Theodor Fontane

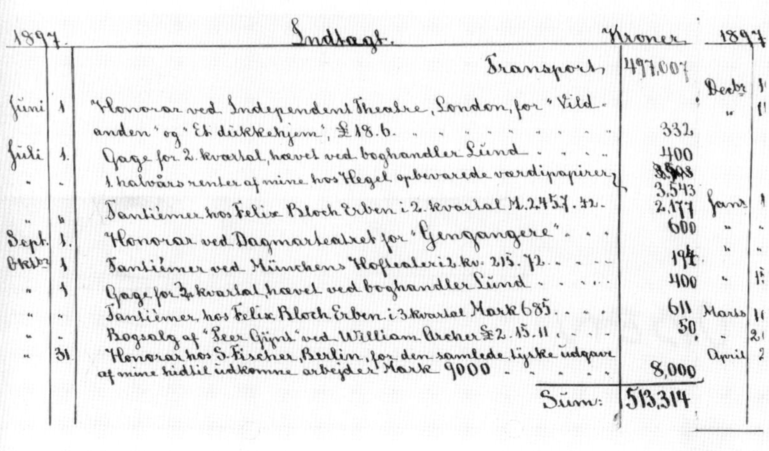

1897.		Indtagt.	Kroner
		Transport	497,007
Juni	1	"Honorar ved Independent Theatre, London, for "Vildanden" og "Et dukkehjem", £ 18.6.	332
Juli	1.	Gage for 2. kvartal, hævet ved boghandler Lund	400
"	"	1. halvårs renter af mine hos Hegel opbevarede værdipapirer	3,543
"	"	Tantièmer hos Felix Bloch Erben i 2. kvartal M. 2457.42.	2,177
Sept.	1.	Honorar ved Dagmarteatret for "Gengangere"	600
Oktbr	1	Tantièmer ved Münchens Hofteater i 2. kv. 215.72.	194
"	1	Gage for 3. kvartal, hævet ved boghandler Lund	400
"	"	Tantièmer hos Felix Bloch Erben i 3 kvartal Mark 685	611
"	"	Bogsalg af "Peer Gynt" ved William Archer £ 2.15.11	50
"	31	Honorar hos S. Fischer, Berlin, for den samlede tyske udgave af mine hidtil udkomne arbejder Mark 9000	8,000
		Sum:	513,314

Ibsens persönliche Buchführung, 1897

Otto Brahm (links) und der von ihm geförderte Gerhart Hauptmann, um 190(

Friedrichstraße 174, das zweite Haus von rechts, vor 1880.

1884–1886 das Geschäftslokal von Steinitz & Fischer im Parterre, die Wohnung von Moritz und Samuel Fischer im dritten Stock

Die Verlobten mit Julie und Hermann Landshoff, 1893

Das Brautpaar Hedwig Landshoff und Samuel Fischer, 1893

Brüderliches Welterlebnis. Thomas (1900) und Heinrich Mann (um 1915)

Antenne in den Norden. Peter Nansen, 1912

'akob Wassermann, ab 1899 Autor bei S. Fischer

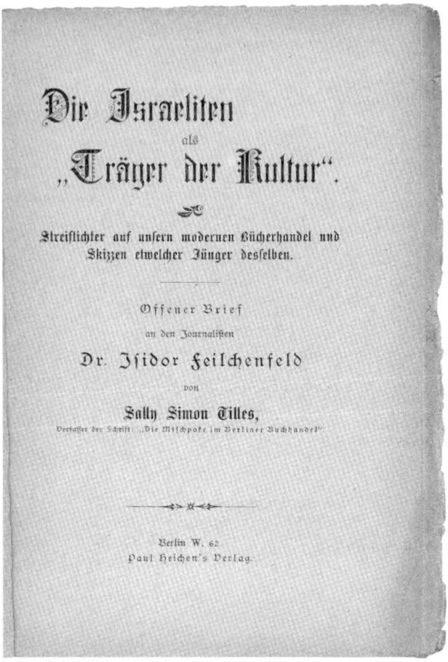

Pamphlet gegen den Liberalismus im Bücherhandel, 1892

Parodie auf die *Freie Bühne*, 1890

Schmucklose Büroräume und Lagermöglichkeiten: Bülowstr. 90, ab 1897

1898 in Toblach (Matrosenanzüge werden jetzt Mode)

schen war es zur »Doppelmoral« und zum Gerichtsfall, dem »Marx-Prozeß«, wegen einer animosen Entlassung gekommen (Paul Marx hatte als »Hopslabaer« in den ersten zwei Jahren auch gelegentlich launige Kommentare für die *Freie Bühne* geschrieben). Das Jahr 1893 verzeichnete mit 16 Abgeordneten im Parlament einen Spitzenwert des parteienpolitischen Antisemitismus in den Statistiken. Deren Ziel und summarische Lösung »für die wirtschaftliche, politische und kulturelle Krise der Gegenwart« lautete Rücknahme der gesetzlichen Gleichstellung und Ausschluss der Juden von wesentlichen Funktionen. Der »homme de tête« Hermann Bahr bündelte, wie gehört, bei S. Fischer gerade seine Interviews. Der Linzer hatte 38 Personen im In- und Ausland zum »Antisemitismus« befragt (was ihn zur selben Zeit nicht von dem Versuch abhielt, seiner notorischen Geldnot – »die Weiber!« – mit Formulierungen wie, lieber Fischer, »seien Sie kein Shylock«, abzuhelfen). Er besuchte auch den sechsundsiebzigjährigen Mommsen, den Kontrahenten Treitschkes im parlamentarischen Streit, und der sagte: »Sie täuschen sich, wenn Sie glauben, daß man da überhaupt mit Vernunft etwas machen kann. Ich habe das früher auch gemeint und immer und immer wieder gegen die ungeheure Schmach protestiert, welche Antisemitismus heißt.« – »Die hören nur auf den eigenen Haß und den eigenen Neid, auf die schändlichsten Instinkte.« – »Man muß geduldig warten, bis sich das Gift von selber austobt und seine Kraft verliert. Und das kann doch jetzt nicht mehr so fern sein.« – »Vielleicht kommt jetzt langsam die Wendung zur allmählichen Besserung«, »verschwindet der Wahn, der so viele Gemüter bethört und unsere ganze Kultur um hundert Jahre zurückgeworfen hat.« August Bebel, im selben Band, wäre da nicht so sicher, es lag ja am kapitalistischen System. Man sage in Österreich zwar (nach Kronawetter): »Der Antisemitismus ist der Sozialismus des dummen Kerls«, doch dessen eigentliche Träger seien »das kleine Gewerbe und der kleine Grundbesitz«; »das Kapital« und deshalb auch »alle schlimmen Wirkungen des Kapitalismus« erschienen »den Leuten immer in der Gestalt des Juden«, ob als Händler ihrer agrarischen Produkte, als Konkurrenten im Kleinhandel, als Kreditgeber der verschuldeten Offiziere und Beamten, oder als die fleißigeren und intelligenteren Studenten … Was war nun also keine schlimme Wirkung des Kapitalismus? Nein, man sollte es wohl nicht zu rationalisieren versuchen. Man musste abwarten. (Und in den Parlamentsstatistiken würde man tatsächlich einen Rückgang verzeichnen können.)

Als mündiger Kaufmann konnte man sich jedenfalls kaum in besserer Gesellschaft befinden als im *Verein Berliner Kaufleute und Industrieller*. »Bollwerk des Bürgertums« wurde diese Gesellschaft jüngst in einer umfassenden Studie überschrieben und darin titelgemäß »die starke mentale Bindung ihrer Protagonisten an das Bürgertum und seine Wertewelt« herausgestellt; sowie die Tatsache, »dass in den Vereinsgremien sehr reiche und bedeutende Berliner Wirtschaftsbürger mit weniger prominenten eher mittelständischen Kaufleuten und Industriellen zusammenarbeiteten«. Unter den Neuzugängen dieser Jahre – »das ›Who's Who‹ der damaligen Berliner Wirtschaft« – fanden sich Namen wie Ernst von Borsig, Isidor Loewe, Wilhelm Siemens oder Emil Rathenau (AEG), Carl Bechstein, Bernhard Dernburg (Bankier und später Reichskolonialminister) oder der Zeitungsverleger Rudolf Mosse, der auch Mitglied der *Freien Bühne* war. Kurze Wege waren hier vielfach gegeben. Neben dem Sachbezogenen in den Kommissionen, in denen man Strategien der gesellschaftlichen Anpassung an die sich verändernden Wirklichkeiten erdachte, wurden Reisen unternommen und »schöngeistige« Abende veranstaltet. Konzerte, Lesungen oder Vorträge. Bei einem stichprobenhaften

Blick in die Jahresberichte stößt man auf Fischers Autoren: Stettenheim sprach am 20. April 1897 über »Humor und Satyre«; Hermann Bahr trug am 12. November 1907 über »Österreichische Dichter« vor und Richard Dehmel aus dem Eigenen ein paar Monate später. Zur Institution entwickelte sich der jährliche Ball, natürlich im Kaiserhof. »Dazu lud man neben den Mitgliedern auch Minister, Presse- und Wissenschaftsvertreter sowie Angehörige aus der Verwaltung ein.«

Das *Waaren-Börsenblatt* (1887) und die Publikationen mit den barocken Titeln in seiner »Technologischen Abtheilung« (seit 1888) – *Das Färben und Bleichen von Baumwolle, Wolle, Seide, Jute, Leinen etc.* (plus vier Zeilen) – zeugten immer schon von Fischers Wissen um den spezifischen Aufklärungsbedarf in den wachstumsstarken neuen Branchen, allen voran der Elektroindustrie und der Chemie (es ist die Phase der Industrialisierung, in der aus Apotheken nicht nur Literaten, sondern auch Konzerne hervorgehen; Schering betrieb in der »Grünen Apotheke« in der Chausseestraße sein erstes Laboratorium). Nun brachte der Verlag 1894, vielleicht ein Zufall, das *Gesetz zum Schutz der Waarenbezeichnungen vom 12. Mai* und außerdem zwei neue Fachzeitschriften, die monatsweise *Electro-Chemische Zeitschrift* und die zweiwöchentliche *Zeitschrift für Beleuchtungswesen*. Fischer wird letztere erst 1913 in ihrem 20. Jahrgang abgeben. Beim Technologischen muss es sich um ein sehr verlässliches Standbein gehandelt haben. Einmal berichtete er launig seiner Frau von einer »Rheinischen Majestät«, dem »Commerzienrath Schiess aus Düsseldorf«, den er im Hotel Royal in Hannover erwarte; doch die »Herren von der Werkzeugbranche« seien »etwas großkotzig«, und ihm fehlte ja das Talent, »den Leuten den Hof zu machen«: »Wenn ich hier nichts ausrichte bin ich ›blamirt‹.« (Seine Werkzeug-Zeitschrift blieb aber ebenfalls bis 1913 im Verlag und lieferte noch Anleitungen zum Fahrradbau, das Allerneueste.)

Eine andere Maßnahme, die der einundfünfzigjährige Landshoff im Jahr der Heirat seiner Ältesten ergriff, war sein Beitritt zur Gesellschaft *Magine Rèim*, einem 1804 gegründeten »Verein zur gegenseitigen Hilfe«. Zu deren Aufnahmebedingungen gehörte es, drei Jahre am Ort gelebt zu haben, dies war nun wohl erfüllt. Unter den vergleichbaren Berliner Vereinigungen, die aus dem Geiste der in der jüdischen Religion tief verankerten Pflicht zur Wohltätigkeit hervorgegangen waren, verteidigte allein die *Magine Rèim* ihren konfessionellen Charakter, sie blieb ausschließlich Juden vorbehalten und streng auf die Hilfsleistungen (vornehmlich im Krankheitsfalle) ausgerichtet. Fischer mochte es, im Rauchzimmer darauf angesprochen, zu »eng« und unzeitgemäß erscheinen, vielleicht hatte er auch etwas gegen deren Vorsitzenden Moritz Manheimer, wenn *der* es war, den er einmal bei den Landshoffs antraf: »Herr Mannheimer scheint ein Schnüffler zu sein, was gehen ihn meine Verhältnisse an?«

Den größeren Zulauf genoss ohnehin das Urbild dieser Vereine in Berlin, die *Gesellschaft der Freunde*, die Joseph Mendelssohn, der älteste Sohn des Philosophen, 1792 gegründet hatte; und zwar in Reaktion auf die Konflikte zwischen den Modernisierern und den Traditionalisten in der Jüdischen Gemeinde: »Andersdenkenden« bleibe »die Unterstützung in Fällen der Armut oder Krankheit« versagt, »sie würden sogar als Tote beschimpft, indem man ihnen das Begräbnis verweigere. Daher müßten sich auch die Freidenkenden der Nation verbrüdern, sich gegenseitig unterstützen und dem Unwesen der traditionellen Kräfte vereint entgegen wirken.« Die *Gesellschaft* öffnete sich 1835 gegenüber getauften Juden, erklärte die Religion schließlich ganz zur Privatsache und nahm ab 1878 Mitglieder ohne jüdische

Vorfahren auf. Sie war einer der reichsten Vereine Berlins, mit der *Korporation der Kaufmannschaft* und vor allem mit dem *Verein Berliner Kaufleute und Industrieller* teilte sie einige einflussreiche Mitglieder. In ihren Reihen befanden sich die Geschäftsinhaber von Hedwigs Brauteinkäufen (die Grünfelds und Friedländers), die weitverzweigten Bleichröders, Mendelssohns, Liebermanns, Ullsteins oder Mosses und später auch der Reichsbankpräsident Hjalmar Schacht. Im März 1892 beging sie im Kaiserhof ihre Hundertjahrfeier, es spielte das Armeeorchester. Alexander Moszkowski, einst (1884) erfolgreicher Autor von *Steinitz & Fischer* sowie Mitglied der ersten Stunde bei der *Freien Bühne*, lieferte die dichterischen Beiträge zu einem auch seine Staatstreue beweisenden Festprogramm. Die Kreise erweiterten sich.

Samuel Fischer und Hedwig Landshoff heirateten am 1. Oktober 1893 in der Potsdamer Straße 9, im Haus des ehemaligen *Geselligen Vereins* der *Gesellschaft der Freunde*. »Unsere Hochzeit ... muß seltsam gewesen sein, hypermoderne Schriftsteller und jüdisches Bürgertum gemischt.« Manche, wie die Bernsteins aus München, waren beides. Und alle lauschten sie Wagners Brautchor aus dem *Lohengrin*: Hauptmann, der sich wegen der lauen Reaktionen auf den *Biberpelz* ursprünglich zu betrübt gefühlt hatte für die Öffentlichkeit, an der Seite von Marie; nicht allzu fern davon seine junge Liebe Margarete, deren Bruder Max Marschalk gerade das *Hannele* vertonte. Prekär die Lage auch für Wilhelm Bölsche, der an diesem Tag von seiner Frau verlassen wurde. Und Julius Meier-Graefe tauchte in einem ganz und gar unpassenden Anzug auf. Andere Gerüchte sind verdunstet. Hochzeitliche Sonderdrucke enthielten Schwanengesänge auf den Naturalismus und Schmeicheleien für Hauptmann (»dem Menschen fin de siecle, ist das Andre ekel«), von weiteren Gedichten haben wir schon gehört. Peppi Fischer reiste mit seiner nicht allzu beliebten Frau

Martha und dem dreizehnjährigen »Charles« aus London an; die verlässlichen Beers saßen bei ihren Jungs, Carl und Oscar, und Moritz wohl in der Nähe. Für die alte Minna Fischer war es das letzte Fest im großen Kreis der Liptauer Familie. Sie starb an Weihnachten, nachdem sie, so ihre Schwiegertochter, in Berlin nie richtig heimisch werden konnte. Im Gegensatz zu ihren Kindern. Vor ihrem Jüngsten lagen, in vereinter Kraft mit Hedwig Landshoff, seine zwei erfolgreichsten Jahrzehnte.

Vom Verlegen

Wenn Fischer als der erste Vertreter eines neuen Typus, nämlich des sogenannten Kultur- oder Individualverlegers gilt, obwohl es seit Gutenbergs Bibel einige herausragende (hier schon erwähnte) Programmverleger und spektakuläre Autor/Verleger-Paarungen gegeben hat, dann liegt dies an zweierlei: an seinem verlegerischen Selbstverständnis und an der historischen Sekunde in der Geschichte des Lesens, auf welche er traf.

Als Fischer sich selbständig machte, in der Spätphase der Gründerepoche, war die Zeit des Massenmarktes angebrochen. Der industriell beflügelte Buchmarkt mit seiner wachsenden Vielzahl an Verlagen für dieses und jenes wurde beherrscht von zwei Extremen: von höherer geistiger Ware im Gewande des Prachtmöbels, die von niemandem konsumiert wurde, und von der niedereren geistigen Ware, die in Fetzen umging, billigst produziert und völlig zerlesen von Hand zu Hand gereicht. Dazwischen spannte ein Vakuum, dem Mangel an Werken entsprechend, das nun verzischen würde. Der deutschsprachigen Literatur und ihren nachgerückten Protagonisten hatte die spitzige Provokation mit der »Wirklichkeit« einen unendlich erweiterten Spielraum hinsichtlich Stoff und Form beschert und zugleich die Möglichkeit, mit erneuerter Kraft ihre Beziehungen zur Tradition, »zu altem, Kultur gewordenem Besitz« (Fischer) zu gestalten – es brachen ihre reichsten Jahrzehnte an. Dabei verlief die Emanzipation der modernen Gedankenwelt in eine ihr angemessene Gestalt (auch als Ware) parallel zur Emanzipation einer breiteren Leserschaft als deren Käufer.

Und genau dies schwebte Fischer im Laufe der Zeit wohl vor: eine anspruchsvolle, aber nicht elitäre, eine gut aufgemachte, ihren Preis werte Gegenwartsliteratur von größtmöglicher Verbreitung in einer immer stärker zu interessierenden Bevölkerung. In seinen (meist undatierten und wüst korrigierten) Handschriften mit Reflexionen zu seiner Profession ist einmal die Rede von der vorbereitenden Beteiligung des Buchhandels an früheren Kulturphasen, schließlich am Aufbau einer »neuen demokratischen Cultur« – dies mochte er darunter verstehen. Und zwar im alten Sinne als eine »Mission«, als einen gesellschaftlichen Auftrag, den man sich selbst erteilt sieht.

Die Verlegertätigkeit bedarf »der Initiative und ist doch darauf gestellt zu warten«. Mitbedingt durch die gemeinsam durchzufechtenden, tumultuarischen Verhältnisse ihrer aller Anfänge hatte sich bei ihm fast zwangsläufig ein Verlegertum ausgeprägt, das in hohem Maße mit persönlicher Nähe und Verantwortung verbunden war: Man begleitete schon das Entstehen der Werke, passte ihnen ein Äußeres an, finanzierte und organisierte ihr öffentliches Auftreten, bemühte sich um die Durchsetzung beim Publikum und mobilisierte in diesem Sinne die Kritiker oder kümmerte sich im Zensurfall um den Anwalt, der die gemeinsame Ware vor Gericht vertrat. Nicht zuletzt regte der Verleger selber Bücher an. »Lieber Herr Bölsche« … »Was ich dort gelesen habe«, einige »Kosthappen« in der *Zeit*, »hat mir so gut gefallen, dass ich mir eine Notiz gemacht habe, Ihnen vorzuschlagen, für meinen Verlag ein Buch zu schreiben, welches sich in Romanform mit dem Flugproblem befasst. Vielleicht kommen Sie einmal bei Gelegenheit zu mir, wir könnten, wenn Sie für diesen Plan Interesse haben, die Sache sehr bald besprechen.« (Ihn inspirierte hier, am 17. September 1896, wohl der Pionier Otto Lilienthal, der seine spektakulären Gleitflüge mittlerweile auf 300 Meter auszudehnen vermocht hatte, doch im August tödlich abgestürzt war.)

Rückwirkend beschrieb Fischer einmal, was er von Beginn an eher instinktiv ansteuerte: »mit der Zeit einen Kreis von Autoren in den Bereich seiner Wirksamkeit [zu] ziehen, der im Rahmen eines einheitlichen Verlagskomplexes deutlicher sichtbar gemacht werden kann, als verstreut an verschiedenen Verlagsstellen mannigfachsten Charakters.« Oder umgekehrt: »Die Geschlossenheit und Einheit des Verlags erleichtert ihm die Schaffung des Marktes für seine Produkte.« Ein Autor, der mal hier, mal da publiziere, erschwere dem Sortiment und dem Publikum die Übersicht und damit die »Stabilisierung seiner Werke auf dem Markte«. Hier sprach der erfahrene Buchhändler. Doch was war in seinem Falle, der von inhaltlichen Festlegungen absah, unter einer »Geschlossenheit und Einheit« des Verlags zu verstehen, die dessen öffentliche Wahrnehmung befördere? Für Samuel Fischer wäre es das eigentliche Gütesiegel eines Hauses, seines Hauses, und gewährleistet wäre es im Grunde allein durch ihn selbst. Er wäre die Gewähr oder das Versprechen an die Lesegesellschaft, ein bestimmtes Niveau nicht zu unterschreiten, bestrebt zu sein, die Besten zu versammeln, und zugleich eine Bandbreite zu bieten. Es spräche für sich selbst, in diesem Verlag zu erscheinen, und so träte jedes seiner Produkte auf. (Seit 1895 überdies versehen mit dem eigens gestalteten Fischer-Signet des gerade zu Ansehen gelangenden Jugendstilkünstlers Otto Eckmann.)

»Die Stellung des Verlegers ist eine eigenartige«, so auch Siegfried Unseld, »weil er allein in und mit seiner Person für diese Bücher und sein Unternehmen haftet, und dies nicht nur politisch, moralisch, intellektuell, rechtlich, sondern mit Haut und Haaren materiell.« Und »recht heikel« ist des Verlegers Tätigkeit, würde Fischer ergänzt haben, denn sein »Material ist das selbständigste, das es gibt«. Immer wieder werde sein Tun von Glück und Zufall beherrscht, welche er natürlich »belauscht und ihnen ihr Geheimnis abhorchen will«. Das eine Ohr lauscht idealistisch, mit Neugier und Begeisterungsfähigkeit, das andere realistisch, mit bemühter kalkulatorischer Genauigkeit. Und irgendwo dazwischen fand dann jedes Mal von neuem die Abwägung statt: Was war etwas wert, was würde sich daraus machen lassen, wer ließe sich dafür gewinnen, mittelbar und unmittelbar, ergo wie viel dürfte man investieren. Dies alles mehr brütend als denkend, denn die Rechnung mit den »Phantasiewerten« konnte allzu komplex und virtuell werden. Was sich nicht auszahlen würde, bliebe nicht zwangsläufig eine Fehlinvestition, neben der Gewinn-Maxime bestand ja noch die Maxime des Profils, mit der es zugleich den »Markt für geistige Werte« zu schaffen galt – und die »Besten« waren eher nicht die finanziell Erfolgreichsten. Man musste das höhere Kalkulieren verstehen, wollte man nicht binnen kurzem baden gehen. (Viele Bücher werden gedruckt, um dann »mit wenigen erfolgreichen die Kosten und Mühen aufzubringen«.)

Die naturalistische Kampfzeit muss eine gute Schulung des Urteilsvermögens bedeutet haben. Befragt nach dem Zünglein an der Waage, hätte Fischer vor allem eines genannt: Originalität. Jedes Manuskript lieferte die Kriterien seiner Schätzung, seiner inneren Stimmigkeit immer selber mit. Und jeder Mensch wohl auch – Fischer übte den Blick des *potentialis*, den Blick für Reifegrade: Wer würde sich noch entwickeln, wenn man ihn seine Erfahrungen machen ließe mit den Zufällen und Gesetzen der eigentlichen »Wertprägung« eines Manuskriptes durch die Öffentlichkeit? Die wertprägende Öffentlichkeit (ein Gebilde aus Lesern, Kritikern, anderen Autoren) wartete ja darauf, dass man ihren Bedarf deckte. Er ist immer schon da, es kann ihn nur niemand formulieren. Er schlummert vielgestaltig unter der Oberfläche, manchmal tief und fest. Und manchmal wird ein Werk erst Jahre später an die Oberfläche katapultiert, einem Autor plötzlich rückwirkend Geltung verschafft. (»Die Aufklärungsarbeit der Kritik und des Verlegers braucht eben Zeit, und meist muß sich das Charakterbild des Dichters erst aus einer Reihe von Werken aufgebaut haben, um dem Publikum deutlich zu werden.«) Auch die offenkundigsten Strömungen tendieren zur Unberechenbarkeit: sie schwemmen schon mal »als Kontrast« das »unzeitgemäße reaktionäre Werk« nach oben. »Der beste Geschäftsmann bleibt der Verleger, der sich nicht von Erfolgsmöglichkeiten leiten lässt, sondern nur von der Qualität der Arbeit.« Und: »Ein Verleger, der hier nicht einzig und allein von diesem Gesichtspunkte ausgeht, verliert bald genug das Werturteil und damit die Orientierung überhaupt.« Summa summarum ist gut zu erkennen, welches Maß »optimistischen Temperaments« der Verleger besitzen muss, riefe Fischer jetzt lachend aus!

Eines lässt sich heute noch beobachten: Literaturverleger fühlen sich den Autoren ihrer eigenen Generation besonders verbunden, ja oft dem *einen* Autor. Und Samuel Fischer hatte diesen einen Autor gleich im Gründungsmoment, vielleicht im Initiationsmoment seines Verlegertums gefunden. »H. hat wieder etwas total neues geschaffen. [*Florian Geyer*] Geradezu verblüffend wirkt die Echtheit der ganzen Darstellung; eine lebendig gewordene Geschichte hat man vor sich, Menschen von kräftiger, kerniger, echt deutscher Art aus dem sechzehnten Jahrhundert. Nichts fehlt, weder die altfränkische Derbheit noch die von Weindunst umflossene Kriegslust. Ich kann Dir den ersten Eindruck nur in so unklaren Umrissen andeuten, ich muß die Sache noch etwas verdauen. Die Vorlesung hat von 3 – ½ 6 Uhr gedauert, dann fuhr ich zu den Eltern zu Tisch …«

Gerhart Hauptmann mochte sich der Bedeutung seiner

Person für seinen Verleger länger nicht bewusst gewesen sein. Das Augenmerk des Dramatikers lag auf dem Theater. Hier verdiente er seinen Ruhm und sein Geld, dafür war es allesentscheidend, und sei es mit einer einzigen Aufführung, in Berlin zu reüssieren. (»Trotz aller Ableugnungen und bedeutungsloser Ausnahmen herrscht bei uns das Zentralisationsprinzip in literarischen Dingen«, bemerkte der junge Alfred Kerr aus Breslau bei seinem Einstand als Berliner Kritiker.) Die Buchpublikationen interessierten Hauptmann vorerst als Stützung seines Bühnenerfolgs – und er ging schließlich davon aus, dass sie ihm erst nach den Uraufführungen dienlicher wären. »Die grösste Schwierigkeit bereitet die Vorherbestimmung der Auflagenhöhe«, hieß es wiederum beim Verleger: »Das dramatische Werk ist völlig abhängig von dem Theater-Erfolg.« Fischer vertrat vor Hauptmann schon Ibsen, doch seine Begeisterung für den heimischen Dichter und dieses Erlebnis eines gemeinsamen Erfolgsdurchbruches animierten dazu, sich auf die Pflege der deutschsprachigen Literatur zu konzentrieren – und die war es ja auch, nach der im Kaiserreich die große Sehnsucht herrschte, ganz gleich, an welcher Stelle der Parteilichkeiten man nun tiefer lotete.

»Was hilft es, gute Bücher verlegen zu wollen, wenn nicht gute Bücher geschrieben werden!« So Fischer. »Die literarische und die künstlerische Produktion der Deutschen hat nicht, wie etwa die französische, eine wirkliche Tradition. Daher entsteht zu gewissen Zeiten der Verdacht, als ob sie ganz versiegt sei.« Wer so lange die alten Meister nachgeahmt hat – »als ein Zerrbild echter Tradition«, mit epigonalen Produkten von »ungewöhnlicher Seichtheit und Anmaßung« –, wer in der Heimat als vorzügliche Autoren ein paar ältere Männer vorfand und seine Anregungen allein aus dem Ausland bezog, der hatte mit einigem Mut viel nachzuholen. In Fischers Erwartung, mit einem Vorlauf kalkulieren, Talente erst noch heranziehen zu müssen, setzte sich der Gründungsimpuls der *Freien Bühne* fort. Er blieb sein Ausgangspunkt. (»Viele Bücher, die ihre entscheidende literarische Prägung noch nicht empfangen haben, müssen erscheinen, um einen jungen Autor zu fördern und die Bahn frei zu machen für das nachfolgende reife Werk, auf das Verleger und Autor ihre Hoffnung setzen.«) Es ist diese verlegerische Prägung, die Fischer schon von nächstjüngeren Konkurrenten wie eine eigene Generation unterscheiden wird. Ihn trieb noch das Mangelgefühl der 1880er Jahre, das Gespenst der heimischen Armut an Talent. Sein aus der fernen Liptau mitgebrachter Glaube an Entwicklung stand dem entgegen.

Zwanzig Jahre später hat S. Fischer über 150 Autoren versammelt und geltend gemacht, dass die Geschichte seines Verlages seit der naturalistischen Stunde null als ein adäquater Spiegel, ja als in hohem Maße *identisch* mit der Entwicklung der modernen deutschsprachigen Literatur anzusehen sei. In den Worten des Elsässers Otto Flake: »Zwanzig Jahre später hatte der Naturalismus alle schöpferischen Energien der deutschen Landschaften in sich aufgenommen – zu dem Hirn und Kopf Berlin waren Herz, Fleisch und Körper gekommen.« (Es hatte sich also ein ganzer deutscher Mensch gebildet!) Dies wird nicht jeder gern vernommen haben. Denn ob nun als Herz, Fleisch oder Körper, der Schatz, der in dieser Verlags- wie Literaturgeschichte als Erstes anstand, gehoben zu werden, und zwar aus angrenzender deutschsprachiger Landschaft, das war »Jung-Wien«. (»Dem deutschen Körper gab zum Kopfe Gott Berlin; Als Herz doch legt er Wien, das herzliche, in ihn« – dichtete der Schwabe Justinus Kerner als einer der Ersten dieses Städte-Vergleiches um 1830.) Ohne die Wiener Moderne unter Fischers Dach, als neuem Schwerpunkt seit Mitte der 1890er Jahre, hätte der kühne Anspruch, das Geschick der deutschsprachigen Literatur seit ihrer Wiedererweckung abzubilden, gar nicht aufkommen können – das wüsste niemand besser als der Verleger selbst.

Von Wien aus hatte man das Getriebe im zentralistischen Berlin genau verfolgt, sich auch ein wenig anstecken lassen und selbst eine Freie Bühne gegründet. Eine eigene derartige Revolte war jedoch nicht über das Land gefegt, und sie ist wohl überhaupt typisch preußisch gewesen. Hier war man schon weiter, jedenfalls in dem, was bis heute als wegbereitend nicht nur für die moderne Literatur erkannt wird. Was die Kaiserstadt der alterslosen Metropole zuträgt, das sind Traum und Tod, Frühreife und Morbidität, ego narcissus und Aristokratismus, analytisches Durchschauen und gekünsteltes Verschweben, kultivierte Feinnervigkeit und beklagte Fühllosigkeit. Kaum irgendwo sonst wurden die mit dem Wandel der Epoche einhergehenden Auflösungserscheinungen für den Einzelnen (und für den Künstlermenschen) früher erspürt und zugleich zelebriert.

Man fieberte in die Tiefe – seines innersten alleinheitlichen Empfindens, seines eingesenkten philologischen Wissens, seines blauen alteuropäischen Blutes – und wurde von den schönen Lichtreflexen an der Oberfläche festgehalten: »Nosce te ipsum«, rief Hugo von Hofmannsthal sich selbst zu in seinem berühmten *Brief des Lord Chandos*, berühmt, weil man in ihm schon bald nach Erscheinen (1902) erstmals eine moderne Sprachkrise formuliert fand. »Mein Fall ist, in Kürze, dieser: Es ist mir völlig die Fähigkeit abhanden gekommen, über irgend etwas zusammenhängend zu denken oder zu sprechen.« – »Es zerfiel mir alles in Teile. Die Teile wieder in Teile, und nichts mehr ließ sich mit einem Begriff umspannen. Die einzelnen Worte schwammen um mich, sie gerannen zu Augen, die mich anstarrten und in die ich wieder hineinstarren muß: Wirbel sind sie, in die hinabzusehen mich schwindelt, die sich unaufhaltsam drehen und durch die hindurch man ins Leere kommt.« Dies klang schon nach einem anderen, zu diesem Zeitpunkt dreizehn Jahre alten Wiener, der einmal in der Philosophie den *linguistic turn* mitverantworten würde und in seinem *Tractatus logico-philosophicus* schriebe: »Was *sich* in der Sprache ausdrückt, können *wir* nicht durch sie ausdrücken.« (Ludwig Wittgenstein)

Doch Hofmannsthals fiktiver Klagebrief maskierte sich als Vergangenheit, er datierte dreihundert Jahre zurück, in die Zeit des Universalwissens, und richtete sich an den Philosophen Francis Bacon (1561–1626). Dieser vielseitige Londoner hatte unter anderem eine Theorie der Trugbilder, der »Idole« oder »Vorurteilsgötzen« entwickelt, deren unerquicklichste beim Kommunizieren entstünden, »durch unangemessene und törichte Zuordnung der Wörter zu den Dingen, durch Bildung von Bezeichnungen für nichtexistierende Phänomene, kurz: mit der Herrschaft der Wörter über den Verstand«. Hofmannsthals Brief formulierte, diesem Adressaten angemessen, so auch eine Kommunikationsstörung (die sonst schlafwandlerischen Urteile wurden »mir so bedenklich, daß ich aufhören mußte, an solchen Gesprächen irgend teilzunehmen«) wie gleichermaßen die Identitätskrise eines Dichters, für den der Spielraum zwischen den Worten und der Welt, sein Betätigungsfeld, zu groß und zu einer Kluft geworden war (»die abstrakten Worte«, sie »zerfielen mir im Munde wie modrige Pilze«). Doch offenkundig blieb dem sprachkritisch Erstarrten Beredsamkeit, er war bewegt von den eigenen Metaphern, so handelte es sich zugleich um eine solipsistische Aussagekrise. Der polyglotte, mit hoher Stimme überaus schnell sprechende Autor, der schon als Gymnasiast von siebzehn Jahren unter dem Namen Loris die Wiener Literatenkreise verblüffte, konnte und wollte zu viel und wusste zu wenig, wohin mit seinem

Talent in jener Wiener Gegenwart des Traditionsbruches und des Wertevakuums, in der sich sein dichterischer Wille zur Identifikation unfähig fühlte.

Hofmannsthals *Lord Chandos* hatte einen Vorläufer, er hieß Fürst Erwin und war der Held des kleinen »Kultbuches« seines engsten Jugendfreundes Leopold von Andrian, *Der Garten der Erkenntnis*: »Damals (er ging ins zwölfte Jahr) war der Erwin so einsam und sich selbst genug, wie niemals später; sein Körper und seine Seele lebten ein zweifaches Leben geheimnisvoll in einander; die Dinge der äußeren Welt hatten ihm den Wert, den sie im Traume haben; sie waren Worte einer Sprache, welche zufällig die seine war, aber erst durch seinen Willen erhielten sie Bedeutung, Stellung und Farbe.« Es war eine Wilde'sche Atmosphäre, in der man sich hier auf Wienerisch bewegte. »Hast Du etwas vom Dichter Oscar Wilde gelesen? Der ist auch merkwürdig«, fragte der neunzehnjährige Poldi den ein Jahr älteren Hugo im April 1894 und dieser wieder den in Paris lebenden Maler-Freund Hans Schlesinger: »Kennst Du den Roman ›Dorian Gray‹ von Oscar Wilde? Hie und da erinnert er überraschend an unsere Art, das Leben zu sehen.« (»There was a silence. The evening darkened in the room. Noiselessly, and with silver feet, the shadows crept in from the garden. The colours faded weirily out of things« … hieß es dort, im 6. Kapitel, 1890). »So starb der Fürst, ohne erkannt zu haben«, lautete 1895 der letzte Satz im autobiographischen Werk des Wiener »Jünglings« (Andrian über sich selbst), gemeint in beiden Hinsichten: er hatte weder zu verstehen noch zu lieben gelernt. Der spätere Diplomat, ein Enkel Giacomo Meyerbeers, »Sohn eines der reichsten östreich. Aristokraten« (Bahr), durchlitt die eigene (strafrechtlich verbotene) Homosexualität mit Hypochondrien und veröffentlichte nichts mehr. Vielleicht war mit einem einzigen Kultbuch alles getan.

Die Kunde von den k. u. k. Begabungen überbrachte Hermann Bahr, der ja auch als österreichischer Autor bei S. Fischer in der Avantgarde war. Schon 1892 schrieb er in der *Freien Bühne* über Loris. Insofern ihm sein Verleger im Dezember 1893 ausdrücklich mitgeteilt hatte, dass er sich »jetzt nur auf den Verlag dichterischer Production einschränke«, empfahl Bahr den *Garten der Erkenntnis* wärmstens: »das beste Werk nach meinem Urteile, was bisher die europäische Moderne hervorgebracht hat, unsäglich tief u. schön.« »Die Novelle von Andrean ist in der That sehr schön, wenn auch in der Form noch etwas unreif«, lautete die Antwort aus Berlin. Wie immer in diesen Anfängen, wenn er an einen finanziellen Erfolg nicht glauben konnte und sich allein aus ästhetischen Gründen für etwas entschied, erhob Fischer den kommissionsverlegerischen Anspruch auf Kostenbeteiligung. Bei einem Vorabdruck in seiner Monatsschrift (die mittlerweile *Neue Deutsche Rundschau* hieß) ließe sich dann allerdings derselbe Satzspiegel für eine Buchausgabe verwenden.

Das kleine Bändchen des Zwanzigjährigen erschien noch 1895 und erweiterte auf seine Weise die Attraktivität des Verlags. Ein Jahr später gesellte der Verleger passend Gabriele d'Annunzio hinzu, wieder ein Jahr später eben Hofmannsthal. Was Bahrs Vermittlerrolle in Wien betraf, so ist ihr schwer gerecht zu werden – er kannte jeden, hatte ein ausdauerndes Sendungsbewusstsein, wurde jedoch, bei allem Respekt, in den Worten Maximilian Hardens auch als der »Mann von Übermorgen« belächelt. Nach seiner Trennung von Brahm und nach dem Ende der Wiener *Modernen Rundschau*, 1892, kooperierte Fischer zudem mit deren Autoren (Bölsche führte die Wiener Adressen in der Kartei). Wie von selbst fand sich aus diesen Kreisen, in denen man einander aus seinen Arbeiten vorlas und eine gegenseitige Korrektur bot, einer nach dem anderen in Fischers Verlag ein: 1895 Peter Altenberg (initiiert durch Karl Kraus), 1899 Richard Beer-Hofmann (der Fischer vor Karl Kraus warnte), im selben Jahr wie der Fürther und Wahl-Österreicher Jakob Wassermann (in Wien Theaterkorrespondent der *Frankfurter Zeitung*), oder 1903 Felix Salten.

Österreichische Autoren blieben beinahe zwangsläufig auf deutsche Verleger angewiesen, weil die strikte Zensur und das überholte Urheberrecht in ihrem Land das heimische Verlagswesen schon traditionell brachlegten. Als Österreich schließlich 1918 der Berner Konvention beitrat, stellte S. Fischer mit etwa drei Dutzend Autoren längst den größten Österreicher-Verlag außerhalb Österreichs. Das hatte sich in den verstrichenen zweieinhalb Jahrzehnten für diese auch qualitativ ausgewirkt: »Wien wurde nun von der Kritik als eigenständiges Zentrum der literarischen Moderne wahrgenommen.« Doch es kostete Reibungsenergien. Die österreichische Verlagssituation steigerte nicht das Selbstbewusstsein, eher die Ambivalenz. Sie verstärkte das allemal von Anerkennungs- wie Abgrenzungsbedürfnis geprägte Austauschverhältnis der Wiener zu den Deutschen und deren Hauptstadt, der »Parvenupolis«, wie man im Café Griensteidl gern sagte. Dies verdeutlichen gerade die Reizbarkeiten des allerersten Wieners bei S. Fischer: Arthur Schnitzler. Dessen Unterkommen im Verlag von Hauptmann, der sein Jahrgang war, und von Ibsen, den er sehr bewunderte, bedeutete für den praktizierenden Arzt, der das Wort »Werk« für einen eigenen Text noch zaghaft in Anführungszeichen setzte, eine entscheidende Bestätigung als moderner Autor. Auch weil Fischer und Brahm weiterhin eine Achse bildeten. Letzterer war seit Herbst 1894 Leiter des privaten *Deutschen Theaters* (und musste nun selbst Geschäftsmann sein); er würde Schnitzler von 1896 an regelmäßig aufführen und damit, wie gehört, im ganzen Kaiserreich befördern.

Für den modernsten Wiener in seinem Verlag brauchte es drei Anläufe und dann viel gutes Zureden. Mit Schnitzler bietet sich zugleich ein Paradebeispiel für Fischers Übergang zum Literaturverleger, für seine Intentionen und Strategien der Autorenbindung sowie -durchsetzung. Bereits 1888, also noch vor Gründung des Vereins der *Freien Bühne*, hatte der Sechsundzwanzigjährige dem wenig Älteren, wohl weil er Ibsen verlegte, »Dramatische Plaudereien« angeboten, die dieser rundweg ablehnte, es sei denn, der Herr wolle sie selbst finanzieren. Gut drei Jahre später, im Januar 1892, empfahl Hermann Bahr den *Anatol-Cyklus* nach Berlin. Doch Fischer zögerte, seines Erachtens handelte es sich um ein Liebhaberstück, das halbe Risiko müsste Schnitzler selber tragen. Ähnliche Bescheide trafen mehrfach in Wien ein: »Heute schickte mir Weiss den A. Cyclus zurück, nachdem er in mündl. Verkehr schon angenommen. Bisher von Pierson, Fischer, Fontane, Minden und Weiss refusirt.« (Tagebuch 18. Juni 1892. Den *Anatol* wird er auf eigene Kosten im Bibliographischen Bureau Berlin veröffentlichen.) Das kurze Stück *Der Sohn* erschien zwar in Fischers Zeitschrift, doch erst mit dem nächsten Stoff, wieder fast zwei Jahre später, nahm die Verbindung Fahrt auf: Am 15. Januar 1894 sandte Schnitzler die Novelle *Sterben* nach Berlin, am 5. März notierte er: »Aerger, weil Fischer nicht antwortet.« Am nächsten Tag dessen Brief: »Sehr geehrter Herr Doctor! Ich möchte ›*Sterben*‹ sehr gern verlegen. Das Werk hat mir ganz ausgezeichnet gut gefallen, aber – das Publikum. Ich fürchte, dass das Buch des herben Stoffes wegen« … Nun wieder die Kostenverteilungsjonglage. Bei Überlassung für die Zeitschrift vorab würde er auf Garantien bei der Buchausgabe »verzichten, weil die Freie Bühne erfahrungsgemäß ein gutes Agitationsmittel für die später erscheinenden Buchausgaben bildet«. Nebenbei bemerkt: »In zwei Jahren macht sich ein Buch entweder bezahlt oder nicht.« Und:

»Ohnehin würde sich Ihr Buch besser für den Herbst eignen, da das Frühjahr Büchern nicht günstig ist. Ich bitte um Ihre Entscheidung. Ihr ergebener SFischer«. Schnitzlers Tagebucheintrag am 7. März: »Mit Gusti im Museum. – Brief von Fischer.« Die Novelle kam, erst im Blatt, dann als Buch, und sie hatte »litterarischen Erfolg« (Fischer).

Im Juni 1894 erfuhr Schnitzler eine Absage von Brahm für sein Schauspiel *Das Märchen* – »zuviel Psychologie und zuwenig Anschauung« für die Bühne. Fischer wiederum am 11. September 1894: »Schreiben Sie etwas Neues?« Und am 29. Oktober: »Ich denke von Ihnen auch noch andere Bücher zu bringen und würde mich freuen, Sie zu den festen Autoren meines Verlages zählen zu dürfen.« Er bat zugleich um ein Foto, denn er bereite einen Katalog vor, »der in großer Auflage verbreitet wird und alle Portraits meiner Autoren (vervielfältigt) enthalten soll«. Es wurde die erste umfassendere Selbstdarstellung des Verlages – Geschlossenheit und Einheit. Am 25. März 1895: »Für die ›Neue Deutsche Rundschau‹ möchten wir gelegentlich Ihres nächsten Werkes von einem guten ›Schnitzler Kenner‹ einen Essay schreiben lassen, der sich mit Ihrer gesamten bisherigen Production befassen soll.« Und: »Können Sie uns eine Prosaarbeit in nächster Zeit überlassen?« Starke Signale für Fischers Interesse. (Schnitzler an Theodor Herzl am 6. April: »Ich sage nicht, daß S. Fischer schlechter ist als die andern – aber er ist nicht besser.«) Am 5. Juni 1895 bot der Verleger »den üblichen Contract« an, mit dem großen Vorteil des Vorschusshonorars auf zukünftige Tantiemen: »Der Tantièmesatz ist für alle Autoren in Deutschland wie in Frankreich 20% von Gerhart Hauptmann bis zu Felix Hollaender. Der Contract regelt überdies prinzipiell den Honorarsatz für Ihre gesamte Bücherproduction und ermöglicht mir, für Ihre Production (die meinem Verlage gesichert wäre) mit allen Vertriebsmitteln energisch, auch durch Inserate etc. einzutreten.« Tagebuch 8. Juni: »Vorgestern von Fischer Contract auf 3 Jahre erhalten«. Der umfasste übrigens *nicht* Schnitzlers Dramen (»was aber die Verständigung von Fall zu Fall nicht ausschließt«, 26. Juni) – der Verleger hatte sich vom Theater unabhängig gemacht. (Zugleich pflegte er »die Gewohnheit alle Werke meiner Autoren bei Gelegenheit von Neuaufführungen nach den betreffenden Orten zu versenden und ich habe gefunden, dass diese Praxis die wirksamste ist«.)

Dieses typische Verhalten Fischers, gleich auf mehrere Jahre oder Werke hinaus vertraglich binden zu wollen und dies zu perpetuieren, wenn er sich für einen Autor entschieden hatte, erklärte sich in erster Linie aus seiner Kalkulation mit dem Vorlauf: Wenn jemand schließlich durchgesetzt oder zur Reife entwickelt oder gegen den Strom entdeckt worden wäre, wollte man ihn nicht gerade loslassen müssen. (Junge, namenlose Autoren hätten mit dieser Festlegung auch nichts zu verlieren.) Schnitzler jedoch stieß sich an den finanziellen Gebräuchen der Zeitschrift. Dass sie nur wenig zahlte, sollte sich für den Autor durch ihre Wirkkraft ausgleichen (oder, ganz am Anfang, mit dem Selbstkostenanteil am Buch verrechnen lassen). Fischer am 15. Juni 1895: »Anstatt sich zu ereifern hätten Sie unser Anerbieten einfach ablehnen sollen.« Tagebuch 17. Juni: »Corresp. mit Fischer, der mir 25 Mark für die Kl. Kom. [*Kleine Komödie*] bot; ich darauf energisch, er frech, ich heute ironisch.« Fischer am 19. Juni: »Sehr geehrter Herr! Sie werden mich vermutlich nicht für so geschmacklos halten, Ihre witzigen Uebertreibungen in ernster Weise widerlegen zu wollen. Sie wißen ganz gut was die Freie Bühne der modernen Production war und ist und es ist Ihnen vielleicht nicht unbekannt dass das nur mit schweren Geldopfern möglich war. Die Zeitschrift kostet noch heute viel Geld und wir haben niemals behauptet dass wir gute Honorare zahlen können. Sie haben uns zwei Werke zum kostenlosen Abdruck überlassen, was Ihnen mindestens schon deßhalb keinen Schaden brachte, weil Sie keine andere Zeitschrift gefunden hätten, die diese Werke abgedruckt oder honorirt hätte. Das soll natürlich ein Vorwurf für die Zeitschriften sein; ich muß das ausdrücklich bemerken, damit Sie mir nicht wieder persiflierend entgegenhalten, die Freie Bühne könne demnach nur das bringen was andere Zeitschriften nicht brauchen können.« Man verstand sich ganz offenbar. Fischer am 26. Juni, aus dem Urlaubsort, mit ehrlichem Enthusiasmus: »und ich freue mich, dass wir nun doch Ihre ›kleine Comödie‹ in der Freien Bühne abdrucken können.« Dies war der Moment, in dem der Verleger die früheren Werke andernorts aufkaufte, »da es für beide Theile zweckmäßig ist, alles in einer Hand zu concentriren« (26. Juni 1895). Und von hier wäre es kein großer Schritt zu seiner eigentlichen Spezialität, den *Gesammelten Werken* seiner Hauptautoren zu Lebzeiten. Geschlossenheit und Einheit – ohne Frage eine gute Marktstrategie, entsprungen war sie einem persönlichen Bedürfnis des Strategen, seinem eigenen Ordnungs-, vielleicht sogar Formsinn.

Im Bezug zum Selbsterlebten, in der »Herausforderung der Phantasie vor das Gesetz psychologischer Wahrheit«, erkannte Fischer einmal (1906) die wesentliche und den zeitgenössischen Dichtern nicht mehr zu nehmende naturalistische Erneuerung. Dabei müsste er zuallererst an Arthur Schnitzler gedacht haben. Auch dessen Protagonisten beklagen die zeittypischen Verluste an Vertrauen, an Unschuld oder Unmittelbarkeit. (Anatol: »Man muß immer genau so gesund wie die andern – man kann aber ganz anders krank sein wie jeder andere! Max: Ist das nur Eitelkeit? Anatol: Und wenn? – Du weißt schon wieder ganz genau, daß Eitelkeit ein Fehler ist, nicht?«) Mit dem Blick des Arztes, der sich von der Diagnose mitbetroffen fühlt, formulierte Schnitzler das Abgelebte im Stadium seiner Gestörtheit. Der Duellzwang etwa, das Ritual zum gesellschaftlichen Erhalt männlicher Ehre, es war tragi-lächerlich geworden. (Doch man musste fast wieder für das Duell sein, wenn Juden wie er just von Antisemiten für nicht satisfaktionsfähig erklärt wurden.) Schnitzlers grandiose Novelle *Lieutenant Gustl* – der erste Innere Monolog der deutschsprachigen Literatur, etwa zeitgleich entstanden zu Hofmannsthals Brieffiktionen – trug seinem Schöpfer im Sommer 1901 die Aberkennung des Offiziersranges ein, denn der devot-autoritäre Gustl (in dem Glauben, sich duellieren zu müssen) war feige und ließ dabei den Hochmut des Hanswurstl durchblicken.

Immer wieder sind es die irrigen, misstrauischen Fehlprojektionen der Protagonisten, die sich in seinen Stücken und Erzählungen zu einem *circulus vitiosus*, einem blinden unentrinnbaren Schicksal zusammenschließen. Das Entpersönlichende des Sexuellen und zugleich die (männliche) Sehnsucht nach der eigenen Absolutsetzung bildeten das Koordinatensystem, in welches Schnitzler seine Geschichten über die schalen Konventionen heuchlerischer, irregeleiteter Liebe platzierte. Während er diese wie kein anderer bis auf den Grund ihrer gesellschaftlichen und psychologischen Bedingungen durchleuchtete, bewahrte die *Mona Lisa* ihm ihr letztes Geheimnis. Die gerahmte Reproduktion lächelte im Arbeitszimmer auf seinen Schreibtisch herab und wirkte dort größer als das Original.

Schnitzler hatte ärztlicherseits mit der Hypnose experimentiert, sich früh für Neurosen interessiert und Aufschlüsse in den eigenen Träumen und Traumprotokollen gesucht. »Seit vielen Jahren bin ich mir der weitreichenden Übereinstimmung bewußt, die zwischen Ihren und meinen Auffassungen mancher psychologischer und erotischer Probleme besteht«, schrieb ihm aus dem 9. Wiener Bezirk Sigmund Freud am 8. Mai 1906 fast schamhaft. Der Erfinder der *talking cure* schulte seine Einsichten auch an der Literatur – im Gegensatz zu Schnitzler bekam er es nicht mit der

Zensur zu tun. Und gut fünfzehn Jahre später wird er dem Dichter das eigentlich »zu intim erscheinende Geständnis« machen: »ich habe Sie gemieden aus einer Art von Doppelgängerscheu«. Schnitzler seinerseits vermerkte: »Nicht die Psychoanalyse ist neu, sondern Freud. So wie Amerika nicht neu war, sondern Columbus. Psychoanalyse gab es immer«; »in vielen (in den meisten) Fällen wird es sich um längst Bewußtes handeln, das die oder der Kranke vorzubringen sich schon längst gesehnt hat.« Die neuere Psychologie sei überhaupt »mehr auf Metaphern bedacht als auf psychische Realitäten. Die Trennung in Ich, Überich und Es ist geistreich aber künstlich. Eine solche Trennung gibt es in Wirklichkeit nicht. Ein Ich ist überhaupt nicht vorhanden ohne Überich und Es. Es ist, wie wenn man von einem Ding ohne Eigenschaften sprechen wollte.«

Der Dichter reagierte empfindlich auf jede Art von Anmaßungen. Dazu gehörte die Befürchtung und mit dem fremdsprachigen Ausland auch die Erfahrung, nur andere Leute verdienten an seinen Werken. Die Berliner belegte er mit dem latenten Misstrauen, letztlich blieben sie doch unter sich und gegenüber den »Phäaken« überheblich. Im Februar 1896 würde er dort also mit seinem Stück *Liebelei* im Brahm'schen Theater den ersten großen Erfolg erleben und den Berlinern verschiedentlich persönlich begegnen. Nach der Premiere saß man im Restaurant Hiller beisammen, mit Brahm, den Fischers, den Jonas', Alfred Kerr und ein paar Schauspielern: »Es war recht animirt, ich nicht.« Und nach einer Vorstellung der *Weber* als Gast bei Henry Mackay, »im Osten, ganz verrufne Straße«, eine etwas gequälte Veteranenhaftigkeit wohl: »S. Fischer glaubt die deutsche Literatur erfunden zu haben. Bölsche dick, behaglich«, »H. Hart laut, gewollt frisch.« Im März dann der Essay über den Autor in der *Rundschau* aus der Feder Alfred Kerrs, der ein früher Bewunderer des *Anatol* und seines Schöpfers war;

und noch im selben Jahr machte sich der Gefeierte mit Paula und Richard Beer-Hofmann zu einer Reise nach Skandinavien auf.

Wien – Berlin – die Nordländer. Schnitzlers Tagebucheinträge lassen Ehrfurcht ahnen, nicht allein gegenüber Ibsen (»gebückt, sehr greisenhaft; betonte aber bei keiner Gelegenheit sein Altsein«), dabei kuriose Gesprächsmomente: »– – Burgtheater, er frägt nach Mitterwurzer und seiner Frau. Ich theile ihm das Wesen dieser Ehe mit. Er leicht erstaunt: ›Und die spielen zusammen auch in gleichen Stücken –?‹ Ich erklär ihm, dass ja eigentlich im Fall Mitterw. das Ideal der Ehe erreicht sei: man habe das schmerzliche des scheidens und auch das noch schmerzlichere des ehelichen Zusammenbleibens vermieden.« Glücklich ist, wer im Theater vergisst. Ibsen reagierte darauf nicht. Man traf auch dessen Antipoden Strindberg, den einflussreichen Georg Brandes oder Peter Nansen. Schnitzler grüßte von den Berlinern und genoss die Wertschätzung: Ibsen »will ›Liebelei‹ dem hiesigen Direktor empfehlen«, Brandes hielt ihn von allen österreichischen Dichtern für den, »dessen Talent am eigentümlichsten und sichersten ist«, und fragte: »Bilden Sie eine Gruppe in Wien?« Schnitzler: »Nein. Ich machte ihn auf Hugo aufmerksam. – ›Ah – hat nicht Bahr einmal einen lobenden Artikel über ihn geschrieben?‹« Ja, den ersten überhaupt, 1892 in der *Freien Bühne*. Autoren mit Kritikern, Autoren mit Lesern, Autoren mit Themen, Autoren miteinander: Verlegen ist Mittlertum, und in seinem Verlag für eine gute Gesellschaft zu sorgen erste Pflicht des Verlegers. Schnitzlers Rückweg führte über Berlin. Sein Erfinder hielt dort beharrlich Kurs auf die Literatur.

Mochte Hermann Bahr in den Anfängen Fischers Antenne nach Wien bilden, so hieß die in den begehrten Norden zur gleichen Zeit, wie erwähnt, Peter Nansen – beliebter dänischer Autor schnell geschriebener Prosa, Jahrgang 1861, heute vergessen. Fischer kaufte seine Romane auch ohne Vorübersetzung und wusste, sie mussten gelegentlich »›moralisch‹ retouschiert« werden. Der Freund, als den man Nansen bezeichnen darf, nahm gerade 1896 eine leitende Funktion beim altehrwürdigen Verlag Gyldendal an, was den Austausch vertiefte und Fischers deutschsprachige Autoren in Skandinavien beförderte; Nansen selbst würde Schnitzler und Thomas Mann übersetzen. Auf Fischers Rat eröffnete Gyldendal noch vor der Jahrhundertwende eine Filiale in Kristiania (Oslo), denn Dänemark trat erst 1903 der Berner Konvention bei – die Rechte, ein endloses Ärgernis. Nansen empfahl etwa Johannes V. Jensen nach Berlin, doch zuallererst half er im Mai 1897 bei der Verbindung zu Herman Bang nach, dessen Werke sich rechtelos in der Hand von Emil Jonas befanden. Fischer wollte mit dem Dänen (der einmal den Osvald Alving in den *Gespenstern* gespielt hatte) seine zweite Buchserie, die *Collection Fischer*, eröffnen, sein neues Forum für Novellen und unbekanntere Autoren – doch wer wäre nicht unbekannt zu nennen gewesen. Ein preiswertes Taschenformat, das sich nach einem französischen Vorbild erstmals in illustrierten Umschlägen darbot. Mit dem »gelben Fischer«, wie er wegen seiner bisherigen Broschuren (in der Lieblingsfarbe von Julius Hoffory, wohl ebenfalls nach französischem Vorbild) genannt wurde, war es also bald ganz vorbei.

Die *Collection* sollte in ihrer Funktion die Leseproben der *Rundschau* ergänzen, doch sie bewährte sich nicht und wurde als Reihe schnell wieder eingestellt. Zuvor versammelte allerdings noch Band VI von 1898 unter dem Titel *Der kleine Herr Friedemann* sechs Erzählungen eines Debütanten, der sich auch deshalb darüber freuen konnte, weil er wiederum Herman Bang, den genauesten Kenner adoleszenter Seelen, sehr verehrte: Thomas Mann, geboren 1875, nordisch-protestantischer Dichter. Eine weitere deutsche Landschaft im Berliner Verlag und ein wieder anderer, beispielhafter Hergang.

Man kannte hier ja schon den Vater und den vier Jahre älteren Bruder, und (was keiner ahnte) sogar die zukünftige Schwiegergroßmutter Hedwig Dohm wurde bei S. Fischer gerade Autorin. Mann d. J. wohnte seit Frühjahr 1894 in München, wohin die Mutter nach dem Tod des Senators mit den drei jüngsten Kindern im Sommer des Vorjahres übergesiedelt war. Seine vorübergehende Beschäftigung in einer Feuerversicherung und ein nicht ernst gemeinter Studienbeginn an der Technischen Hochschule (am interessantesten »die Nationalökonomie, die der berühmte Professor Haushofer liest«) dienten allein äußerlicher Orientierung. Wie dem Bruder bot ihm der monatliche Erbzins »die Möglichkeit, ›abzuwarten‹«; er übte sich literarisch und schauspielerisch in der Nachahmung, las, was man so las, Nietzsche, Schopenhauer, Heinrich Heine, Paul Bourget, Hermann Bahr (dem er als Schüler die Skizze *Vision* widmete), Ibsen (der noch für Generationen vorhielte) oder die Russen. Dem Lübecker Freund Grautoff wurde erklärt: »Das freie Künstlertum, nach dem Du Dich sehnst, habe ich mir hier gar köstlich eingerichtet.« Zwei Novellen habe er jüngst geschrieben, und die eine, *Gefallen*, liege in der Redaktion bei der *Gesellschaft*. Was immer daraus werde, »*Verbindungen* – Verbindungen sind die Hauptsache«.

Der Fortgang gab ihm recht. Nachdem die Zeitschrift im Oktober 1894 *Gefallen* (»volle 24 Druckseiten«) gebracht hatte, schrieb ihm ein begeisterter Richard Dehmel. Erstmals höhere Zufriedenheit empfand Thomas Mann selbst mit jener Geschichte vom kleinen Herrn Friedemann. Sie erfuhr jedoch Absagen (auch von Mentor Dehmel, der für den *Pan* wirkte), bis sie im Fischernetz landete; eingesandt an Oscar Bie im November 1896, bat man in der Hauptstadt darum, »alles zu schicken, was ich hätte«: drei seiner Erzählungen wurden 1897 in der *Rundschau* abgedruckt. Es lag jetzt nahe, mit zwei weiteren (im *Simplicissimus* erschienenen) und einer bisher unveröffentlichten (*Die Enttäuschung*) die *Collection* zusammenzustellen, denn Fischers Kriterium für Sammelbände, wonach eine starke, titelgebende Hauptgeschichte vorhanden sein musste, war allemal erfüllt. (Die weniger bekannte Geschichte *Enttäuschung* behandelt übrigens ebenfalls eine Sprachkrise: die Worte verhießen Erfahrungen, die man so niemals machte.) Fischer wartete dem namenlosen, jedoch unverkennbaren Talent unverzüglich mit dem Angebot fester Verhältnisse auf, erläuterte ihm seine ausgeklügelten Honorare und: dass er sich freuen würde, »wenn Sie mir Gelegenheit geben würden, ein grösseres Prosawerk von Ihnen zu veröffentlichen, vielleicht einen Roman, wenn er auch nicht so lang ist.« Der ließe sich dann besser honorieren. Tatsächlich erschien dem solcherart Ermutigten die Honorarfrage erfrischend zweitrangig (»obgleich Mama mir neulich strenge Weisung gegeben hat, 1000 Mark zu verlangen«). Was dann folgte, ist hinreichend bekannt. Thomas Mann, dreiundzwanzig Jahre alt, ging mit seinem Bruder nach Italien und begann dort, an dem Roman seiner Familie zu schreiben, einer Getreidehändlergeschichte über vier Generationen, die »Abwärts« heißen sollte. Lassen wir ihn kurz allein.

Der Verleger verdiente sich derweil seinen skandinavischen Ehrentitel: 1898, zum 70. Geburtstag des Dramatikers, erschien bei ihm die weltweit erste Gesamtausgabe der Ibsen'schen Werke – nicht ohne dass »der alte Fuchs« dabei besondere Gewinne zu verbuchen suchte und sein Heimatverlag Gyldendal dies Unternehmen nur belächelte. Im selben Jahr veröffentlichte Paul Schlenther eine Biographie über Gerhart Hauptmann, sechsunddreißig Jahre alt. Die

Arbeit wäre nicht mehr zu bewältigen gewesen ohne weitere Hilfe. Und die war Ende 1895 aus dem Groß-Berliner Dunstkreis getreten: Moritz Heimann, Jahrgang 1868, Fischers engster Mitarbeiter für die nächsten dreißig Jahre und damit offiziell der erste Lektor der Buchhandelsgeschichte. Er würde nicht nur Manuskripte sichten, er würde sich in die ausgewählten hineinhören und -denken und dem einen oder anderen Autor zu seiner bestmöglichen Form verhelfen. Von seinen Eltern, die in dem kleinen märkischen Ort Kagel einen Gemischtwarenladen unterhielten, für die Mediziner-Laufbahn vorgesehen, studierte Heimann lieber Philosophie und Literatur. Er schrieb vielbeachtete Kritiken und Essays; seine Stücke, die Fischer getreulich verlegte, blieben ohne Erfolg. Vielleicht galt für ihn auch zu sehr, was er dem Maler in einer seiner Erzählungen zuwies: ohne Auftrag könne er nicht malen. Nicht nur für einen Schreibenden (die frühen Lektoren waren alle Schriftsteller), auch für den feinhörigen Denker, als der er bezeichnet wurde und sich in Briefen erweist, musste die Auseinandersetzung mit individuellen Sprachauffassungen und Begabungen ein intellektueller Glücksfall sein, abgesehen von dem Standbein, das es dem Freischaffenden bot.

Fischer verriet hier seine Affinität zu einem Menschenschlag, der konzentriert, vielleicht sogar hermetisch war und so herb wie die dazugehörige Landschaft: »in der Mark herangewachsen, wo sie am märkischsten ist, das heißt zwischen Sand, See und Kiefern«. Zu diesem preußischen Typus gehörte nach Ansicht von Hermann Bahr auch Otto Brahm: zu »jener Sorte von verberlinerten Märkern, deren höchstes Beispiel der alte [klassizistische Bildhauer] Schadow war«. Sie kennzeichnete »eine Grundform des Haushaltens mit sich selbst, die ich noch an keinem anderen Menschenschlag sonst gefunden habe. Es sind Leute der intensivsten inneren Bewirtschaftung, die ihre sämtlichen geistigen Kräfte für einen einzigen Zweck, eben den Lebenszweck, den sich der einzelne setzt, zusammenhalten und ängstlich vor jeder anderen Verwendung, als einem Mißbrauch, bewahren. Aller Dilettantismus, also das zwecklose Spiel mit den eigenen Kräften, nur um sie zu zeigen oder um sich an ihnen zu freuen, ist ihnen unverständlich; sie hätten das Gefühl, sich sinnlos zu verschwenden.« Und ebendieser Brahm über den von ihm selbst an Fischer empfohlenen Heimann: »kann Berlin nicht ausstehen, aber mit brennenden Augen verschlingt er Freie Bühne und vieles Andere«; »Vegetarier, Apostel, jüdischer Tolstoi. Etwas verdreht. Vielleicht mehr Verstand als Poesie.«

Wie Otto Brahm, allerdings ohne homophile Funken, schätzte Heimann ganz besonders Gerhart Hauptmann, seinen Schwager in spe, wenn er 1901 eine der Marschalk-Schwestern heiratet (wie Emil Strauß, ebenfalls Fischer-Autor); 1898 entdeckten sie gemeinsam den »schlesischen Seelenmystiker« und Volksschullehrer Hermann Stehr für den Verlag: »deutsches Eigengewächs markantester Art«, »deutscher Tolstoi des Innenlebens« (Hauptmann). Heimann wurde auch von den Österreichern respektiert, obwohl er tatsächlich eine Skepsis gegen sie hegte und seine Hauptmann-Verehrung im Süden Befremden auslösen konnte: »›Fest steht und treu –‹!«, so Schnitzler im Tagebuch, wo sich zudem ein Interesse an Heimann als Autor, dem »poetischen Grenzfall«, wachhielt. Ohne seinen Lektor hätte vor allem Jakob Wassermann krausere Bücher geschrieben: »Die Fähigkeit zur Abstraktion mangelt mir oft so völlig, daß sich das sinnliche Bild auch da einstellt, wo es überflüssig und banal wirkt.« Und Siegfried Trebitsch lernte: »Wer den Leser ergreifen will, darf die eigene Ergriffenheit nicht merken lassen.« Heimanns Briefe mit genau begründeten Ratschlägen waren eine Schule des Lesens. Im Übrigen glaubte er, ein Verlag zeichne sich durch seine unverkäuflichen Werke aus.

Als das von Fischer tatsächlich mit Spannung erwartete Mann-Manuskript im August 1900 eintraf und der Lektor empfahl, »Abwärts«, nun *Buddenbrooks* (nach einer Nebenfigur in Fontanes *Effi Briest*), um die Hälfte zu kürzen, verfasste der Autor eine Gegenrede an Verleger und Gutachter; nach eigener Aussage der beste Brief seines Lebens, und das bis heute unauffindbare Schreiben wirkte: »wenn ich das Risico bedenke, das er«, Fischer, »aus scheinbar echtem Enthusiasmus mit den (wie es nun heißt: 4bändigen) Buddenbrooks übernimmt, wird mir ganz gerührt zu Sinn.« Und auch deshalb mochte er sich gleich für sechs Jahre binden (»20% Honorar vom Ladenpreis jedes abgesetzten Exemplares«).

1105 Seiten *Buddenbrooks* erschienen ungekürzt und zweibändig in der gelben Broschur für den enormen Preis von 12 Mark im Oktober 1901 (Heinrichs parallel in Rom begonnene Gesellschaftssatire *Im Schlaraffenland* lag schon mit mehr als zwei Auflagen voraus). Erfolgreich wurde der *Verfall einer Familie*, wie vorhergesagt, erst als einbändige Ausgabe 1903. Nun begann der kleine am großen Bruder vorbeizuziehen, und nach einer Lesereise von Königsberg über Berlin kommend lernte er gleich den noch größeren kennen: »Das Haupterlebnis und -Ergebnis der Reise war dann das Zusammentreffen mit Gerhart Hauptmann gelegentlich eines Diners bei Fischer in Grunewald. Ich war mir von seiner Persönlichkeit einen solchen Zauber, wie sie thatsächlich ausübt, bei Weitem nicht vermuthend gewesen. Ein lichter Kopf, durchgearbeitet, tief und doch klar; ein Wesen, würdevoll und sanft, weich und doch stark. Er ist ganz eigentlich mein Ideal. So hätte man auch werden können, wenn man nicht einen ›Schaden‹ hätte, wie das kleine Üz bei Ibsen sagt … Sein Altruismus, seine wundervolle Menschlichkeit, von der auch sein letztes Stück ›Rose Bernd‹ wieder voll ist, umgiebt thatsächlich seine Person wie ein

Schimmer und macht sie ehrwürdig.« Die immer wieder erstaunliche Hauptmann'sche Wirkung nun also auf Thomas Mann teilte dieser im Dezember 1903 ausgerechnet dem Bruder mit. »Es gab auch viel Schlaraffenland-Komik«, fuhr er anspielungsreich fort. »Brahm vom Deutschen Theater sagte wörtlich: ›Nu, Herr Mann, wie is' mit'n Schtiek? Schicken Se's mir! Wer brauchen junge Talente!‹ Die gute Seele! Die wird sich hüten, meine Dialoge aufzuführen! Denkt wahrscheinlich, daß es nun so weiter geht mit der Wirkung auf die breiteren Schichten – und irrt sich. Der Erfolg von ›Buddenbrooks‹ ist zuletzt ein Mißverständnis.«

Thomas Manns so stolze wie abwehrende kleine Bemerkung ist ein Innehalten wert: Natürlich sahen sich die von Fischer in der letzten Dekade des Jahrhunderts eingefangenen Jungschriftsteller als eine Avantgarde; Massentauglichkeit wäre ihnen verdächtig, Erfolge waren aber natürlich hoch erwünscht. Nicht allein finanziell, auch als eine unmittelbare Bestätigung, die von keiner Rezension kaputtgemacht werden konnte. Manns mitteilungsfreudiger Austausch mit seinem Bruder zeugte von einer genauen Beobachtung der erfolgreichen Literaturen (20. November 1905): »Hast Du gelesen, daß G. Frenssen für seinen neuen Roman sofort 200 000 Mark Honorar erhalten hat? Ich schenke ihn mir. Was ist Frenssen? Nichts, als ein Zeichen, daß die litterarische Cultur in Deutschland allgemach soweit vorgeschritten ist, daß sogar holsteinische Landpastoren ganz leidliche Bücher schreiben können. Eine Erscheinung ohne jeden Persönlichkeitswerth. Ein gutmüthig-poetischer Mensch, der sogar, wie man aus dem ›Jörn Uhl‹ ersieht, einmal von der ›Umwerthung aller Werthe‹ gehört hat. Von ernsthaftem Künstlerthum, Schicksal, Strenge, Leidenschaft, kann garnicht die Rede sein. – Aber man nennt mich mit ihm zusammen … Adieu. Schreibe bald. T.« Gustav Frenssen, für Mann einerseits ein besserer Scribler, der Nietzsche gestreift hatte, andererseits offenbar keine nur schlechte Gesellschaft, traf mit seinen Büchern den Nerv der Zeit, die sowohl in den Städten als auch in den Provinzen des jungen Kaiserreiches neben »Kriegerisch-Deutschtümelndem« Heimatliteratur verlangte. Der rund 500 Seiten starke *Jörn Uhl* (erster Satz: »Wir wollen in diesem Buche von Mühe und Arbeit reden.«) erschien wie *Buddenbrooks* 1901 und führte 1902 die Liste der im Sortiment und in den Leihbibliotheken meistgefragten literarischen Werke an (ermittelt für 1900 bis 1906 vom *Literarischen Echo*). Und tatsächlich tauchte Manns Name in solcher Gesellschaft in der Liste von 1903, 1904 und 1905 auf – hinter einem neuen Roman des im Verkauf weit enteilten »Nationalprotestanten« Frenssen, hinter Clara Viebig (*Die Wacht am Rhein*), Georg von Ompteda (*Eysen*) oder Ludwig Ganghofer, dem Lieblingsautor des Kaisers.

Während »Tommy« dann in dem guten Gefühl der missverständlichen vielen Auflagen in jenem Dezember 1903 den Bruder ernsthaft kritisierte, seine nur noch auf Wirkung statt Vornehmheit bedachte Feder, kann man sich fragen, warum dieser nicht schon vor jenem ein Autor bei S. Fischer geworden war. Obwohl er seinen einstigen Chef als »wohlwollendes Regiment« in Erinnerung behalten hatte, bot Heinrich Mann sein erstes Romanmanuskript Cotta an, der es auch als Erster von mehreren ablehnte: *In einer Familie* erschien im Frühherbst 1894, finanziert von der Mutter, in einem Münchner Kommissionsverlag. »Die literarische Entwicklung des jungen Heinrich Mann war gegen alles gerichtet, was im Umfeld von S. Fischer propagiert wurde«, schrieb sein Biograph Manfred Flügge. Doch was wurde hier nicht propagiert? Der von Heinrich Mann so geschätzte Arne Garborg und Hermann Bahr wurden bei S. Fischer verlegt; noch 1893 erschien *Stangen's illustirter Führer durch Berlin* neben einer »Kritik des transzendentalen Idealismus Immanuel Kants« neben Max Halbes *Jugend*. Aus seinem

Briefwechsel mit Freund Ludwig Ewers, einem präpotenten Gemisch aus Hochmut und Gehemmtheit, das sich im Grellen gefiel und in seinen Aversionen Inkonsistenz erlaubte (und natürlich nicht für Dritte bestimmt war), ging anderes hervor. Es zog ihn an, es stieß ihn ab – doch eine Chance war immer willkommen. Beispiel Otto Brahm.

Während der naturalistischen Kämpfe bezeichnete Heinrich Mann ihn im November 1890 aus dem öden Dresden heraus als »notorischen Lumpen«, den man mal »*völlig* unmöglich« machen sollte. Ein halbes Jahr später, als Volontär bei S. Fischer und Mitglied der Freien Bühne (man sah ja sonst die Stücke nicht), erließ er an Ewers, wie es nun einmal Usus unter ihnen war, diverse Tadel für dessen missglücktes Manuskript – er werde am Rand einiges bemerkt finden; am selben Tag habe er bereits »3 Autoren ihre Werke freundlich lächelnd zurückgeschickt«, darunter einem des Minden Verlags in Dresden. Die Darstellung des Freundes sei »zu *naiv*«, schon einmal habe er von ihm »gefordert: mehr Psychologie«, an Hermann Bahr müsse er sich schulen. »Daß ich unter diesen Umständen, d. h. bei der *persönlichen* Meinung, die ich mir gebildet habe, Dein Manuskript nicht erst Herrn Brahm, der übrigens zur Zeit verreist ist, in die Hand gedrückt habe, ist vielleicht verzeihlicher Egoismus: Es hätte nicht nur Dir, sondern auch mir geschadet.«

Am 24. August 1892 berichtete er vom Fortgang seines ersten Romans, schwieriger als er dachte; er wolle sich an einem Preisausschreiben des Vereins der Bücherfreunde Berlin beteiligen, wegen der 5000 Mark, wegen der Juroren, wegen des Zugzwangs und »um mir einmal darüber klar zu werden, was ich eigentlich kann oder nicht kann«. Den Einsendeschluss sah er verstreichen, er wurde erst zum Dezember 1893 fertig, und am 22. Februar 1894 erzählte er Ewers im letzten Absatz eines langen Briefes von Cottas Absage. »Das Paket war, oh Ironie! – mit M 500 versichert.« Zurzeit lag es bei Heinrich Minden, »dem ich es unter dem Vorwande, daß die Geschichte in Dresden spiele, angeboten habe«. Sehr sicher war sich Heinrich Mann seines ersten Roman-Werkes nicht. Er hatte die Arbeit daran obendrein zu oft unterbrechen müssen, um für seine aufwendige Lebensweise das nötige Geld zu verdienen (für Novellen, »die du an Blätter absetzt, bekommst du sicher das Dreifache wie für einen Roman« – man musste wissen, wer am besten zahlte). Es sieht danach aus, als sei es der Kleinmut gewesen, der Heinrich Mann gar nicht erst bei S. Fischer »vorstellig« werden ließ. *Diese* Absage wollte er sich nicht antun.

Als sich Freund Ewers, im Frühjahr 1894 in Berlin ansässig, bei »Dörmann« für seinen Roman verwendete, der gerade schon in Kommissionsverlag gegeben war, nahm dies der Autor (selbst zurzeit in München) freudigst auf: Felix Dörmann, Wiener Autor, war kurzzeitig Mitarbeiter von Oscar Bie, und dieser Zipfel einer Aussicht, *In einer Familie* könnte in der *Freien Bühne* erscheinen, beflügelte derart Manns Phantasie, dass er sogleich eine Rechnung aufmachte und mit seinem Kommissionsverleger durchsprach (Dr. Albert ist nicht begeistert, man wende sich ja an dasselbe Publikum)! Doch bitte, Ewers, »absolute Diskretion«. Heinrich Mann fielen nun noch zwei weitere Novellen ein, die jener dem Dörmann für die *Freie Bühne* nahelegen könnte. »Ich weiß ja nicht, wie Du mit ihm stehst.« (30. April 1894) Kurz und gut: Weil der Roman nun einfach mal rausmusste, wie Mutter Julia befand, blieb mit *Dr. Albert & Co.* alles beim Alten. Ihr Großer war des Versendens und Wartens überdrüssig. Und über Ewers' weitere Bemühungen ist nichts bekannt.

Vom Fortgang der Geschichte haben wir schon gehört. Im folgenden Herbst besuchte Heinrich Mann Berlin: drei Theaterabende erlebend, »die ich zu den interessantesten meiner Erfahrung rechne. Alle Drei waren im Deutschen Theater: ›Nora‹, die Premiere der ›Weber‹ und gestern ›Esther‹ und ›Tartüff‹.« Eine Offenbarung Agnes Sorma. Die *Weber* hingegen ließen kalt, »nichts weniger als sozialistischen Geistes«, gaben »die vielen Rüpel- und Lärmszenen Anlaß, sie als Agitationsstück zu mißbrauchen. Und in den Radau der sozialistischen Claque stimmte die ganze Mischpoke des Parketts und ersten Ranges mit ein. Ich saß die ganze Zeit in stillem Staunen und wenn ich an dem Abend nicht Antisemit geworden bin, so fehlt es mir offenbar an Talent dazu.« Nächstens hoffte er hier noch Emanuel »Reicher als Kaufmann von Venedig« zu sehen, »den er als Antrittsrolle im Deutschen Theater spielt. Mir scheint doch, als habe Brahms Leitung dem Theater ein neues, sehr viel größeres Interesse gegeben.« (2. Oktober 1894) Ein halbes Jahr später wurde Mann Herausgeber des *Zwanzigsten Jahrhunderts*, des Schmähblattes gegen die jüdischen Einflüsse. Seine erste Stelle. Irgendwie ging alles. Wo nicht genug Reaktionär, da wäre man genug Opportunist. Die Korrespondenz mit Ewers bricht in der Überlieferung bis Mai 1901 ab, der letzte Brief vom 3. Dezember 1894 schloss mokant über den kleinen Bruder, der einen »höchst schmeichelhaften Brief von Hrn. R. Dehmel« für seine »recht nette Talentprobe« in der *Gesellschaft* bekommen habe und um Einsendung von Manuskripten (für den gut bezahlenden *Pan*) gebeten worden sei. »Ist Dir schon mal so was passiert? Mir auch nicht.« (Doch. Die Literatur verhielt sich hier wie seine geliebte Kindergeige: »der eine [Bruder] war ihr so recht wie der andere, und den großen Virtuosen ließ sie jeden machen.«)

Heinrich Mann hatte Glück. Weil das *Zwanzigste Jahrhundert* »bereits im Jahre 1896 selig entschlummert, womit er, der das ziemlich einfältige Blättchen stets mit einigem Widerwillen und nur um Geld zu verdienen dirigierte, recht einverstanden ist«, so der Bruder an seinen Freund Grautoff (April 1897); und weil sich in der Zwischenzeit Albert Langen in München eingerichtet hat, sein zukünftiger Verleger. Der vermögende Sohn aus einer Kölner Zuckerbäckerdynastie, Jahrgang 1869, hatte seinen Verlag eher spontan 1893 an seinem damaligen Wohnsitz Paris gegründet, und zwar im ganzen ersten Jahr, bis zu seinem Umzug nach München, für einen einzigen Autor mit einem einzigen Buch: Knut Hamsun und dessen *Mysterien*. Bei Fischer lag schon das Manuskript der Übersetzung, doch nach dem geringen Erfolg von *Hunger* in der *Nordischen Bibliothek* war er zur Abgabe bereit. Eine Fehlentscheidung (nicht finanziell, literarisch), die ihn später vielleicht geärgert hat. Langens Augenmerk galt fortan den französischen und skandinavischen Modernen, welche er kurzzeitig noch in französischen Verlag nahm. »Impulsiv, sprunghaft und wagemutig«, galt er als »der exemplarische Schwabinger Verlagsmäzen der Jahrhundertwende«. Der Dandy mit Lackschuhen an den Füßen und Brillantine im Haar heiratete 1896 außerdem Dagny, die Tochter Björnstjerne Björnsons, des Ibsen-Konkurrenten um den Nobelpreis. Doch vor allem gründete er im selben Jahr den *Simplicissimus*, die mutigste und frivolste Satirezeitschrift des Kaiserreiches, lukrative Spitzenauflage 85 000. Hier zeichneten Olaf Gulbransson und Thomas Theodor Heine, schrieben Ludwig Thoma und, einst Gast in Friedrichshagen, Frank Wedekind. Es wurde der neue Anziehungspunkt für die Manns, ein Ort des »pessimistisch-phantastischen Humor[s]« (TM) so ganz nach ihrem Geschmack.

Die Ausgangsfrage lässt sich nun umdrehen: Warum wurde Langen nicht auch Thomas Manns Verleger? Oft ist darauf hingewiesen worden, wie stark der Einfluss des Älteren auf den kleinen Bruder war, der ihm in allem nachfolgte, angefangen bei der Lektüre, und einen großen Willen zur Bewunderung zeigte – nicht zuletzt in dem Gefühl, was jenem gelänge, wäre auch ihm erreichbar. (Deshalb musste er allerdings nicht zwangsläufig auch dem Radikalblatt zuliefern, für das acht Beiträge von Thomas Mann gezählt worden sind. »Übrigens: Kürzlich habe ich mich zum litterarischen Mitarbeiter des ›XX. Jahrhunderts‹ aufgeschwungen; mein Bruder ist ja Herausgeber. In der letzten (August-) Nummer habe ich schon eine unsäglich überlegene Notiz über Panizza gebracht, die mit ›T.M.‹ gezeichnet ist. Im nächsten Heft kommen zwei Bücherbesprechungen. Die Sache macht mir Spaß, obgleich sie ja keinen Zweck hat.« Aus Palestrina an Grautoff im August 1895, und noch einmal aus München, am 23. Mai 1896: »Seit einiger Zeit ist mein Bruder hier, ich helfe ihm feuereifrig, sein Blatt redigieren und schreibe außerdem an einer neuen, gänzlich psychopathischen Novelle«, dem *Kleinen Herrn Friedemann.*)

Albert Langen und den *Simplicissimus* eroberte der Jüngere sogar noch vor Bruder Heinrich und vor Erscheinen des ersten Heftes durch eine Anfrage von Otto Erich Hartleben bei »Theodor Mann« im Januar 1896: »Ich war überzeugt, daß eine Verwechslung vorlag«. »Jetzt erfahre ich, daß der ›Simpl.‹ ein Blatt ist, das der reiche Verleger Herr Albert Langen hier herausgeben wird und das Herr Hartleben zum Theil redigieren wird.« Und Letzterer hatte schon in der *Pan*-Redaktion etwas von diesem Theodor gelesen, der seine »heftige Dummheit« nur schleunigst gutmachen will. Kurz darauf wurde die Erzählung *Der Wille zum Glück* angenommen: »›Eigentlich sei‹ so schrieb mir dazu Herr Langen, ›die Geschichte zu lang für den Simpl. Aber weil es eine ernsthafte und kluge Arbeit sei, so ... Anbei solle ich mich zwingen, meine Kunst fester und intensiver zu gestalten.‹ – Die erste Nummer wird übrigens erst im April erscheinen. –« Und Manns Erzählung dann über drei Hefte im August/September 1896. Hiermit hatte er seinen Bruder eigentlich überholt. Und er blieb dran: »Morgen will ich Herrn Langen meinen Besuch machen. Ich muß ihn warm halten; er soll später meinen Novellenband verlegen.« (Daraus würde im Jahr darauf Heinrichs Novellenband werden.)

Die Weichen stellte also (im November 1896) *Der kleine Herr Friedemann*, und vermutlich war es die Länge, die beim *Simplicissimus* auf Ablehnung stieß; doch so oder so war es auch eine zu lange Blindheit Langens für das Talent Thomas Manns. Zumal der seit Eintritt seines Schulkameraden Korfiz Holm in die Redaktion im Oktober 1896 bei ihm ein und aus ging, »in der Uniform eines bayerischen Infanteristen«, und dabei etwa auf den Langen-Autor Jakob Wassermann traf (der zuvor bei »seinem Regisseur« Ernst von Wolzogen eine Sekretärsstelle innehatte). Eine Satire des *Simplicissimus* auf die Pilgerreise von Wilhelm II. nach Palästina 1898 (»Spottlachen ertönt am hellsten dort, wo eine Hierarchie noch besteht, aber alt und ihrer Sache unsicher geworden ist«, Golo Mann) führte dann zu sieben und sechs Monaten Festungshaft für Wedekind und Th. Th. Heine, der Verleger entzog sich der Verfolgung durch Umzug nach Paris. Holm wurde nun sein Prokurist und engagierte Mann für monatlich 100 Mark zur Manuskriptlektüre. Jetzt saß er dort wie Heinrich einst in Berlin, oder fast. Sein Novellenband war bei Fischer schon herausgekommen (und verkaufte sich schlecht), *Buddenbrooks* näherten sich dem Abschluss, und: Prokurist Holm empfahl Ende September 1899 Heinrichs Manuskript *Schlaraffenland* zur Prüfung nach Paris, »einen kleinen Skandalerfolg« halte er für möglich, weil man in Berlin wahrscheinlich Leute wiedererkenne.

Langen hatte Einwendungen, doch ihm gefiel das Freche an der Sprache ungemein, »das Springen aus der Wirklichkeit in die Burleske«. Tantiemen 15%. In diesem Roman über die Aufstiegssitten im Berliner Tiergarten geriet tatsächlich alles zur Karikatur. »Sämtliche Konventionen und Einrichtungen der Gesellschaft werden von Heinrich Mann verneint, Positionen sind im *Schlaraffenland* nicht erkennbar« (Klaus Schröter). Lieber Anarchist als bürgerlich, äußerster unabhängiger Individualismus!, lautete mittlerweile die Ansage des Nietzsche-Schülers. Im 10. Kapitel: »Das Vergnügen, die Menschen zu durchschauen«, hieß es beiläufig, vielleicht selbstironisch: »›Die neudeutsche Kultur hat nun mal was Östliches.‹ Auf diesen Gedanken kam er häufig zurück, in einsamen Stunden, wenn er an seinem Werke zu zweifeln begann.« Man druckte im berlinspöttischen München schnell nach, ein beachtlicher Erfolg, wie der Bruder mit seinen *Buddenbrooks* in Wartestellung freudig-neidvoll zugab. Doch die von Thomas Mann erwähnte »Schlaraffenland-Komik« enthielt im 8. Kapitel unter dem Titel »›Rache‹« eine Reminiszenz des angejahrten *Weber*-Erlebnisses inmitten der Mischpoke: die applaudierte einem Sozialdrama und schlürfte dann Austern in ihrem Bürgerpalais. Heinrich Mann bekannte später (1905): »In Satiren ist Neid oder Ekel, aber immer ein gehässiges Gemeinschaftsgefühl.«

Fischer war nicht harmoniesüchtig, darf ein Verleger gar nicht sein, doch Verunglimpfungen seiner Autoren *und ihrer Leser*, gar Hauptmanns, dürfte er nicht gemocht haben; konträr zur Konkurrenz in München. Die ungleichen Verleger müssen einander, trotz eines mitunter aggressiven Wettbewerbs, zuletzt um Peter Nansen und Herman Bang, immerhin zugetan gewesen sein, denn Fischer schlug 1903 einen gemeinsamen Bühnenvertrieb vor. Er wollte Reibungsverluste beseitigen und gründete den Vertrieb am Ende allein: »Die deutschen Verleger fangen an, diese Geschäfte für ihre Autoren zu besorgen und es hat sich mehrfach der Fall ereignen müssen, dass *ich* den Buchverlag eines Werkes übernommen habe, dessen Bühnenvertrieb Langen hat. Auf diese Weise erfolgt eine Zersplitterung der Interessen und eine heillose Verwirrung.« (An Schnitzler)

Verlagsentscheidungen eines Autors bleiben in der Regel unscheinbar, von der lesenden Öffentlichkeit eher unterschwellig wahrgenommen. Bei den Manns trennten sich bei ihren Verlegern erstmals die Wege (und man könnte darin manches beschlossen finden, was sie in Zukunft heftig unterscheiden wird). Die beiden spannendsten Brüder der Literatur ihrer Zeit verteilten sich auf die zwei Hauptkonkurrenten in Berlin und München.

Während des zermürbenden Wartens auf Fischers *Buddenbrooks*-Reaktion, sich allmählich auch finanziell klamm fühlend, wurde Thomas Mann von Langen/Holm umworben. Doch dieses Feld überließ er Heinrich, und Fischer machte er Druck mit der Konkurrenz. Sein Bruder, wie auch Frank Wedekind, seien für seinen Verleger »zu hart, zu kraß, zu eisig in ihrem Stolz« gewesen, wird er 1934 behaupten. (Und vielleicht mehr für sich sprechen, denn 1908 gab es noch einmal einen Vorstoß. Fischer, Bie und Heimann wollten zwar *Die kleine Stadt* nicht in der Rundschau in Fortsetzungsdruck nehmen, wie er Heinrich ausrichtete, doch Fischer habe seiner Absage hinzugefügt: »Für mich liegt die Sache so, daß ich sehr gern die Werke Ihres Bruders in meinen Verlag aufnehmen würde, wenn er den Wunsch hat, mir seine zukünftige Produktion zu übertragen. Ich würde dann natürlich auch den vorliegenden Roman als Buch bringen.« Es wurde nichts draus.) Was lenkte ihn selbst? Der Nimbus »S. Fischer«, die Aussicht, an Heinrich vorbei Berlin zu erobern, oder einst die stetige Frage von dort nach dem Romanmanuskript, die ihn »rührt«? Im jugendlichen Spiel mit den Möglichkeiten zogen ihn die Vorbilder an – das bildnerisch Kraftvolle Hauptmanns, *eros homoios* der vergangenheitstiefen Österreicher, Schnitzlers Psychologien des gesellschaftlich Kranken, Ibsens nordischer Idealismus oder Bangs Impressionismus »exzentrischer« (entwürdigter) Existenz. Sich für die Preußen zu entscheiden, hätte aber auch sein lübischer Sinn für das Solide ausgereicht. Langen starb 1909 mit vierzig Jahren an den Spätfolgen einer Mittelohrentzündung nach zu schnellem Fahren.

Wenn ein Verlag nicht jedes Jahr seine Jahresringe ansetze wie ein Baum, dann gehe er kaputt, so Fischer. In einen solchen Jahresring hineinzuleuchten, in jenes »Zugleich«, das Gehalt und Aussagekraft einer Zeit ausmacht, setzt Phantasien in Gang; etwa 1901: Erstausgabe *Lieutenant Gustl* (acht Auflagen im selben Jahr, daneben drei weitere Schnitzler-Werke), Erstausgabe Herman Bang *Das weiße Haus*, Erstausgabe *Buddenbrooks*, Erstausgabe *Die Geschichte der Renate Fuchs* von Wassermann (vier Auflagen noch in diesem Jahr und, wohl als erster Fischer-Autor, unter den Meistgefragten in Sortiment und Leihbibliothek), die Einbandgestaltung von Carl Leistikow, wie bei Peter Altenbergs 55 Studien *Was der Tag mir zuträgt*; ein zweites Stück des Baltendeutschen Graf Eduard von Keyserling, von etwas älterer Generation; Gabriele Reuters Roman *Aus guter Familie* im 10. Tausend seit 1895; Hauptmanns *Versunkene Glocke. Ein deutsches Märchendrama* von 1897 im 53. Tausend (James Joyce beginnt im Sommer *Vor Sonnenaufgang* und Hauptmanns jüngstes Stück *Michael Kramer* ins Englische zu übersetzen, angeblich lernt er eigens dafür Deutsch); Ibsen natürlich, neben der 3. Auflage einer Ibsen-Parodie von Hartleben – Fischers humoristische Ader kommt in jeder Darstellung zu kurz! Und: Goethe, Kleist, Shakespeare. *Faust*, *Michael Kohlhaas* und *Ein Sommernachtstraum* begründen die neue Reihe im »populären Lederbändchen« auf »feinstem Papier« für »wirkliche Bücherliebhaber«, unter »peinlichster Sorgfalt« von gelehrten Kennern des literarischen Wertes herausgegeben: die *Pantheon-Ausgaben*, nach einem englischen Vorbild. Fischers Ankündigung klang nach Perthes'scher Gediegenheit – es *ist* ebendiese.

Die Flankierung seiner Gegenwartsautoren mit den historischen Großmeistern, zum Teil von diesen herausgegeben, zeugte von Selbstgewissheit. Doch hier mag das Verständnis vernebelt sein; der Gang der Literaturgeschichte ruckt vor und zurück, die Vorbilder waren allgegenwärtig, und mancher seiner Autoren der entbundenen Moderne fing schon an, sich als ein Letzter viel mehr jenen zugehörig zu fühlen. Fischer hatte nun mehrere Autorengenerationen versammelt und begonnen, seine Verlagsrechte für Ausgaben unterschiedlichen Preises zu nutzen, an die Bedürfnisse verschiedenster Käufer anzupassen.

Hermann Hesse, geboren 1877 und nicht mehr zu Fischers prägenden Errungenschaften der 1890er Jahre zählend, gab über seinen ersten Roman die Erläuterung: »Ich hatte damals den Camenzind begonnen und Fischers Einladung spornte mich sehr an.« (Stefan Zweig an Hesse im November 1903: »Ich wollte ich wäre schon so weit!«) Hesse zu seinem Biographen: »Ich schrieb ihn fertig, er wurde sofort angenommen. Ich war arriviert.« Der *Peter Camenzind* gelangte aus dem Stand auf die Liste der Meistgefragten von 1905. Es ist der Verlag, der einem Manuskript zu seiner öffentlichen Form, seiner »Autorität« als Buch verhilft, und Fischer war selbstbewusst genug, Manuskripte für eine »Rohware« zu halten – allerdings eine ganz besondere, die zu jeder Phase ein anderes Hütewesen verlangte.

So bezeichnete Hesses Biograph Hugo Ball das Motivierende, das für einen Autor im besten Falle von (s)einem Verlag ausgeht, als einen »Zustrom von Erwartung«, als das, »was dem Werke, noch eh es geschrieben ist, eine Realität und Struktur verleiht«, welche »dem Dichter jenes Gefühl von Sinn in seinem Tun« sichert, das er über die einsame Langstrecke seines Schichtens tausender Einzelheiten braucht. Er reagiert zugleich auf die hebende Autoren-Gesellschaft, und sei es, um sie in schöpferischer Konkurrenz am Ende alle noch zu übertreffen. So dankte Thomas Mann im Februar 1906, nach einer für ihn schwierigen Zeit, enthusiastisch für die zugesandten Neuerscheinungen: »Ja, Sie sind ein großer Verleger! So wahr meine Seele lebt, ich will Euch niemals verlassen. Ich lese Hoffmannsthal's [sic] ›Oedipus‹ und bin voller Bewunderung. Eine herrliche Arbeit, die mir viel näher geht, als ›Elektra‹. Diese Wiener sind Blitzkerle. Schon Schnitzlers ›Zwischenspiel‹, im Residenztheater sehr gut gespielt, hatte mich entzückt. Ist es sehr frivol, daß ich es dem neuen Hauptmann bei Weitem vorziehe?« – »Ich liebe Hauptmann so sehr, daß es mich aufrichtig grämt, mich diesem Stück nicht nähern zu können.« Nur grämt?

Fischer: »In zwanzig Jahren gehen wohl ein paar tausend Verfasser durch das Zimmer eines Verlegers, sie kommen aus allen Gauen des Vaterlands. Wie viel Hoffnungen und wie viel Enttäuschungen! Wie viel Entblössung der Seelen jahrein, jahraus! wilder und verwilderter Lebensdrang, Muttermord und Unzucht – und das zarteste Säuseln verletzlichster Gemüter. Was Pflicht ist in dem Stande des Verlegers«, so resümiert er 1906, »das lernt er in den Jahren fast mehr von allen diesen Abgewiesenen, als von den mit Ruhm gekrönten Männern. Er kennt besser als ein anderer die Wirkung des Schrifttums und nimmt die Lehre davon auf seine nächsten zwanzig Jahre mit.«

Bürger, Repräsentanten – allzumal Neurastheniker

»In the end, every hypchondriac is his own prophet.«
Robert Lowell

Wir dürfen sie uns vielleicht wie die ersten Menschen in einem Karussell vorstellen: sie erlebten noch sehr genau, wie sich ihnen der Magen umdrehte. Natürlich nicht, solange der Kreisel stand und man die Plätze einnahm, auch nicht bei vollster Fahrt, doch dazwischen, in der Beschleunigungsphase. Um den Jahrhundertwechsel herrschte für die »empfängliche Generation« der in den 1860er und 70er Jahren Geborenen die Beschleunigungsphase, und zwar für den gesellschaftlichen Horizont gesprochen, wie für die persönliche Situation, bei Männern von dreißig, vierzig Jahren.

Man gehörte noch zum alten Jahrhundert der Großväter und Väter, die meistens bis zu dessen Ende die Augen geschlossen hatten, aber man machte sein Glück im neuen unter gänzlich veränderten Bedingungen. Machte es oder machte es nicht, denn man war wie nie zuvor seines Glückes eigener Schmied – und geriet dabei vielleicht mit sich in Widerstreit: Der prägende Geist bürgerlicher Ordnung behauptete sich neben den Bedürfnissen des »befreiten Individuums« – Freiheit, Freizügigkeit, Frischluft. »Ich wollte zwar ein Dichter sein, aber daneben doch auch ein Bürger. Ich wollte ein Künstler und Phantasiemensch sein, dabei aber auch Tugend haben und Heimat genießen. Lange hat es gedauert, bis ich wußte, daß man nicht beides sein und haben kann, daß ich Nomade bin und nicht Bauer, Sucher und nicht Bewahrer.« »Sucher« erst 1919 das Lösungswort des schwäbischen Missionarssohns Hermann Hesse, »Dauergewinnen« durch Pflicht und Fleiß hatte für ihn das andere gelautet. Und zwischen diesen Polen spürte er stets, wie seine Nerven ihn regierten.

Die Frage nach der Vereinbarkeit von Bürger- und Künstlertum (auch finanziell, als Autoren im Hauptberuf) hat sie in Variationen alle beschäftigt. Nicht nur Thomas Mann, der dafür ein vielbesprochenes Beispiel wurde, weil er das für ihn als Künstler notwendige Gefühl des Außenseiters und seine gleichermaßen ausgeprägte Bürgerlichkeit (als Leistungsethiker und Sohn seines Vaters) zu einem Selbstverständnis der Erwähltheit und Repräsentanz zu verschmelzen verstand. Um »Repräsentanz« bewarben sich noch andere Hochbegabte unter Fischers Autoren. Und es waren verstärkt Dichter, deren Generationenwechsel ein Empfinden des Scheiterns begleitete, des »sittlichen« Scheiterns, wie man gesagt haben würde: Der Patrizier Thomas Johann Heinrich Mann hatte wenige Monate vor seinem Tod testamentarisch die Liquidation der Traditionsfirma sowie den Verkauf von Grundeigentum verfügt und seine Witwe, eine Halbbrasilianerin, mit den fünf Kindern, allen voran seine ältesten Söhne, sechzehn und zwanzig Jahre alt, dem Treuhänder überantwortet, der sie vermutlich gleich betrog. (*Buddenbrooks* befriedigte auch Rachelust.) Durch die Zinsen waren sie gesichert, doch man galt als »verrottet« und tat gut daran, in ein besseres Klima umzuziehen. Der fünfzehnjährige Hauptmann erlebte, wie sein Vater – sein »Gesicht in der Ruhe war ganz Strenge und Ernst« – mitsamt der Mutter, Tochter des Fürstlich Plessischen Brunneninspektors Straehler, die unter Stand geheiratet hatte und deshalb Enterbung erfuhr, vom Besitzer der »Preußischen Krone« in Obersalzbrunn zum Pächter der Bahnhofswirtschaft von Sorgau abstieg. Und Hofmannsthal, in dem urgroßväterlicherseits jüdisches Blut zirkulierte, erfühlte die Ermattung und gesellschaftliche Nivellierung der österreichischen Aristokratie sowie die Überempfindlichkeit gegenüber dem nicht ganz Eigentlichen seines eigenen Adels: »Ganz vergessener Völker Müdigkeiten / Kann ich nicht abtun von meinen Lidern«.

Diese Generation, zu der die Fischers und ihre frühen Autoren gehörten, trug als letzte die langen Rüschenkleider, die Westen und Uhrketten. Sie lockerten sich jetzt für das Tennis, für die Gymnastik oder das Radfahren. (»Es war sehr warm, ich fuhr ohne Rock und Weste und legte auch die Hosenträger ab. Da ich kein Unterjäckchen trug, war der Oberkörper, nur mit dem Hemd bekleidet, dem Luftzuge frei, was ein sehr angenehmes Gefühl ist. Für den Kulturmenschen grenzt Natürlichkeit an Wollust.« Thomas Mann beim Rudern.) In ihrer Kindheit wurden sie noch, jeder für sich oder mit der Familie, in die neckischen Drapierungen der Fotoateliers gestellt; und durften sich dabei vielleicht nicht anmerken lassen, dass eine Börsenkrise oder ein Freitod in den elterlichen Kreisen das Dasein erschüttert hatte. Das Ausstattungshafte im Sinne deutscher Gediegenheit haben auch noch die Umgangsformen, man unterzeichnete seine Briefe als »Ergebener« (und man variierte vielleicht umso subtiler in der Anrede). Das »Du« gestattete man sich unter Verwandten, unter Kameraden und Kommilitonen, unter Mitstreitern auf der Schulbank, in der schlagenden Verbindung oder im Regiment. Doch die Ergebenheiten ließen nach, rutschten aus ihrem Rahmen, lösten sich auf. Sie passten nicht mehr in die Wirklichkeit, und in der Wirklichkeit passte nichts mehr zusammen – für *Anatol* gab es keine adäquate Frau, er wurde nur in den Vorstädten geliebt; *Fürst Erwin* empfand sein kurzes Leben, »unvorhergesehen und grundlos«, wie es war, »wie eine fremde Arbeit, die er verrichten mußte, es machte ihn müde und den ganzen Tag freute er sich aufs Schlafengehen«. Verlässlich erschien nur noch die Stimmung, die leider sehr wechselte, man fiel ihr anheim.

Wenn dies nach »nervöser Romantik« klang, wie Hermann Bahr sie zuletzt propagiert hatte, dann erklärte Jakob Wassermann: »Ich war nicht müde, aber ich war verwirrt und in manchem Betracht auch verworren. Ich hatte keine rechte Straße vor mir, keine rechten Zusammenhänge mit der Welt« – »alles war zufällig, unbestimmt, glückshaft, das heißt von einem erhofften Glück abhängig und die ganze Existenz eng in der eigenen Person determiniert, trotz gelegentlichen Aufschwungs und innerlicher Glut. Es war eben, im Wesen, die Verfassung der Epoche. Man stand wie mit verschnürten Armen da.« Und Arthur Schnitzler, der im Tagebuch Angstschübe und Hypochondrien verzeichnete, benannte 1901 den »eigentliche[n] Grundirrtum«, wonach in ihnen, den jungen Leuten, »der falsche Glaube erweckt« worden sei, »sie hätten irgendwelchen klar gesetzten Zielen auf einem vorbestimmten Wege zuzustreben, um dann ohneweiters ihr Haus und ihre Welt auf sicherem Grunde aufbauen zu können. Man glaubte damals zu wissen, was das Wahre, Gute und Schöne war, und das ganze Leben lag in großartiger Einfachheit da. So war mir auch in jenen Tagen der Gedanke noch fern, daß jeder von uns gewissermaßen in jedem Augenblick in einer neuen Welt lebt und daß, wie Gott die Welt, sich jeder Mensch sozusagen jeden Tag sein Haus von neuem bauen muß.«

Die elementare Kraft ihres Jahrhunderts hatte fünf Buchstaben und eine wenig verstehbare Konsistenz: Dampf. Dampfpflüge, -pressen, -schiffe, -lokomotiven -und -und -und. Er blähte Ortschaften zu Großstädten auf. Alle Produktivkräfte wurden gesteigert durch das künstliche Licht, das nicht unwesentlich auch das Lesen beförderte. Die menschengeschaffenen Wundermaschinen konfrontierten mit ihrer *übermenschlichen* Perfektion und Effizienz. Die Medizin (vor allem die Bakteriologie) hatte zwar Mittel und Wege gefunden, auch die Vitalität der Erfinder zu steigern, doch spätestens im Gegenlicht der Röntgenstrahlen schuf sie wieder neue Gebrechen. Und erste Zerlegungen der Seele im selben Jahr (1895) ergaben, dass der Mensch nun zwar viel wusste, aber eben auch, dass er wohl nicht Herr (oder Amazone) im eigenen Haus war. Der allseits geschärfte Wirklichkeitssinn strengte an, mehr noch, er lastete, vor allem auf den metaphysisch Unbehausten. Es brauchte neue Kategorien, und solange die nicht gefestigt wären, brauchte es Nerven. Das wusste jeder, denn es war das Allgemeinverständnis dieser Epoche von sich selbst; es annoncierte sich auf jeder Rückseite der zeitgenössischen Broschuren, seitdem die Nerven (das numinose Äquivalent jener Jahrhundertkräfte) mitsamt ihren Fortsätzen 1888 erstmals sichtbar gemacht worden waren. So bildeten die Großstädte und die Sanatorien die elliptischen Brennpunkte der beschleunigt auseinanderdriftenden Gesellschaft.

»Wieviele Menschen haben in der Zeit unseres Industrialismus Zeit und Sammlung ein Werk von 70–80 Bogen in sich aufzunehmen?«, fragte Samuel Fischer im März 1901 und meinte *Buddenbrooks* (»ein Bürgerbuch«, das »nichts mehr fürs 20. Jahrhundert« ist, wie der Autor im November 1913 einmal düster verlauten ließe). Zu dieser Leistung könne er, Fischer, nur gratulieren: »Ich weiß auch jetzt, dass sich der Umfang Ihres Werkes aus der ganzen Constitution der Arbeit und der Besonderheit Ihres Talents nothwendigerweise ergeben hat«, doch als Verleger sei er »nicht gerade sehr entzückt«. »Ich sehe es an mir sehr deutlich: wie viele und wie lange Zeit-Abschnitte musste ich im Laufe eines halben Jahres machen, um Zeit und Sammlung zu Ihrer ganzen Arbeit zu finden. Dabei hat es mir an Lust und Interesse dazu nicht gefehlt und trotz geschäftlicher Ableitung, gehöre ich doch noch immer zu den wenigen Großstadt-Menschen, die sich in irgend einem Herzenswinkel Sinn und Liebe für das schöne bewahrt haben.« Viermal kam hier das Wort »Zeit« vor, aber war er denn ein »Großstadt-Mensch«, war unter seinen frühen Gegenwartsautoren jemand Großstadt-Mensch, im direkten wie im übertragenen Sinne? Innerhalb weniger Jahre, wenn sie im schon drehenden Kreisel die Plätze einnahmen, würde sich dies erweisen (und manches Dazugehörige mehr).

Der Elsässer Flake hatte von den »schöpferischen Energien« der Landschaften gesprochen, die sich in der Literatur im Laufe der Jahre zum »Hirn und Kopf Berlin« wie »Herz, Fleisch und Körper« hinzugesellt hätten. Und Stadt-Temperamente konnte man sie auch nicht nennen, ganz gleich, ob sie sich nun auf München oder Wien verteilen ließen oder eben Berlin, den Inbegriff der Großstadt im deutschen Kaiserreich. Die blutrot widerscheinende Riesin am abendlichen Horizont von Erkner, es hielt sie wohl eigentlich keiner aus. Während er dort in der Metropole schockierte, lebte Hauptmann die vier für sein Schaffen grundlegenden Jahre, wie er selbst sagte, mit »der märkischen Landschaft aufs innigste verbunden«. Seine Erinnerungen aus den 1930er Jahren suggerieren für diese Zeit jeden Moment den Auftritt der Gaia, die Geburten seiner drei Söhne in der Kiefernheide hatte er kosmogonisch erlebt. Die Moderne dieses Naturalisten bleibt immer lehmbehaftet, erdergriffen – ob bei *Hanneles Himmelfahrt* oder dem Großstadtstück der *Ratten.* »Was ging das Geschwätz vom Naturalismus mich an? Aus Erde ist ja der Mensch gemacht, und es gibt keine Dichtung, ebensowenig wie eine Blüte und Frucht, sie sauge denn ihre Kraft aus dieser Erde!« In Berlin lud man sich allenfalls mit Aversionen auf, die im Drama produktiv würden.

Noch keine siebenunddreißig Jahre alt, kaufte der erfolgreiche Dramatiker im Oktober 1899 ein Grundstück im Riesengebirge und ein anderes in Dresden. Hier ließ er für seine Frau und die drei Söhne eine Unterkunft bauen, dort sein eigenes Domizil: »Haus Wiesenstein« in Agnetendorf, eher eine feste Burg, konnte am 10. August 1901 mit Margarete Marschalk und dem im Jahr zuvor unehelich geborenen Benvenuto bezogen werden. Zwei Monate später flog im Sturm das Dach gen Himmel, und die Leiden eines Großgrundbesitzers begannen. Hauptmann verdiente gut, im November 1898 mit *Fuhrmann Henschel* über 7000 Mark allein als Tantiemen des Deutschen Theaters. Für seinen aufwendigen Versuch, durch Opulenz ordentliche Verhältnisse zu schaffen, reichte es nicht, noch weniger für das sich hinzuaddierende Bedürfnis nach enthebenden Kostbarkeiten in der Einrichtung. Bei Fischer holte er sich einen üppigen Vorschuss auf Zukünftiges, bei seinem Theaterverlag Bloch nahm er eine Hypothek auf. »Es ist da alles etwas stark auf das Offiziell-Repräsentative zugeschnitten«, vermerkte, selbst an der Armutsgrenze, der Lehrer Hermann Stehr. »Er macht den weiten, stolzen Maßen des Wiesensteins Konzessionen. Aus seiner Seele scheinen die stillen, lauschigen Plätzchen verschwunden«.

Fischer schaute sich das Ganze mit Heimann (dem Großstadtverächter) »bei schönstem Schneegestöber« im folgenden Februar an. »Im ›Schloss‹ – es ist ein riesig geschmackvolles Haus – hat uns Grete im Vestibül bei hellem Kerzenschein und Kaminfeuer empfangen in einem sehr stylvollen schwarzen Atlas-Empirekleid mit weißem Spitzenkragen«, ging der Bericht an Hedwig; »diese wundervolle Empfangshalle«, sie habe ihn »an ein Mittelding zwischen Schlosstreppenhaus und englischem Hotel-Vestibule erinnert, wozu auch der moderne Riesencamin, die englischen Lederstühle und eine mollige Ecke in der Treppennische – in der der Thee serviert wurde – beigetragen haben werden. Ich habe mich dem Style des Hauses angemessen sofort umgekleidet, und bin tipp topp zu Tisch erschienen, wo uns ein gutes Diner – mit hartem Roastbeef – erwartet hat. Mein Fremdenzimmer ist sehr fein und so groß, dass Du mir als Genossin doppelt fehlst.« Dem Kleinen, »ein reizender dicker Kerl«, hatte der Verleger einen Pudel mitgebracht, und Benvenuto, »riesig imponiert«, bellte nur noch »hau, hau«. Sein Vater würde bei der Wanderung durch schlesische Landschaft am nächsten Tag wortreicher sein.

Der eigentliche Austausch zwischen dem Verleger und seinen Autoren und auch diesen untereinander über neue Bücher, neue Ideen, Errungenschaften oder Zumutungen fand gewöhnlich außerhalb Berlins, außerhalb des Verlags – seit 1897 endgültig und mit Lagerräumen in der Bülowstraße – bei solchen Besuchen oder sich einspielenden gemeinsamen Ferienaufenthalten statt. »Auf dem Weg haben wir sehr viel die schwebenden Angelegenheiten hin und her erwogen und nach allen Richtungen überlegt. Zu irgendeinem Resultat sind wir noch nicht gekommen, weil ich mich auf eine größere Summe bisher noch nicht einlassen wollte und weil ich selbst noch überlege und zu voller Klarheit noch nicht gekommen bin.« So konnte man in guter Luft zuweilen komplizierte Ansprüche bereden und anschließend noch von den 1200 Metern der Peterbaude in »einem sausenden Tempo mit dem Hörnerschlitten in 15 Minuten ins Thal« brettern. Schon unter den nächsten Gästen waren Otto Brahm und, selbst gerade Vater geworden, Arthur Schnitzler. (19. 10.: »Musik Nachmittag, spielte mit Grethe M. Beethoven 2. Violin Sonate und Bach. – Fantasirte. – Auf der Post mit Brahm. Nach dem Nachtmahl las Gerh. Hptm. den 3. Akt des armen Heinrich vor, der mir gefiel. – Besetzung der Bea[trice]. – Brahm's Eigensinn. Ich warf ihm seine Gleichgiltigkeit gegen Inscenirung und Stil vor. –«)

Bei Fischers »schwebenden Angelegenheiten« auf der Peterbaude handelte es sich um Hauptmanns Vorschlag, anstelle der *Rundschau* eine Art von Autorenjahrbuch zu gründen. Und zwar begrenzt auf ihn selbst, seine Schwäger Heimann und Strauß, daneben Dehmel, Hofmannsthal, Stehr und Wassermann; mit »Proben der besten heute an der Arbeit befindlichen dichterischen Kraft« (Heimann an Dehmel). Aus der Sache würde nichts werden, und über den Vorschlag kann man sich wundern. Mit Berufung von Oscar Bie und Umbenennung der *Freien Bühne* in *Neue Deutsche Rundschau* hatte Fischer 1894 Ziel und Anspruch signalisiert, nämlich für seine Generation die publizistische Nachfolge von Julius Rodenberg (eigentlich Levy, geboren 1831 im hessischen Rodenberg) und seiner 1874 in Berlin gegründeten *Deutschen Rundschau* antreten zu wollen: als das »repräsentative Organ« für die »Gesammtheit der deutschen Culturbestrebungen« aus der Fülle der Erscheinungen »diejenigen hervorzuheben, welche von Einfluß sind auf die fortschreitende Entwicklung, Erleuchtung und Aufklärung des Einzelnen und in ihrer Gesammtheit dem Jahrhundert seine Signatur verleihen«, so formulierte es Rodenberg; dessen mochte sich Fischer neu besinnen, denn, zu voller Klarheit gekommen, will er jetzt die *Rundschau* lieber »von innen und außen« ausbauen, weil sie schon zu tiefe Wurzeln gezogen habe und ein »Culturfactor« geworden sei: Sie »hat einige Tausend fester Abonennten, einen treuen Mitarbeiterstamm und sie hat die Zukunft, weil sie die Jugend hinter sich hat«, erläuterte er gegenüber Hauptmann, was der auch selbst wissen konnte. Fischer hing an dem Blatt, an seinem »Schmerzenskind«, wie es bei Hedwig einmal hieß, vielleicht weil man es ihm immer wieder enteignen wollte.

Nicht zuletzt sehe er sich mit dem Autorenjahrbuch in Schieflage gegenüber seinen anderen Autoren. Aber warum denn, fragte Wassermann nach: »Jeder müsste dies doch als eine ›Freie Vereinigung‹ empfinden, gleichsam als eine erlaubte Verschwörung innerhalb Ihres kleinen Staates. Was mich also dabei betrifft, so bin ich eben daran eine Novelle zu schreiben« ... (»Ich habe oft erfahren, daß der Autor eigentlich nur sich sieht; im Grunde will er, daß der Verlag nur *sein* Buch verlegt«, sprach Siegfried Unseld für Verleger aller Zeiten und Länder.)

In seiner besten Verfassung ein eindringlicher Erzähler, von dem seine Kollegen den großen deutschen Roman erwarteten, wurde Jakob Wassermann von Fischer über Jahre hin bei Langen herausgekauft, nachdem jener mit Richard Beer-Hofmann und Arthur Schnitzler 1899 am Ende einer Wandertour bei ihm am Urlaubsort Igls aufgetaucht war: sein Manuskript der *Renate Fuchs* schon im Rucksack mitschleppend. (»S. Fischer hat merkwürdiger Weise W.s Schuld durch einmalige Zahlung an uns beglichen. Müssen wir nun weinen?« Prokurist Holm an Verleger Langen in Paris, 2. November 1899). Wassermann machte sich fortan zum Ziehkind des Berliner Verlages und wäre ein gutes Beispiel für Fischers allgemeine Bemerkung: »der ganze Lebenskomplex ist mit jedem neuen Werk des Dichters verknüpft.«. Er pflegte sich mit Freund Hofmannsthal in Altaussee einzumieten, wo auch die Andrians ein Anwesen unterhielten und das literarische Wien überhaupt seine Sommer verbrachte. Nach einer beklemmenden Kindheit und Jugend in Fürth, ausschweifenden und ärmlichen Jahren, fühlte er sich im Österreichischen leichter werden: »das Individuelle ist noch nicht überzüchtet, das Typische noch nicht leer; es ist noch Gebärde da, Maske, Spiel, Dunkelheit in der Entwicklung, Geheimnis in der Beziehung«, wird er von seiner ersten Frau zitiert. Vor allem war es der Kontakt zu dem sehr aufeinander bezogenen Kreis der etablierteren Wiener, der Wassermann wohltat.

Mit Julie Speyer, Tochter eines Textilfabrikanten und

Hofrats sowie Verehrerin seines Romans *Die Juden von Zirndorf* (der 1897 auch Heimann hatte aufhorchen lassen), machte der Fürther in dieser Sphäre eine gute Partie. (Holm an Langen, 27. November 1900: »Wissen Sie schon, daß Wassermann sich mit einer reichen Wiener Jüdin verlobt hat und beabsichtigt, sich eine Villa in Grunewald zu kaufen.« Schnitzler an Olga, 9. April 1901: »speiste Abend mit W.s. W. sehr fleißig, aber posirt ein bischen auf ›des Gottes voll‹. Sie liebt ihn, und er nimmt es hin. Von seiner Seite entschieden Bequemlichkeitsehe.–«). »Im Haus seiner Braut findet er die fest umrissenen Linien einer kultivierten Tradition, Lebensformen, die im Gegensatz stehen zu denen des engen Kleinbürgertums, das einst seine geistigen Interessen verhöhnte, im schroffsten Gegensatz auch zu jenen eben schwer erlebten der Münchner Boheme. Uneingeschränkte Autorität des Familienoberhauptes, alten, patriarchalischen Verhältnissen entsprechend, herrscht innerhalb einer Atmosphäre der Freiheit, des Aufschwunges und geförderter geistiger Interessen und Talente.« So beschrieb es ebenjene Braut selbst, zwanzig Jahre später – ihr entfremdeter Gatte entlarvte dies Wiener Großbürgertum da bereits als Teil einer in sich geschlossenen Wahnwelt, die ihn zwar lange getragen hatte, schließlich aber zu drangsalieren drohte.

Ebenfalls 1901 (im selben Sommer wie Hauptmann) zog der siebenundzwanzigjährige Hofmannsthal, auch in der Hinsicht ein Frühvollendeter, nach seiner Heirat mit Gerty Schlesinger, einer Bierbrauersenkelin und Schwester seines Freundes Hans, in die Villa seines Lebens ein, in das sogenannte Fuchsschlössel von Rodaun, zwanzig Minuten (Eisenbahn) von Wien, ein paar Häuser entfernt von den Beer-Hofmanns, die er eigens zu ihrem Zuzug animierte; Beer-Hofmann war gebürtiger Rodauner. Bis dahin hatte Hofmannsthal (nicht unähnlich Thomas Mann) eine Art Boheme unter Ausreizung homoerotischer Gefühlssteigerungen gelebt, vor allem in seinen Korrespondenzen. Der einzige Sohn und nun zugleich Schwiegersohn eines leitenden Bankiers erwachte im Fuchsschlössel aus latenter Depression. Nach vier Semestern des lustlosen Jurastudiums und mittelmäßiger Staatsprüfung hatte es geheißen: »Nur sehe ich, im bürgerlichen Sinn, keinen präzisen Weg vor mir. Da ich nicht reich genug bin und nie sein werde, um ohne Beruf anständig zu leben, anderseits aber mich selber und gewisse Gruppen von Menschen hinreichend kennengelernt habe, um einzusehen, daß mir eine ›Karriere‹ im Staatsdienst so ziemlich verschlossen ist, stellt sich von selbst der vage Begriff ›gelehrte Laufbahn‹ ein.« Der Vater genehmigte ein Zweitstudium der Romanistik, promoviert wurde Hofmannsthal 1899, seine im Mai 1901 abgeschlossene Habilitation zwecks Zulassung zur Dozentur zog er jedoch zurück, offiziell wegen einer Nervenerkrankung. Ihn hatte während der ersten Monate in diesem Haus seiner jungen Ehe ein »gewaltsames, meine Kräfte fast übersteigendes Hervordrängen meiner poetischen Produktion belehrt, daß ich nach beiden Seiten hin etwas Unmögliches, ja beinahe Unmoralisches angestrebt hatte, als ich mich beredet hatte, es würde sich eine solche innere Doppelexistenz führen lassen«.

Das opulente »Bauernhaus« (Hofmannsthal) ohne elektrisches Licht, aber mit einem prunkenden »grünen Salon« voller Wandmalereien, ist einst Kaiserin Maria Theresias Geschenk an ihre Oberhofmeisterin Gräfin Fuchs gewesen. Und nun ist es wie gemacht für Hofmannsthal (»erst die Vergangenheit verklärt mir die Dinge und gibt ihnen Farbe und Duft«) nebst seiner Frau Gerty, »die in immer gleicher Geduld und Hingabe die tausend Fratzen und Peinlichkeiten des Tageslebens ihm fernzuhalten oder doch ins Erträgliche zu mildern gewußt hat und deren immer gedacht werden soll, wo seiner gedacht wird«, so sprach es der Freund und Dichter und erste Besucher im Fuchsschlössel Rudolf

Alexander Schröder. Gerty, aus jüdischer Familie, war zudem willens gewesen, sich vor der Ehe taufen zu lassen.

Der Ort mit der märchenhaft nachschwingenden Endsilbe wirkte auch auf Gäste anziehend: »bei Hofmannsthal in Rodaun; es war die ganze geistige Elite da« (Wassermann). »Mit Rilke machte ich neulich einen schönen Spaziergang durch die Rodauner Landschaft« (Helene von Nostitz). »In Wien, wo ich vorlas, war ich einen halben Tag lang bei Hofmannsthal in Rodaun. Verzeihen Sie, er gefiel mir sehr. Ein Prinz! Ein rührend angespannt und hoch lebender kleiner Mensch. Ich habe eine Schwäche für solche Existenzen« (Thomas Mann an Samuel Lublinski). Man konnte ein von Hofmannsthal später gegenüber Fischer geäußertes Kompliment für dessen neue *Rundschau* wie eine Formel für seine eigene Heimstatt lesen: im »sehr schönen Dreiklang von Cultur, Europäerthum, freier Luft, Gegenwart«.

Ein (auch kultiviertes) Fremdheitsgefühl gegenüber Berlin lässt sich bei den Wienern immer herauslesen. Selbst Hermann Bahr war von dort zurückgekehrt. Bei einem seiner Besuche hielt er zwanzig Jahre nach den ersten Schritten in der Bismarck-Stadt in seinem Kalendarium fast stotternd fest: »*Das äußere Leben.* Nicht lärmender als bei uns. Aber ausgestreckt, alle Leute scheinen nach etwas zu rennen, strecken den Hals vor, haben etwas vom griechischen Läufer. Stellt man sich an einem Platze auf, etwa vor dem Museum gegen der Gedächtniskirche über, wo eine Einfriedung umgebogen ist, eine Enge im Bogen, aus welcher die Leute zu stürzen, herauszuströmen scheinen, so hat man wirklich das Gefühl, als laufe eine Truppe, ein aufgelöster Schwarm der Stadt zu, um sie im Sturm zu nehmen. Auch in die Gesichter ist ein entschlossener Zug von Begehrlichk[ei]t eingeritzt. Kleine Mädchen, arm, höchstens mit einem auffallenden Hut«. Einen Tag zuvor hatte Bahr 10 Tropfen Validol gegen Schwindel eingenommen, einen Tag später, am 3. Dezember

1903, der Eintrag: »In Berlin entscheidet nur das *Talent*. Form bei den Romanen. Bei uns: beliebt zu sein.« (Berlin als kalt, nüchtern, rationalistisch ansehen zu müssen habe gute Gründe und eine lange Tradition, schon Goethe und Schiller hätten hier gelitten, prägte in diesen Jahren überaus auflagenstark der Lehrer Julius Langbehn, der »Rembrandtdeutsche«, seinen vielen Lesern ein, wobei sich Reserviertheit gegen das Preußentum mit Aversion gegen die Großstadtmoderne verband.)

Es mochte unbewusst auch Hofmannsthal irritieren. Am 18. März 1899 fanden Uraufführungen von ihm am Wiener Burgtheater und am Brahm'schen Deutschen Theater statt: »Hier sind meine armen Stücke von einer beispiellos bösen Presse erschlagen worden und mußten nach dem dritten Mal abgesetzt werden«, erging von Berlin aus die Klage an Schnitzler. »Meine Stücke gefallen hier den Leuten gar nicht.« Doch es gab Hoffnung. »Die drei Dichter der verschiedenen Richtungen, die noch nie in einem Raume beisammen waren: Hauptmann, Dehmel und Stefan George haben alle drei applaudiert und jeder sich über den anderen gewundert.« Das bedeutete wohl, der Fünfundzwanzigjährige kam aus seiner »Sackgasse des Ästhetizismus« heraus. (»Er hat noch nicht viel, was sagenswert ist. – Dazu müßte er die Berührung mit dem Volkstume suchen«, riet Wiens bis dato zweimaliger Grillparzer-Preisträger Hauptmann 1901 im *Prager Tageblatt*.) Bei Fischer hatte Hofmannsthal sich ausbedungen, die Freiheit für ein »gelegentliches Experiment« zu behalten; akut für die von seinen Freunden Schröder und Heymel mit dessen Erbe gegründete Zeitschrift *Die Insel* und den daraus hervorgehenden Verlag.

Letztlich würde der Dichter eine für seinen Verleger strapaziöse Doppelexistenz der Produktion führen: bei S. Fischer zur größtmöglichen Verbreitung und bei der Insel zur Pflege eines lyrischen Klimas fern der »Berliner Atmosphäre« für sein sehr rares – Schnitzler sei ja Wiener – »Oesterreicherthum«. Ganz wie bei einer Edition seiner Gedichte durch seinen schwierigen Verehrer Stefan George, der sich »Andrians *Garten*« in der »scheusslichen ausgabe des Fischer« nicht in seine Bibliothek stellte.

S. Fischer zählte man zu Recht, auch wenn seit Andrians *Garten* von 1895 mehr Abwechslung eingezogen war, nicht zu den Verlagen mit buchkünstlerischer oder gar kunsterzieherischer Ambition. Auf dem Gebiet hatte sich viel getan. Seit 1895 erschien die literarisch-künstlerische Vierteljahresschrift *Pan*, gegründet von Otto Julius Bierbaum (Fischers kurzzeitigem Redakteur) und dem Kunsthistoriker Julius Meier-Graefe (1893 sein Autor) – beide Gäste bei seiner Hochzeit – und mitbegründet von Richard Dehmel (Autor der *Rundschau*, ab 1905 des Verlags), der hier auch die meisten Artikel lieferte. Bevor sie ihre reife Form fand, wie Fischer wohl sagen würde, ging sie 1900 ein, an nicht mehr zu finanzierender Erlesenheit und Unstimmigkeit im Redaktionsausschuss (dem noch der alte Fontane angehörte). Die *Insel* versuchte seit Oktober 1899 die gesamtkünstlerischen Ideen des *Pan* fortzuführen, hielt sich aber, während der Verlag in Leipzig überlebte, auch nur bis 1902. Ähnlich kurz wie die Wiener Monatsschrift *Ver Sacrum* (1898–1903), die Gustav Klimt, Koloman Moser und Josef Hoffmann zu ihren Mitarbeitern zählte sowie im Beirat Hermann Bahr. Eine der wenigen Zeitschriften von Dauer dieser unter Jugendstil zu fassenden Ausrichtung wurde das gleichnamige Münchner illustrierte Wochenblatt der *Jugend* (1896–1940). Doch vorbildlich für die Verbindung von industrieller Reproduktionstechnik, künstlerischer Idee und handwerklichem Können blieben sie alle, vorbildlich für die Idee von einer reformerischen Moderne, die das in Jahrhunderten Erlangte verjüngen, aber nicht preisgeben wollte.

Wenn Fischer seine in Sachen Ausstattung etwas zurückgebliebene grünliche Zeitschrift jetzt also »von innen und außen« zu erneuern gedachte, dann auf der Höhe des Möglichen. Ein Kreis von Entwerfern, in erster Schmucklinie Emil Rudolf Weiß, kam zum Zuge und schneiderte ihr – von nun an *Die Neue Rundschau* – eine Garderobe, die »in der Vornehmheit der äußeren Erscheinung alles übertraf, was bis dahin auf dem Markte der geläufigen deutschen Monatsschriften geleistet war«, so Oscar Bie, der Kunsthistoriker, ein wenig überschwänglich vielleicht. »Garderobe«, denn es wurde erstmals zweifarbig gedruckt und viel variiert, auch das Eckmann-Signet von 1895. Für Fischer musste die Gestaltung im besten Sinne den Bezug zur Funktion behalten, und genau das begeisterte ihn an den innovativen Schrifttypen von E. R. Weiß, die den Textinhalten freundlich dienten, ohne sich selbstverliebt in den Vordergrund zu drängen. »Die Rundschau finde ich glänzend«, lobte nun auch Thomas Mann das erste neue Heft in höchsten Tönen: »Ein solches Zusammenwirken von Ausstattung und Inhalt war einfach noch nicht da, denn der Pan war textlich fast werthlos und die Insel war Spielerei. Die Rundschau bedeutet ein erreichtes Ideal. Sie sind aufrichtig zu beglückwünschen.« (Dezember 1903) Dieser Sinn für Verhältnismäßigkeit, der sich bei Fischer bis in seine Notizen hinein reflektiert findet, stand ihm bei seinen Schritten in die buchkünstlerische Richtung vielleicht sogar im Wege. Denn diese Schritte hatte es nach dem Auftakt durch das Signet von Otto Eckmann (im Erscheinungsjahr von Andrians *Garten*) tatsächlich gegeben – das heißt, wie immer früh.

»Berlin. 3. Dezember 1898. Sonnabend. Abends S. Fischer bei mir, um mich für künstlerische Bestrebungen seines Verlags zu interessieren; als Anfang den Zarathustra.« Harry Graf Kessler, der hier interessiert werden sollte, eine der weltläufigsten Personen ihrer aller Zeit, aus süddeutschem Adel stammend, 1868 in Paris geboren und nicht zuletzt in

Ascot (auf demselben Gelände wie ein etwas kleinerer Junge namens Churchill) die Schulbildung genießend – er saß im Redaktionsbeirat des exklusiven *Pan*. 20. Dezember: »Ich mich spät mit Fischer über einen Vorvertrag für die von Vande Velde zu ornamentierende Zarathustra Ausgabe geeinigt.« Autor Nietzsche befand sich zum Zeitpunkt von Fischers Plänen seit neun Jahren in fortgeschrittener Paralyse und in der Obhut seiner Schwester in Weimar. Er hatte noch zu seiner Freude erfahren, dass Georg Brandes an der Kopenhagener Universität 1888 erste Vorlesungen über ihn hielt. *Also sprach Zarathustra*, die »Lehre« vom Übermenschen und von der (ihn ermöglichenden) ewigen Wiederkehr, war zu seinem Bisherigen ein höher tönender und tiefer greifender vitalistischer Gesang, inspiriert durch seine Lieblingslandschaften im Oberengadin und in der Bucht von Rapallo, angestimmt (1883) gegen den Geist der Zeit, für eine Behauptung und Auszeichnung der lebensvollen Individualität, faszinierend durch seine mächtigen Bilder, durch Klang und Rhythmus, durch »Kraft, Geschmeidigkeit und Wohllaut«, die so noch nie »beieinander gewesen«, wie der Dichter selber sagte, bevor der chronisch kranke Mensch seinen nietzscheanischen Flug in den eigenen Himmel der Selbstverherrlichung antrat. (»Ich lehre euch den Übermenschen. Der Mensch ist etwas, das überwunden werden soll. Was habt ihr getan, ihn zu überwinden?« – »Einst war der Frevel an Gott der größte Frevel, aber Gott starb und damit starben diese Frevelhaften. An der Erde zu freveln, ist jetzt das Furchtbarste, und die Eingeweide des Unerforschlichen höher zu achten, als den Sinn der Erde!«). 22. Dezember: »Mittags Van de Velde und S. Fischer bei mir; Unterredung über die Zarathustra Ausgabe; schließlich dahin geeinigt, zunächst über Zeichnen einer Type durch Lemmen Ermittlungen anzustellen.«

Dass der große belgische Entwerfer Henry van de Velde

gerade eben, im Herbst 1898, der Berliner Öffentlichkeit erstmals präsentiert wurde, und zwar von den Cassirers im neuen Kunstsalon der Sezession, war eine Doppelpremiere, die Fischer auf Ideen gebracht haben muss. »Im Westen Berlins, an der vornehmsten Seite des Tiergartens, gibt es jetzt drei kleine Stuben mit seltsam wandelbaren Wänden. Bruno und Paul Cassirer laden in eine jede je einen Meister zu Gaste, und die drei Fremden, die voneinander nichts wissen, erhalten Raum und Recht, sich auszubreiten, ganz nach Art und Anlage«, so schrieb die Jugend darüber, der dreiundzwanzigjährige Rainer Maria Rilke. Doch Fischer verwarf für seinen Verlag die Sache mit der Kunst, oder er mochte das Drumherum nicht. Es würden Beiträge von Kessler und van de Velde (»Der neue Stil«) in der *Rundschau* auftauchen, und der Zarathustra würde genau wie geplant, nur zehn Jahre später, in 530 Exemplaren als Luxusausgabe im Insel Verlag herauskommen, nachdem van de Velde in der Zwischenzeit an den Weimarer Hof berufen und Mitbegründer des Deutschen Werkbundes geworden war. S. Fischers Bücher blieben somit, trotz mancher Illustrierungen, vor allem etwas für die »breiteren Schichten« und, nach harschem George'schem Urteil im Juni 1903, »von sudlern und händlern« und nicht »von künstlern« hergestellt.

Gleichwohl ging des Verlegers Streben weiterhin nach dem Schönen. »Steht für den Sommer Tirol auf Ihrem Programm?«, fragte er Ende Juni 1903 zur Abstimmung gemeinsamer Pläne beiläufig in einem Brief an Arthur Schnitzler, welcher die erwähnte Gründung des Bühnenvertriebs ankündigen sollte. Dabei fügte Fischer Privates von seltener Länge hinzu: »Wir übersiedeln gerade jetzt nach dem Grunewald, in ein kleines hübsches Landhaus mit Garten und Tennisplatz, und zwar nicht nur für den Sommer, sondern für's ganze Jahr und hoffentlich für immer. Ich mache mir die Illusion im Grunewald das Leben eines Mannes führen zu können, der auf seinem angestammten Landgut den tollen Sprüngen der Stadt aus beruhigender Entfernung zuschaut. Wenn sich das mit meiner Berufsthätigkeit ein wenig verträgt, wird meine soziale Frage für die nächste Zeit gelöst sein.« Eine Rückfrage zu dieser »sozialen Frage« seines Verlegers hat sich nicht erhalten. Schnitzler litt seinerseits unter schwerem Wetter mit Olga, der Mutter seines Sohnes Heinrich. (23. Juni 1903: »Sie hatte Kreutzersonate gelesen und wünschte sociale Aenderungen in Hinsicht auf sexuelle Moral. – Bei Gisa. –« Eine Änderung würde die Heirat sein, sie fand zwei Monate später statt, am 26. August, obwohl sich Schnitzler lange nicht für die Ehe geeignet hielt, und zusammen wohnen würde man auch weiterhin nicht.)

Samuel Fischer wiederum wusste einen Monat nach seinem Umzug schon nicht mehr, wie er »so lange in der Stadt leben konnte« (an Hauptmann). Im Jahr darauf kaufte er zwei Straßen von der jetzigen Wissmannstraße entfernt ein Grundstück, um sich sein Landgut nach eigenen Vorstellungen zu verwirklichen. Fragen der Kunstsinnigkeit und des Ausstattungsbedürfnisses erreichten damit einen persönlichen Höhepunkt.

Der »grüne Wald« bildete das größte zusammenhängende Waldgebiet im Westen Berlins, in der Teltower Heide gelegen oder, wenn vom alten Jagdgebiet des Kaisers die Rede war, im Spandauer Forst. Indem man 1879 (in Fischers ungefährem Berliner Ankunftsjahr) eine erste Schneise für die Bahnlinie bis hier heraus schlug, war eine Erschließung des Gebietes im Grunde eingeleitet. Sie kam jedoch erst in Gang, als sich damit der Ausbau des Kurfürstendamms verband. Die Prachtstraße sollte durch Privatinvestoren bezahlbar werden. Eine »Kurfürstendamm-Gesellschaft« (eine Tochtergesellschaft der Deutschen Bank) würde sie bauen und zugleich die Villenkolonie an ihrem östlichen Ende anlegen dürfen. Die Idee stammte von Bismarck (von dessen Freund John Booth, um genau zu sein), der im Grunewald dann auch 1897, ein Jahr vor seinem Tod, ein Denkmal bekam, in Zivil mit Hund und Krückstock. Der verantwortliche Bildhauer Max Klein war, nebenbei gesagt, ein Onkel der zukünftigen Katia Mann, verheiratet mit einer der Schwestern ihrer Mutter, Eva Dohm. Doch erst musste noch der schillernde Bankier Carl von Fürstenberg durch eine fünfzigprozentige Beteiligung der Berliner Handels-Gesellschaft die Gründung der Villenkolonie absichern, als die Deutsche Bank zu kneifen begann. 1899 lebten hier 2864 Menschen, verteilt auf 240 Häuser. Die Dampfstraßenbahn verband seit 1888 den Bahnhof Zoo mit Halensee, wo bald ein Reitinstitut und ab 1895 das Sportseebad warteten, im Winter diente Letzteres dem Eisvergnügen – Hedwig Fischer konnte hier Schlittschuh laufen.

Die Mindestgröße der Grundstücke in dieser »gesunden und landschaftlich bevorzugten Lage« (Annonce) betrug ursprünglich 2000 Quadratmeter, von denen lediglich drei Zehntel bebaut werden durften. Im Landkreis Teltow zahlte man sehr viel weniger Steuern als in Berlin, was eine hiesige Ansiedlung (der Preis betrug zwischen 10,60 und 12,70 Mark pro Quadratmeter) fast lukrativ werden ließ. Zu den wirklich großen Privatbesitzungen gehörte neben dem Fürstenberg'schen das Anwesen der Brüder Franz und Robert von Mendelssohn, die sich dann auch als Stifter im Viertel verdient machten. In den Grunewald zogen die Kgl. Preuss. Kammersängerin Lilli Lehmann oder der Zeitungsverleger August Scherl, hier baute auf einem eher kleinen Grundstück von 1000 Quadratmetern Walther Rathenau, Sohn des Gründers der Allgemeinen Elektricitäts-Gesellschaft (AEG). »Heute Vormittag nach Grunewald. War überrascht. Eine Villenstadt, in weiten Wald gebettet. Land! – Athmete auf. Weiter Weg bis zu Harden.« (Schnitzler an Olga, Neujahr 1902) Und wenn die Fischers 1905 in die Erdenerstraße umziehen, auf ein anderthalbfaches Grundstück von 1305 Quadratmetern mit genügend Raum für einen Tennisplatz, dann eröffnet Isadora Duncan in der Trabener Straße eine Tanzschule, denn man fing an, »das Göttliche des Tanzes« zu begreifen (Hauptmann). Sie wurde darin unterstützt von dem Komponisten Engelbert Humperdinck, der 1901 einen Ruf an die Hochschule der Künste angenommen hatte und seitdem in der Trabener Straße Nr. 2 wohnte.

Hier schiebt sich nun erneut Thomas Mann ins Bild, nicht weil Humperdinck das Stück *Königskinder* von Elsa Bernstein noch sehr erfolgreich vertonen würde und sich der Lübecker bei den Bernsteins in München mit Katia Pringsheim hat bekannt machen lassen, sondern weil Fischer sein Grundstück im selben Jahr, 1904, von einem weiteren Onkel von Katia kaufte, von dem Bankier Hermann Rosenberg, Ehemann von Ida »Else« Dohm (Vater auch von Katias gleichaltriger Cousine Käte, die dann in den zwanziger Jahren für den Verlag aus dem Russischen und Französischen übersetzen würde). Rosenberg war Mitglied der Berliner Handels-Gesellschaft (und der *Gesellschaft der Freunde*). Während nun die Fischers in der Grunewalder Wissmannstraße 3, ebenfalls ein Besitz von Rosenberg, dem Fortgang ihrer Baustelle, den Einrichtungsfragen und der Ankunft ihres zweiten Kindes entgegenfieberten, bekamen sie Besuch von ihrem Autor, der auf seiner Verlobtenreise mit Katia und deren Mutter Hedwig (Pringsheim-Dohm) von Ende November bis 2. Dezember 1904 bei den neuen Verwandten, eben den Rosenbergs, im noblen Tiergarten logierte. Und wie immer lebte er sein Material, um einen Ausdruck der Schwiegermutter zu gebrauchen, wie immer nahm er auf mögliche Darstellungsmotive hin wahr.

Thomas Mann befand sich zu der Zeit auf einer Berg- und Talfahrt. Seit *Buddenbrooks* war er 1903 mit zwei Novellen hervorgetreten, die zugespitzte Selbstentwürfe enthielten.

Einerseits der Schriftsteller *Tonio Kröger*, der seines inneren Gebotes zu Erkenntnis-und-Darstellung müde war, ein bisschen viel von »Geist« redete und seiner Gesprächspartnerin wie ein in die Kunst verirrter Bürger vorkam; der sich zugleich von seinem Beobachterhochsitz herunter nach dem »Leben« sehnte, nach Teilhabe, nach natürlicher Ungebrochenheit, wie es das schon dem Namen nach einfache, in sich stimmige, doch dafür eben auch ungeistige Wesen eines »Hans Hansen« bot. Andererseits der etwas brisantere Detlev Spinell (*Tristan*), Dauergast im Sanatorium Einfried, kariöse Zähne, Autor eines Buches, Spottname »verwester Säugling«, ergo: da kam nichts mehr, frühvertrockneter Artist. Dabei ein begabter Verführer, ein Fühlloser, der Gefühle zu entfachen, nämlich die verödete künstlerische Ader einer schwindsüchtigen Kaufmannsgattin mittels Wagner'scher Wirkungskunst wiederzubeleben verstand; ein sogenannter Schönheitsverliebter, zugleich ein kalter Mann, der ungerührt blieb, als die in der Musik Entfachte ihre letzte Kraft aufzehrte und starb. Parallel hatte Thomas Mann wie immer weitere Stoffe im Sinn, etwa die *Königliche Hoheit*, die sich noch modifizieren würde.

Er suchte. So kam es auch in seiner Reaktion auf Gerhart Hauptmann zum Ausdruck, in dem schon zitierten Brief an den Bruder und im Dank an seinen Verleger für jenen Abend im Oktober 1903; für dieses »Erlebnis ersten Ranges«, bei dem er selbst gern ein »etwas glücklicheres Bild« abgegeben hätte: »Er, der Siegreiche, wird den Eindruck von Wirrsal, Kampf, Krampf und schweren Ermattungen gewonnen haben, – und das würde stimmen.« Hier schwangen hörbar Ängste mit, vor einem »erkennenden« Auge (das diesem Siegreichen zukam, ganz wie ihm selbst) in seiner klappernden Uneinigkeit nicht bestanden zu haben. »Die Anderen, die meiner Person etwa mit Neugierde entgegengesehen haben, werden einfach bitterlich enttäuscht sein.« Er hoffte, sie alle durch die »fleißig geschmiedeten Symbole meines Lebens« entschädigen zu können. Sein »Verhältnis zum Leben«, um mit Tonio Kröger zu sprechen, fand Thomas Mann nur wenige Monate später in der zwanzigjährigen Katia Pringsheim.

Die vielbeschriebene Familie Pringsheim – der »Vater Universitätsprofessor mit goldener Cigarettendose, die Mutter eine Lenbach-Schönheit«, die fünf Kinder selbst schon von Lenbach verewigt. Katia die Jüngste, »ein Geschöpf, das durch sein bloßes Dasein die kulturelle Thätigkeit von 15 Schriftstellern oder 30 Malern aufwiegt ... Dies spricht der Rausch; aber es ist diesmal einer, der, wenn ich in ihm handle, unermeßliche Folgen der verschiedensten Art haben kann«; der Renaissance-Salon, die Gobelins, der Tanzsaal, ein »unsäglich schöner Fries von Hans Thoma«. »Kein Gedanke an Judenthum kommt auf, diesen Leuten gegenüber; man spürt nichts als Kultur«; dann der Hausball: »Zum ersten Mal seit den 18 Auflagen [*Buddenbrooks*] war ich in großer Gesellschaft und hatte in der anstrengendsten Weise zu repräsentiren.« Ach, es gefiel ihm sehr; ja, er gefiel ihnen auch: ein gewisses »Entgegenkommen«, Besuche. »Die *Möglichkeit* ist mir aufgegangen und macht mich fiebern. Ich kann nichts Anderes denken. Klumpe-Dumpe fiel die Treppe hinunter und erhielt dennoch eine Prinzessin zur Frau« – dies alles an Heinrich, im Februar 1904. Der Zwillingsbruder Klaus, Musiker, ein rührender Mithelfer, denn Katia hat große »Entschließungsangst«. Nur nicht drängen, sagt »Nervenarzt und guter Psycholog, Dr. Seif« (an Freund Martens, Juli 1904). Briefe, Ablenkungen – »quälend süßes, quälend herbes Geschöpf!«. Mitten hinein »erschrockene Freude« des Autors Thomas Mann über die »das *Wesentlichste*« treffenden Bemerkungen des Kritikers Samuel Lublinski zu *Buddenbrooks*, und wo ihm andere bereits regelmäßig »Herzenskälte« attestierten, erkannte jener »Haltung«. Wie floss dies nun zusammen. Sie dürfe lachen, aber sie müsse ihn verstehen, er hatte mit ihr – »ein erreichtes Cultur-Ideal« – seine Entsprechung gefunden: »Weil Sie weder zum Bürger- noch zum Junkerthum gehören; weil Sie, auf Ihre Art, etwas Außerordentliches, – weil Sie, wie ich das Wort verstehe, eine *Prinzessin* sind« und er in sich selbst immer »eine Art Prinz« gesehen habe.

Die Verlobung fand Anfang Oktober statt. Seine »Einarbeitung« in das völlig veränderte Dasein, die Aufwartungen als Brautleute, die Schattierungen des neuen Erlebens, wie es die Fischers an ihm wahrgenommen haben mochten, seine Eindrücke in der großväterlichen »Villa Pringsheim« am Wannsee und vor allem bei den Rosenbergs: »Berlin – ein üppiges Abenteuer«, noch deren Hochzeitsgeschenk, ein »Prunkgeräth aus der Tiergartenstraße«, nicht zuletzt das zehntägige Leben »auf größtem Fuß« mit Katia im Baur au lac in Zürich nach der Heirat am 11. Februar 1905 – dies alles wird hineinwirken in seine »Tiergarten-Novelle«, in der er darauf verfiel, »vorderhand die Novelle zweier Luxuswesen, jüdischer Zwillinge des überfeinerten Berliner Westens, zu improvisieren, deren üppig-spöttisches Einsamkeitspathos sich den Ur-Inzest von Wagners Wälsungen-Geschwisterpaar zum Muster nimmt«. So formulierte es dann der abgeklärte Autor 1931. *Wälsungenblut*, wie die Erzählung hieß, die ihm »Gott Lob« in den ersten Monaten seiner Ehe (»meiner Frau« – »das schreibt sich so hübsch«) das Gefühl zurückgab, »allmählich wieder zum Künstler« zu werden, sie erregte Anstoß. Und Thomas Mann schäumte. »Also kurz und kühl: Von meiner Dezember-Reise zurückkehrend, fand ich hier bereits das Gerücht vor, ich hätte eine heftig ›antisemitische‹ (!) Novelle geschrieben, in der ich die Familie meiner Frau fürchterlich compromittirte. Was hätte ich thun sollen? Ich sah meine Novelle im Geiste an und fand, daß sie in ihrer Unschuld und Unabhängigkeit nicht gerade geeignet sei, das Gerücht niederzuschlagen.« In »herrischem« Tone veranlasste er ihre Makulatur, weil sie schon für die *Rundschau* gesetzt vorlag.

Doch wie sollte er »›antisemitisch‹ (!)« sein? Er war gar nichts, war Dichter: Der Stoff, das von ihm gelebte Material, es drängte in seine Form, in die Verdichtung, unschuldig und unabhängig unter dem gebotenen Darstellungsziel, allein nach den Gesetzen der Kunst; solches Material war nun einmal das »selbständigste, das es gibt« (nicht nur nach der Verleger- und Leserseite hin, zuallererst für seinen Schöpfer), und sein Gestaltungswille strebte allein nach höchster Kunstfertigkeit. Das mochte freibeuterisch wirken, einen Zug zum Amoralischen haben, vielleicht schon die Stoffwahl – und natürlich, recht heikel konnte es ausgehen, zurück in der Welt der Teilhabenden. Dort wurde dann wiedererkannt, hässliche Kälte attestiert. Die mutige Selbstabstraktion, die »ironische Discretion«, souveräne Amalgamation, geistdurchformte Komposition ... es wurde nicht gewürdigt. (Vielleicht von Lublinski.) Stattdessen entfalteten sich strapaziöse Wirkungen. Banal, aber strapaziös (dabei war die »Milieu-Schilderung« in dieser Novelle »wirklich sehr neu« gewesen) ... In seinem Brief an Heinrich im Dezember 1905 denkt Thomas Mann über seinen geplanten historischen Roman nach – *»Friedrich«* – und formuliert, was die Herausforderung an ihn wäre: »Einen Helden menschlich-*allzu*menschlich darstellen, mit Skepsis, mit *Gehässigkeit*, mit psychologischem Radicalismus und dennoch positiv, lyrisch, aus eigenem Erleben: mir scheint, das ist überhaupt noch nicht geschehen ... Die Gegenfigur würde sein Bruder *(das Bruderproblem reizt mich immer)* der Prinz von Preußen, der die Voss liebte, ein Träumer, der am ›Gefühl‹ zu Grunde ging ... Ob ich zu dieser Aufgabe berufen bin? Ich bin nun dreißig. Es ist Zeit, auf ein Meisterwerk zu sinnen.«

Der Eklat nur einen Monat später traf ihn ins Mark, ins Mark des Künstlers, dem in seiner absoluten Freiheit Grenzen der Konvention gesetzt wurden, und ins Mark des Bürgers mit einem hohen Selbstideal, der sich unter seinem Niveau beanstandet fühlte. Das eine war äußerst ärgerlich, in »hypochondrischen Stunden« geradezu lebensbedrohlich, das andere war peinlich, hässliche Exponiertheit für einen Prinzen. »Du bist absolut. Ich dagegen habe geruht, mir eine Verfassung zu geben.« Die vielzitierten Worte (im Januar 1906) an den Bruder, den Mann ohne festen Wohnsitz, den Ungebundenen, der keine Rücksicht zu nehmen brauchte, der jetzt sogar »liberal« wurde. Der jüngere Mann, der fürs Erste mit seiner Frau und der im November 1905 geborenen Tochter Erika in einer vom Schwiegervater installierten Wohnung lebte (»die Eindrücke vonseiten der Familie meiner Frau wieder einmal fremd, grässlich, demüthigend, entnervend, entkräftend«, Juni 1906), suchte in diesen Umbruchzeiten in Heinrich eine Gegenkraft. »Ich bin durchdrungen von der Nothwendigkeit, daß wir zusammenhalten.« Eine Gegenkraft, die durch bloße Verwandtschaft seine Ängste in Bezug auf ein versiegendes Künstlertum beruhigen soll. Ohne das disziplinierte Glück seiner Verfassung hätte Thomas Mann sein Werk nicht leben können; mit dieser Verfassung wird er wie schon zuvor, obwohl auch Katia die Peinlichkeiten des Tages fernzuhalten verstand, die Nervenärzte und Hypnotiseure konsultieren: der Magen, Anfälle »nervöse[r] Dyspepsie«, die im Körper wandernde Neurasthenie.

Und die Fischers? Haben während all dessen am 5. März 1905 ihre Tochter Brigitte, genannt Tutti, zur Welt gebracht; sind im Herbst in ihr Haus eingezogen, Erdenerstraße 8, das für ihre Besitzer die natürliche Umsetzung des Erreichten bedeutet haben dürfte. Und von ihrem Denken über die »Tiergarten-Novelle« haben sie keine Spur hinterlassen.

Durch den Verfasser weiß man, dass der Verleger die Kosten des Neusatzes der Zeitschrift übernahm (»die garnicht bitter gewesen sein mögen«). Bemerkungen darüber, wie ihr hoffnungsvoller Autor bei den Rosenbergs durch den Tiergarten stolperte, musste es im neuen Haus gegeben haben, zumal die Gerüchteküche dank aufgetauchter Makulaturbögen die Sache noch zum Köcheln brachte. (»Tragikomoedie des Literaten. Die Tyrannei des Stoffes«, Schnitzler.) Hedwig Fischer nahm regen Anteil am Verlagsgeschehen und an den Geschicken seiner Autoren. Sie galt als die »Entdeckerin« von Peter Altenberg und führte eigene Korrespondenzen parallel zu ihrem Mann. Ihre Verbindlichkeit trug zu einer in seiner Bedeutung nicht zu überschätzenden vertrauensvollen Atmosphäre bei. Dabei hegte sie eine besondere Neigung für Rilke (der regelmäßig um die Nachsendung der *Neuen Rundschau* auch älteren Jahrgangs bittet!); die Fischers haben ihn 1897 an der Seite von Lou Andreas-Salomé kennengelernt und dann, obwohl Gedichte von ihm 1905 in der *Rundschau* erschienen, immer nur beinahe verlegt, wenngleich finanziert, soll heißen: Mäzene waren auch eine Lösung für ein Künstlerdasein.

»Finden sie so wenig Geschmack an der Gegenwart, haben sie so wenig Vertrauen in die Zukunft?«, fragte sich schon Hauptmanns Biograph Wolfgang Leppmann, weil so viele der zu Ansehen gelangten Künstler der Jahrhundertwende bei ihren Häusern dem Stil der eigenen Zeit widersprachen. Der Schlesier zog sich »hinter die Eisengitter und pseudo-mittelalterlichen Granitquader« seines Wiesensteins zurück, Sudermann in ein »friderizianisches Landschloß in der Mark«, Franz von Lenbach saß in einer »quasi-toskanischen« und Franz von Stuck in einer neoklassizistischen Villa. Und Hofmannsthal atmete Rokoko ein. (Dabei war er so vorgestrig auch nicht; den Österreicher hatte ein Aufenthalt in Paris im Jahr 1900 so überwältigt, dass er gegenüber

Hermann Bahr sehr konkrete Überlegungen anstellte, wie man in Wien eine Filiale der Pariser »Maison moderne« von Julius Meier-Graefe realisieren konnte.) Verleger Fischer jedenfalls blieb zeitgemäß, gegenwartswillig und der Forderung nach Realismus treu. Er engagierte (ergänzend zu den ersten Bauplänen von Max Ravoth) den entschiedenen Vertreter und Impulsgeber des »neuen Bauens« Hermann Muthesius. Der Architekt des Jahrgangs 1861 verdammte den »Kunstunfug« mit dem nachgemachten Prunk und strebte danach, von einem bewussteren Bauen und Wohnen her das Leben der Allgemeinheit in all seinen Bereichen zu verbessern. Muthesius berichtete auf des Kaisers Geheiß zwischen 1896 und 1904 aus England, wo er an der »arts and crafts«-Bewegung teilhatte und bei dem Schotten Charles Rennie Mackintosh seinen betont sachlichen Jugendstil verfeinerte. Er schrieb auch Bücher, *Das englische Haus* (über den »Landhausstil«) oder *Stilarchitektur und Baukunst*, bevor er 1907 zum Leiter der Berliner Handelshochschule ernannt wurde. Seine Reformideen für das preußische Kunstgewerbe und dessen Schulen eckten bei Fachverbänden an (woraufhin sich der Deutsche Werkbund gründete), doch Fischer traf mit Muthesius eine moderate Entscheidung – von van de Velde ist bekannt, dass er noch die Frisur der Hausherrin gesamtkünstlerisch in seine Entwürfe einbezog.

Die zeitgenössische Villa der Fischers würde der neue Verlagsmittelpunkt werden. Ein Ort für Musikabende, Feste und Besuche aller Art. Wegen seiner großzügig offenstehenden Gastzimmer für Aufenthalte von Autoren und ihren Anhängen sprach der gerngesehene Peter Nansen von einem »Welthotel«; als einer von vielen wies er darauf hin, dass diese Gastgeber nie nachließen. (»Sie und Ihre Frau haben die Eigenschaft, die sehr selten ist, die Leute, die Sie gern haben, glauben zu lassen, dass Sie immer Zeit für sie haben.«) Den Eingangsbereich zierte, dem angemessen, ein

Fries von Karl Walser: »Leben eines Dichters«. (Allerdings nur bis zum Umbau von 1910.) Bei Essenseinladungen saß man unter der gewölbten Kassettendecke auf hohen Lederlehnstühlen mit eingeprägtem Fischer-Signet. Man traf auf eine »Unmenge von Namensträgern« (Flake), in den verschiedensten Konstellationen fanden dann die wechselweisen Verstärkungen und Vervielfältigungen statt, die den Kulturmarkt und den vermeintlich oder tatsächlich noch lenkbaren Teil seines vielgestaltigen Prozesses der öffentlichen »Wertprägung« ausmachen – das Einschwören, das Indiepflichtnehmen, das Aufeinanderzu- und Voneinanderwegurteilen, die Profilierungen durch Zuspruch oder Abgrenzung. Konventionen solch freundschaftlich merkantiler Geselligkeit setzten sich an den Reisetreffpunkten fort, wenn man seine gemeinsamen Ziele in der Landschaft wiederfand. Einzigartig in der Ballung der Hauptstadt (in den eigenen Häusern in verdünnter, ausgewählter Form) stießen bei ihrem Verleger Autoren auf Autoren, auf Kritiker, auf Musiker, auf Direktoren, auf Verwandte, auf Wissenschaftler, auf Buchkünstler, auf Maler, und die auf ihre Modelle.

Die Schauspielerin Tilla Durieux zum Beispiel lernte im Pulk von Hauptmann und Lovis Corinth ihren Zukünftigen, den spiritus rector der Berliner Sezession Paul Cassirer, kennen – und überlieferte angelegentlich, dass »S. Fischer jedes geforderte Opfer brachte«, für Gerhart Hauptmann nämlich. Der wiederum mochte die Bilder an der Wand nicht (so Tochter Tutti), neben Liebermann und Corinth französische Impressionisten, Pissarro, Cézanne, van Gogh, eine Landschaft von Gauguin, Anschaffungen für gar nicht so viele tausend Mark aus dem Cassirer'schen Salon. Hier stimmte Hauptmann mit dem Geschmack seines Kaisers überein, dessen Grunewald schon Walther Leistikow impressionistisch verdorben hatte. (»Eine Kunst, die sich über die von Mir bezeichneten Gesetze und Schranken hinwegsetzt, ist keine

Kunst mehr.«) Der Anekdoten wären manche. So zerschlug Robert Walser »wütend die Caruso-Platten auf dem Grammophontisch«, weil er Kulturfetischismus nicht leiden konnte (er zerdepperte vieles in Berlin). Doch nichts lässt sich erwähnen, ohne sogleich wieder auf Bücher zu kommen: Fischer wollte denselben Walser nach Polen und in die Türkei schicken. Ähnliche Angebote bekamen auch andere. Hauptmann wird nach Griechenland reisen, Julius Meier-Graefe nach Spanien, Arthur Holitscher nach Kanada und Amerika, Hesse nach Indien – Reiseliteratur, die wieder eine Welle erlebte, war von jeher erfolgreich bei den zu kurz gekommenen Kolonialisten. Immanuel Kant baute eine ganze Völkerkunde darauf auf. Und der Sachse Karl May, König der Jugendliteratur, imaginierte bis 1904 innerhalb von zwölf Jahren 30 Abenteuerbände. Der Schweizer Walser führe allerdings auch nicht für Bruno Cassirer nach Indien: Er sei gegen das Reisen, solange er Phantasie hätte. (Und in die Türkei reiste dann Otto Flake.)

Zur Erholung von den Strapazen der letzten Monate trafen sich im Mai 1906 die jungen Väter Fischer und Mann im Sanatorium Weißer Hirsch in Oberloschwitz, einem »alten Kurort« bei Dresden. Man hatte seine Erfahrungen bereits in Heringsdorf, Bad Gastein, Bad Ems, Travemünde oder Riva gesammelt und kurte hier nun das erste (Mann) oder zweite Mal (Fischer). »Fast alle Villen vermiethen und man sieht hier ein internationales Publikum. Mein Tisch-Vis a vis ist eine zierliche Warschauerin, die einzige Dame hier, die Toilette macht, so im Geschmack zwischen Paris und Warschau. Diamanten, Perlen und Ringe im Geschmack Tante Lottes, aber besser angezogen. Wir plaudern über *ihre* Krankheiten – sie leidet an nervösem Kopfschmerz und nervösem Niesen – und dazwischen sickert immer etwas von ihrem Leben, von ihrem Mann und von ihrer Welt durch«, berichtete Fischer. (Die Dame litt unter Heuschnupfen und wäre im Betonklima der Städte besser aufgehoben gewesen?)

Solche Beobachtungen von leichter Ironie muss es zuhauf gegeben haben. Es war einem nicht ganz geheuer, was man tat, besonders als Mann. Zu Hause griff der Verleger »auf seine Berliner Art« vor dem Schlafengehen zu Brom, hier entlasteten sich die Großstadtmüden und die Leistungsethiker von ihrer ewigen Selbstdisziplin, indem sie sich der strikten Diätetik des Dr. Heinrich Lahmann unterwarfen: saure Milch, Salat, Apfelsinen; vormittags Massage, Luftbäder als Heil- und Abhärtungsmittel, kleiner Spaziergang und Liegekur; nachmittags Sitzbad (23°), Spaziergang und abends Plauderstunde. Dienstags Konzert mit anschließender Gelegenheit zum Tanz. Lahmann selbst, früh chronisch krank, war im Jahr zuvor fünfundvierzigjährig gestorben und im *Börsenblatt* mit einem Nachruf geehrt worden. Seine Heilmethoden erfreuten sich großer Beliebtheit in diesen Kreisen, Fontane verbrachte hier 1898 seinen letzten Sommer. (Nebenbei: »Die Aerzte bei Lahmann sind weise genug, mit dem Verbot des Tabaks sehr vorsichtig zu sein.« Fischer an Hesse) Die Nachfolgekoryphäe hatte jetzt »vollkommen über meine Kur beruhigt, sie strengt nicht an«, er solle Radeln und Tennis spielen: »Ausspannung von aller geistigen Beschäftigung und Ausschaltung von Sorgen und Beunruhigungen«, dies die Therapie gegen seine Schlaflosigkeit, die »nur vom nervösen Herzen« herrühre.

»Mit Mann läßt es sich sehr gut leben«. Quartiermacher Fischer freute sich, dem Dichter des Renaissance-Stückes *Fiorenza* mit einem schönen und preiswerten Zimmer das Elbfirenze zu Füßen legen zu können. Die Herren wussten wohl, dass der mittlerweile mit Grete verheiratete Hauptmann zurzeit seine propere Ordnung, nun »ein Steinhaufen, eine drückende, quetschende, begrabende Last«, durch einen Einbruch der Leidenschaft (»wie er sonst nur schreibt«) namens Ida Orloff gefährdete. Er hatte das Göttliche der Tänzerin entdeckt, sie wurde Muse und Mimin seines »Glashüttenmärchens« *Und Pippa tanzt!*. Mann wiederum würde bei der Anreise »einen kleinen Eisenbahnunfall (Zusammenstoß in Regensburg)« erleben und zwei Jahre später zu einer Erzählung verarbeiten. Fischer: »Wir sind fast in jeder freien Stunde beisammen. Wenn sein Freund Bernutth (ein lyrischer Dichter und Baron) kommt, werde ich mich doch etwas mehr absentieren.«

Wird er nicht. Die Herren Dichter waren leider Anfänger im Tennis, aber alle drei würden sie »wie die Indianer im Wigwam« nebeneinander in der Hängematte »im Luftbad« schwingen: »etwas paradiesisch Schönes«. Wenn man schließlich gemeinsam ins strapaziöse Berlin aufbräche, wohin auch Mann schon lange nicht mehr umziehen wollte, würde der Dritte im Bunde, Alexander von Bernus, zum Herausgeber eines *Pantheon*-Bändchens avanciert sein. Der eine lebte sein Material, der andere dachte nichts als seinen Verlag. Die Herzen blieben nervös.

Samuel Fischers »soziale Frage«

»Ebenso wenig Rettung vor Dir fand ich im Judentum.
Hier wäre ja an sich Rettung denkbar gewesen, oder noch mehr, es wäre denkbar gewesen, daß wir uns beide im Judentum gefunden hätten oder daß wir gar von dort einig ausgegangen wären.
Aber was war das für Judentum, das ich von Dir bekam!«
Franz Kafka, Brief an den Vater

Gerhart und die Episode Wickersdorf

»Was macht unser Lini? Heute früh bin ich von einem unangenehmen Traum erwacht: ich träumte, ich wäre mit dem Pümpel spazieren gegangen und hätte ihn verloren. Du kannst Dir meinen Schrecken vorstellen!«

Der geliebte Gerhart, mit immer anderen Kosenamen belegt, würde noch im selben Monat, am 27. August 1897, drei Jahre alt werden. Zu Fischers Albtraum in Wien, der Stadt der Träume, mochte beigetragen haben, dass auch Mutter und Sohn nicht zu Hause waren, sondern eine mehrwöchige Kur in Franzensbad absolvierten (Hedwig fühlte sich für viele Jahre nach Gerharts Geburt nicht ganz gesund). Einmal fand sich deshalb schon die rhetorische Frage, sie werde ihm doch nicht das Herz des Kleinen gänzlich nehmen? Und neben vielen gutgemeinten Ratschlägen, wie sie sich dort am besten schone, ernähre oder verhalte, was Reaktionen auf Nachrichten oder Klagen von ihr zu sein scheinen, an anderer Stelle der dringliche Hinweis, bitte das Kindermädchen unbedingt zu kontrollieren, damit der Pini nur nicht auf den Balkon gelangen und von dort herunterfallen könne. Wenn Hedwig Fischer als Adressatin seiner Briefe lebensängstlich wirkt, dann ihr Mann überbehütend. Dass Gerhart ein schwieriger Junge war, zeichnete sich für die Eltern in dieser Zeit noch nicht ab; aus den Briefen des Vaters an seine Frau, der einzigen Quelle für die ersten elf Lebensjahre des Sohnes, lässt sich allerdings nur vage schließen.

Bei den Fischers war es Usus, einander täglich zu schreiben, wenn er sich auf Verlagsreise befand oder einer von beiden kurte. Ab und zu gönnte er sich darüber hinaus mit Bekannten (wie dem Leiter der Berliner Singakademie Siegfried Ochs) oder mit seiner Schwester Tini und den Neffen Carl und Oscar »kleine Extravacanzen«; das waren meist mehrtägige Wandertouren ins Gebirge, in der frischen kühlen Luft, die er so liebte. Hier konnte er am ehesten abschalten, genussvoll, ohne dabei in leeres Nachdenken zu verfallen. Auch der Aufenthalt in Liptó Szent Miklós im April 1900 ist eine solche Extravacanz gewesen, abgezweigt von einer Reiseroute in Verlagsdingen. Fischer setzte solche Tage und sein Bedürfnis nach einem Alleinsein stets gegen Hedwigs Unwillen durch. Ihr fiel dann jedes Mal der Abschied schwer. Speziell bei den Extravacanzen – oder bei Schussfahrten von der Peterbaude – fürchtete sie umso mehr, ihm könne etwas zustoßen. Aus der Ferne pflegte er dann seinem »Närrchen« und ihrem »Angstpeter« gut zuzureden, und wenn er einmal das Gefühl hatte, zu sehr einen »Verstandesbrief« geschrieben zu haben, folgte sogleich ein warmer hinterher. Er musste halt »Deine und meine Schwäche zu überwinden suchen«, »schon aus erzieherischen Gründen für wichtigere Fälle des Lebens«. Genauso ließ ihn »Furcht vor Ueberschwänglichkeit« manchmal kühler schreiben, als ihm ums Herz war. Er »fange dann immer an zu reflectiren«, anstatt ihr einfach zu sagen, wie sehr er sie vermisse.

Das ihm so wesentliche Bedürfnis nach Selbstkontrolle zieht sich wie ein roter Faden durch seine Briefe, und offenbar entstanden aus diesem Bedürfnis auch seine »Hypochondrien«: als Reaktion auf eine Überforderung oder umgekehrt, als funktionierender Teil der Selbstkontrolle, die den Göttern ein Angebot machte und damit das immer Nochschlimmere auf Abstand hielt. Schon aus seinen Werbungen um das »Fräulein S. Fischer, postlagernd« sprach die Angst vor eigenen Schwachheiten, zu denen er durch sie nicht angesteckt werden durfte, sprach der Versuch, Mitte zu halten, gesunde Mitte. Es war eine Konstitution, die Fischer von weither mitbrachte und die sich durch den Charakter seines Berufsalltags verstärkt haben wird. Vom körperlichen Erleben her (*Ach, ich bin vergiftet!*) mochten der frühe Tod seiner der Sage nach schönen Schwester Nelli oder die lange Krankheit seines Vaters hineinwirken, vom Seelischen die alte jüdische Angst vor dem Erbe der Schwermut und des Vitalitätsverlustes. Hier kam der nächstältere Bruder ins Spiel. Mit Moritz stimmte etwas nicht. Und wenn dem so war, dann betraf es vor allem seinen langjährigen Compagnon in Arbeit und Leben, Samuel.

Moritz Fischer betrieb noch immer die Kunstdruckerei (im Adressbuch bis 1911), er trat auch in Erscheinung, und zwar nicht nur bei den zitierten Antisemiten des Buchhandels. So wählte Th. Th. Heine, der gelegentlich vielleicht die Druckerei in Anspruch nahm, den Weg über ihn, um den Bruder vor Langens andauernden Abwerbeversuchen bei Emil Strauß und mehr noch bei Hermann Hesse zu warnen. Der deutlichste Hinweis auf Moritz stammte jedoch von Thomas Mann: »ein religiös gefärbtes Gemütsleiden kam in seiner [S. Fischers] Familie vor«, schrieb er 1934 für alle Öffentlichkeit. Er hielt es wohl nicht für eine Indiskretion

(»wo Makel ist, da ist Adel«), insofern es in Manns Austausch mit seinem Verleger ein Leitmotiv war, mit ein paar Zeilen die ihnen gemeinsame zarte Konstitution zu berühren, mal fürsorglich nachfragend, mal entschieden etwas anratend, das den eigenen nervösen Magen oder die Schlaflosigkeit gelindert hatte. Bei Fischer selbst findet sich kein Wort zu Moritz, vielleicht um Bedrohlichem mit dem Wort die Wirklichkeit zu nehmen. So erscheint der Bruder wie aus allen Bildern herausgeschnitten. Man habe über »solche Fälle« – es gab viele – nicht gesprochen, erklärt die Enkelin, diesmal als gelernte Psychologin. Vielleicht fiel die Zuspitzung des brüderlichen Zustands auch einfach in die Zeiten spärlicher Briefschaften, wenn die Eheleute kaum noch getrennt verreisten. Moritz Fischer jedenfalls verbrachte die letzte Dekade seines Lebens, höchstwahrscheinlich von Anfang 1914 bis zum 9. Januar 1926, in einem Privatsanatorium für Nervenkranke in der »Villencolonie Gross-Lichterfelde«.

Bei seiner Gründung 1889 hatten Dres. Max Goldstein und Albert Lilienfeld den Zuschnitt ihrer Einrichtung festgelegt: Die »Anstalt soll zur Aufnahme solcher Kranker beiderlei Geschlechts dienen, welche einer ärztlichen Aufsicht und Behandlung außerhalb der Familie bedürfen. Wie es der speziellen Ausbildung der Unterzeichneten entspricht« – sie sind zuvor viele Jahre in der Schöneberger Heilanstalt Maison de santé tätig gewesen –, »werden vornehmlich alle Arten von functionellen und organischen Erkrankungen des Nervensystems, insbesondere auch der chronische Morphinismus, Cocainismus und Alkoholismus zur Behandlung kommen.« Und zwar auf der Höhe der hygienischen Standards mit allen Hilfsmitteln der modernen Neurotherapie: »Electricität, Massage, Gymnastik, Playfaircuren, Hydrotherapie«. Die Villa verfügte über mehr als zwanzig große Zimmer, zum Teil mit Balkons oder Veranden, auf einem parkähnlichen Gelände von sechseinhalb Morgen. Explizit ausgeschlossen blieben Geisteskranke. Sowohl kürzere als auch Dauer-Aufenthalte waren möglich. Wie immer man es sich bei Moritz vorzustellen hat, eines erscheint als sicher: der Bruder hat es finanziert.

Samuel Fischer sah seine Frau als den gesünderen Menschen von ihnen beiden an, das erwähnte er immer wieder, mehr noch: er bestand darauf. »Dankst Du mir für das Haus und die äußern Mittel, die uns zu einem ruhig behaglichen Leben die Möglichkeit bieten, so danke ich sehr viel mehr Deinem guten Geist und Deinem edlen Streben nach Vollkommenheit, die Lebendigmachung des Vorhandenen, die Nutzanwendung des Erkannten und seine consequente Durchführung. Wir Nervenmenschen werden ein Leben lang darauf angewiesen sein mit unseren Lebenskräften Haus zu halten und Du bist es, die uns darin die beste Stütze ist und ewig bleiben sollst. So, nun habe auch ich mir etwas von der Leber gesprochen.« (23. April 1906) Zwei Wochen später dann erneut: »Das macht uns alle so unfrei, diese Schwere, die ein wenig gar zu egoistisch ist. Ich muß wirklich mit Dir darüber schimpfen; denn so warst Du immer« (8. Mai 1906). Seine Frau wurde nicht gern allein gelassen, und sie verfügte nicht über seine Disziplin, seinen Willen zur Selbsterziehung. Das Schwärmerische, auf dessen Rückseite sie wohl sein »Erkalten« fürchtete, war das eine, ihre gelegentliche Energielosigkeit das dazugehörende andere. Sie möge doch diesen und jenen zu sich einladen, etwa zum Tennis, schrieb er dann, sich Schönes ansehen, »heiter und leicht« die Zeit der Trennung verbringen. »*Ueberhaupt* Heiterkeit!«, rief er ihr schon am 10. April 1900 aus Miklós zu: »Ich wünsche Dir eine tüchtige Gesundheit, damit Du nicht alles so schwer nimmst und Dich und mich zum Frohsinn anregst.«

Überhaupt Heiterkeit: das Zauberwort eines Lebensideals, der hohen Kunst einer inneren Haltung, die den Melancholiker, den Depressiven, den Hypochonder oder kurz: den Menschen ihrer Epoche am Ende wieder aus der Asche schwingen ließe. Vom Heiteren sprachen sie alle. Als Ausdruck einer Distanz und eines Einklangs mit sich selbst und der Welt taucht es bei Thomas Mann auf, als Teil seiner Idee von Hoheitlichkeit (und in höchster allgemeinheitlicher Steigerungsform von Humanismus). Auch Hauptmann erfuhr im *Griechischen Frühling*, auf seiner Reise nach Hellas, Wiege des harmonischen Menschen, eine Loslösung von falscher Erdenschwere und definierte »auf dem Boden des delphischen Stadions« nunmehr »Kultur: nämlich als eine fleischliche Bildung zu kraftvoll gefestigter, heiterer, heldenhaft freier Menschlichkeit«. Und der Sucher Hesse, der dafür die weitesten Wege ging, kam – während des Zweiten Weltkriegs – zu keinem anderen Ergebnis: »Diese Heiterkeit ist weder Tändelei noch Selbstgefälligkeit, sie ist höchste Erkenntnisse und Liebe, ist Bejahen aller Wirklichkeit, Wachsein am Rand aller Tiefen und Abgründe, sie ist eine Tugend der Heiligen und der Ritter, sie ist unstörbar und nimmt mit dem Alter und der Todesnähe nur immer zu. Sie ist das Geheimnis des Schönen und die eigentliche Substanz jeder Kunst.« – »Auch wenn ganze Völker und Sprachen die Tiefe der Welt zu ergründen suchen, in Mythen, Kosmogonien, Religionen, ist das Letzte und Höchste, was sie erreichen können, diese Heiterkeit.« Ein rechter Glasperlenspieler »sollte vor allem die Heiterkeit der Musik in sich haben, die ja nichts anderes ist als Tapferkeit, als ein heiteres, lächelndes Schreiten und Tanzen mitten durch die Schrecken und Flammen der Welt, festliches Darbringen eines Opfers.« (So schnell kann ein Ideal voll Wasser laufen und an den Meeresgrund sinken.) Sie alle hatten ihre Weimarer Klassiker verinnerlicht. Dafür musste man deren Schriften, Schillers *Über Anmut und Würde* oder *Über die ästhetische Erziehung des Menschen*, in Reclams Universal-

Bibliothek weiterhin stark verbreitet, gar nicht gelesen haben. In Bezug auf die »sittliche Harmonie der Gefühle« glaubte man dort im Übrigen »die Natur dem Weibe günstiger als dem Manne«.

Das redete sich daraufhin sehr lange auch das Weib ein. Noch von ihrer Tochter wurde Hedwig aus der Tapferkeit nicht entlassen und so charakterisiert, wie man sie in guter Gesellschaft meist erleben konnte: als »Optimistin von Natur aus, was sie zur idealen Gefährtin meines Vaters machte, der oft unter Depressionen litt«. Sie »besaß Bildung und ausgesprochene Interessen, besonders für Musik«, schrieb Otto Flake, der um das Jahr 1911 Verlagsautor wurde. »Daß sie einer optimistischen Auffassung den Vorzug gab und bei der realistischen Beleuchtung nicht gern verweilte, gehörte zum Bild des Bürgertums, das bei den radikaleren Geistern Bourgeoisie hieß. Mit mir zankte sie oft, wenn ich ihr meinerseits zu bedenken gab, es sei nicht alles so rosenrot, wie sie es sehe, und manchmal konnte man sich ernstlich über ihre Urteile ärgern.« (Mit dem diametral entgegengesetzten Typus seiner Erfahrung, dem »Schulbeispiel der modernen Frau«: emanzipiert, Kommunistin, jüdischer Rasse, hatte Flake größere Probleme. Auch er stand mit verschnürten Armen da.) Gerade die jüngeren Autoren nahm die Verlegersgattin gern ein bisschen unter ihre Fittiche. Verstärkt genoss sie das Vertrauen der erklärten »Galane«, darunter Nansen und Wassermann oder: Flake. Von Rilke war schon die Rede. Der ebenfalls dazugehörende, um 1911 in Verlag genommene Hans Reisiger erwähnte: »Nicht als ob sie jemals ungütig gewesen wäre, aber gerade aus Liebe zu den Menschen hatte sie gottlob – starke Antipathien.«

Wenn dann alle nach Hause gegangen waren, neigte Hedwig Fischer selbst zu depressiven Stimmungen. Es lag in der Landshoff'schen Familie, so Enkelin Gisela. Auch der Tod der Eltern, die einst gastfreundlich ihre geräumigere Wohnung für Lesungen und Ähnliches offen gehalten hatten, stellte für ihre Älteste vermutlich eine größere Zäsur dar als für deren Geschwister: Der Getreidehändler starb nach mehreren Schlaganfällen achtundfünfzigjährig im November 1900, ein paar Monate später erlitt Hedwig eine Fehlgeburt (mit ein Grund, warum sich *Buddenbrooks* verzögerten), und im Mai 1902 folgte ihre Mutter im Alter von sechsundfünfzig Jahren nach drei Lungenentzündungen dem Vater nach. Hedwig war zehn, zwanzig Jahre jünger als Ibsens Nora oder Fontanes Melanie van der Straaten, doch sie hing »Vorstellungen« nach wie die gehorsamere und unerlöstere Effi Briest, nach welcher Lektüre sie dem Autor übrigens einen Blumengruß schickte – so oder so blieben sie allesamt den Großteil ihres Erwachsenenlebens für unmündig erklärt. (Das Wahlrecht für Frauen, nur ein Beispiel, wird erst ein Kriegsgewinn sein.) Der Spielraum läge in der Frage: in welchem Maße auch von sich selbst für unmündig erklärt.

Es häuften sich die Damen, die fortschrittlich waren, zum Teil, weil sie es sein mussten, und sie häuften sich ja immer schon im Umkreis ihres Mannes. Manche der Übersetzerinnen und Schriftstellerinnen waren alleinerziehende Mütter, mit denen man nicht wirklich tauschen wollte, wie Marie von Borch (die 1895 elend starb), Franziska von Reventlow oder Gabriele Reuter, die gelegentlich mit Lily zu Besuch kam. Frauen wie die Schwedin Ellen Key (Jahrgang 1849, auch eine Freundin von Rilke) oder Hedwig Dohm (geboren 1831 als das vierte von achtzehn Kindern) hatten Epoche gemacht, noch Lou Andreas-Salomé oder Annette Kolb fielen auf. Elsa Bernstein alias Ernst Rosmer verstand es, das Schreiben und das Gattinnenleben an der Seite des überaus gefragten Anwalts Max Bernstein, ebenfalls schreibend, glänzend zu vereinbaren. Weniger leicht fiel es Olga Schnitzler. Sie lastete ihre schwergängige Gesangskarriere ihrem Mann an, der allen Raum einnahm – und seinerseits ihr Talent für nicht ausreichend hielt. (Dafür wusste er »ausnehmend kluge Ratschläge« von ihr zu schätzen. Wegen ihrer Klugheit hatte er sie geheiratet.) Julie Wassermann wiederum strebte ins Feuilleton. Sie fand es besser für Kinder, wenn Mütter arbeiteten. Hardens *Zukunft* brachte im September 1905 ihren Essay über Heinrich Mann. (Von Bruder zu Bruder: »Wie warst Du mit dem Aufsatz der Frau Wassermann-Speyer zufrieden? Ich fand ihn nicht dumm, wenn auch« ...)

Beispiel für ein eigenes Berufsleben gaben auch ihre Geschwister. Die sechs Jahre jüngere Else war unkonventionell. Sie ging als Opernsängerin auf Reisen und führte eine Ehe mit dem halbseidenen Ingenieur Edmund Levy, eine Bekanntschaft vom Tennisplatz, Sportwagenfahrer mit Erfindertalenten, allen Andeutungen nach ein untragbarer, zu gut gekleideter Mann, Vater ihrer drei Kinder Hermann, Ruth und Werner. Ludwig in München, dessen Dissertation freundlicherweise bei S. Fischer gedruckt worden war (1902), ließ sich noch lange von den Verwandten, den Ravoths und ihnen, üppig bezuschussen; Fischer fing an, zusätzliche Betätigungen für ihn zu suchen. 1905 heiratete Lutz in zweiter Ehe die Sopranistin Philippine Wiesengrund, mit der er im selben Jahr seinen Hermann bekam und bereits 1903 Vater von Ruth geworden war, während seiner ersten Ehe mit einer Katholikin (die, nicht deshalb, in eine Nervenheilanstalt eingewiesen werden musste). Lutz war der wirkliche Optimist der Familie, das bezeugten Kollegen wie Alfred Einstein (ebenfalls Gast der Erdenerstraße), der auch dessen große Musikalität, Stilsicherheit und Genauigkeit ohne jede Pedanterie, würdigen wird; als Dirigent und vor allem Musikforscher auf seinem Spezialgebiet des 17. und 18. Jahrhunderts wird Landshoff noch Innovatives leisten. Wie hätte ihr Sami also am Ende reagiert, wenn auch sie sich einen eigenen Bereich geschaffen hätte? Es wäre eine Frage ihrer Ernsthaftigkeit und alles Weitere eine der Organisation gewesen. Den vier Varianten des »Antifeministen«, die Hedwig Dohm steckbrieflich porträtiert hatte, sah er auf den ersten Blick nicht ähnlich, doch es mag ohnehin aufschlussreicher sein, wie sie selbst auf ihre Tochter wirkte: »sie war stolz, als ich sie zu ihrem Gesang begleiten konnte.« Doch: »Als ich mich auf die Mitarbeit im Verlag auf dem Gebiet der Buchherstellung vorbereitete, hat sie das nicht sehr ernst genommen.«

Hedwig Fischer fand in den ersten Jahren Spaß daran, Manuskripte zu lesen. Die drei-, vierseitigen Skizzen in Altenbergs Zettelkasten, von Karl Kraus »an den ersten Verleger Deutschlands in Modernibus« (Altenberg) gesandt, hatten ihr während einer Kur nach Gerharts Geburt viel Freude gemacht und sich dadurch ihrem Mann empfohlen, *Wie ich es sehe* erschien 1895. Der Autor wusste: »Er war für mich, weil ich ›echt‹ bin«; Fischer begegnete ihm persönlich am Abend vor seinem Verlusttraum: »Altenberg ist ein Otto Erich [Hartleben] ins Wienerische übersetzt.« Sie werde erst enttäuscht sein, doch dann »den Peterlini (den Dichter) in ihm und den famosen Menschen schon erkennen«. Kein Manuskript werde bei S. Fischer gedruckt, bevor nicht eine Träne seiner Frau Hedwig darauf gefallen sei, zitierte sich im Stil des »ihrer gedenken, wo seiner gedacht wird« der Vers von Eduard von Keyserling fort. Ihr Mann spielte darauf in noch-liebevoller, schon ironisch-ungeduldiger Form an, wenn er dringend um die Rückgabe von Manuskripten bat. Sie las alle neuen Werke der Hauptautoren, sie regte auch ihren Mann zur lyrischen Lektüre an. Doch ihre angestammte Domäne blieben die Briefe, die Begegnungen, der menschliche Zusammenhang. Ein »Genie des Schenkens« sei sie gewesen, so Tochter Tutti.

Wie sehr es sie befriedigt hat, Gastgeberin im Dienst der schönen Literatur und Erwärmerin ihres von Gemache, Gerücht und Gezänk beherrschten Klimas zu sein, weiß man nicht. Sie hätte es nie laut in Frage gestellt. Dabei »reichten« ihr die Kinder nicht, wie aus Bemerkungen ihres Mannes hervorgeht; »seltsam, wenn ich jetzt darüber nachdenke, denn damals tat ich es nicht – sie widmete ihren eigenen Kindern weniger Zeit«, heißt es auch bei der Tochter. »Sie hat sich zwar gesorgt, wenn mir etwas fehlte, und mich liebevoll umpflegt; aber im täglichen Leben hat sie nie gefragt, was ich tue, was ich arbeite, was ich denke.« Bei den vielen mahnenden Ermunterungen und Liebeserklärungen ihres Mannes wüsste man gern, an welchem unterschwelligen Mangel sie litt. Hedwig Fischer: »Ich war im Scherze sogar oft eifersüchtig und erklärte: ›Zuerst kommt immer der Verlag‹« … Sie sehe bei anderen stets, was sie sich einbilde, selbst gerade brauchen zu können, hatte er geseufzt – vielleicht war es nur das eine: mehr Eigenständigkeit.

Gerhart begann im Jahr der großen Veränderungen, nach der Geburt seiner Schwester und vor dem Umzug ins neue Haus, ein Tagebuch zu führen. Seine Einträge blieben sporadisch. Ein für den Leser etwas verwirrendes Gedicht auf das Vaterland; ein Ausflug mit Cousin Oscar ins Kaiser-Friedrich-Museum oder mit Tante Tini in die Nationalgalerie zur Menzel-Ausstellung, die man dann gar nicht zu sehen bekam und durch einen Kakao im Café Josty Unter den Linden ersetzte, weil in Erwartung des Kaisers drei Räume abgesperrt blieben. Ernestine genoss das uneingeschränkte Vertrauen ihres Bruders. (»Dagegen fände ich es nett und in der Ordnung, wenn Du nächste Woche einmal Beers einladen würdest«, anstelle des Strohwitwers Levy, »da Du ja weißt, wie nahe mir innerlich Tini steht.«) Sie war eine Hilfe, und das Gleiche galt für ihre Familie, die mittlerweile in Halensee wohnte, Sami Beer und die Neffen. Fischers Pini wuchs bis 1905 nicht nur als Einzelkind auf, er hatte auch keine Entsprechung in seiner Generation. Die Großen, wie Carl und Oscar, waren neun und acht Jahre älter, die Kleinen mindestens genauso viele Jahre jünger. Oscar wurde Lehrer, und Carl trat eine Ausbildung zum Schiffsarzt an. (Charles Fischer im fernen London, von dem Cousin Gerhart vierzehn Jahre und die Reserviertheit der Schwägerinnen trennten, arbeitete als Stockbrokers' Clerk.) Denkt man noch das Kindermädchen, die Köchin, das Stubenmädchen und schließlich die Chauffeursfamilie hinzu, dann zeichnet sich die Riege an Erwachsenen ab, die den Sohn auf heimischem Gelände im kleinsten Kreis umgaben. Und dazwischen wuselte Hund Tipp.

Es ist der Aufenthalt auf dem Weißen Hirschen, im Dreiergespann mit Mann und Bernus, währenddessen erstmals gehäuft sorgenvolle Bemerkungen über den Zwölfjährigen ausgetauscht werden. Als habe der Umzug ins eigene Haus den Blick auf das Eigene überhaupt geklärt. 29. April 1906: »Sehr herzlich habe ich mich mit Gerharts Brief gefreut. Das ist kein gewöhnliches Kind und darum braucht Dich das Unsoziale seines Wesens in der Schule nicht zu wundern. Ich sage das ohne Vaterstolz, denn Du weißt, wie ganz anders und wie vielmehr normal-gesund ich mir dieses Kind gewünscht hätte; aber so wie er ist so muß er genommen werden. Leider bin ich viel zu reizbar um das Besondere seines Wesens immer in Rechnung zu setzen und in heiterer Ruhe ihn zu lenken, unsichtbar, nur durch mein eigenes Beispiel und Wesen. Es ist der größte Schmerz meines Lebens, dass ich auf diese Art meinen Kindern nichts nützen kann und dass ich mich und Gerhart dadurch um das Köstlichste was Vater und Sohn miteinander haben könnten: um die still-innige Zärtlichkeit und um das gegenseitige Zutrauen bringe. Die Hauptschwierigkeit Gerharts liegt in seinem Wesen; ich glaube nicht ob ihm der Jude in der Schule soviel schadet und mit der Taufe wäre da gar nichts gewonnen. Schließlich muß er auch leiden und sich verteidigen lernen, das können wir ihm nicht ersparen. Laß Dir von meinen Briefen nicht die Laune verderben, Du weißt ja ich schreibe und bespreche alles und vor allem: ich verschweige Dir nichts. Herzliche Grüße Dein Sami.«

Gerhart war ein begabter und reizbarer Mensch. Er schrieb Gedichte, Novellen und Traktate und vor allem verschrieb er sich der Musik. Auf seine Umgebung mochte er stolz und altklug, sogar ungewollt hochmütig wirken. Manchmal »unterrichtete« er abends das geduldige Kindermädchen. »Denn er fand es skandalös, daß nicht allen Menschen die gleichen Erziehungsmöglichkeiten geboten wurden.« Er konnte »oft jähzornig und schwierig sein«, und sie habe ihn zeitlebens als »eine Idealgestalt« verehrt, fuhr die elf Jahre jüngere Tutti fort. Ein kurzes Gedicht von ihm hat »Mann und Bernuss« in den Hängematten entzückt. »Bernuss möchte seiner Frau eine Abschrift schicken. Es sind eine Anzahl Feinheiten in dieser kleinen Sache, die Gerhart ganz unbewußt gemacht hat.« Der Sohn brachte wohl alles mit zum Außenseiter unter den Altersgenossen; um von den robusteren »Hans Hansens« provoziert zu werden, vor allem wenn man täppisch wäre. Die Kinderwelt kann grausam sein. Der Vater wird aus der Ferne das Schwimmen im Halensee verbieten: »Gerhart ist ungeschickt, das weiß er ja selbst. Die Kinder necken und stoßen ihn dort, eben weil er nicht geschickt genug ist. Dann fällt er und kann womöglich nicht so schnell aufstehen im Wasser, was ja nicht ungefährlich ist. Er verliert ja so leicht den Kopf, wenn mehrere Kinder auf ihn losgehen und das weiß ich vom vorigen Jahr, dass die Kinder in solchen Fällen sich ein Vergnügen daraus machen, auf einen ängstlichen oder ungeschickten Jungen gerade im Wasser loszugehen. Erst wird Gerhart sich frei schwimmen müssen, früher kann er allein nicht ins Bad gelassen werden. Das Wasser ist ja noch gar nicht so warm; warten wir damit bis ich wieder in Berlin bin.«

Steigerung des Gleichgewichtssinns statt Taufe. Den Jungen erst in sich stabiler machen, dann in der Welt. Damit hatte der alles bedenkende Vater wohl recht. (Ist ihm jemals durch den Kopf gegangen, in diesen Zeiten, in denen bei seinem Sohn nichts zueinanderpasste, dass er ihm den falschen Namen gegeben hat?) Wenn Gerhart unter judenfeindlichen Gehässigkeiten litt, dann half, zumal unter Kindern, keine Taufe. Vielleicht half sie nie. Doch mit der darwinistisch-biologistischen Aufrüstung der letzten Jahrzehnte hatte sich der alte Antijudaismus, der von Religionsausübung und Bekehrung handelte und sich jüngst mit den Ressentiments gegen die Moderne auflud, um die Rede von Blut und Rasse verstärkt. Jude zu sein wurde in dieser neuen ideologischen Komplexität definitiv »unheilbar«. Fischer dankte nun seiner Frau für einen guten Brief. Er musste nur schlafen können, dann hatte er wieder Nerven, das sagte er nicht nur, man merkt es auch, »und wenn es so weiter geht, wirst Du gewiß keinen Hypochonder in mir wiederfinden. Du hast mich so lieb über alles beruhigt, über mich und meine Scrupel über die Kinder und alles was mich bewegt, dass ich nur wünschen und hoffen will es wäre alles so wie Du es empfindest. Sorge nur dafür dass Gerhart recht viel in frischer Luft spielt und dass er, wenn es nicht zu kalt oder windig ist, auf seinem Balcon arbeitet. Ich gehe hier ohne Strümpfe in Sandalen herum und würde dasselbe auch für Euch empfehlen.«

Seine Überlegungen gingen schon weiter. Fischer war der beste Leser seines Verlages, als derjenige, der sich für alles, was dort erschiene, in der Verantwortung sah, und als derjenige, der dort für sein eigenes Leben lernte. *Der Deutsche und seine Schule*, das jüngste Werk des streitbaren Gymnasialprofessors Ludwig Gurlitt, den nur noch der gute Ruf seiner Familie und seine durch die pädagogischen Grabenkämpfe angeschlagene Gesundheit vor einem Rauswurf in

Steglitz bewahrten, war zwar nicht bei ihm erschienen, doch als steter Zeitungsleser über den Tellerrand hinaus hatte er nun mehrfach davon gehört und sich das Buch nach Loschwitz schicken lassen.

Das »Erzieherische«, das Fischers persönliches Denken so sehr kennzeichnete, steckte tief in der Zeit, vielleicht muss man es typisch deutsch nennen. Ob der Allesüberwinder Nietzsche, der Kulturkritiker Langbehn oder Pädagogen wie Gurlitt, dessen vorherige Schrift *Der Deutsche und sein Vaterland* in kürzester Zeit acht Auflagen erreicht hatte: Die Erzieher und Selbstbildner zogen die Aufmerksamkeit und die Hoffnungen der Gesellschaft auf sich. Die Schule als solche gehörte zu den offensten Fragen, »die einzige moderne Kulturfrage, die ich ernst nehme und die mich gelegentlich aufregt« (Hesse 1904 an seinen Bruder). Literarisch formuliert in *Buddenbrooks*, in Emil Straußens *Freund Hein*, in Hesses *Camenzind* und *Unterm Rad*, in Musils *Törleß* (1906 im Wiener Verlag) oder in Walsers *Jakob von Gunten* (1909 bei Cassirer). Behandelt schon in den ersten Jahrgängen der *Rundschau*, die ja stets eine begleitende Sachdiskussion bot.

Von »Seelenmorden« sprach hier die Frauen- und Kinderrechtlerin Key. Ihre Kontroversen auslösende Provokation *Das Jahrhundert des Kindes*, gewidmet allen Eltern, »die hoffen, im neuen Jahrhundert den neuen Menschen zu bilden«, erreichte bei S. Fischer bis zu diesem Zeitpunkt innerhalb von vier Jahren rund das 30. Tausend. Eine Prophetin, die im eigenen Land nichts galt, denn in Schweden war ihr Buch untergegangen. Sie hatte ihr Motto aus dem *Zarathustra* gewählt: »Euer *Kinder* Land sollt ihr lieben: diese Liebe sei euer neuer Adel, – das Unentdeckte, im fernsten Meere! Nach ihm heiße ich eure Segel suchen und suchen! An euren Kindern sollt ihr gut machen, daß ihr euer Väter Kinder seid: alles Vergangene sollt ihr so erlösen! Diese neue Tafel stelle ich über euch!« Erlösen statt Fortzeugen der Sünden. (Key bezog sich zwar auf die Ausführungen von Georg Brandes, der Nietzsche in der Konsequenz Darwin'schen Denkens sah, doch sie selbst warnte davor, allzu kurzschlüssig »neue Kulturpläne für die Erhebung des Menschengeschlechts« darauf aufzubauen.)

In Fischers Kurlektüre *Der Deutsche und seine Schule* wiederum wurden sehr konkret die zentralen Formen der »Tyrannei«, der machtgestützten »Niederhaltung der Schwächeren« angeprangert. Ludwig Gurlitt (geboren 1855 als der vierte Sohn des Wiener Landschaftsmalers Louis Gurlitt, der unter anderem von Ernst von Sachsen-Coburg-Gotha ein Schloss zur Verfügung gestellt bekommen und den Kronprinzen Friedrich, des Kaisers Vater, unterrichtet hatte) fand diese Tyrannei in allen Institutionen der wilhelminischen Gesellschaft: der Kirche, die eine Diskussion der Glaubensinhalte, auch vor neuem wissenschaftlichen Hintergrund, nicht duldete; der Schule, deren Repressionen eigenständiges Denken und Handeln unterminierten; der staatlichen Bürokratie, die in ihrem »armseligen Geist der Spießbürgerei« das deutsche Volk niederhielt. Das Ergebnis seien »Knechtseligkeit, Charakterschwäche, Streberei, Bedientengesinnung, Byzantinismus« und die Handlanger solch »progressiver Rückgratserweichung« vor allem die pedantischen »Pflichtbanausen« in den Schulen. »Statt dem ewigen Besserwissen, Zurechtweisen, Aburteilen und Schelten müsse mehr Ruhe und Heiterkeit in die Schule einkehren«, durch »Humor und Frohsinn« auf die Kinder eingewirkt werden. (Wie arg es innerlich um die Pflichtbanausen selbst bestellt war, zwangsläufig, führte zur gleichen Zeit, seit 1905, Heinrich Manns Roman *Professor Unrat oder Das Ende eines Tyrannen* vor Augen.)

Es ist nicht überliefert, wie Fischer das autobiographisch gehaltene Buch von Gurlitt gefallen hat. Auch nicht, ob Gerhart im Grunewald-Gymnasium unter einem militaristischen Unterrichtsstil litt – was eher unwahrscheinlich ist: zu jedem neuen Schuljahr durfte Direktor Koch den Verlag plündern. Doch eine »Pflege und Entwicklung der Persönlichkeit« des Kindes nach der Natur, ein »Wachsenlassen« zu individueller »Geschlossenheit und Abrundung« in der »Beharrlichkeit und inneren Wahrhaftigkeit des ganzen Wesens« mussten ihm zusagen. Gurlitts nächstes und erfolgreichstes Buch wird *Erziehung zur Mannhaftigkeit* heißen und darunter ein Ideal von Tat und Geist und Edelmut zusammenfassen. Am Ende der Kur und zum 16. Mai, ihrer beider Feiertag, hieß es bei Fischer: »Gerharts Brief war wieder wundervoll; ein liebenswerther Junge, dessen Zukunft wir liebevoll und streng überwachen müssten, da er durch seine Natur vielen Gefahren ausgesetzt ist.« Ludwig Gurlitt, Ziehvater des Wandervogels, der Jugendbewegung, die 1896 von seinen Steglitzer Gymnasiasten ausging, machte keine Schule mehr auf. In der Nähe des thüringischen Saalfeld jedoch, auf einem leerstehenden Domänengut, gründeten im September 1906 fünf jüngere Rebellen, Gustav Wyneken, August Halm, Martin Luserke, Rudolf Aeschlimann und Paul Geheeb, die *Freie Schulgemeinde Wickersdorf*, und die sah sich Samuel Fischer im Februar 1907 mit eigenen Augen an.

Wer hat ihn auf dem Gelände herumgeführt, ihm die (noch nicht bezugsfertigen) Gebäude für Lehrer- und Schülerwohnungen, die Lehrsäle und Badeorte, Schlafsäle und Gemeinschaftsräume, die Werkstätten sowie landwirtschaftlich-gärtnerischen Nutzflächen gezeigt und die Ideen der Gründer vor Ort erläutert? Kern ihrer pädagogischen Revolution gegen das reformscheue Philistertum im Obrigkeitsstaat sollte, eingebettet in ein achtungsvolles Führertum, die Kameradschaftlichkeit zwischen Lehrern und Schülern sein. In einer quasi-demokratischen Form wäre die entscheidende Instanz die *Schulgemeinde*, in der jeder über ein Rede- und Stimmrecht verfügte. Koedukation und Sexualerziehung standen hier erstmals auf dem Plan. »Das intellektuelle und musische Programm der Schule war anspruchsvoll. Man erwartete vom Oberstufenschüler, daß er arbeitete wie ein Student, legte aber auch auf die geistige Selbsttätigkeit der Jüngeren den größten Wert. Hier wirkten Anregungen aus amerikanischen Versuchsschulen. Einen zentralen Platz hatte die Musikerziehung.« Zugleich die Körperertüchtigung in Spiel und Sport, sommers wie winters – all dies in Verbundenheit mit der Natur, jeder individuell gefördert und dabei in der Verantwortung für die Gemeinschaft, die älteren Schüler zudem für die jüngeren. Hier konnte Gerhart ins Gleichgewicht und ins Soziale finden.

Es gab viele Gründe und Wege, sich den, ihre Elemente unterschiedlich gewichtenden, Reformbewegungen der Jahrhundertwende anzuschließen. Bei den Fischers darf man von einem Höchstmaß an persönlicher Motivation und einem Geringsten an ideologischem Überbau ausgehen. Im Gegensatz zum Kollegen Eugen Diederichs etwa, der sich in diesen Jahren der Kulturpolitik und den Ideenlehren verschrieb, um »das aristokratische Selbstgefühl und Schönheitsverlangen der Renaissance« (an Rilke 1903) mit deutscher Mystik und deutscher Romantik, deutschem Nietzsche und schweizerischem Carl Spitteler zu verbinden, und zwar »im Zentrum Europas«, nicht fern von Weimar, in Jena. Diederichs verkörperte in vielerlei Hinsicht einen Gegensatz zu Fischer (trotz einer beiden gemeinsamen Bodenständigkeit); als Verleger ging er nicht von Autoren, sondern von den großen Themen und Entwürfen aus. Sein Profil ergab sich aus den Reihen, *Die Märchen der Weltliteratur* oder *Religiöse Stimmen der Völker* oder, ab 1925, *Deutsche Volkheit.* In Jena, nicht in Berlin bei Fischer, der in seinem bisherigen Lebensgang stets für die sich ergebenden Publikationen gesorgt hatte, wird 1908 das erste Wickersdorfer Jahrbuch verlegt. Im Grunde interessierte sich bei den Fischers auch nur der

Vater für Theorie und Praxis der Menschenbildung. Hedwig mochte ihren Sohn nicht recht gehen lassen.

Einen Monat nach der väterlichen Besichtigung hielt Gerhart, zurzeit mit der Familie in Loschwitz, im Tagebuch fest, dass er »in eine Anstalt kommen« solle. Der Gedanke ist ihm schrecklich. »Aber meine Eltern scheinen diesmal unerbittlich zu sein.« – »Gestern waren wieder fürchterliche Szenen.« – »Ich will nicht sagen, daß mir mein Vater Böses erwiesen hat. Er ist viel zu edel dazu. Aber seine Nervosität ist doch recht schädlich für mich, wie oft habe ich das nicht empfinden müssen. Das Gute werde ich *nicht* vergessen, aber diese Scenen sind ebenso unauslöschbar. Es ist nicht Unreife, was ich sage, habe ich *schwer* empfunden. Ich hoffe diese Scenen werden sich nicht oft wiederholen.« Vier Tage später (1. April 1907): die Novelle »Der Tag des Glücks« ist fertig und hat den Eltern »anscheinend sehr gut gefallen«. Gemeinsamer Ausflug in die Dresdner Museen. In der Zoologischen Sammlung freute sich das Haupt der Familie über die präparierten Paradiesvögel: »Farbe bilde Schutz, sagte Vati.«

Im August begleitete der Vater den Sohn, der jetzt seit Ostern die Anstalt besuchte, zum Schulbeginn. Erneut bekam er einen sehr guten Eindruck. Gerhart schlief im kleinen Saal. »Angeschlossen hat er sich ja, wie Du weißt, noch nicht, er wird dazu noch viel Zeit brauchen, aber ganz einsam ist er nicht.« Das nette Schweizer Fräulein Dr. Hedwig Freudwiler lehrte hier Botanik, kannte Hermann Hesse und kündigte dessen Besuch in Wickersdorf an – vielleicht könne man sich treffen, schrieb Fischer freudig. Unter den Schülern befanden sich zur selben Zeit der Ziehsohn von Korfiz Holm, die uneheliche Tochter des (1905 verstorbenen) Hartleben, der Schriftstellersohn von Zobeltitz, die Professorentöchter Helene und Cornelie van de Velde sowie, ab 1908, Sybilla Blei, Tochter von Franz, spätere Schauspielerin bei

Max Reinhardt. Doch diese Namen sind nicht in Gerharts Tagebuch verzeichnet, genauso wenig die Konflikte, die Wickersdorf durchrüttelten. Gustav Wyneken und Paul Geheeb, der Inhaber der Schulkonzession, dessen Ehe gerade getrennt wurde (»das ist für Geheeb und die Schule ganz gut«), begannen, sich in zäher Intrige zu überwerfen. Das Meininger Ministerium interessierte sich für den Religionsunterricht, denn der Pfarrerssohn Wyneken war bekennender Atheist und aus der Kirche ausgetreten. (Die Konzession wurde dann immerhin von Oberhofprediger Graue erteilt.) Samuel Fischer konnte wohl erst einmal nichts schrecken, denn er wusste: die Anfänge sind das Schwerste, die Kämpfe untereinander! Zur Unterstützung des Ganzen gehörte er dem fünfköpfigen Aufsichtsrat an, man blieb hier also nicht ohne Einfluss. Im folgenden Februar 1908, wieder aus Wickersdorf: »Gerhart ist nett und lieb – wenigstens bis jetzt, er ist mir eine wirkliche Freude. Auch loben ihn seine Lehrer sehr und ich habe die freudige Hoffnung, dass er ein tüchtiger und gesunder Mensch wird.« Mit der Ordnung hapere es noch, »aber das geht ja nicht so schnell«. Am nächsten Tag eine gemeinsame Karte: »Viele Grüße. Vati vertritt Dich in vollstem Maße.« Doch bei Hedwig löste irgendetwas den Angstpeter und ein Telegramm aus, man wunderte sich: »Gerhart ist sehr wohl und mit dem Gedanken hier zu bleiben ziemlich vertraut.«

Gerharts Vater und die Sehnsucht

Wenn man es überdachte, dann hatte die Zeit ja »alles Gute beschieden, was von diesem Leben zu haben ist«. »War ich dafür nicht immer empfänglich, so mußt Du mir glauben, dass nur körperliche und seelische Leiden im Stande waren zu verdunkeln was sich in der Erinnerung licht und froh ausnimmt.« Samuel Fischer schwankte zwischen Dankbarkeit und Selbstanklage und ging sich selber auf die Nerven, »ich bin keine zufriedene Natur und ich verlange von denen die ich liebe mehr als billig«. »Ich bin aber im Grunde meiner Seele kein Griesgram, denn es erhält sich in mir ein Optimismus, eine leicht zu entfachende Lebenslust, eine jugendliche frohe Empfindung trotz aller Schlaflosigkeit.« »Aber das ist ja eben mein Schmerz, dass ich im Leben und in der Arbeit ein anderer bin, dass ich Anstrengungen und Sorgen schlecht vertrage und mich ihnen nicht entziehen will und kann. Dieses ewige Mißverhältnis zwischen Wollen und Können, zwischen innerer Sehnsucht und mühseligem Vollbringen, bringt diese ewige Disharmonie hervor. Wenn ich das Leben lebenswerth empfinde fange ich immer zu philosophieren an und gewöhnlich muß ich meine Betrachtungen mit Resignation schließen.« Erschöpfungszustände?

Für ein singuläres Stimmungstief kehrten solche Tonlagen jetzt zu oft wieder; auch in seinen resümierenden Stichpunkten vom Januar 1907 (vielleicht für ein eigenes Erinnerungsbuch), mitten in den Reformplänen für Gerhart also, findet sich die Selbstbefragung, wie *er* Schwachheiten weiterentwickeln und »innerhalb meiner Wesensmöglichkeiten« einen »harmonischen Menschen« aus sich machen könnte. Gute Anlagen seien in ihm »nicht zur Reife« gelangt, »weil sie erst spät geweckt wurden«. Das »mag vielen Menschen so gehen; es kommt aber einmal für sie die Zeit des Verzichts des Sichbescheidens und damit der bürgerlichen Ruhe und Sicherheit. Mir ist bis heute so etwas nicht gelungen was ich freilich auf das Conto meines besseren Menschen setze, auf Entwickelungsmöglichkeiten, die ich, solange ich lebe, bei mir nicht zur Ruhe gebracht sehen möchte, denn Entwickelung ist Leben und ist mein Leben einmal so stumpf geworden dass alles an ihm ohne Spuren vorübergeht so ist das Stadium der vegetativen Existenz eingetreten.« Samuel Fischer betrachtete sich selbst nicht anders als seinen Verlag.

Er war nun siebenundvierzig Jahre alt und hatte etwas geschafft, geschafft und geschaffen, wofür nach Menschenmaß zwei Generationen vonnöten gewesen wären. Vielleicht ließen deshalb »bürgerliche Ruhe und Sicherheit« auf sich warten. Die Seele kam nicht mit. Für den wertkonservativen Mann aus der Liptau, der er war, entsprach diese Ruhe seinem Bild von einem persönlichen Ertrag. Doch ein Pionier seiner Bauart durfte auf solche Selbstgewissheit für sich nicht hoffen, eher, wenn er Glück hatte, für die nächste oder übernächste Generation. Als hochreflektierter Autodidakt wusste Fischer genau, wie sich sein Verlag aufgebaut hatte, mit welchen Mühen und welch schlafwandlerischer Gabe; es steckte in den Knochen, den Händen, den Nervenzellen – ein seismographisches Bewusstsein für die Anfälligkeit des Geschaffenen würde sich in ihm immer erhalten. Das Gefühl, bestimmte Anlagen »spät« (zu spät) entwickelt zu haben, bewies nur, wie unvorbereitet sich dieser Lebensgang für ihn ergeben hatte; und nach zwanzig Jahren wusste man dann, wo man sich zu sehr oder zu wenig hatte beeindrucken lassen, wie es früher schon »heller und weiter« in einem hätte werden können.

Dabei sah er nun wohl auch den leichteren Ausgangspunkt der jüngeren Kollegengeneration. Was ihm noch eigenhändige Errungenschaft war, lag ihnen in der Wiege: weil sie »gutbürgerlichen« Familien oder einem Bildungshintergrund entstammten, weil es ihn gab, der es ihnen vormachte. Anders gesagt, Albert Langen aus der Zuckerbäcker- oder die Cassirers aus der Telegraphenkabelfamilie sind schon in Paris gewesen, bevor sie 1893 und 1898 das Verlegen anfingen. Buchhändler Diederichs, der es erst mit der väterlichen Tradition der Landwirtschaft versucht hatte, durfte dank Erbe vierzehn Monate durch Italien ziehen, ehe er 1896, damals in »Florenz und Leipzig«, seinen Verlag aufmachte. Von den drei Bevorstehenden, die im ersten Jahr seiner Selbständigkeit (1887) geboren wurden und 1908 ins Rennen gehen würden, nämlich Erich Reiss, Kurt Wolff und Ernst Rowohlt, ganz zu schweigen.

Ins Rennen gehen ist das Stichwort für die eigentliche Beschwernis des pionierischen S. Fischer. Er hatte keinen Ausgleich, niemals Abstand. (Und für seine Frau galt dasselbe, trotz der Musik.) Bruno Cassirer züchtete Trabrennpferde, nicht einmal das ganz andere, bewirkte es doch zumindest einen Wechsel der Sphäre und des Menschenschlags. Wenn er, Fischer, darunter litt, im Leben und in der Arbeit nicht derselbe zu sein, dann auch, weil ihm kein Spielbein gewachsen war (»er ist nur da ganz Mensch, wo er spielt«, lautete doch schon Schillers Formel für die Versöhnung der inneren Antriebe). Das viele Reisen im Laufe eines Jahres: das Verlagsgetriebe vor wechselnder Kulisse von Natur und Kunst, und dies in Verbindung mit der leichtgängigen, bis auf null dosierbaren Geselligkeit eines eingeübten Hotellebens, bedeutete vielleicht sogar den Versuch, die Kontraste zu mildern, ein besseres Mischungsverhältnis von Arbeit und Leben zu bewirken, speziell, wenn man sich dabei noch mit seinen Autoren traf, Premieren besuchte. Man lief hier auch weniger Gefahr, die Familie, wie in Berlin, mit dem Mittagessen auf sich warten zu lassen. Ein Verleger »hat ständig die schöpferischen Möglichkeiten seiner Autoren und die Realisierungsmöglichkeiten des Verlagskörpers im Auge, im Kopf, im Herzen«, und dabei, so Unseld, muss er »ein großes Herz haben und sollte immer für dessen besondere Ernährung sorgen«. Hier war Lahmanns Diät das Falsche.

Fischer schrieb sich einen anderen Mangel (oder den gleichen Mangel anders) zu: »Sehnsucht und Ohnmacht zur Freundschaft. Meine ironische Maske. Die Abhängigkeit meines Verhältnisses zu Menschen. Meine Fremdheit zu den

Menschen und dennoch mein Bedürfnis nach den Menschen.« Der Mann, der sich unendlich viele Gedanken machte über das »Heilignüchterne« seiner Ware und jeden Tag von neuem erfuhr, dass »verletzlichste Gemüter« sie lieferten, beleuchtete die Absonderlichkeit des Verleger-Autoren-Verhältnisses nicht. Ein blinder Fleck. Eine ihm eigene Bescheidenheit (den »Fehler« bei sich suchend), und auch sie verrät noch die Lehre des Selfmademan, der bei einem eigenen Fehler um die Chance weiß, ihn immerhin abstellen zu können. Doch die »Fehler« des Miteinanderseins, die sich hier aufdrängen, waren in sein Arbeitsleben eingebaute. Und nach zwanzig Jahren konnten sie sich allmählich aufs Gemüt legen. Man führte einen »Salon, in dem die beste Gesellschaft verkehrt und in dem der Wirt die Pflicht hat, jeden einzelnen sich so fühlen zu lassen, daß er die Grenzen seiner Selbständigkeit nicht angetastet sieht«. (Oscar Bie) Man war der Hüter seines Autors, Förderer der »schönen Müllerin« am Spinnrad – und ihr Rumpelstilzchen.

Fischer war in vielerlei Hinsicht prädestiniert für den Verlegerberuf. Unter anderem, weil er über die Grundelemente zivilisierten Umgangs hinaus für sich selbst nicht viel von Menschen (außerhalb der Familie!) erwartete. Dabei dürfte Max Halbe ihn gleich zu Beginn außerdem verschreckt haben. Junggesellige Zutraulichkeit wich Konsterniertheit, als sein Autor »aus heiterem Himmel einen Conflict« heraufbeschwor, um seinen Vertrag zu lösen und einen anderen Verleger zu finden. Mit Engelsgeduld rekapitulierte der Brüskierte, worin Halbe irrte, dass er derjenige auf der Habenseite sei – als unwürdig empfundene Aufklärungen, die Fischer keinen Spaß machten. Und Halbe, mit seinem Liebesdrama *Jugend* 1893 sehr bekannt geworden, mit dem knittelreimigen *Amerikafahrer* gerade durchgefallen, wollte gar keine Verständigung. Fischer am 3. August 1895: Wäre man ihm etwas schuldig geblieben (irgendwelche

40 Mark), würde sich dies klären lassen. »Nur den unerhörten Ton Ihrer Zuschrift sowie die aus Nervosität und Ihrem bekannten Mißtrauen diktirten Insinuationen möchte ich für heute schärfstens zurückweisen.« Für heute und für alle Mal.

Böse Worte mussten gefallen sein, denn sein dreiseitiger Brief enthielt beispiellose Entgegnungen, ein ähnlicher Temperatursturz findet sich kaum noch einmal. Er habe nicht das Geringste getan, »was Sie veranlassen konnte über ›Verlegerdünkel‹ oder ›*Werth*unterschieden‹ zu dociren. Wenn Sie sich nun jetzt in Ihrer Dichtergroeße veranlasst fühlen, mir über das Untergeordnete meiner Stellung zu Ihnen Belehrung zu ertheilen, so diene Ihnen zur Kenntniß, dass das zwischen uns bestehende contractliche Verhältniß nur zwei gleichberechtigte Factoren kennt: Sie als Produzenten und mich als Zwischenhändler. Mögen Sie noch so berühmt sein und von der Höhe Ihrer Stellung mit unsagbarer Geringschätzung meinen Verlegerberuf betrachten, auf unser *geschäftliches* Verhältniß bleibt das ohne Einfluß und ich bin nicht gesonnen, mir deshalb von Ihnen auch nur das Geringste gefallen zu lassen. Ihre verdeckten Drohungen habe ich nicht zu fürchten«, denn seine Geschäftsführung sei einwandfrei, durch seine Autoren wie jeglichen Sachverständigen leicht nachprüfbar die »denkbar correcteste«. Addio, Max Halbe, hochachtungsvoll ergebenst. (Ausgerechnet Hauptmann bestärkte damals darin, ihn ziehen zu lassen – und bildete vielleicht einen Faktor, weshalb Halbe ziehen wollte.)

Zeit seines Verlegertums würde Fischer auf kleinste Suggestionen einer ihm ungerechtfertigt erscheinenden Unzufriedenheit mit seinem Einsatz empfindlich reagieren, statt sie abprallen zu lassen. Seine äußere Wappnung gegen jede Blöße war, wie im Halbe-Brief, die geschäftliche Tadellosigkeit. (»Sollten wir geschäftlich-verlegerisch oder menschlich – ich kann beides voneinander nicht trennen – noch manches Jahr mit einander in Berührung kommen, so werden Sie vielleicht finden, dass in materiellen Fragen in allen Fällen mit mir eine Differenz nicht zu sein braucht. Ein wenig Vertrauen gehört ja freilich dazu«, an Hesse im Dezember 1904.) Nicht dass Fischer charakterlich eine Alternative gehabt hätte, als ehrwürdiger jüdischer Kaufmann, doch angesichts der erschwerenden Situation, mit fordernden Laien (die moralisch stets auf »Notwehr« plädierten), den verletzlichsten Gemütern (denen man größte Geduld entgegenbringen musste), Geschäftsbeziehungen zu unterhalten, bekam eine objektiv größtmögliche Untadeligkeit verstärkte Bedeutung. Für Fischer eben auch, um menschlich im Lot zu bleiben, und damit stünde er dann recht allein. Sein Gewerbe hielt andere Regeln vor. Hier lagen die Gefährdungen für jemanden, der es in seiner nächsten Umgebung gern klar und echt zugehen sah und der dieses Metier tatsächlich wie ein Allererster ausübte: jede Erfahrung auf sich beziehend; den Maßstab allein in sich selbst findend; mit Gerechtigkeitssinn und dem Ehrbedürfnis, richtig verstanden zu werden.

Einer der Hauptparameter in Fischers Kalkulation hieß von Anfang an: Langfristigkeit. Das machte ihn, über das gängige Spiel der Preistreibereien durch Konkurrenz hinaus, erpressbarer als andere, als den an Themen orientierten Diederichs oder den sprunghaften Münchner: »Herr Langen, der sich das Verlegen ein wenig bequem macht, indem er auf echt amerikanische Art davon ausgeht, erfolgreiche Autoren wegzuschnappen, hat damit aber kein Glück, und ich hoffe, er wird es auch mit Ihnen nicht haben« (an Hesse, Mai 1906). Die eigentliche Anforderung besteht für den Verleger darin, die Erfolgreichen zu halten. Fischer glaubte, man müsse wissen, was man an ihm habe, die Verlagstreue empfand er als seine einzige unverzichtbare Anerkennung von Autorenseite, selbst wenn dafür, je nach Marktwert des Betreffenden, Extrazahlungen zu leisten waren. Nach seiner festen Überzeugung verlangte schon die dichterische *Produktion* nach einem konstanten Klima. Nur auf gemeinsame lange Sicht ließen sich die »Phantasiewerte« bilden, durch das Geschick des Verlegers für sie alle abschöpfen und schließlich als die bleibenden Werte schaffen, die der Seele, jedenfalls der Fischer'schen, erst Befriedigung gaben. Darum kreiste sein sorgendes Kaufmannstum. Ein Dasein, das nicht mit dem Gefühl getaner Arbeit belohnte und das Menschliche aus dem Geschäftlichen nicht heraushalten konnte, zumal die Anfänge dieses Verlages seinen Verleger in aller Vagheit von einer Ideen- oder sogar Werteverbundenheit ausgehen ließen. Auffällig ist, dass Fischer das Erwirtschaftete nie zur Expansion eingesetzt hat, zu »strategischen Zukäufen« einer Druckerei oder eines anderen Verlages. Immer mehr wird sich zeigen, wie sehr er seine Firma als Lebenszweck und Lebenswerk über einen bloßen unternehmerischen Gewinn stellte.

Unter den »gekrönten Häuptern«, mit denen Fischer seinen Lebenszweck nicht unwesentlich stehen oder fallen sähe, zeigte sich nicht zufällig bei dem Hanseaten Thomas Mann ein natürlicher Sinn für die auf Kontinuität zielende Geschäftsführung seines Verlegers. Und dies in einem unangekränkelten kaufmännischen Selbstverständnis, welches Mann nur von zu Hause mitgebracht haben konnte (aber seinem Hanno Buddenbrook nicht zugestanden hat: »Genie« blieb bei ihm unpraktisch, solides Kaufmannstum lief seiner Künstlertypologie zuwider, wie Kaufleute wiederum zu seinen vitalsten Figuren gehören). Der Lübecker, der mit seiner Frau Katia zudem einen guten Weg fand, die Buchhaltung zu delegieren, hatte auch Sinn dafür, dass es Takt und Diskretion und vielleicht auf beiden Seiten ein wenig Selbstverleugnung verlangte, wollte man sich im persönlichen Verhältnis nicht zu sehr davon beeinträchtigen lassen, dass der Autor immer der war, der sich etwas abrang und darin preisgab, und der Verleger es sich aneignete; dass sich die Zwittrigkeit der Ware in ihrem Verhältnis wiederholte, einer durch Sympathie gemilderten Merkantilität oder durch das Merkantile störbaren Freundschaftlichkeit. Autor und Verleger blieben äußerst ungleiche Investoren, auch wenn sie sich beide das Ideelle der Ware zugutehielten und beide damit ein ruhmreiches Geschäft machen wollten.

Man habe ihm kürzlich geschrieben, Napoleon sei »schon deshalb ein großer Mann, weil er einen Verleger erschießen ließ«, begannen Unselds Aufzeichnungen zu diesem Thema. Für den Autor ist die Verbindung zu seinem Verleger existentiell (es müsse »erniedrigend« auf ihn wirken, wenn sein Werk in den kommerziellen Prozess einging, vermerkte Fischer einmal), zur Kompensation hat er den »Hochmut des Künstlers«. Der eigentümerische Verleger behält die Oberhoheit über seinen persönlichen wie materiellen Einsatz, über jenes höhere Dividieren mit den heterogenen Parametern, mit *allen* Werten, die den Verlag aufrechterhalten. Er rechnet zum Fortbestand des Ganzen und all seiner daran Beteiligten. Der einzelne Autor, eine Einzahl, die sich einer Vielzahl gegenübersieht, rechnet in die Gegenrichtung, allein für sich selbst. Und beide können gar nicht anders. Im Grunde weiß der Autor nie genau, wo er im Verlag, noch weniger, wo er auf dem Büchermarkt steht (siehe Goethe). Er muss »Liebesbeweise« verlangen, Garantien, dass man sich bestmöglich für ihn und seine Sache einsetzt, er muss für ein schlechtes Gewissen sorgen, um nicht zu den Benachteiligten zu gehören, zu denen sich tendenziell alle zählen, denn irgendjemand *ist* ja immer benachteiligt.

Manns Kollege Hauptmann war das beste, schon pathologisch zu nennende Beispiel. Noch nach diversen Hochsteigerungen hieße es zwanghaft in ihm: Gibt er mir dies freiwillig, dann steht mir gewiss mehr zu. Hauptmann musste die Rollen verkehren und die Oberhoheit über die Mittel erlangen (für die Fischer dann seinen Teil erhielte). Er hatte seinem Landsmann Stehr zufolge ein nicht unähnlich gelagertes Talent zur Freundschaft: »Hauptmann ist nicht der Mann des strömenden Hingebens, er ist immer der Besitzer und Verfechter seines jeweiligen Rechtes. Das ihm nicht nur als Recht wertvoll gilt, sondern mehr als eines anderen Meinung durch das Bewußtsein seiner literarischen Potenz wiegt. So kommt es, daß er sich in Sachen, von denen er sich kein Urteil gebildet hat, belehren läßt, nie jedoch von einer erworbenen Ansicht abzubringen ist. Er verfechtet seinen Standpunkt aber nicht mit der Leidenschaft eines Besessenen, eines Enthusiasten, sondern behauptet sich, in die Enge gebracht, durch Schweigen oder Darüberhingehen. Diese betonte Überhobenheit zerstört jede lebendige Beziehung zu ihm, degradiert alle Geselligkeit zum bloßen Umgang. Schwächere Naturen kommen so schnell in geistige Abhängigkeit von ihm, aber diese Herrschaft ist nicht ausgestattet mit all den großen überwältigenden Formen froher, lachend sieggewisser Kraft, sondern mit einem fast das Verletzende streifenden Obenhin.«

Hauptmanns dominantes Obenhin kannte Fischer. In diesen Jahren der persönlichen Krise, mit Sohn Gerhart im Wickersdorfer Experiment, gaben andere Autoren ihrem Verleger einen Vorgeschmack auf die Zukunft und in geschäftlicher wie in menschlicher Hinsicht zu denken: Hermann Hesse und Jakob Wassermann. Ersterer traf das Lebensgefühl der reformbewegten Jugend, der Steglitzer Gymnasiasten. Fischer wollte ihn unbedingt an den Verlag binden und Hesse, bei aller Gefragtheit, die ihn zugleich lähmte, nicht von ihm abhängig werden: Er ließ sich parallel auf Langen ein und beteiligte sich an dessen neuer Zeitschrift *März*. Dann brachte er Verpflichtungen diesem gegenüber ins Spiel. Der in einem eigenen Bauernhaus in Gaienhofen am Bodensee lebende Schwabe (es muss etwas daran sein) erwirtschaftete daraus einen Dreijahresvertrag mit einer Ausnahmepublikation für Langen und einem Monatsfixum, das auf seine Tantiemen nicht angerechnet wurde. Vertraulich, unter Gentlemen. Regelungen, die bis dahin nur der Eine traf. Hesse war erst 1903 bei Fischer Autor geworden, ein umhegter sogar, doch eine moralische Verpflichtung bestand bei seinem sofortigen Erfolg kaum. In drei Jahren würden die beiden wieder diskutieren. Hesse würde zeigen, wie gut er rechnen konnte, dabei sein Freiheitsbedürfnis *und* seine Selbstverpflichtung gegenüber Langen (der mittlerweile tot war) ein bisschen überreizen, und Fischer, in die Schranken gewiesen, würde dem bedrängt reagierenden Autor raten, sich einfach mal für einen Verlag zu entscheiden. Auf Fischer verzichten mochte Hesse auch nicht, über dessen Beteiligung an Indienreiseplänen fanden erneute Annäherungen statt, bis sich das alte Muster mit dem Ullstein Verlag als Drittem wiederholen und zugleich eine neue Qualität annehmen würde: Ullstein war ein Presseimperium, unkalkulierbare Vorschüsse kamen ins Spiel.

Gerade eben, 1907, trat man auch an Schnitzler und dessen ersten Roman für einen Zeitungsabdruck heran (Angebot: 20 000 Mark). Fischer sprach bereits von einem »allgemeinen Romanwettlauf«! Wenn Thomas Mann ein paar Tage später gegenüber Heinrich ein »express«-Herbeieilen seines Verlegers erwähnte (»Ich las ihm ein Kapitel [von *Königliche Hoheit*] vor und bekam recht stolze Bedingungen zugestanden: 6000 für den Vorabdruck und 10 Tausend gleich honorirt. Mir ist nicht ganz geheuer bei diesem Optimismus.«), dann weiß man, dass es mehr Sorge war, die Fischer herbeieilen und dies Angebot aussprechen ließ, und Mann seinen akuten Wert, speziell auf dem Zeitungsmarkt, vielleicht nicht kannte.

Vom Romanwettlauf sollte auch der schwierigste Fall dieser Jahre profitieren, Jakob Wassermann. Mann des strömenden Hingebens wie des Verfechtens seiner Rechte. Er war nun das Beispiel eines Autors, der seit Jahren wie kein Zweiter vom Nimbus und von der verlegerischen wie gesellschaftlichen Infrastruktur S. Fischers Beförderung erhielt; nicht zuletzt von »Frau Hedwig« und Lektor Heimann, an dem er hing, der ihm Halt bot und ihn in die Lehre nahm. Wassermanns werbende Art, sich mit beiden Fischers zu befreunden, grenzte an Aufdrängung, doch es wurde wohl nicht so empfunden. (»Liebe Frau Hedwig, in dieser Stunde dachte ich plötzlich an Sie, Ihr Bild stand so leibhaftig vor mir, daß es mich trieb Ihnen zu schreiben, obwohl nichts zu schreiben ist ...« Oktober 1904.) Der Wildling und Findling, als der er von seinen Ehefrauen und sich selbst apostrophiert wurde, hatte gelernt, sich von Freunden, von den richtigen Leuten, die Gutes an ihm vollbrächten, an die Hand nehmen zu lassen, und richtiger als die Fischers konnte für ihn kaum jemand sein. Glaubwürdiges Freundschaftsgefühl und zweckhaftes Weltverhältnis verschmolzen hier wohl so stark zu einer (narzisstischen) Einheit, dass ein mit ganzem Wesen Umworbener schwerlich die Chance zu einer eindeutigen Abwehr- oder Zuneigungsreaktion erhielt. Bedrängungsgefühle, von milde lächelnd bis unangenehm berührt, finden sich bei den Wiener Kollegen ausgedrückt; Bedrängtheit sprach aus Fischers Reaktionen, gerade da, wo sie in Wassermanns Worten als »hypochondrische Wolken« und »ewiges Zweifeln« pathologisiert wurden. »So genügt ein kleiner Anlaß, um dich an einem ganzen Menschen irre zu machen« – bei Wassermann genügte dies wohl durchaus. Doch Fischer ließe es grübeln.

Dabei war sein Autor sich bewusst: »Wenn ich meine dumpfe, zu jeder Art von konsequentem Sichselbstrechenschaftgeben unfähige Natur in Betracht ziehe, so muß ich es als ein wahrhaft ungeheures Glück betrachten, daß ich im Leben da stehe, wo ich stehe.« (24. September 1903) »Und wie kommt es, daß die Männer, die ich kennen lerne, mit wenigen Ausnahmen, alsbald alle von mir gehen, die Freunde als Feinde, die guten Bekannten als noch etwas Schlimmeres? Ist es das allgemeine Schicksal?« (16. Januar 1904) »Fischer war sehr entgegenkommend und rücksichtsvoll in der Alexander-Affäre; ich darf ihm das nicht vergessen. Wie sollte man die Verläßlichkeit der Menschen nicht würdigen, die sich in Krisen bewährt? Es ist die einzige Sicherheit und das Gefühl erhält gleichsam seine Valuta dadurch« (20. Februar 1904, in Berlin). »Das gewissenlose, unheilbar törichte, zu rechnen unfähige Verhältnis zum Gelde gehört entschieden zu den tragischen Dingen meines Lebens« (25. Oktober 1905). Marta Karlweis, die zweite Ehefrau: »Wassermann hat zu allen Zeiten eine eigentümlich quere, ja dämonisch-verstellte Beziehung zu Geld und reichen Leuten gehabt. Besaß er Freunde unter ihnen, so verloren sie entweder ihren Reichtum oder die Verbindung zersetzte sich auf völlig unverständliche Weise bis zur Auflösung. Erwarb er selber Geld, so zerrann es in Verpflichtungen, Schulden, übermäßigen Ansprüchen, ehe es recht beisammen war.«

In diese Zeit fiel nun ein Ringen um Wassermanns bis dahin aussichtsreichsten Roman *Caspar Hauser oder Die Trägheit des Herzens*. In Absprache mit Fischer versuchte er, den Vorabdruck meistbietend zu verkaufen, wofür sich schließlich die Deutsche Verlagsanstalt fand (ihre Zeitschrift *Über Land und Meer*). Laut Autor unter der Bedingung, noch das Buch zu bekommen. Der Vorgang blieb uneindeutig. Fischer hatte irgendwann genug. Wassermann würde also das ihm »liebste Werk« im September 1907 für einen nicht viel höheren Vorschuss, als sein Hausverlag hatte zahlen wollen, weggeben. Und dann, vor allem in seinen Briefen an Hedwig Fischer, seinen »treuen Bund« fortsetzen, dafür werben, dass man es ihm nicht allzu übelnähme. (»Ich will Ihnen nun noch in aller Form danken für die Gastlichkeit, die ich in Ihrem Hause genossen habe, – denn solche Dinge müssen immer auch dokumentarisch befestigt werden. Zum ersten Mal hatte ich in Berlin so etwas wie ein Heim; was das sagen will, darf unberedet bleiben.«) Seinen Verleger hatte er gekränkt. Von nun an pflegte Wassermann Fischer der hypochondrischen Zweifel zu bezichtigen und Fischer mit den »Hypochondrien« vielleicht Rücksichtnahme einzufordern – so sehr der Fürther den Finger in eine Wunde legte: es verstand niemand so gut wie er, diese Wunde zu traktieren. Das war hohe Kunst der emotionalen Befestigung, sie kam von Herzen. Talent will wachsen.

Das Interesse an seiner Begabung wie an seiner Person hielt die Anziehung aufrecht, zugleich war man über Dritte, Vierte, Fünfte verwoben. (Paula an Richard Beer-Hofmann: »Ich mußte unterbrechen, weil Hugo da war; er hat mir erzählt, daß Wasserm. bei ihm war und ihm erzählt hat Frau Fischer hätte ihm geschrieben: ›Du bist ganz Stück‹« ...) Seine Leidensfähigkeit konnte bewegen, das »gewisse Charlatanhafte« (Heimann) und sein altdeutsches Gepräge entwaffnen; dämonisch und metaphysisch seien seine Lieblingsworte gewesen, nach fränkischer Eigenart die harten Konsonanten weich und die weichen hart ausgesprochen. Ein Mann mit starkem Willen, der aus der erklärten Position des Schwachen für sich in die Pflicht nahm und zugleich alles offenhielt. Schnitzler: »Er ist und bleibt ein großes Talent und ein schwindelhaft-unreinliches leichtmacherisches Subjekt. Auf dem Weg auf den Schlern erklärte ich ihm, dass er eine Verbrechernatur sei. Ich hab ihm geschmeichelt« (24. August 1908). Wassermann: »Hört mal, Fischers, ich habe das, bei mir seltene, Bedürfnis, euch Du zu sagen. Wie nehmt ihr das auf? Wie ist euch dabei? Ich denke, im Innern sind wirs schon lang, die Frauen sind es auch, es ist also nur ein kleiner Formalitätsrubikon zu überspringen« (31. August 1909).

Was als besondere Nähe zu Samuel Fischer beschrieben worden ist, klingt vielfach nach einem Monolog aufseiten Wassermanns und nach Vertraulichkeit gegenüber der für das »Rosenrot« anfälligen Ehefrau. Bei der Art von Verkehr, den man pflegte, bei der Art von Sprödheit, hinter der sich Fischer zu verbergen verstand, dürfte es recht unmerklich gewesen sein. »Haben wir also seit Jahren mit ausweichender Scheu vermieden über Lebensdinge zu sprechen, die Deine gedichtete und meine gelebte Welt betreffen, so war das vielleicht eingetreten, weil Du nicht immer bereit warst Einwände gelten zu lassen, vielleicht darf ich mit einiger Uebertreibung sagen, weil Du prätendierst in menschlichen Dingen als Autorität und Specialist letzte Entscheidungen zu treffen, gegen die zu polemisieren von vorneherein unfruchtbar wäre.« So Fischer, einmal mehr entwurfsweise es für sich behaltend, Jahre später (1925).

Verleger und Autor bleiben einander immer der andere. Wer in diesem fragilen Gefüge, das jede Regung als Geschäftsgebaren auskristallisieren konnte, seine eigene Befähigung zur Freundschaft ausloten wollte, der musste resignieren und verriet vielleicht sogar Maßlosigkeit. Würde sich Fischer in schlaflosen Nächten gefragt haben, ob er ein anmutiger Äquilibrist war, hätte er sich loben müssen.

Schnitzler immerhin entschied zeitgleich gegen die größte Zahl; 22. Oktober 1907: »Telegr. von Fischer, mit meinen Bedingungen einverstanden. (12.000M. Abdruck N. R.; 8 Aufl. garantirt.) Ullstein An[ge]bot (trotz 20.000 – doch aus praktischen Gründen) zurückgewiesen; ebenso auch viele andre.« Dem melancholischen Skeptiker war klar, dass man nie wusste, wie man in einem anderen Haus fuhr, der *Vorschuss* war ja nur ein Aspekt der Verlagsleistung. Fischers Erstangebot für dessen umfangreichstes Werk *Der Weg ins*

Freie im Vorabdruck der *Rundschau* hatte die Hälfte von Ullsteins betragen (10 000 Mark und 7 Auflagen garantiert). Am Ende wird es Schnitzlers erfolgreichstes Buch werden. An dieser Stelle lässt sich auf Gerhart und die Frage nach der Taufe zurückkommen. Denn, wie es im Waschzettel zu dem Roman hieß: »Allerlei Probleme der Zeit« wurden darin »berührt, insbesondere den Schicksalen der modernen Juden, innerhalb der eigentümlichen Gruppierung der Wiener Gesellschaft, wird mehr noch nach der seelischen als der rein sozialen Seite nachgegangen.«

Fischer verspürte zu Ende seiner Lektüre »eine seltene Ergriffenheit«. Die Wiener reagierten eher betreten. Man fühlte sich indiskret porträtiert und führte oder wiederholte nun unfreiwillig die von Schnitzler literarisierten Salongespräche. Bedeutsam wirkt der Roman nicht als Literatur, sondern als perspektivenreiche Kompilation der verschiedensten, vor allem jüdischen Haltungen »zur Judenfrage«, zu Assimilation und Taufe, Antisemitismus oder neuerdings Zionismus, die angesichts der politisch-sozialen Lage diskutiert oder als verdrängt vorgeführt werden. »Im Gegensatz zu vielen Freunden, etwa zu Beer-Hofmann oder Hofmannsthal, erkannte Schnitzler religiöse Vorstellungen, gleich welcher Art, aus Prinzip nicht an. Zu keiner Zeit erstrebte er eine Rückkehr zum jüdischen Glauben oder eine ›Assimilation‹ an die katholische Mehrheit. Er hielt am liberalen Rationalismus der Elterngeneration fest, als sich die politischen Bedingungen längst gewandelt hatten. Seine Lösung der ›Judenfrage‹, die er in erster Linie als ein Problem der Antisemiten betrachtete, blieb das Ideal einer vernunftbestimmten Gesellschaft.« (Ulrich von Bülow) Als ein Problem von nichtjüdischen und jüdischen Antisemiten, wäre zu ergänzen. Im Tagebuch vermerkte der mit Theodor Herzl gut bekannte Dichter unter dem Namen »Esoi-Juden« seinen besonderen Hader mit den Erscheinungsweisen gegenseitiger (Selbst-)Verachtung, und an anderer Stelle erwähnte er, wie in seiner Jugend in den 1880er Jahren in Wien »das Scherzwort geprägt wurde: Der Antisemitismus sei erst dann zu Ansehen und Erfolg gediehen, als die Juden sich seiner angenommen«.

Im Februar 1910 kam es laut Tagebuch von Gerhart auf dem Semmering zu einer Diskussion mit Felix Salten über das Judentum; auch sie stand im Zeichen einer großen Kontroverse, die seit vier Wochen Juden wie Nichtjuden erregte: der Abrechnung des Kritikers Theodor Lessing mit dem Kritiker Samuel Lublinski, vordergründig zu Fragen der Literatur, betitelt *Samuel zieht die Bilanz*, in der von Siegfried Jacobsohn herausgegebenen *Schaubühne*. Sie strapazierte auf eine derart polemische Weise antijüdische Karikaturen, dass sich in der Folge mehr als dreißig Schriftsteller öffentlich gegen Lessings Satire wandten und Thomas Mann sich ungewöhnlicherweise (Lublinski hatte in seiner *Bilanz der Moderne* von 1904 Manns Zukunftspotential als Erster benannt) zu einem Gegenartikel veranlasst fühlte: »Da er [Lessing] den Versuch wagte, einem Schriftsteller, dessen bedeutendes Streben Achtung verdient, dessen Wirkung auf die Zeit aber ohnedies durch spröde Eigenschaften gefährdet ist, mit albernen Lügen zu schaden, so galt es, dem Unfug zu steuern. Ich oder ein anderer: Irgendwer mußte den Schächer strafen. Kein ehrenvolles Geschäft; aber vornehmes Übersehen ist nicht immer am Platz und macht den Lumpen das Handwerk zu leicht.« Schnitzlers, Saltens, Beer-Hofmanns sowie die Fischers sandten Mann spontan eine gemeinsame Postkarte »wegen seines vorzüglichen Artikels gegen Theodor Lessing« (Schnitzler, 5. März 1910). Lessings Repliken *Wider* und *Gegen Thomas Mann* verschonten dann auch die Pringsheims nicht. (»Tommy durch Lessingerei ganz krank«, so die Schwiegermutter am 22. Mai

1910. Lessing hatte sogar eine Duellforderung telegraphiert. Die Sache wird noch über Jahre Ausläufer haben.)

Eine Rekonstruktion der Hintergründe (durch Peter Sprengel) ergab, dass es sich bei der Lessing'schen Polemik um die Folge und Fortsetzung einer privaten Diskussion über Assimilation und Zionismus handelte: Während Lublinski für eine kulturelle Integration eingetreten war, unter dem zusammenfassenden Dach des nationalen Staates, in dem ein Jude seine Eigentümlichkeit so gut behalten könne »wie der Katholik oder der Bajuvare«, warf der Zionist Lessing diesem Identitätsverlust vor, Verrat am eigenen Volk. Oder, wie es zwei Jahre später, mit Bezug auf den hohen Anteil an Juden in der deutschen Kultur, an anderer kontroverser Stelle hieße: »Wir verwalten den geistigen Besitz eines Volkes, das uns die Berechtigung und die Fähigkeit dazu abspricht.« Dies ging auch Fischer an.

Als seine Schrift *Totem und Tabu* 1930 auf Hebräisch herauskam, in einer ihm nicht verstehbaren Sprache, seiner »väterlichen Religion – wie jeder anderen – völlig entfremdet«, erklärte Sigmund Freud: »Fragte man ihn: Was ist an dir noch jüdisch, wenn du alle diese Gemeinsamkeiten mit deinen Volksgenossen aufgegeben hast?, so würde ich antworten: Noch sehr viel, wahrscheinlich die Hauptsache. Aber dieses Wesentliche könnte er gegenwärtig nicht in klare Worte fassen. Es wird sicherlich später einmal wissenschaftlicher Einsicht zugänglich sein.« Dieselbe Antwort könnte Samuel Fischer aus der Liptau, Mitglied der Jüdischen Gemeinde von Berlin, für sich gegeben haben. Doch welche Antwort gab er seinem Sohn, dem gebürtigen Berliner, der in diesen von Infragestellungen geprägten Zeiten des Jahrhundertwechsels aufwuchs und nicht oder kaum mehr seine Großväter kennengelernt hatte?

»In den Jugendjahren eines jeden deutschen Juden gibt es einen schmerzlichen Augenblick, an den er sich zeitlebens erinnert: Wenn ihm zum ersten Mal voll bewußt wird, daß er als ein Mensch zweiter Klasse in die Welt getreten ist, und daß keine Tüchtigkeit und kein Verdienst ihn aus dieser Lage befreien kann«, schrieb 1911 Walther Rathenau, der Nachbar im Grunewald. »Mein Werk durchzusetzen, zu beweisen, daß auch ein ›Jude‹ (dieses seit langem verhaßte Wort) Musik schreiben kann, wird manches kosten. Dazu reicht vielleicht mein bischen Kraft aus«, notierte Gerhart wenige Wochen vor seinem fünfzehnten Geburtstag (20. Juli 1909). Die Diskussion mit Salten ein paar Monate später wird ihm erstmals »voll bewußt« machen, »daß ich wirklich keinen Grund habe mein Judentum zu verbergen und mich dessen zu schämen«. Er nahm sich jetzt vor, Stolz zu empfinden auf die jahrtausendealte Kultur, und die körperliche Schwäche zu beheben, um »weiter die Miterbauer menschlicher Kultur bleiben zu dürfen«. Kommentare des Vaters sind nicht notiert. Der Sohn müsse leiden und sich verteidigen lernen, hatte der seiner Frau geschrieben. Lernen, mit einem Beweisdruck zu leben, mit dem Urteil, das bei Geburt schon gefällt ist, oder mit dem Schicksal, dass Juden immer »irgendwo den Barbaren begegnet« sind, wie Fischer bei Otto Flake zitiert wird. (»Ich glaube, zwei Juden haben nur ihre Ängste gemeinsam, so könnte man es tatsächlich definieren – zumindest in Ost- und Mitteleuropa.« Imre Kertész)

Bei Gerhart wickelte sich also eine vorsichtige Zuversicht heraus. Manches klang vorerst nach bereitgehaltenen Erfahrungsmustern, nach dem Streben, zu den Erwachsenen aufzuschließen, Ebenbürtigkeit zu denen zu erlangen, die in der Erdenerstraße tagtäglich von Werken sprachen und deren Erörterungen er in seinen Aufzeichnungen mit der eigenen Klugheit fortsetzte. »Der Grundfehler der Wagnerschen Kunst ist eine Betonung des Körperlich Heroischen, also nichts als ein Hausknechtsideal, hier spielt Degen und Schwert die Hauptrolle«; »es gibt in der deutschen Geschichte, Wagners eigentlichem Gebiet, eine Epoche, die wert ist verewigt durch ein Genie zu werden, es ist die Epoche der Minnesänger, die Blüte deutscher Kultur, die Wagner schon einmal in den ›Meistersingern‹ so herrlich besungen hat.« (Er las den »herrlichen Briefwechsel« Wagners mit Mathilde von Wesendonk, der ihm ein Vademecum war, »eine so hohe und edle Freundschaft ist auch mein Ideal«.) Sich detailliert mit Wagners Kompositionen zu beschäftigen bedeutete wohl auch, dessen einschlägige Schriften über die Unmöglichkeit jüdischen Schöpfertums zu kennen. Doch ob Gerhart es mit seinen Werken mehr den Judenfeinden, den Eltern und ihren Kreisen, dem eigenen Talent oder seiner ersten unerfüllt-leidvollen Mädchenliebe Gerda (»das Kind«) beweisen wollte, muss gar nicht entschieden werden.

»Dazu reicht vielleicht mein bischen Kraft aus, aber mich mit Frauenzimmern zu ärgern, ihnen aufzulauern, auf ihre Briefe warten davor bewahre mich Gott. Dafür bin ich nicht geschaffen.« Dies war schon aus der Rückschau gesprochen. Gerhart hielt die Koedukation für verfehlt, Wyneken sei darin selbst ganz unklar. (»Was ist denn nun aber der Erfolg? Nichts als Poussieren, höchstens noch mehr!« 9. Februar 1910) Dennoch hatte er hier »die schönste Periode« seines Lebens verlebt, mit dem vierzehn Jahre älteren Lehrer Martin Luserke, Lu, eine »frohe und gesunde Atmosphäre« und »einen gleichinteressierten und intelligenten Freund« gefunden: »ein ganz unersetzlicher, vielseitiger, gemütvoller Universalmensch, der wirklich meine geistige Entwicklung eigentlich verursacht und gefördert hat«. Wem ähnelte der Sohn nun eigentlich mehr, dem Vater oder der Mutter? Für die letzten zwei Schuljahre kehrte er im Februar 1910 ans Grunewald-Gymnasium zurück, nachdem es in Thüringen aus der Aufsichtsratsperspektive zu turbulent geworden war.

Paul Geheeb hatte Ende 1908 den Ort verlassen (und die Odenwaldschule gegründet, die Thomas Manns Kinder noch kennenlernen würden), doch Wickersdorf, notorisch in Geldschwierigkeiten, geriet in den Ruf, intellektuell zu überfordern. Ein Vater hatte Wyneken angezeigt, weil er zu »frühreifer, hochmütiger, absprechender Kritik« erziehe; Ellen Key attestierte nach ihrem Besuch eine gefährliche Verkümmerung des Gemütslebens. Gerhart befand Wyneken selbst für »unerhört hochmütig«; sein Vater wiederum schrieb mit enttäuschter Empfindlichkeit, Musiklehrer August Halm habe den einzigen Begabten, seinen Sohn, nicht gefördert, sondern sogar benachteiligt. Zwei Tage nach seinem 50. Geburtstag, am 26. Dezember 1909, kündigte Fischer sein Ausscheiden an (was nicht gleich möglich war). Er habe mit Wickersdorf »nicht viel Freude gehabt und auch nicht viel Glück«. Und weil immer alles zusammenkommt, hatte dieses Jahr auch noch eine Ehekrise beschert. (Da »ich eingesehen habe, dass auch Du über mein wahres Wesen nicht unterrichtet bist. Das ist das traurigste und schwerste Resultat meines Lebens, dass ich auch in Dir nicht verankert bin«; »ich weiß mich frei von einer Abkehr von Dir«, im Gegenteil. »Für dieses voraussetzungslose Verbundensein haben wohl Frauen nichts übrig, nur so kann ich mich aber ohne Vorbehalt geben, ohne Politik ohne Berechnung; freilich aber auch mit der ganzen Abhängigkeit meines Befindens.«)

Es sind schwierige Jahre, zwischen dem 20. und dem bevorstehenden 25. Verlagsjubiläum, das dringt bis in seine Autorenkorrespondenz durch: »Vielleicht brauchte ich Ihnen nicht zu sagen wie schwer es ist, geschäftliche Dinge mit irrationalen Menschen und Dingen zu verknüpfen, wie unsicher und schwankend die Umwerthung unfassbarer Werthe oft ist.« – »Dabei bin ich von Jahr zu Jahr gegen die leiseste Verstimmung empfindlicher und reizbarer geworden und so komme ich auf meine alten Tage auf den Gedanken dass ich eigentlich meinen Beruf verfehlt habe« (an Salten).

Fischer gestand sich ein, das starke Bedürfnis zu verspüren, »in einem Kreis zu wurzeln, den man sich mit der Zeit aus der Fülle« heraus schafft. Freunde zu haben ist »ein Glücksfall und hat mit dem, was man Verkehr oder Gesellschaft nennt nichts zu thun«. »Familien, auch bürgerlich gute Häuser«, wie die Humperdincks, die Wolffs oder Hirschbergs, »haben wir ganz vernachlässigt und doch brauchen wir solche Beziehungen auch der Kinder wegen, die nicht in eine Bohème oder in die Kleinbürgerlichkeit der Künstlerkreise, sondern in reine und gute Verhältnisse wachsen sollen.« Der »Kinder und unseretwegen« dürften sie sich »nicht ganz und gar auf einen Kreis beschränken, der uns oder vielmehr mich nicht einmal recht mag und nicht ganz für voll nimmt«. – »Mich kränkt doch vielfach das Verhältnis der Welt zu mir.« Er müsse wohl auch gewillter sein.

Schmerzlich sei es, »zu spüren, dass man mit seiner Menschlichkeit weit hinter seiner Leistung zurückbleibt«. Von der Leber weg geschrieben. Bitte nichts davon Saltens gegenüber erwähnen. Immerhin hat er den gestrigen Abend in guten Gesprächen mit Heimann und den heutigen mit seinem Sohn verbracht; »er ist im Garten mit mir spazieren gegangen und ich habe ihn dann animiert mir etwas von seinen Compositionen vorzuspielen«, besonders die ihm zum Geburtstag gewidmete beeindruckte: »So wird mir der Junge immer merkwürdiger und ich glaube aus diesem Chaos ringt sich allmählich eine schöne Menschlichkeit durch; nicht ohne Misston und gewiß nicht harmonisch und liebenswürdig aber doch vielleicht respectabler als ich dachte.«

Nachsatz. Bald darauf träumte auch Arthur Schnitzler davon, seinen Sohn Heini verloren zu haben: »ich fass' es nicht, rufe überall, in der Halle, dann seh ich hinaus, ein langer Steig setzt sich gegen den Ort zu fort, eine Dame allein geht dort. Ich rufe vergeblich. Ein Herr, mit Regenschirm, gleichfalls sehr unruhig [...], ruft immer ›Die Excellenz‹ – die er seinerseits verloren hat.« Und eine Nacht später: »Ein Schiff, nach Brioni, ?, Pferde werden eingeschifft; ich sehr vertraut mit ihnen; einige beißen mich freundschaftlich, was mir nicht sehr angenehm ist; – wie wird man in die Kähne kommen – ? Dann ich und O., mit Fischers; O. küsst Frau Hedwig zur Bruderschaft, dann auch ihn. Worauf er mich; mit Thränen, und sagt (ungefähr). Also noch 12 Jahre ... Ich frage (mich): Auf wen geht das?«

Ihnen war nicht zum Feiern zumute – zum »jubilieren fehlt mir die rechte Lust« –, doch Höhepunkt folgte auf Höhepunkt, die letzten Friedensjahre des Kaiserreiches brachen an, und die Verlagsarbeit von über zwei Dekaden zeitigte ihre sichtbarsten Erträge; mit *Gesammelten Werken*, tosenden Premieren, Banketten im In- und Ausland, einer auflagenstarken Selbstdarstellung zum Jubiläum des Hauses, Ehrungen und Preisen, mit neuen Ideen und mit allen zugehörigen Kalamitäten. Eine ähnliche Dichte an Festtagen kehrte nicht wieder. Paris, Rom, Dresden, Stockholm, Breslau ... Dabei müsste sich die Stimmung aufgehellt haben, nicht zuletzt weil Gerhart, immer noch schwierig, zugleich selbständiger wurde, seine Arbeiten mit Heimann und Oscar Bie besprach und bei den Musikern Lutz und Philippine Landshoff einen ihm wohltuenden Familienanschluss fand.

Auf ihre Weise pflichteten im November 1911 auch die Beamten des Polizeipräsidenten bei: Der in »Liptock« geborene, zum preußischen Staatsbürger naturalisierte Fischer, »mosaisch, verheiratet, Vater zweier Kinder«, genieße als Bürger einen guten Ruf und »in der Branche hohes Ansehen«; »lebt in wohlgeordneten Verhältnissen und versteuert ein Einkommen von 225.000 bis 230.000 M sowie ein Vermögen von 1.880.000 bis 1.900.000 M«. In seinen Geschäftsräumen zu einer Jahresmiete von 8000 Mark (12 000 nach einer Erweiterung, 1913) seien »z. Zt. 30 Angestellte beschäftigt. Fischer selbst gilt als ein tüchtiger, gewandter Geschäftsmann, genießt bei tadelfreier Führung ein gutes Ansehen und tritt politisch nicht hervor.« Als Verleger für die gebildeten und für Bildung ansprechbaren Kreise, ohne erkennbare parteienpolitische Ausrichtung, rein intellektueller Abgehobenheit so fern wie der Thümelei, war S. Fischer in den fünfundzwanzig Jahren zur Institution geworden. Kurzer, vielleicht letzter Blick ins Festalbum.

Zu seinem fünfzigsten Geburtstag bekam die Familie für die bevorstehende Zeit des Umbaus in der Erdenerstraße einen mehrwöchigen Frühlingsaufenthalt im *Hotel de Russie* an der Piazza del Popolo in Rom geschenkt. Im Mai 1909 wurde dafür mit einem Aufenthalt in Paris geübt; hier traf man Hauptmanns Sohn Ivo zum Bilderkauf, durchstöberte die Antiquitätenläden und Antiquariate – eine der »Hauptferienfreuden« in jeder Stadt. Zu dieser Autoreise war Thomas Mann eingeladen. (»Allein Paris! Ich fürchte mit Recht, daß ich den Anforderungen, die diese Stadt, wie ich aus Erfahrung weiß, an die Munterkeit stellt, nicht gewachsen sein würde.« … »Aber die Autofahrt!« … »*Welche Route werden Sie denn nehmen, und wo müßte ich zu Ihnen stoßen?* Bitte, schreiben Sie mir das noch!«) Strenges Glück, es ging nicht, Mann baute nun selbst sein Landhaus, in Bad Tölz.

Als er deshalb erstmals und ungern einen Vorschuss von 3000 Mark erbat, hielt sein Verleger es für einen Schreibfehler, sollten es nicht 30 000 sein? Mann war gerade zum dritten Mal Vater geworden und rang sich in Sachen Autotour schließlich zu einer Absage durch, »ich muß Vernunft annehmen. Paris mit seiner Turbulenz und seiner weichen Luft und eine viertägige gesellige Fahrt dorthin ist jetzt nichts für mich, man muß gesünder dazu sein, als ich es leider augenblicklich bin.« Hier warf ein erwartetes »klägliches Fiasko« Schatten voraus: die Reaktionen auf den zweiten Roman, *Königliche Hoheit*, der gerade in der *Rundschau* vorlief.

Nahm die Kritik seine Prinzengeschichte tatsächlich »nicht recht für voll«, erfreute sie sich bei den Lesern des ungeachtet einiger Beliebtheit. Für den Norden lehnte Peter Nansen den Roman ab, weil er zu deutsch sei. Fischer: »Nun, zu deutsch ist das Buch ganz gewiß nicht, der Stil ist so prikkelnd und graziös, wie er bei uns in Deutschland nicht gerade kultiviert wird.« Was bei uns in Deutschland kultiviert wurde, entschied der überaus einflussreiche Dürerbund, der 1902 aus der Zeitschrift *Der Kunstwart* um ihren Herausgeber Ferdinand Avenarius und einer Tendenz zum deutschen Geist von Julius Langbehn (»ehrlich und heimisch«) hervorgegangen war. »Man sah es in jener Zeit an den Pfarr- und Lehrerwohnungen, den Einrichtungen von Postsekretären und Amtsrichtern, am Wandschmuck, an der Möbelwahl, vor den Bücherregalen, ob hier ein Bezieher des ›Kunstwart‹ hause«, erinnerte Theodor Heuss an die »geistige Macht«, für die er in seinen journalistischen Anfängen schrieb. Von 1910 an gab der kunstwartliche Dürerbund nun ein neues Instrument seiner Volkspädagogik heraus, den *Literarischen Jahresbericht*, »ein Geschenk an Deutschlands Gebildete, zu dem sich etwa fünfzig deutsche Hochschullehrer und andere Männer der Wissenschaft und Kunst mit dem Dürerbunde vereinigt haben«. Und auch diese Herren setzten Manns zweiten Roman nicht auf ihre Empfehlungsliste, allein *Buddenbrooks* und den Novellenband *Tristan*.

Doch Fischer annoncierte darin sehr gewitzt dessen 30. Auflage mit Manns eigenen Worten; der habe gesagt: »Der öffentliche Irrtum«, wonach *Königliche Hoheit* »ein Hofroman [sei], ist meiner Börse zustatten gekommen«. Gemeint war der weite Kreise ziehende »Irrtum« an höchster Stelle: Prinzessin Feodora von Schleswig-Holstein-Sonderburg-Augustenburg, die Schwester der Kaiserin und selbst eine Literatin, hatte den graziösen Roman gelesen und im *Kunstwart* moniert, die Prinzenerziehung sei darin gänzlich veraltet dargestellt sowie eine falsche Psychologie darauf aufgebaut worden. Fischer zitierte in seiner Annonce die

Entgegnung des Autors: »Die Geschichte des kleinen einsamen Prinzen, der auf so scherzhafte Art zum Ehemann und Volksbeglücker gemacht wird, ist schlechterdings kein realistisches Sittenbild aus dem Hofleben zu Anfang des zwanzigsten Jahrhunderts, sondern ein lehrhaftes Märchen.« (Der »Macher« des Prinzen im Märchen, Schwiegervater Spoelmann, trug, nebenbei gesagt, den Vornamen Samuel und ähnelte zugleich dem wirklichen Schwiegervater Alfred Pringsheim.) Von hier kam die ganzseitige Werbung auf die so raren, würdigenden Reaktionen aus Frankreich und zitierte im letzten Drittel die »französischen Stimmen«, die das Märchenmotiv so hübsch paraphrasiert hätten – unübersetzt, Prinzessinnen, Pfarrer und Amtsrichter würden es verstehen. Fischer annoncierte nur ausgewählt; die vielen mehrseitigen Anzeigenhefte der Verlage, in jeweils eigener Typologie, die dem *Literarischen Jahresbericht* beigeheftet waren, zeugten auch in der Hinsicht von dessen Bedeutung.

In Rom endlich verbrachte die Familie gemeinsame Tage mit den Lutzens, mit Jakob Wassermann und vor allem mit dem geschätzten und mäzenierten Rilke. *Die Aufzeichnungen des Malte Laurids Brigge* hätte man zu gern verlegt, ein Buch für die Jugend, dessen Entstehen seit 1904 beide Fischers begleiteten. Doch Anton Kippenberg, der Verleger der *Insel*, wird sich angespornt fühlen und die Verbindung zu Rilke auf neuer Basis »solide fortsetzen und bestätigen«. Dies Prosawerk, das in der weichen Luft von Paris spielte und sich als eine neue Moderne für das 20. Jahrhundert verstand, bekam Hedwig in der Fahnenfassung in Rom zu lesen. Ihren Mann ließ es an die Pläne des frankophilen Julius Meier-Graefe denken, der sich sechs Monate zuvor mit ihm und Freund Bruno Cassirer bei einem üppigen Abendessen (»u. a. Fasan in Kohl und dann kernlose Birnen auf Nußeis mit kochender Schokoladensauze«) über die Gründung eines deutsch-französischen Verlags beraten hatte. Der sollte »die französischen

Klassiker gut drucken u gute deutsche Kunstbücher französisch herausbringen« – »Cassirer u Fischer haben Lust.« Man plante ja häufig etwas Neues. Doch mit Rilke würde vielleicht einmal ein Arrangement wie mit Hofmannsthal möglich werden, der sich auf die *Insel* und S. Fischer verteilte; und sogar noch auf einen dritten – Richard Strauss und sein Musikverlag, die jetzt an die Textbücher heranwollten, mussten hinzugezählt werden (Strauss: »er soll's mir abtreten. Tut er's nicht, weiß ich wirklich nicht, ob ich auf die Ehre und Freude, Ihre ›Elektra‹ zu vertonen, nicht ganz verzichten muß«).

Der Österreicher hatte schon 1900 dem Münchner Komponisten vergeblich eine Zusammenarbeit angetragen, doch sechs Jahre später kam der auf ihn zurück, nachdem er in Berlin *Elektra* (in der Regie von Max Reinhardt mit Gertrud Eysoldt in der Titelrolle) im Deutschen Theater gesehen hatte. Es reizte Strauss, »dies dämonische, ekstatische Griechentum« Winckelmanns »Römerkopien und Goethescher Humanität entgegenzustellen«; Hofmannsthal veränderte die Tragödie, seinen bis dahin größten und einträglichsten Erfolg, eigenhändig für das Libretto und leitete damit eine zwei Jahrzehnte währende Schaffensgemeinschaft ein. Ein paar Tage nach *Elektras* Opernpremiere (am 25. Januar 1909 in Dresden) begegnete dem Dichter ein »frisches Szenar«, das Szenar des *Rosenkavaliers*, etwas, das Strauss gerade suchte. 21. April: »Ihre Briefe sowie die ersten Szenen dankend erhalten, erwarte mit Ungeduld die Fortsetzung. Die Szene ist reizend, wird sich komponieren wie Öl und Butterschmalz, ich brüte schon. Sie sind da Ponte und Scribe in einer Person.« (Lorenzo Da Ponte ist Mozarts Librettist und Eugène Scribe, dank Mitarbeitern, ein beliebter Vielschreiber für die französische Oper des vorherigen Jahrhunderts gewesen; Hofmannsthal war also produktiv, genial und breitenwirksam in einem.) Getragen von den hohen

Wellen der *Elektra* im In- und Ausland, »überall kolossal« (Strauss), zeitgleich mit der Strauss'schen *Salome*, arbeiteten die beiden nun fast fieberhaft.

Nach den römischen Wochen der Fischers las Hofmannsthal ihnen in der Sommerfrische auf dem Berghof in Unterach am Attersee aus dem Manuskript vor und gab die Lehren daraus unverzüglich zur Komposition weiter: »Dabei bleibt die Marschallin die dominierende weibliche Figur«. »Wie sehr die Frauen, dieser wichtige Teil unseres Publikums, dies so empfinden und das ganze bunte Abenteuer aus dem Gesichtswinkel der Marschallin sehen, mögen Sie aus dem beigelegten Brief der Fürstin Lichnowsky entnehmen, den ich gelegentlich zurückerbitte. Und genau ebenso empfindet meine Frau, empfindet die Frau meines Verlegers Fischer, die Fürstin Marie Taxis u. s. f.« (12. Juli 1910). Die Idee zu der Verwechslungskomödie und ihre grundlegende erste Ausführung gingen auf intensive Klausurtage mit Harry Graf Kessler in Weimar zurück: »Wenn das gelinge, dann sei er auf Jahre hinaus materiell geborgen. Mit dem Gelde, das so eine lustige Spieloper von ihm und Strauss eintrage, könne er seine ganzen Kinder erziehen. Er werde dann viel freier, um Andres zu schaffen« (Kessler, 9. Februar 1909). Hofmannsthal würde in Wien, wo ihn ein Bedürfnis nach Rechtfertigung quälte, nicht so spontan geäußert haben, was seine Popularisierung durch Richard Strauss ihm bedeutete oder die gesicherte Erziehung seiner drei Kinder (er hatte über Ludwig Gurlitt mit dessen früherem Schüler und Schwiegersohn Rudolf Pannwitz Kontakt aufgenommen). Fischer an Hedwig: »Augenblicklich schwebt auch zwischen mir und Hofmannsthal eine sehr lebhafte Correspondenz, er will mich beschupsen und ich lasse mir das nicht gefallen.« Der Dichter konnte großzügig sein auch mit den Mitteln seines Verlegers, aber der pflegte ja »auf bewundernswerte Weise beherrscht« zu reagieren.

Mehr noch: Fischer nahm patriarchalische Züge an. Er plante zur selben Zeit, im Sommer 1910, eine Versicherung für Autoren »gegen Dürftigkeit« (bisher sammelte man untereinander). Sinke das Einkommen eines Versicherten (oder seiner Witwe), »so soll der Ausfall durch die Versicherungsgesellschaft gedeckt werden; die Prämien zahlt Herr Fischer. Kommt ein Versicherter in hohe Steuerstufen, so wird seine Stelle – die also nicht an die Person gebunden sein dürfte – für einen neuen Autor frei.« Versicherungstechnisch und juristisch erweise sich dies offenbar als ein schwieriges Unternehmen, schrieb Heimann vertraulich an Dehmel, von Hause aus Staatswissenschaftler, der dafür dann, wie erhofft, einen Fachmann benennen konnte. (Fischer wollte auch seine Angestellten, »sein Contorpersonal«, versichern.) Im selben Geiste beschäftigte ihn das Urheberrecht: Sollte die Schutzfrist nach dem Tod eines Autors nicht länger als dreißig Jahre, nämlich überhaupt so lange gelten, wie es leibliche Nachfahren, Kinder und Enkel, gäbe?

Ob er Hofmannsthal dann davon in Kenntnis setzte, wie sein Lektor es dringend anriet, dass eine »Wolke« über dessen Ruhe hing, weil in Berlin Gerüchte umliefen, Kessler beanspruche Urheberrechte, ist fraglich. Zur Verleger-Diskretion gehörte das Abfangen von Gehässigkeit und Klatsch, »wie er in der Kunst- und Literaturkulisse beheimatet zu sein pflegt« – der neue Mitarbeiter Samuel Saenger überliefert auch: »mit einer ironischen Bemerkung, die verriet, wie gut er die Psychologie seines Künstlervölkchens kannte, ging er zur Tagesordnung über« (wie wir wissen, nicht ohne dann für sich selbst seine »ironische Maske« zu beklagen). Hofmannsthal war schon bei Hauptmann mit dem Vorwurf des Ideenklaus belegt worden. So glaubte Heimann, der Lektor Germaniae, wie Alfred Kerr ihn titulierte, selbst nicht, dass auch nur eine Zeile von Kessler stamme, »wohl aber Ideen, Gedanken, Erfindungen, die wird H. vom Freunde so skrupellos (und berechtigt trotz alledem!) genommen haben, wie er sie von jeder Seite, die er liest, von jedem Munde, den er sprechen hört, zu nehmen sich gewöhnt und geübt hat.« Berechtigt, insofern es einer gängigen Vorstellung vom Genie des Typus Goethe entsprach. »Hofmannsthal war ein selten ausgeprägter Sinn für geistigen Besitz gegeben, und eine stete Angst, ja ein Schrecken vor dem Untergang dieses Besitzes war in ihm«, erläuterte Carl J. Burckhardt mit Hinweis auf dessen Sensorium für Bevorstehendes, »er sah es scharf, so unbestechlich, so illusionslos, daß er alles Absterben des in der Kultur verwirklichten Lebens als an seinem eigenen Fleische empfand.« So potenzierte sich dann im Dichter das eigene und das Gefühl anderer für den europäischen Untergang. Ein öffentlicher Skandal um Hofmannsthal und seine »Muse« blieb aus, privat trat gleichwohl Entfremdung ein.

Die 30 angesetzten Vorstellungen des *Rosenkavaliers* an der Dresdner Hofoper waren schnell ausverkauft. Seine fulminante Uraufführung am 26. Januar 1911, der durch Fischer organisierte Sonderzug von Berlin nach Sachsen und ein Premierenfest mit Tanz im Grunewald bildeten den Auftakt für das 25. Jahr des Verlags. In reiner Addition schloss sich an: das Jubiläumsbankett im Oktober im Kaiserhof (mit dem »Kreis der alten Freien Bühnen Männer«, so Fischer an Dehmel, allerdings fast ohne Wiener) und für den Verleger das norwegische Ritterkreuz I. Klasse, der St. Olafs Orden. »Mich freut die Sache als ein Zeichen der Anerkennung und als Zeichen dafür, dass es Kulturländer gibt, die nicht nur militärische Leistungen schätzen«, hob der Jubilar in ernsthafter Tonlage hervor, in einem ansonsten wie immer eher launig-lustig verfassten Brief an Nansen, den er als den Initiator der Ehrung ausmachte. War es eine Spitze gegen das eigene militaristische und »unliterarische Land«? Das Festjahr rundete im Dezember in Berlin eine weitere Hofmannsthal-Premiere ab, *Jedermann. Das Spiel vom Sterben des reichen Mannes* (»literarische Bijouterie«, Hauptmann an Fischer, »anders als historisch genommen, anders als Spielerei genommen – was soll uns das?«).

1912 brachte zwei fünfzigste Geburtstage, im November von Hauptmann, den Otto Brahm mit einem Werkzyklus im Lessingtheater zu würdigen plante, und im Mai von Schnitzler, und deshalb beider *Gesammelte Werke*; für den Schlesier schon zum zweiten Mal, eine Volksausgabe, sowie in New York und in Kiew erste Bände von Werkausgaben, passend nun gleich zum Nobelpreis (10 000 $) im Dezember, für *Die Weber*, wie man in der Stockholmer Begründung hervorhob. (Freund Nansen sorgte dafür, dass der Preisträgerverleger einen Monat später zu seiner Überraschung aus Stockholm den schwedischen Wasa-Orden verliehen bekam, und kündigte an: »Jetzt fehlt also nur Dänemark.« Fehlt bis heute.)

In einem Moment der Resignation hatte Schnitzler einmal notiert, Hauptmann sei »für eine gewisse Schicht der Kritik und des Volkes ›der‹ große Deutsche, der erste Dichter«; und im Februar 1912: »Hauptmanns große Persönlichkeitswirkung trotz mäßiger Intelligenz.« Dessen Werke kamen durchaus unterschiedlich an, ihm fehlte seit längerem ein schlagender Erfolg. Zuletzt, nach der Uraufführung der *Ratten* (im Januar 1911 bei Otto Brahm im Lessingtheater, mit Else Lehmann und Emanuel Reicher in den Hauptrollen) fasste Maximilian Harden, der Censor Germaniae, zusammen, keinem gefalle dieses Stück, »das ein in der Hauptstadt nie heimisch gewordener, längst ihr völlig entfremdeter Enkel schlesischer Weber für Luxusberliner schrieb und in dem Mutterleidenschaft um das Lager des einer leichtsinnigen Sklavenmagd abgelisteten Kindes verprasselt«. Klang dies nun hinlänglich bekannte Argument verfehlten Publikums fade, wurden die *Ratten* mit 32 Aufführungen in der Saison tatsächlich am wenigsten gegeben (Björnson, seit

Langens Tod bei S. Fischer, 52 Mal). Schnitzlers Reaktion auf dieselbe Inszenierung am 4. Mai 1912: »Welche Natur – trotz allem, dieser Hauptmann. Auch in seinen ›schwächern‹ Sachen, welche zweifellose Genialität. So gleichgiltig zum Theil und irgendwie unappetitlich diese Welt (in den Ratten), welche zwingende Kraft. Und bei mancher Ungeschicklichkeit und Leichtfertigkeit der Scenenführung – welche wahrhaft dramatische Faust. Und wie sie dastehn, diese Gestalten. In der ›Niedergangszeit‹. Pippa … Ratten, … Schilling … man zeige mir die heutigen Dichter, die in ihrem Aufgang beßres gemacht haben.«

Das Phänomen Hauptmann verstärkte sich noch durch für ihn selbst eher Beiläufiges wie seinen zweiten Roman *Atlantis*, der ebenfalls 1912 erschien. Darin verarbeitete der Dramatiker die eigenen angstvollen Erfahrungen einer sturmumtosten Überfahrt nach Amerika im Jahr 1894, als er in akuter Ehekrise der ersten Frau und den Kindern zum Jugendfreund Ploetz nach Connecticut nachgeeilt war. Just am 14. April 1912, der Roman lag vor und der Dichter war nicht einmal zufrieden damit, ging nun das größte Passagierschiff der Zeit, die *Titanic*, bis zum letzten Geigenkasten unter. (Hauptmann traf in Italien gerade auf Cosima und Siegfried Wagner.) Als hätte er die Katastrophe vorgeahnt, so genau sei sie von ihm beschrieben worden, pries Fischer den Stoff gegenüber Nansen und fügte zwei weitere Amerika-Bücher der Saison an: die Reiseerlebnisse von Holitscher, der zur hörbaren Zufriedenheit seines Auftraggebers »nicht nur das pittoreske«, sondern auch das sozialkritische Element bezogen auf Land und Leute plastisch darzustellen vermocht habe, und Bernhard Kellermanns »prachtvollen Roman« über »ein kühnes Projekt«, nämlich »den Bau eines Tunnels zwischen Amerika und Europa« mit all seinen »wirtschaftlichen und socialen Consequenzen«; Hedwig Fischer rückte in ihrem persönlichen Post Scriptum Kellermanns Roman deshalb noch in die Nähe Zolas. Irgendwie, denn der Roman war eine bildmächtige technische Utopie im Stil der Reportage.

Genau diese Bücher, *Atlantis* und *Der Tunnel*, ließen den Verleger in die Welt des Films eintreten. Es arbeitete schon in ihm – sein Sohn war ein großer Verehrer des neuen Mediums und schwärmte für Asta Nielsen. Es sei »sicher richtig, dem lebenden Bild für die Zukunft Vertrauen zu schenken, und als Verleger darauf Einfluß zu gewinnen«, befand Fischer im April 1913 vom Gardasee aus gegenüber Nansen. »Ich möchte mich also bei Ihrem dänischen Kino-Unternehmen beteiligen, mit der Hälfte wie Gyldendahl, also ungefähr mit 14 000 Mark.« Auf Länge der folgenden Absätze entwarf er aus dem Stand gleich mal das erste Konzept. Wie Gyldendal für Dänemark wolle er für Deutschland und Österreich »der alleinige, litterarische Vertreter« sein. Da er einer Kino-Gesellschaft »für ein Jahr ein Vorrecht auf Werke meines Verlags gegeben« habe, müsse er in dieser Zeit ungenannt bleiben. Seine wichtigsten Autoren seien sicherlich dafür zu interessieren; Hauptmanns *Atlantis* sei schon erworben worden, doch: »Ich will mit Kellermann sprechen, ob er aus dem Tunnel ein Film-Stück schreiben kann.« Wenn dies gelänge, wäre es »geeignet zu einem Welt-Erfolg«. Und: »Für Deutschland scheint mir aussichtsreich der Film für die Schule als Anschauungsunterricht. Ich denke mir, man könnte die vorhandenen Natur-Aufnahmen aus fremden Ländern, Völkern, aus Tier- und Pflanzenreich von den anderen Film-Gesellschaften ankaufen; sie sind ja zum großen Teil schon verwertet, und dürften billig zu haben sein. Meine Theater-Abteilung könnte sich auch zu einem Film-Vertrieb erweitern lassen. Sie sehen, ich bin für die neue Film-Gesellschaft unter Umständen eine wertvolle Kraft. Vielleicht könnte man auch damit beginnen, Autoren wie Schnitzler, Salten, Hauptmann, Vollmoeller, Stücke für Film schreiben zu lassen, wobei es wichtig wäre, daß sich unsere Film Company Schauspieler, wie Asta Nilson, sichert.« So Samuel Goldwyn Fischer zufälligerweise gerade zu einer Zeit, als der gebürtige Pole S. Goldwyn an der amerikanischen Westküste die spätere *Paramount* mitbegründete. Der *Tunnel* wurde noch vor seiner Verfilmung zum ersten Verlagsbestseller nach Maßstab Frenssens und in weniger als 12 Monaten über 100 000 Mal verkauft. Einiges zeichnete dieses Buch aus, behalten wir es im Sinn.

Bei allem Deutschtum, Griechentum, Parisertum – das Thema Amerika war allgegenwärtig. Sogar Thomas Manns Königliche Hoheit erfuhr Rettung für sein Reich durch amerikanisches Großaktionärsgeld. »Samuel Spoelmann«, wegen Nierenleidens auf Europareise, war der Sohn und Erbe eines in Amerika zu Vermögen gelangten deutschen Auswanderers. Die Neue Welt setzte Maßstäbe und bot den Mutigen wie den Furchtsamen im Land die Möglichkeit der Selbstklärung: ein faszinierendes Vexierbild der ausgeprägtesten Stufe moderner Zivilisation. Im Lichte der einen Seite rief es Staunen angesichts seiner Wirtschaftsmacht, seiner innovativen Energie, seiner Ingenieurskünste hervor; im Lichte der anderen Seite provozierte es Abwehr und Ängste. »Amerikanismus« diente hier als Schlüsselwort für ein »Kolonistenvolk«, für drohenden Verlust von Tradition und Kultur, für rohen Kapitalismus, Monopolismus oder »Großstadtmaterialismus« (Karl Scheffler). »Wir werden alle Amerikaner«, erklärte Hauptmann jetzt, im Dezember 1912, einem Journalisten der *New York Times*. »Wir?«, die Gegenfrage. »Ich meine: die ganze Welt.« Er meinte, die »großartigen Errungenschaften und der Fortschritt Amerikas lassen ihren Einfluß überall spüren«. Er meinte auch, dass sich nationale Prägungen dennoch erhalten würden und sollten und könnten – aber Hauptmann meinte vieles, wie gerade das Jubeljahr zeigte.

Grußadressen aus dem In- und Ausland, darunter von Maxim Gorki (»Es lebe das Leben, es lebe die Kunst! Es lebe Hauptmann und die Demokratie, die ihn geboren hat!«), Planetoiden benannt nach seinen Figuren (Pippa, Ottogebe, Gersuind), Hauptmann-Tage in Schulen, dazwischen eine eher klein gehaltene Uraufführung von *Gabriel Schillings Flucht* in »Goethes Theater in Lauchstedt« und ein weiteres gesellschaftliches Gütesiegel: der Dramatiker bei Max Liebermann zum Portrait. »Einen schöneren Kopf giebts kaum«, attestierte der Maler (sicher berlinerischer): »Er ist der deutsche Dichter, auch weil er so aussieht« – so aussieht wie Goethe. Von nun an wurde immer häufiger darauf hingewiesen, von nun an galt es. Musste man bei Entgegennahme des Nobelpreises nicht »irgendeine Art Vortrag« halten, fragte tapfer der Siegreiche, wie Thomas Mann gesagt haben würde, einen schwedischen Journalisten; er habe nämlich »seit jeher eine gewisse Furcht davor, öffentlich aufzutreten«. Hauptmann konnte nicht frei sprechen. In einem das Peinliche streifenden Maße kam es seiner Frau zu, seine Sätze zu entheddern, zu Ende zu führen oder zu deuten. Seine postumen Biographen machten überdies die Erfahrung, dass Hauptmann im Tagebuch seinen getanen Äußerungen zu widersprechen pflegte. Und zum Gram seines Schwagers Heimann ließ er sich mittlerweile nur im kostspieligen Stadium des Fahnenumbruchs zu Überarbeitungen seiner Texte herbei.

Während erst in Berlin mit 153 Gästen, dann in Wien im literarischen Verein *Concordia* (um den Vorrang bei den Festreden stritten, laut Schnitzler, Salten und Hofmannsthal) Bankette absolviert wurden, überhaupt eine enorme Reiseaktivität in diesen Jahren auf der Achse Wien, Berlin und Nordländer vor sich ging (Brandes war angereist, Nansen ebenso), lag der Wegbereiter Otto Brahm im Krankenhaus. Seine »kleine Darmsache« verlief tödlich. Schnitzler kehrte am Abend des 28. November von seiner Premiere des *Professor Bernhardi* im Berliner Kleinen Theater zurück ins »Adlon. Dort erfuhr ich daß Brahm um 10 ¼ – gestorben war. Während der Bernhardi Première. Ein paar Worte mit Hauptmann.– Mit mir am Tisch: Fischers, Auernheimers, Kerr, Hans Reisiger, Michaelis', Blei, Barnowsky. Die Stimmung war umdüstert.« Seit Wochen wusste man, dass es ernst um ihn stand und der Patient selbst es nicht wahrhaben wollte. »Brahm verloren. Diagnose: Darmkrebs. armer Junge!« Hauptmann im Tagebuch (31. Oktober).

Wie dieser Tod auf seinen alten Mitstreiter Fischer wirkte, ist unzureichend überliefert, *dass* er wirkte, steht außer Frage. Otto Brahm muss nach Julius Hoffory, der die Welt 1897 auch physisch verlassen hatte, als die wichtigste Person seiner Anfänge gelten. Eine persönliche und eine Theater-Ära ging mit ihm zu Ende.

Im Januar war unter tragischen Umständen bereits Herman Bang gestorben, während einer Zugfahrt in Amerika. Ein paar Tage zuvor hatte der Däne einen Hilferuf an Fischer gesandt. Der es dann gar nicht glauben konnte: »Eine seltsame Vorstellung zwingt mich«, schrieb er nach Erhalt der Todesnachricht an Nansen, »dabei an seine Novellenstoffe zu denken, an die abenteuerliche Geste, die ein Teil seines Wesens war.« Tief bewegt sei er »in der Erinnerung an dieses melancholische und bunt bewegte Dasein dieses merkwürdigen Menschen«, der in ihm das Gefühl hinterlasse, »einen guten Freund verloren zu haben«. Vielleicht weil er eine Fee der Einsamkeit war; als eine »Fee der Trägheit«, die Verkörperung eines müde gewordenen, aussterbenden dänischen Geschlechts, wurde er einmal von Nansen charakterisiert. Wie sehr sein bunt bewegtes Dasein (*»Farbe bilde Schutz«* …) unter den psychischen Folgen der Strafbarkeit seiner Homosexualität gelitten hatte, hinterließ Bang in einem eindrücklichen Aufsatz. Beide, Herman Bang und

Otto Brahm, hatten noch mit herzlichen Worten das Jubiläum des Verlegers bedacht. Weil sich die Frau des Justitiars Jonas um den kranken Brahm wie eine nächste Angehörige gekümmert hatte, suchte Schnitzler das Ehepaar auf; ein Zentrum der Hauptmann-Verehrung nannte er sie einst, und nun: »Frau Deutsch, die Schwester der Frau Jonas. Bittre Bemerkungen über Hauptmann; vielleicht nicht durchaus gerecht. Immerhin ... ›Der Dichter des Mitleids ...‹« Beide Dramatiker, die Brahm das meiste verdankten, würden jedoch in der Urnenhalle eine Rede halten.

Der Dichter der sozialen Dramen und sein Regisseur hatten während der letzten fünf Jahre in immer zäherem Kampfe gelegen. Der Auslöser hieß Max Reinhardt. Der 1873 geborene Österreicher war von Brahm als Schauspieler entdeckt und 1894 an sein Deutsches Theater nach Berlin engagiert worden, dort in Hauptmann-Rollen aufgetreten. Seit 1901 entwickelte er seine Talente in der Regie, 1903 fiel seine Inszenierung von Gorkis *Nachtasyl* auf, 1905 erlebte er seinen Durchbruch mit Shakespeares *Sommernachtstraum*, anschließend übernahm er die Leitung des Deutschen Theaters, nachdem Brahm im Jahr zuvor (1904) ans Lessingtheater gewechselt war. Reinhardt, dessen Dramaturg Felix Hollaender, nebenbei gesagt, seit 1891 bei S. Fischer veröffentlichte, inszenierte die zeitgenössischen Autoren mit einer »wahrhaft grossen Gabe des sinnlichen Ausdruckes«, »nicht nur im Malerischen, sondern auch in der Tongebung und im Rhythmus« und damit »in bewusster Gegenbewegung gegen Otto Brahms sinnlich sparsame, auf unmittelbares Erfassen von Geist und Seele gerichtete Kunst«. Der Mann aus Baden setzte erstmals technische Neuerungen wie die Drehbühne ein, undenkbar für den Puristen.

»Ein Wiener Sieg in Berlin; die Wärme und Schmiegsamkeit des alten Burgtheaterstils, in eine schärfere Luft verpflanzt, in den Berliner Betrieb genommen, nach seinen heftigen, rastlosen, eindringlichen Methoden bearbeitet«, so Julius Bab und Willi Handl 1918, voll Zuversicht über das Herzliche, das sich zum Kopf gesellte.

Reinhardts offenes Werben um Hauptmann stieß auf dessen wachsende Gegenliebe; erste Eindrücke vermerkte er 1903 (15. Oktober): »Festzustellen verfeinerter Theatergeschmack für das Äußerliche. Da Theater ein Schauinstitut ebensowohl als ein Hörinstitut, ist diese Steigerung nicht unwichtig. Zu loben ist außerdem Frische und optimistisches Erfassen. *Wesentlich* Neues gibt es nicht: Errungenes nur zum Teil bewahrt.« Das Verhältnis zwischen Brahm, der ihn nicht freigeben wollte, und Hauptmann, der darauf immer polemischer reagierte, wurde geradezu zermürbt. Von allen finanziellen Implikationen abgesehen, fühlte sich der Dramatiker durch seinen monopolistischen Vertrag mit seinem Regisseur blockiert, durch dessen Beharren darauf – von Appellen an die gemeinsame Geschichte und Aversionen gegen Reinhardt begleitet – an einer ihm nun angemesseneren künstlerischen Entfaltung gehindert.

Reinhardt war es auch, der (noch zu Brahms Lebzeiten) für Hauptmann den Ausschlag gab, dem Breslauer Magistrat nach längerem Zaudern im Juni 1912 zuzusagen, das Festspiel für das Jahrhundertjubiläum des Beginns der Freiheitskriege zu verfassen. Der Regisseur hatte ihm versichert, »billiger Hurra-Patriotismus und höfisch-byzantinische Rücksichten« würden nicht verlangt. So ließ sich am 28. Dezember 1912 im Tagebuch festhalten: »Mein Verhältniss zum modernen Deutschland hat sich gewandelt, naturgemäss versöhnlich gestaltet. Wie sonderbar, wie unerwartet.« Eine Momentaufnahme; schon zwei Wochen später, im Januar 1913, sah es anders aus. Hauptmanns Bemerkungen in Interviews aus Anlass des Nobelpreises über seine nicht vorhandene Parteizugehörigkeit führten zu Aufregungen in heimischen Blättern. Er wolle »an seine sozialistische Jugendliebe nicht erinnert« werden, »nachdem er der von der Bourgeoisie gefeierte Dichter geworden ist«, hieß es im *Vorwärts*. Das bürgerliche *Berliner Tageblatt* schloss sich an, von einem »Widerruf« der einstigen Parteinahme zu sprechen, die in der Gesellschaftskritik der *Weber* ausgedrückt gewesen sei. Alfred Kerr bezichtigte ihn, es sich mit keinem verderben zu wollen. Hauptmann: »›Er will es mit niemand verderben‹ sagen sie. Aber er fürchtet sich nicht es mit allen zu verderben! sage ich.« Und erinnerte für sich im Stillen daran, schon vor zwanzig Jahren politische Vereinnahmungen abgelehnt zu haben.

Das Festspiel in deutschen Reimen, das am 31. Mai 1913 zur Aufführung kam, hatte der Dramatiker mit Rücksicht auf die akustischen Bedingungen des Spielorts, eine Halle für 8000 Personen, marionettenhaft angelegt, der Einband bei S. Fischer zeigte eine Napoleon-Puppe in den Seilen hängend. Dies entsprach auch Hauptmanns Überzeugung, so Wolfgang Leppmann, wonach »die Geschichte nicht vom Willen großer Männer bestimmt wird oder gar von ökonomischen Faktoren, sondern vom Zufall und vom Walten dunkler Schicksalsmächte«; den Handelnden, ob Napoleon, Turnvater Jahn oder Fichte, gestand er einen geringen Einfluss auf das Geschehen zu, und Friedrich Wilhelm III., der im März 1813 in Breslau den großen Appell *An mein Volk* gerichtet hatte, wurde in seinem Stück gar nicht erwähnt. Das Ergebnis musste ein Hohenzollern-Eklat sein. Der Kronprinz, Schirmherr der Jahrhundertfeier, setzte das Festspiel nach 11 von 15 Aufführungen auch ab, jedoch zu spät, um noch viel zu bedeuten, und, wie sich später herausgestellt haben soll, ohne das Stück überhaupt gelesen zu haben, lediglich auf Druck der Kriegervereine, des schlesischen Adels und der »akademischen Eisenfresser«, die sich vom Schlussauftritt der »Athene Deutschland« beleidigt fühlten, welche schmetterte: »Und alldurchdringend, mich durchdringend zugleich, / erkenn' ich meines Daseins, meiner Waffen Sinn: / Die Tat des Friedens ist es! Nicht die Tat des Kriegs! / Die Wohltat ist es! Nimmermehr die Missetat! / Was andres aber ist des Krieges nackter Mord?« Wer Hauptmann einen Mangel an deutschem Empfinden und Vaterlandsliebe unterstellte, wie noch beim Festbankett im Adlon zur Betretenheit der Gäste ein »Altgermanist«, der fühlte sich bestätigt. Es fiel an übelgesinnter Stelle auch auf den Verleger zurück; hatte der nicht einem Korrespondenten des *Pesti Naplo* gesagt, »meiner Ansicht nach kann der Ungar nur im Auslande wirkliche Karriere machen«? (So endete jedenfalls Richard Jüglers hier vor langer Zeit zitierter Artikel am 3. Oktober 1913 in der *National-Zeitung*.) Der Eindruck mochte aufkommen, es habe sich bei allem Wandel seit Bestehen des Verlages so viel nicht verändert. Hatte es?

Samuel Fischer wollte etwas darüber schreiben. Das Verlagsjubiläum bot die Gelegenheit dazu; und der Verleger hatte eine natürliche (um nicht zu sagen nächtliche) Neigung zu Bestandsaufnahmen und erneuerten Richtungsansagen. Dabei kam es vorweg zu Reibungen mit Moritz Heimann, die einer bedeutsamen Diskussion dienlich gewesen wären, wenn man sie denn ausformuliert hätte; einer Bilanz, jenseits der ästhetischen Sphäre, zu den Publikationen des Verlages in den letzten fünfundzwanzig Jahren. Wie einem Brief des Lektors an den Verleger zu entnehmen ist, gab es Gesprächsbedarf über die Konzeption des geplanten Festalmanachs und über Fischers Beitrag darin.

Zu Ersterem versuchte Heimann am 29. Juli 1911 »Ihre und Ihrer Frau Besorgnis« einzudämmen, »daß der Katalog eine Elite schüfe«, »sondern sie ist da, und darüber soll man froh sein«. Fischer dachte im strengen Sinne nicht in »Eliten«; er wollte offenbar nicht einige wenige seiner Autoren ausgezeichnet sehen, indem sie im Katalog eine prominentere Rolle spielten oder überhaupt mit Beiträgen vorkämen und andere nicht – Einwände, die an das von Heimann mitgeplante »Autorenjahrbuch« der besten dichterischen Kraft in kleiner Verschwörung erinnern (1902). Und Heimanns nächste Sätze bestätigen: »Nun ist aber durch die Gesamthaltung und Einheitlichkeit der Beiträge eine Erscheinung möglich geworden, die bei keinem einigermaßen verständigen Autor den Argwohn aufkommen lassen kann, er sei geflissentlich ausgeschaltet. Jeder sieht: hier ist etwas Besonderes gewollt; die Sache galt mehr als die Person.« Gewisse Entscheidungen blieben natürlich nicht aus.

Tatsächlich, um gleich den Sprung in die Sache zu tun, wirkt der Almanach *Das XXVte Jahr* noch heute besonders gelungen. Und die Leser empfanden es genauso. Er erklomm eine Auflage von 40 000 Exemplaren (sein Erlös floss der Pensionsanstalt deutscher Journalisten und Schriftsteller zu) und regte den Bücherkauf an. Der Katalog brachte es fertig, bei einem Umfang von 430 Textseiten 136 Autoren im Register auszuweisen, von denen 63 mit literarischen Beiträgen vertreten waren (Teil II): Dramatisches, Briefe, Erzählungen, Essays, Skizzen, Gedichte und Sprüche. Die andere Hälfte verteilte sich auf einen nach zehn Rubriken differenzierten bibliographischen Teil (III), einschließlich einer Chronologie und Angaben über »Vergriffene Werke« oder Verlagswechsel (Max Halbe etwa fand sich nun bei Georg Bondi – einem Onkel von Katia Mann). Ein reiner Bildteil von 31 Seiten mit je vier Autorenporträts rundete den Almanach üppig ab (IV). »Geschlossenheit und Einheit« konnten besser nicht dargestellt werden. Waren diese drei Teile von äußerer und innerer Sorgfalt, abwechslungsreich, unterhaltsam, informativ bis in die Auflagenhöhen, so bot der Erste Teil mit neun Aufsätzen von den sechs »Machern« des Verlages und – den einst fürs Autorenjahrbuch vorgesehenen! – Dehmel, Wassermann und Strauß eine so gewichtige wie anregende Gesamtreflexion über die »unendlich variable Größe« (Dehmel), über das selbständigste Material, das es gibt: »Das Buch«.

Richard Dehmel verglich hier dichterische Werke mit »spiritistischen Medien«: »wer sie nicht richtig zu fragen versteht, dem antworten sie falsch oder gar nicht«. Ihn hatte erschüttert, *Ödipus und die Sphinx* erst begriffen zu haben, als Hofmannsthal, »kein bestechender Vorleser«, es selber vortrug; »Fallgruben des Verständnisses« gab es viele für die Gemütsbewegung, »die den lebendigen Bildungswert des schönen Phantasiephänomens erst wirklich fortpflanzt von Geist zu Geist«. Von Auge zu innerem Ohr zu Verstand und Gemüt blieb solches deshalb der »Glücksfall des uns gleichgestimmten Gehörs«.

Unter dem Titel »Buch und Roman« sprach Emil Strauß von den unendlich vielen »Buchungen«, die das Gehirn entwicklungsgeschichtlich gebraucht habe (»Gestaltung ist immer aufbauend«), um zum »Buch der Bücher« zu gelangen: »Ilias und Odyssee sind der Anfang der Dinge für uns, nicht die Genesis, und Homer ist uns das Buch der Bücher, auch in dem Sinne, daß von ihm unsere Bücher ausgehen«, denn »in Homers Gedichten« wurde »zum ersten Male eine nicht den Inhalt umflatternde oder von ihm durchbrochene, sondern eine vom Inhalt herausgetriebene und satt ausgefüllte Form gefunden und festgehalten«. Ihm »gab sein Volk den Stoff (dieses Verhältnis bleibt stets dasselbe)«, von der Sage erfuhr er das »aufgespeicherte Denken, die Lebensanschauung seines Volkes«, und was er daraus machte, war die Erfüllung des Epischen in seiner »größten typischen Form«: »Niemals mehr auf epischem Gebiete kam wie in Homer die Reife der Zeit und die Reife des Künstlers zusammen, bald fehlt es hier, bald dort.« Das konnte man nur hinnehmen.

»Immer wieder stürzte sich Dostojewski in den Strom des russischen Lebens, um nach seinem Symbole zu tauchen, immer kam er ans andere Ufer, triefend vom Elemente seiner Zeit, nicht imstande, es zur Kugel zu ballen.« Fragmente, kunstvoll in die Form getrieben wie beim alten Homer, doch für die heutige Zeit galt eben, letzter Satz der fünf Seiten: »Die Synthese aus solchen Fragment-Einheiten geschieht im Gehirne des Lesers.« Und diese Gehirne hatten sich damit zur Drehbuch- und Filmreife »gebucht«, möchte man zeitgemäß ergänzen.

Über das Lesen hieß der vierseitige Aufsatz von Jakob Wassermann, der gleich in den ersten Zeilen die dafür vorauszusetzende »Qualität von Rang« benannte, »die Hingebung«. Und schon begegnet man einer alten Bekannten: »Nun gibt es freilich Tausende von schlechten Büchern, die Millionen Leser in ihren Bann zwingen; wäre es am Ende keine Hingebung, wenn ein Nähmädchen glühend und behext einen Schundroman verschlingt?« Nein, denn ein »Narkotikum kann niemals eine belebende Wirkung üben«, und die »Lust am Narkotikum Hingabe zu nennen, werde ich mich hüten«. Ob es hieß »Eigensinn« (1834) oder »Lust am Narkotikum« (1911), Buchhandel bedeutete auch Sozialkunde des Nähtermädchens. »Der wahrhafte Leser vereinigt zwei Eigenschaften von anscheinender Gegensätzlichkeit in sich, nämlich Reife und Unschuld.« Doch werde der gute Leser immer seltener, »weil auch der Wille zur Hingebung selten wird in einer Epoche, die sich mit ihren Trieben und Wünschen mehr und mehr veräußerlicht«, und »weil die Fülle des Lesenswerten oder scheinbar Lesenswerten das Maß an verfügbarer Zeit übersteigt«. Wassermann fiel ein in die allgemeine Klage, wonach der Mann nicht lese: »Sollte es irgendeine Zeit gegeben haben, in der die von Erwerb und Metier rastenden Männer freiwillig nach anderen Büchern gegriffen hätten als nach den leckeren, aufdringlichen, gebeizten, konventionellen?« Man durfte zweifeln. Der kultivierte Mann las, wenn überhaupt, das ihm bereits

Bekannte. »So ist es die Frau, die den Dichter ihrer Zeit gegenwartsfroh begrüßt.« Sie ist es, nach heutigen Statistiken, noch immer.

Der umfangreichste Aufsatz stammte von E. R. Weiß über das Buch als Gegenstand: »Sie haben, wie ich, schon oft genug einen beliebigen englischen Roman in seinem glatten Leinenband in die Hand genommen und gesagt: wie gut ist dies gemacht, weil alles, was daran ist, notwendig und dieses Notwendige höchst einfach, entsprechend und angenehm ist.« Weiß stellte den kunstgewerblichen Aspekt nach all seinen, auch technischen Facetten in den geschichtlichen Horizont, verlagsübergreifend, länderübergreifend. Der »Rang einer Kultur des Buches« erweise sich nicht an den Luxus- oder Amateurausgaben, sondern an der »Qualität des *Gebrauchsbuches*«, also an der Ware eines Verlages wie S. Fischer. »Wir haben nun einmal in Deutschland fast ebenso viele Stile, als wir Künstler und Verleger haben, die ihre bestimmten Wünsche und Absichten verwirklichen wollen – und daher keinen Stil, wenn mir, was ich ›deutschen Stil‹ nennen will, auch in einigen Leistungen sichtbar geworden zu sein scheint.«

Fischers Bibliothek zeitgenössischer Romane sei sein »Ideal des ganz einfachen Gebrauchsbuches, des modernen Buches überhaupt«. Diese erste dauerhaft erfolgreiche Reihe, angeregt von Nansen, brachte im Jahr zwölf Bände zum Einheitspreis, gebunden 1 Mark, in Leinen 1,25. Fischer hatte sie 1908 mit Fontanes *L'Adultera* eröffnet (die war nun da, wo sie hingehörte) und Weiß sie gestaltet. Ebenso die Ausgaben für den *Tempel*, Verlag deutscher Klassiker, zu dem sich 1909 mehrere Verleger, darunter Fischer, gegen das Monopol des Insel-Verlags verbündet hatten. Weiß: »Wir haben das spezifisch ›deutsche‹ Buch mit vielen Vorzügen und nicht viel weniger Mängeln, aber lebendig, persönlich, entwicklungsfähig, bei Diederichs, bei Müller. Wir haben das kultivierteste Buch, das ›gut europäische‹ Buch, das lieber unpersönlich scheinen will als laut sein, lieber kalt als unerzogen«, bei der Insel; Beispiele beider Kategorien der äußeren Erscheinung sah er bei Fischer. Und: »Wir haben das Buch, das ›gut europäisch‹ sein will und ganz ›deutsch‹ ist, in den ›Tempelklassikern‹ – und damit das allgemein gültigste, denn ›Deutschheit ist echte Popularität und ein Ideal‹ (Novalis).«

Die Volkstauglichkeit des Idealen dürfte nach Fischers Geschmack gewesen sein und auch, wie dieser Aufsatz von der Aufmachung des Einzelstücks her eine Ästhetik entrollte, die im letzten Absatz auf das ideale Buch kam, das »gut europäisch« sein will, während es auch »ganz deutsch« ist. Diese Formel wird ihm für seinen Verlag von Büchern zwischen Narkotikum und Poesie, zwischen Diederichs und der Insel, zwischen George Bernard Shaw und Hermann Stehr überhaupt passend erschienen sein. Sein eigener Beitrag fiel ihm unerwartet schwer. Es lag nicht an den täglichen Ablenkungen, sondern an seinem Bedürfnis, einmal die Komplexität der gesellschaftlichen Rolle des Buchhandels auszudrücken; seine Erfahrungen, wie auf diesem Markt für geistige Werte alles mit allem zusammenhing; wie der Buchhandel am Aufbau einer demokratischen Kultur mitwirkte, die »Organisation des geistigen Staates« wie eines Innenfutters leistete. In seinem ersten Entwurf fand der um Rat gebetene Lektor nun »einen Irrtum«.

Heimann: »Ein rein oder vorwiegend belletristischer Verlag kann nicht für seine Aufgabe halten, am Aufbau einer demokratischen Kultur mitzuarbeiten. Die Künste, die Poesie insbesondere zielen, wohnen weit über diese Sphären hinaus. In einem der verloren gegangenen Theile der Vers. [unkenen] Glocke [von Hauptmann] hieß es: ›Wahrheit und Irrtum, das sind zwei Geschwister, das Märchen wohnt in einem edleren Haus‹. Sie können zudem, wenn Sie bei Ihrer Absicht bleiben, nicht vom Buchhandel im Allgemeinen sprechen. Der Verleger Nietzsches arbeitet z. B. an der Propagierung aristokratischer Ideale, zu schweigen von den 1000 Tendenzen Anderer. Ich weiß wohl, daß Sie Demokratie nicht im groben Parteisinne meinen«.

Wenn er das wusste, dann reagierte er rüde. Die Belehrung des engsten Mitarbeiters enthielt vier wesentliche Verneinungen und musste für Fischer eine Katastrophe bedeuten. Sie trug an der einen Stelle ein bisschen viel, an der anderen ein bisschen wenig Idealismus auf. Und beiläufig mochte sie zeigen, dass Heimann kein Verleger war. Poesie, weit über die Sphären hinaus, Märchen, edleres Haus – hier wurde, mit Otto Brahm gesprochen, emporgeflogen, höher noch, als es das bourgeoise Rosenrot vermocht hätte. Der Wirklichkeitsbezug der Kunst, dieser große Streitwert aus Fischers Anfängen, Errungenschaft der Naturalisten, »künstlerische Frucht aus naturwissenschaftlichem Denken und sozialistischem Gefühl« (Bab, Handl), weg war er. Geradezu verleugnet schienen in diesen Formulierungen die geistig-moralischen Kämpfe unter dem Banner der Wahrheit, die Fischer geprägt hatten, die gesellschaftlichen Reaktionen nicht als Zweck, doch als *Wirkung* der Kunst, die auf die Wirklichkeit Rückbezug nahm. Bot der verehrte Hauptmann als *der* deutsche Dichter seinem Schwager nicht Beispiel genug? Wenn über den Realitätsgehalt und die revolutionäre Initialkraft der *Weber* mit einer staatlichen Behörde prozessiert wurde, obwohl der Autor als unpolitisch verstanden werden wollte; wenn sie landauf, landab von den klügsten Köpfen von rechts bis links auf ihre direkte oder indirekte Partei hin interpretiert wurden und in den entferntesten Winkeln der Welt Sympathien weckten. Wenn der Kaiser am 5. Oktober 1894 telegraphierte: »Das Stück hätte nie aufgeführt werden dürfen: Es ist dadurch fürchte ich viel Unheil gesäet worden. Wilhelm R.«, und er dem Autor durch seinen Einfluss den Schillerpreis verwehrte.

Ob man wollte oder nicht, die Kunst in all ihren Bereichen wurde im Kaiserreich in hohem Maße »politisiert«, mancherorts sogar verabsolutiert. Auf der Suche nach dem einheitsstiftenden Nationalen erwartete man mehr von den Bühnen als vom Parlament, mehr als von den Politikern von den führenden Dichtern – praeceptor germaniae, lector germaniae, censor germaniae. Und sie wollten es sein, Nationaldichter, denen das »Volk den Stoff« gab, wie Emil Strauß im Almanach erläuterte, der »gesteigerte Ausdruck der Volksseele«, wie es bei Hauptmann hieß und Thomas Mann nach verschiedenen Aspekten im Notizbuch beschäftigte: »Hauptmanns Wille zum Volkstümlichen«; oder, als Mode, »das renommistische Betonen des Nationalen schon auf dem Titelblatt«, entschuldbar nur »in guten Fällen« als das »junge politische Selbstbewußtsein der Nation«. Gegenüber Hesse schrieb Mann: »Mich verlangt auch nach den Dummen« (April 1910). Sprach er von »Märchen«, dann vergaß er das »lehrreich« nicht; lehrreich für Nähmädchen, Prinzessinnen und Literarhistoriker, denn es war sein künstlerischer Anspruch, Lesarten auf verschiedenster Ebene standzuhalten. (In seiner Prinzengeschichte etwa fand er selbst auch eine »Krise des Individualismus« herauslesbar und eine »geistige Wendung zum Demokratischen« hin, »symbolisch«, auf die ihnen allen unpolitische Weise; und Hermann Bahr sah in ihr Marxismus thematisiert.)

Fischers Gegenwartsautoren mit dem Anspruch von Größe suchten dort anzuknüpfen, von wo die Kulturnation noch immer ihre stärksten Impulse erhielt, in Weimar. Das ehemals überterritoriale Nationalgefühl der Sprachgemeinschaft von Dichtern und Denkern musste seit 1871 mit dem der machtvollen Territorialgemeinschaft der mit Preußen Geeinten übereingebracht werden. Und diese hatte sich mit ihrer Verspätung nun gerade zu einer Zeit territorial ermächtigt, als das Gefühl von Gemeinschaft und Kultur am

Erodieren und der Druck auf den Einzelnen erhöht war. Gesellschaftlich lief alles auseinander.

»Die Wissenschaft zerstiebt allseitig in Spezialismus; auf dem Gebiet des Denkens wie der schönen Literatur fehlt es an epochemachenden Individualitäten; die bildende Kunst, obwohl durch bedeutende Meister vertreten, entbehrt doch der Monumentalität und damit ihrer besten Wirkung; Musiker sind selten, Musikanten zahllos. Die Architektur ist die Achse der bildenden Kunst, wie die Philosophie Achse alles wissenschaftlichen Denkens ist; augenblicklich gibt es aber weder eine deutsche Architektur noch eine deutsche Philosophie.« So hatte Langbehn 1890 als Anonymus geklagt und zu guten deutschen und teutschen Werten ermahnt: dem Schöpferischen. Dafür gab es ein starkes Militär, eine expandierende Industrie und unaufhaltsame Moderne; doch: »Den Bewohnern eines Reiches, wie das deutsche, steht es sicherlich nicht an, sich achselzuckend als Epigonen zu erkennen und auf einen Fortschritt in den eigentlich entscheidenden Fragen des geistigen Lebens zu verzichten.« Zum einen herausragende künstlerische Persönlichkeiten, zum anderen eine sofortige (homogene) »Nationalkultur«, lauteten die (unerfüllbaren und teilweise widerstreitenden) Desiderate.

Man kann nicht genug daran erinnern, wie allgemein die *Nation*, das *Nationale*, auch der *Nationalcharakter* in diesen Kaiserreichsjahrzehnten identitätsstiftende Bezugsgrößen und Mo(nu)mente der Sorge bildeten, jedoch mit sehr verschiedenen Folgerungen, Weiterungen, eher Verengungen, und Implikationen. (Und wieder anders gelagert für die Österreicher.) Der Erfolg der Heimatkunst beispielsweise bestand laut dem Zeitzeugen Guido K. Brand deshalb auch darin, dass hier in findiger Dopplung stets »das Reich und die kleinen Vaterländer gepriesen« wurden.

Unter dem buchhändlerischen Beitrag zu einer demokratischen Kultur, den Heimann gleich zweifach absprach, nämlich als eine Aufgabe, die Fischer offenkundig für die seine hielt, und als reale Möglichkeit seines belletristischen Verlages, verstand Letzterer etwas sehr Konkretes: dafür Sorge zu tragen, »dass dem gedruckten Wort volle Freiheit« gegeben sei. Dazu gehörte die altgediente Verkehrsform des Buchhandels, die Ladenpreisbindung, das Urheberrecht zum Schutz vor Nachdruck und zur Sicherung des Verhältnisses zwischen Verleger und Autor – für Fischer historische Kulturerrungenschaften. Sie im Sinne der Freiheit des Autors zu seinen bestmöglichen Werken zu bewahren, die Weiterentwicklung der Sprachkunst und die geistige Vermittlung des Daseins auf hohem (auch emporfliegendem) Niveau zu gewährleisten, hatte er als seine Aufgabe angesehen. Die epochemachenden Individuen zu entdecken (wie Hauptmann) und die Literatur zu heben, soweit diese Epoche es zuließe; ihre Werte zutage zu fördern und so zu organisieren, dass sie bei möglichst vielen – in *Fischers Bibliothek* Werke von Wert für eine Mark – oder da, wo sie hingehörten, Wirkung entfalten konnten, verstand Fischer als kulturbildende Funktion des Buchhandels. (Und am meisten gelesen wurde, nach allen Statistiken quer durch die Bevölkerungsschichten, mit weitem Abstand Belletristik.) Dabei mochte Fischer gerade von »Buchhandel im Allgemeinen« sprechen, als dem vielstimmigen geistigen Raum, in dem eine Gesellschaft (die ohne Rundfunk und Fernsehen auszukommen hatte) ihre Verträge aushandelte, bestenfalls ihre »soziale Bildung«, kulturelle Integration und vielleicht ihr Nationalgefühl weiterentwickelte, und zwar weil seine Branche dies alles dank besonderer kaufmännischer Regeln gewährleistete, indem sie sich, in kalkulierten Grenzen, einen Willen zum Unlukrativen erhielt.

Heimanns Belehrung über das edlere Haus der enthobenen Künste konnte obendrein klingen, als unterstellte er Fischer das Selbstverständnis der deutschen Erzieher, des

Kunstwarts. (»Dieses Blatt habe ich mir seit einiger Zeit abgewöhnt, denn dieser schmalzig pädagogische Ton mit dem dort fortwährend ›Kultur‹ und ›Kunst‹ *gemacht* wird, ist auf die Dauer unerträglich.« Fischer an Hesse, Dezember 1907.) Dabei mochte es an ihrem nicht immer einfachen Verhältnis oder an seinem nicht spannungsfreien zu Oscar Bie liegen, wenn Heimann mit seinem Diktum, ein »rein oder vorwiegend belletristischer Verlag kann nicht« … zuletzt auch die Zeitschrift des Hauses ignorierte. Die *Rundschau* sorgte, von Heimann unbestritten, für Bildung, gut europäisch, ganz deutsch. Fünfzehn Jahre ist sie aus den Verlagserträgen bezuschusst worden, bis sie sich von 1904 an selber trug und spätestens seitdem, innerlich und äußerlich erneuert, auch den angestrebten Platz einnahm, als das »repräsentative Organ« für die »Gesammtheit der deutschen Culturbestrebungen«, für die Entwicklungen, die »in ihrer Gesammtheit dem Jahrhundert seine Signatur verleihen«, wie Rodenberg es einst für seine *Deutsche Rundschau* formulierte. Gerade eben entstand ein Gesamtregister zu zwanzig Jahren *Freie Bühne*, *neue deutsche Rundschau* und zuletzt *Die neue Rundschau.* Auch dies entsprach dem Prinzip der Kulturbildung, der Befestigung, Vertiefung, Überführung in den Bestand, wenn Fischer die *Rundschau* als Jahrgangsbände zugänglich hielt und in solchen Bündelungen zugleich historisierte.

Wen klare Strukturen begeistern, der hat mit dem Register von Oscar Arnstein seine Lektüre gefunden. (Das fragmentegewöhnte Gehirn schafft Synthesen …) Auf drei Wegen konnte man seinen Zugang zu den Signaturen der beiden Dekaden vor und nach dem Jahrhundertwechsel, 1890 bis 1909, wählen, über ein Autorenregister, über eine Systematische Übersicht nach 20 Bereichen mit bis zu fünf Untergruppen und über ein enorm differenziertes Sachregister. Dessen Stichworte beanspruchten allein 100 Seiten und zeigten anhand ihres jeweiligen Umfangs, von welchem Gewicht die Sache in den letzten zwanzig Jahren gewesen war, jedenfalls in diesem Periodikum. *Getreide-Einfuhrgesetz*, *Märtyrermalerei*, *Negerfrage*, *Kleinküchenhausfrage*, *Klerikalismus*, *Haberfeldtreiben*, *Elektromotor*. In Hamburg hatte es 1898 einen *Hafenarbeiterstreik* gegeben. Das *Männerkindbett* beschäftigte ein einziges Mal, 1894, in zeitlicher Nähe zu *Harden, als Denunziant*. Der meisterörterte Mann der letzten zwanzig Jahre hieß *Ibsen*, das ahnte man. Zu England / englisch finden sich 80 Untergruppen, *Agrarfrage* bis *Zeitschriften*; zu Frankreich / französisch ein paar mehr, *Agrarsyndikate* bis *Zeitalter Ludwigs*; das umfangreichere Stichwort Deutschland / deutsch, beginnend mit *Adel* noch vor *Agrarpolitik* und endend mit der *Zollgesetzgebung*, fiel bemerkenswerterweise gar nicht länger aus als: *Berlin*.

Im längsten Aufsatz des Almanachs beschrieb Oscar Bie, wie die Zeitschrift im Laufe der Jahre und Monat für Monat entwickelt wurde. Das Wichtigste: Fischer war schon 1894 dazu übergegangen, sich vom eingesandten Material (etwa aus Friedrichshagen) unabhängig zu machen, stattdessen »Mitarbeiter und Beiträge so zu gewinnen, daß sie von einem festen Willen gelenkt schien«; sprich in Auftrag zu geben, der Zeit vorweg zu agieren, auf solche Weise sie selbst prägend. »Eine Zeitschrift, die führen will, muß selbst suchen und finden.« Der Inhalt, 12 bis 14 größere und kleinere Artikel, wurde von nun an aufeinander abgestimmt und leicht erschließbar angeordnet, erst die »mehr produktiven Arbeiten«, dann die mehr kritischen und aktuellen »aus dem Laboratorium aller Wissenschaften und Künste«, dann »die kleinen Anmerkungen, die den schweren Anfang in ein leichteres Spiel des Geistes auflösen«. »Wir kommen zweimal wöchentlich in unserer Redaktionsstube zusammen, bei Herrn Fischer«, der nicht immer dabei ist, doch jedes Heft mitbestimmt – ungenannter Herausgeber dieser zwölf Bücher im Jahr; und »fragen uns, welche Stoffe und Probleme in der nächsten Zeit zu behandeln sind«. Die Artikel sollten (anders als das akademischere Vorbild der *Deutschen Rundschau* Rodenbergs) dem literarischen Anspruch genüge tun, Sprachstil pflegen, essayistisch und persönlich angelegt sein, ohne akademische Ungelenkigkeit auskommen (wofür sich in manchen Bereichen nur schwer Autoren fanden).

Im Zeichen der Zeit hatte Fischer 1908 ihren Umfang ein letztes Mal erweitert, »um eine politisch-soziologische Abteilung anzugliedern«, für welche er den Staatswissenschaftler Samuel Saenger engagierte, Schüler des linksliberalen Friedrich Naumann (wie Theodor Heuss); das Heft begann seitdem mit einem politisch-sozialen Artikel. Fischer habe ihm erst auf den Zahn gefühlt, zwecks »Prüfung meines literarischen und ästhetischen Gewissens«. Auch im Verlag erschienen immer mehr Sachbücher, prominentestes Beispiel: Walther Rathenau, Industrieller und Publizist. Seine *Mahnung und Warnung. Zur Kritik der Zeit* (Gerhart Hauptmann gewidmet) erlebte gleich 1912 acht Auflagen; er sah, auf eine Formel gebracht, Technik und Mechanisierung des Alltagsdaseins im Wirkungszusammenhang mit der explosiven Bevölkerungszunahme (damit rückte noch der Begriff der Masse in den Blick); er sprach von einer »übertäubten Zeit«, die »angewidert vom Denken, vom mechanistischen Denken« sei, und wandte sich, auf nicht unumstrittene Weise, gegen ihre zweckhafte Wesenlosigkeit. *Die Neue Rundschau* verfügte 1911 über rund 6000 Abonnenten bei einer Auflage von mutmaßlich bis zu 7000 Exemplaren (Zeitschriften des Rundschau-Typus lagen bei gut 5000 Abnehmern, *Der Kunstwart* bei 20 000 bis 22 000); sie stand für sich und doch in Wechselwirkung mit dem Verlag (was nicht hieß, dass seine Autoren ungeschoren blieben, Schnitzler empörte eine Folge von drei negativen Rezensionen von Kerr). Summa summarum kann es nicht verwundern, dass Fischer in seinen Notizen von der »Organisation des geistigen Staates« durch den Buchhandel sprach; er beherrschte die »Mischkalkulation« als ökonomische Basis für das bedeutsame Unverkäufliche, und er kannte die Wege der Wertprägungen genau.

Und Moritz Heimann empfahl seinem Chef schließlich zu Recht, sich bei seinem Beitrag im Almanach an die eigenen Qualitäten zu halten, auf das größere Ganze beiläufig zu kommen – »wenn Sie, wie in Ihren oft so meisterhaften und von mir immer bewunderten Briefen ganz von der Situation ausgehen: Hier ist ein Mann, ein Verleger, was thut er?«

Er warnt: »Die Entpersönlichung verlegerischer Arbeit durch die in den Buchhandel eindringende Gesellschaftsform kapitalistischer Groß- und Kleinbetriebe kann nicht ohne nachteiligen Einfluß auf die literarische Kultur bleiben.« Wenn auf Namen hin, ohne Manuskripte zu kennen, Höchstangebote gemacht, Autoren genauso schnell fallengelassen und auf diese Weise höchstens Moden kreiert wurden, die negativ auf das Gesamtgefüge wirkten. Kann »eine kapitalistische Vereinigung den Begriff ›Dichter‹ so umschreiben, daß er Gegenstand einer organisierten kapitalistischen Ausnutzung bildet?« Nein. Er kann sich »nur mit den marktgewordenen Werten befassen«, weswegen er »am meisten dazu beiträgt, die Entwicklung zu hemmen und zurückzudrängen«. Nachstürmende Generationen, im Gestus des Antibürgerlichen auftretend wie einst die Naturalisten und wie gerade eben die expressionistischen Jüngsten, würden immer den Verlegerenthusiasten brauchen.

Er huldigt: den 100 Jahre alten, zurückgebliebenen Verkehrsformen, die es dem Buchhandel gestatteten, »die ideellen Kräfte einzusetzen«, die er brauchte, um seiner Aufgabe gerecht zu werden, nicht zuletzt dem Talent die ökonomische Basis zur Entfaltung mit zu ermöglichen. Weniger denn je stünden junge Genies in der Gefahr, nicht erkannt zu werden. Dass bisher nicht wie in anderen Ländern das Handelsschema des modernen Industrialismus auf den Büchermarkt übergesprungen sei, obwohl »sich rings um das Buchgewerbe der Betrieb drucktechnischer Erzeugnisse – Zeitungen und Massenprodukte für den Bedarf – industrialisiert hat«, verdanke sich »der Eigentümlichkeit deutschen Wesens, das sich seine moralischen Gesetze aus seiner Arbeit schafft«. Doch die Dynamik der Zeit zwinge den Verleger zu neuen Ideen.

Er erläutert: Es werde Sache des Buchhandels sein, parallel das Buch zum billigen Einheitspreis zu organisieren, wie es der Bahnhofsbuchhandel bereits tat, denn in diese Richtung weise nun einmal die Entwicklung; »ins Riesenhafte« lasse sich die Produktion dank der Technik steigern, doch »auf keinem anderen Markt bleibt die Konsumfähigkeit des Volkes so weit« hinter den Möglichkeiten »zurück wie im Buchhandel«. Und zwar schon jetzt: »Deutschland steht an der Spitze der bücherproduzierenden Kulturländer. Im Jahre 1909 sind bei uns 31 051 Bücher erschienen«, in England, auch in Relation zur Bevölkerungsziffer, weit weniger, etwa 10 000 Novitäten, und in Frankreich gehe seit einem Jahrzehnt die Produktion zurück, von 13 362 auf 11 073 Neuerscheinungen. (Das Bestreben eines Verlegers wie Fischer, alle Verlagsrechte möglichst aktiv zu halten, ältere Werke, auch anderer Verlage, in Form neuer Ausgaben oder als Teil von Reihen erneut dem Publikum zu präsentieren, ist hier gar nicht beziffert.) Das Lesebedürfnis sei zwar gewachsen, doch die Mehrheit befriedige es noch immer in den Leihbibliotheken oder durch die Zeitschriften. Wenn man nun den »neuen demokratischen Buchtypus« fördere, das Buch damit »populär« mache, dann werde es für das »allgemeine Kultur- und Geschmacksniveau« von den Dichtern »abhängen, ob sie zur Masse stark genug sprechen können, ob sie von ihr gehört und verstanden werden«.

Und wie stand es um die Dichtung? »Der im Individualistischen und Partikularistischen wurzelnde Geist der Deutschen«, so resümierte der Verleger schon 1906, nach zwanzig Jahren, »verhindert immer wieder die oberflächliche Einigung sowohl der Gebenden als der Empfangenden; und statt einer Kunst haben wir Künstler, statt eines Publikums Gemeinden.« Fünf Jahre später, 1911: »Während in England und Frankreich die Konvenienz, das Mittel der Verständigung der Menschen untereinander, eine gewisse Stetigkeit und Einheit des Geschmacks sicherstellt, ist bei uns vorläufig noch (und vielleicht sogar glücklicherweise) der Erscheinungen Flucht so vielfältig, daß wir uns in einer ästhetischen Wirrnis befinden. Der Geschmack des Publikums pendelt zwischen Extremen; er ist bald literarisch, bald kunstfremd; bald siegt das Dichtwerk, bald das schablonenhafte Produkt. Die Aufnahmetätigkeit des Publikums ist scheinbar sehr groß und vielfältig, sie ist es nur auf Kosten des schlechten Gedächtnisses.«

Woran mochte das liegen? Die Literaturkritik versagt, sie »hat die Führung längst verloren, sie strebt sie gar nicht an«, sondern schreibt die (von Moritz Heimann verfassten) »Waschzettel« ab, entwarf Fischer als Antwort in seinen Handschriften; und »die aesthetischen Bedürfnisse scheinen sich in der Richtung materialistischer Weltauffassung zu vergroebern«. »Wir befinden uns in einer Epoche der Sammlung und Neubildung staatlichen und gesellschaftlichen Lebens«. »Unsere Zeit hat noch keine formgebende Kraft gewonnen, wir sehen, dass sie sich noch in sozialen, wirtschaftlichen und technischen Problemen erschöpft, die auf Ordnung der staatlichen Kräfte und Mehrung des Volkswohlstandes hinzielen, oekonomische Freiheit und Unabhängigkeit als Grundlage für eine neue geistige und ästhetische – für eine demokratische Kultur.«

Diese letztlich zuversichtliche Perspektive erinnerte an einen jüngeren Roman (von 1907) seiner Erfolgsautorin Gabriele Reuter. *Der Amerikaner* hieß er und meinte den ältesten Sohn der Familie »von Kosewinkel«! Reuter knüpfte auf ihre kluge Weise dort an, wo Fontanes letztes Werk, *Der Stechlin*, geendet hatte. Eine aus eigener Kraft nicht mehr lebensfähige Adelswelt, schon mehr bürgerlich als aristokratisch, auf einem mit Hypotheken belasteten Anwesen in schöner Landschaft. Der jüngere Bruder, in gehemmter Tatkraft am alten Kirchturm klebend (»Er soll sich nicht amerikanisieren. Warum können wir es nicht in unserer Art auch zu etwas bringen?«); der ältere, Liebling der Mutter, aus Amerika zurückkehrend, eher glücklos, doch gut gelaunt. Der mutige Fritz sah nach Jahren in der neuen Welt sehr klar die alte: Er hatte vergessen, wie sehr man hier vom Geld der Tanten, der Stiftsoberinnen, abhing; wie sehr das »Gesetz der Schwere« über allen regierte; Frauen zur »Empfindung«, Männer zum Idealismus verpflichtet. Das »Erbe von Jahrhunderten« verleugnete sich auch in ihm nicht, Sprössling einer der ersten Familien. Doch der Mann einer »neuen Sinnesart«, ja: einer erneuerten Männlichkeit, wird dank seiner Erfahrungen und der »Gewandheit seiner Intelligenz« unter souveräner Einbeziehung des Bruders das Anwesen der Familie bewahren, mit Einbußen zwar, doch Stillstand rächte sich, Entwicklung ging weiter. Nur Mut. Zur Versöhnung der Region mitsamt ihren Honoratioren wurde nun aus einem lauschigen Wasserfall Strom gewonnen und ein Sanatorium gebaut – für die Hauptstadtmüden.

Die Nation (und ihre Literatur) hatte noch keine formgebende Kraft gefunden, zugleich sah sie sich schlechten Einflüssen ausgesetzt, fürchtete sie Substanzverlust. Kaum etwas spiegelte die Gefahren in ihren Augen deutlicher wider als ihre Hauptstadt – »ein riesiges Notgebilde und schwerer als andere Städte als Einheit zu begreifen«. Es sei Aufgabe des geeinten Deutschland, »Berlin erst einmal deutsch zu machen«, lautete nach 1871 eine Redensart. Von Anbeginn ihrer Gründung eine ostelbische Kolonialstadt, »weit ab von den Stammgebieten der deutschen Kultur, ja, der deutschen Geschichte«, wie nebenher emporgewachsen, so »wie im neunzehnten Jahrhundert die amerikanischen und australischen Städte tief im Busch entstanden sind«. Woher sollte sie Widerstandskraft nehmen, wie hätte »das alte, selbst nur künstlich gewordene Berlinertum standhalten können« gegen das mechanistische Denken, gegen die Entwicklungen von Amerikanismus (»Gottheit der Quantität«) und Materialismus. Man könnte sagen, sie kam noch umso mehr ins Eigene. So wurden »die guten Eigenschaften des Kolonistengeschlechts nirgend deutlicher als auf dem Werkplatz. Das ist im wesentlichen die Ursache des außerordentlichen materiellen Aufschwungs der Berliner Industrie, der Bauhandwerke und der Gewerbe geworden.«

Berlin. Ein Stadtschicksal hieß die Betrachtung des Kunstschriftstellers Karl Scheffler, gelegentlicher Autor der *Rundschau*, mit einem Buch bei S. Fischer (1909 *Idealisten*) und bei Bruno Cassirer Herausgeber der Zeitschrift *Kunst und Künstler*. Die Monographie erschien 1910 bei Erich Reiss und war eine einzige Abrechnung mitsamt geschichtlicher Herleitung, ein Abgesang. Auf jedem Gebiet, an jeder Straßenecke und an jeder Spezies ihrer Bevölkerung habe die »Hauptstadt aller modernen Häßlichkeit« ihre fatale Wirkung entfaltet. Die Frau eine unerzogene »Madamm«. »Auch die Liebe nimmt die Berlinerin vor allem praktisch, wie sie ihr ganzes Leben durchaus rationell lebt.« Der Mann: »Alles ist gekrümmt, nach unten gezogen und gerunzelt; jede Miene droht, lauert, mißtraut, giert oder schmatzt. Unter der bureaukratischen oder soldatischen Korrektheit des Blickens schaut die Starrheit der Ideenlosigkeit hervor und selbst aus der Bonhomie noch klingt der Militarismus hervor.« Kulturlosigkeit, Ungeistigkeit, Genussucht – von »Würde« weiß in der schäbigen Mittelklassen-Bevölkerung des überarbeiteten Kolonistenvolks niemand mehr etwas.

Auch nicht der Kaiser, Enkel des großen Wilhelm I., welcher noch »Herrscher einer Zeit gewesen, in der die Heere zu ihren unerhörten Siegen tüchtig gemacht wurden und in der alles Wollen national erzogen worden ist«. Wilhelm II. hatte dieses Berlin, man betrachte nur die Architektur, gänzlich verpfuscht; er war »ein Industriekaiser, ein Großstädter auf dem Thron«. »In seiner Imperatorengebärde ist etwas Traditionsloses, seiner Repräsentationslust fehlt die Geschichte und darum der sichere Geschmack.« »Er hat denselben nervös rastlosen Tätigkeitstrieb wie der moderne Berliner«: »Auch er ist ganz ein Mensch der Quantitäten und Opfer perspektivelosen Selbstbewußtseins; und er ist darum allen Fehlern fast Derer verfallen, die sich selbst und damit die Welt nicht relativ zu nehmen wissen« ... Hier blenden wir uns sachte aus.

Hatte sich etwas verändert? Ins Extreme entwickelt, hier und da. 1913/14 betrug die sogenannte Friedensstärke des Heeres 800 000 Mann. Otto Flake: »was nun folgte, war der Tangowinter. Es ist ohne Übertreibung wahr, daß sich das Bild Berlins unter der Herrschaft dieses vom Westen herüberkommenden Tanzes völlig veränderte.« Schließen wir für ein paar Takte die Augen und stellen uns Tangorhythmen vor. Und dann, immer lauter werdend, die erlösenden Trommeln der Truppenaufmärsche; Berlin wurde jetzt deutsch, im »Geist von 1914«:

»Es kamen drei Räuber auf einmal daher.–
Wer da, wer?
Deutschland, wir wollen an deine Ehr'!
Nimmermehr!!
Und wärt ihr nicht drei, sondern wäret ihr neun,
meine Ehr' und mein Land bleiben ewig mein:
Nimmer nimmt sie uns irgendwer,
dafür sorgt Gott, Kaiser und deutsches Heer.–
Nimmermehr!«

Das *Reiterlied* von Gerhart Hauptmann, *Bote aus dem Riesengebirge*, Ausgabe 12. August 1914, ohne »Athene Deutschland«, jedoch mit deutschem Empfinden, Vaterlandsliebe und perspektivelosem Selbstbewusstsein. Heimann nannte es das »ärgerliche, selterwasserberauschte Ulanenlied«. »Ich rechne diese Art von Poesie bei mir selbst nicht«, so sein Schwager, der Dichter des Naturalismus, im Tagebuch: »Man könnte ›wahre Kriegslieder‹ schreiben, aber sie würden kaum ermutigend wirken.«

Samuel Fischer hörte den anschwellenden Trommelgesang nur gedämpft, wie hinter einem Schleier.

Krieg

Gerhart war tot. Der Pini. Nach zweiwöchigem Kampf gegen die italienische Krankheit, wie man fast sagen möchte, weil die Umstände unwillkürlich an den *Tod in Venedig* denken ließen (der wenige Monate zuvor erschienen war). »Die Ärzte sprachen von Typhus«, so die Mutter im Rückblick, »aber keiner wußte so recht, was für eine unheimliche Krankheit ihn dahingerafft hatte.«

August 1913. Die Familie versammelte sich, von verschiedenen Orten anreisend, für eine gemeinsame Zeit um Gerharts neunzehnten Geburtstag herum in Venedig, im Grand Hotel des Bains am Lido. Als Erste trafen die Eltern mit Tutti und den Beer-Hofmanns aus dem Engadin ein; die Schnitzlers, nach Ferien im istrischen Brioni in umgekehrter Richtung unterwegs, würden nach drei Tagen in der Lagunenstadt gemächlich ins Engadin weiterreisen, ihrem zehnten Hochzeitstag entgegen – *wie wird man in die Kähne kommen* – ? Es war der Sommer, in dem Schnitzler von den Fischers geträumt hatte. Man besprach amerikanische Verlagsdinge, man ging baden, man nachtmahlte gemeinsam. Von irgendwoher stießen Bahr und Altenberg dazu, der Schauspieler Alexander Moissi, vielleicht noch dieser oder jener. Es war ein heißer August – »Brioni-Krankheit«, schwüle Luft. Fischer reagierte mit einer Mittelohrentzündung, er vertrug den abrupten Klimawechsel nicht. Gerhart kam schließlich von Süden her angereist. Er hatte die Ferien bei Onkel und Tante, mit Ludwigs Familie, in Viserba, in der Nähe von Rimini verbracht, und »auch er hatte die italienische Sommerhitze nicht vertragen; er kam ganz ausgedörrt davon u. abgemagert am Lido an, daß ich zu Tode erschrokken war, als ich ihn von der Bahn abholte«. Weil bei ihm Fieber einsetzte und die örtlichen Ärzte keinen Rat wussten, eilten die Fischers nach Hause.

Die Reisegefährten schickten noch von unterwegs den Eltern Beruhigungen hinterher, ihr Sohn habe nicht ernstlich krank ausgesehen, und einen Tag später wussten die Beer-Hofmanns zufällig von Bekannten, die »in *Rimini* mit denselben Symptomen wie Gerhart erkrankten und nun wieder wol sind«. Die nächste Nachfrage von Wien aus, weil man nichts mehr gehört habe und doch Gewissheit suche, brachte postwendend ein Telegramm, »gerhart an infektioeser vergiftung leider schwer erkrankt«. Zwei Tage später folgte Hedwigs Bericht. »Die Vergiftung war furchtbar, war zuerst in der Gallenblase, verursachte fortwährendes, heftiges Erbrechen, so daß keine andere Ernährung als durch den Darm möglich war; als das besser wurde kam tiefe Bewußtlosigkeit 2 Tage und 2 Nächte, die unbeschreiblich furchtbar waren, und als wir gestern früh, nach langsamer Aufhellung des Bewußtsein's aufatmeten, kam die von den Ärzten gefürchtete Lungenentzündung hinzu, die allerdings leicht ist. Aber doch Fieber bringt. Jetzt ist die Hauptsache, ob das geschwächte Herz dies alles aushält; er bekommt zweistündlich Coffeineinspritzungen, ist rührend geduldig u. kommt erst ganz langsam nach und nach zur Besinnung. Ich verschone Sie mit den weiteren aufregenden Momenten dieser Tage; wir sind bei allem Unglück froh, zu Haus zu sein, und alles Menschenmögliche tun zu können. Wir haben 3 Professoren, einen aufopfernden Hausarzt, Tag und Nacht 2 Schwestern; die Ernährung macht jetzt schon Fortschritte und wir wollen das Beste hoffen. Mein Mann ist natürlich sehr erregt; und hört noch schlecht; er grüßt Sie« –

Am nächsten Tag wurde sie selbst zweiundvierzig Jahre alt, und wie um die Mutter zu schonen, starb das Sorgenkind fünf Minuten nach Mitternacht. »Meine Schwester u. mein Schwager bitten mich, Ihnen mitzuteilen, daß unser Gerhart heute Nacht sanft entschlafen ist«, telegraphierte Else Levy Landshoff am 9. September, und die Beer-Hofmanns reisten unverzüglich an. Wegen des Typhus fand die Beerdigung vorzeitig statt. Moritz Heimann, selbst Vater eines Sohnes (der seit diesem Jahr Wickersdorf besuchte) und mit Gerhart wohlvertraut, hielt die Grabrede in Weißensee, philosophisch und doch verstehbar dem, der das Ringen der Eltern um den Sohn und des Sohnes um die Eltern und die Welt ein wenig kannte. Seit einem guten Jahr Musikstudent und »jungen Lehrern anvertraut«, in einer Konstellation wie mit Lu, Martin Luserke, wirkte er auf Fotos freier, attraktiver – man weiß es nicht. Vater und Sohn hatten im Mai vom Kurfürstendamm mit einer Postkarte »als Junggesellen« nach Hamburg gegrüßt: Sie fänden das Leben so wonnig, Dein Sami, »dito Gerhart«. Heimann: »grade als alles geordnet war und zwischen seinem jugendlich unmittelbaren Begehren und der weiterschauenden Sorge und Liebe der Eltern ein guter, fruchtbarer Ausgleich geschaffen war, sahen wir eine Veränderung in seinem Wesen. ›Ich liebe den, welcher sich schämt, wenn der Würfel zu seinem Glücke fällt‹ – eine solche Scham war es, die von ihm Besitz ergriff, als seine Augen hell- und tiefsichtig genug wurden, zu erkennen, wie dieses unser Leben sich webt. Diese Scham, dieses Gewissen wuchs in ihm; er wurde verschlossener, fremder, leiser. Weh zu tun und weh tun zu sehen, wurde ihm immer quälender.«

Sein großer Namenspate befand sich unter den Trauergästen, drei Jahre zuvor hatte er seinen eigenen Gerhart nach nur drei Lebenstagen verloren; mit dem auf Kontrast gestellten Auge des Dramatikers vermerkte er: »Um 3 Uhr Begräbniss Gerhart Fischer. um 5 Uhr Grosse Costümprobe zu Wilhelm Tell: das ist Berlin, d[as] i[st] d[as] Leben.«

(Hauptmann führte erstmals Regie bei dem Schiller-Stück.) Es gab wohl niemanden, der mit dem Verlag auf irgendeine Weise verknüpft und nicht erschrocken oder erschüttert gewesen wäre. Vieles drang zum verzweifelten Vater erst später durch. Zu denen, die Gerhart gelegentlich grüßen ließen, gehörte Rilke, er hatte dessen Entscheidung für die Musik mitverfolgt. Oder Wassermann, der nun von Dur zu Moll gelangen musste, denn eigentlich befand er sich mit seinem Freund gerade wieder in einem zugespitzten Angang um die Valuta des Gefühls. In der Deutschen Verlagsanstalt unter Erwartung geblieben, war sein Roman über die *Trägheit des Herzens* (auch von Gerhart einmal aus vollem Herzen zitiert) 1910 in den Hausverlag gewechselt. An seinen Autor Oskar Loerke, nur zehn Jahre älter als Gerhart, schrieb der Vater: »Er hat Sie gern gehabt und oft von Ihrer Art, Bach zu spielen, gesprochen. Wenn Sie uns einmal einen Abend schenken wollen, so werden wir uns sehr freuen.«

Samuel Fischer drückte sich über Bücher aus. Was lag näher, als mit Heimann, mit Gerharts Professor Paul Juon und E. R. Weiß die Verlassenschaft des Sohnes zusammenzustellen: seine Kompositionen, auch Vertonungen von Hauptmann- und Dehmel-Texten. Dazu ein Traktat, das die Eltern jetzt im Tagebuch zu lesen fanden; neben all dem anderen, darunter noch Beschreibungen von Reisen, Werken und Künsten, die während seines kurzen Lebens Epoche gemacht hatten, Feuerbach und Böcklin, das Bruckner-, das Wagner- oder das Mozart-Erlebnis in Salzburg. Gerhart liebte das Fahren, ob mit der Eisenbahn oder dem Automobil; die Eltern wussten das wohl. Sein Aufsatz »Über die socialen Pflichten des Menschen«, in der Ehrengabe abgedruckt, löste nun bei Felix Salten etwas aus. Dem Mann, der ungewollt Gerhart zu einem anderen Blick auf sich selbst als Jude verholfen hatte und der weniger mit seiner Novelle bei S. Fischer, *Die kleine Veronika,* der Nachwelt im Gedächtnis geblieben ist als mit zwei naturhaften Lebensgeschichten, der Erzählung vom *Bambi*, die 1923 in Österreich veröffentlicht würde, und den Bekenntnissen der Wiener Dirne *Josephine Mutzenbacher*, die seit 1906 anonym im Samisdat umgingen. Im selben Jahr zog Salten als Theaterreferent für die *Neue Freie Presse* nach Berlin und litt mit seiner Frau Ottilie unter Heimweh. Daraus ergab sich eine Zuflucht in der Erdenerstraße und ein gemeinsames Reisen mit den Kindern. Fischers innerliche Abkehr setzte 1911 ein, er hielt Saltens Anhänglichkeit für »sehr gespielt«, gegenüber Hedwig charakterisierte er ihn »als einen rohen Menschen, dem man aufsitzt, wenn man ihm ein ehrlich freundschaftliches Gefühl entgegenbringt«; und als offene Entfremdung steigerte sie sich ins nächste Jahr fort.

Nun schrieb Salten an die Gattin. Die langen Seiten sollten der Distanz abhelfen, doch hier ergibt sich auch ein letztes Bild vom Sohn. Sein Aufsatz, ein dutzend Male schon gelesen, »schließt mir immer wieder aufs Ergreifendste die Noblesse dieses Charakters auf. Mir ist dabei eingefallen, dass mich Gerhart am Berghof öfters mit Dienstboten schreien hörte, und wenn ich mir auch sagen darf, dass ich bei all meinem Jähzorn gewiss menschlich zu den Leuten bin, so quält mich diese Erinnerung jetzt doch auf eine seltsame Art und beschämt mich.« Der Text beschäftige ihn mehr, als er sagen könne: »ein vollständiges und reifes Lebensprogramm«, der es schrieb, hätte seinen Weg zum Glück finden können. »Alle seine Lebensäußerungen, das ist mir jetzt klar, sind mir von Anfang an, ganz merkwürdig und oft schmerzhaft nahe gegangen, haben mich immer voll berührt.« Er denke an das Verhältnis der Eltern zu diesem Schwierigen, den sie doch immer begriffen hätten. »Ich erinnere mich der Beratungen, die er mit mir am Berghof über seine Oper geführt hat. Bald wieder fällt mir mit unglaublicher Gegenwart ein, wie er den Gang jenes Mannes aus

›Sumurun‹ kopirt; bald wieder sehe ich ihn in Elly Hirschfelds Verkleidung als Sultan. Dann wieder bei unserem vergnügten Frühstück im Bristol. Und dann wieder, wie er mit schleppenden Hosenträgern zur Tür hereinkommt, voll Eifer, und Wladimir vom Klavier verdrängt, oder wie er bei Marie Brüll zu dem Herrn, der den Witz von dem schielenden Dichter erzählte, ganz ruhig und naiv sagt: ›Ja, die Geschichte stimmt – Sie haben nämlich selbst so einen Blick‹« ...

Dass die Beer-Hofmanns so nah das Geschehen begleiteten, schien eine Fügung zu sein, die sich nicht allein den vorausgegangenen Ferientagen verdankte. Fischer hatte sich im Jubiläumsjahr während einer Kur in Bad Gastein mit ihnen befreundet, ihr dortiger Besuch befreite ihn aus Einsamkeit, »schwerfällig, unfroh und nicht leistungsfähig« hatte er sich gefühlt, Kalamitäten mit Hofmannsthal und Bahr hingen nach. In diesem Tief wirkten die diskreten und großzügigen Österreicher zur Milde: »wir sind uns wirklich näher gekommen, soweit das mit B. H. möglich ist«, »und die Wärme B. H.s hat mir sehr wohl gethan.« Jetzt vielleicht auch dessen altjüdischer Glaube, weil er mit der väterlichen Liptau verband. Beer-Hofmann schrieb wenig, ließ sich Zeit. *Der Tod Georgs* 1900, das Trauerspiel *Der Graf von Charolais* 1905, ein großer Erfolg gleich in vier Auflagen; 1906 eine Gedenkrede auf Mozart, die bei Fischer auf Bütten gedruckt und signiert herauskam; oder sein »unsterbliches« (Fischer) *Schlaflied für Mirjam* (die Tochter). Er hielt sich wohltuend am Rand des Wiener Zirkels, obwohl er seit Jugendzeiten mit dem vier Jahre älteren Schnitzler und mit Hofmannsthal befreundet war. Existentiell sicherte ihn ein größeres Erbe. Dass beide extra aus Wien anreisten, wurde ihnen von den Fischers nicht vergessen. »Sonst kann ich Ihnen nichts von uns berichten, es sei denn, daß es uns täglich unmöglicher erscheint, daß dieses furchtbare Geschick unveränderliche Wirklichkeit annimmt; und daß unser Schmerz und unsere Qual nur noch immer zunimmt. Mein armer Mann ist so anfällig von all den zerstörenden Erregungen, daß er sich eine neue Erkältung zugezogen hat, und daß sein Ohr immer noch nicht geheilt ist. Wir müssen sehr sehr vorsichtig mit ihm sein; aber er arbeitet wieder täglich und das ist das Einzige, was ihm hilft.«

Nicht wirklich. Sein Ohr wird nicht heilen. Im Großen und Ganzen stand Fischer vor Nachfolgefragen. Sowieso, denn er wusste ja längst, dass sein Sohn niemals Verleger werden würde, könnte oder sollte. Und seine Tochter zählte erst acht Jahre, wenn sie in dieser Frage überhaupt für ihn zählte, was zu verneinen ist. (Sie wiederum würde wohl ihrem Vater den Verlust ersetzen wollen.) »Ich muß nun schon bis an mein Lebensende Verleger bleiben und obgleich der neu heraufkommenden Generation von Schriftstellern, mein Verlag so rückständig scheint, dass sie sich einem andern Verlag – dem Verlag der Jüngsten – zuwenden, so muß ich doch versuchen auch die Kunst der neuen Generation zu verstehen, was dem alternden Verleger nicht leicht wird.« So war jetzt die Stimmung, auch wenn sie gegenüber Nansen erst 1916, aus Anlass von dessen Ausscheiden bei Gyldendal, geäußert wurde.

Über Herbst und Winter schleppte man sich weiter, mit wenig Besuch und am liebsten auf Reisen. Nansen absolvierte eine Morphium-Entziehungskur in Babelsberg, Bruder Moritz bezog das Sanatorium. Im Frühjahr drohte eine Blinddarmoperation bei Hedwig, was Ängste vor einem nächsten Verlust hervorrief. Nach Entwarnung hellte die Stimmung auf. Die Königliche Akademie der Künste zu Berlin bekam derweil eine Gerhart Fischer-Stiftung für »erholungsbedürftige Schüler der Hochschule für Musik« übertragen; die traurige Ironie, dass für Gerhart gerade die Ferien schicksalshaft geworden waren, blieb wohl unbemerkt. Vom

11. Juli 1914 an logierten die Eltern mit Tochter und Kinderfrau im Hotel Waldhaus oberhalb von Sils. Sie näherten sich dem ersten Jahrestag der schmerzlichen Erinnerung, und Heimann redete ihnen gut zu: »Tilgen Sie vor allem den unseligen Drang, sich Vorwürfe zu machen.« – »Der Tote soll leben, das ist unsere Pflicht gegen ihn und unser Schmerz muß von der Art sein, daß der Verklärte in ihm lebe, nicht aber immer wieder sterbe. Verzeihen Sie meine so dringlichen Worte, aber auch hier ist nur das Poetische das Wahre und das Starke.« Seine Worte würden sich nun auf das größere Ganze anwenden lassen. Das Gästebuch des Waldhauses verzeichnete schlagartige Abreisen seiner internationalen Besucher am 31. Juli und 1. August. Man eilte zurück nach London, St. Petersburg, Schlesien und Pechelbronn oder, aus den Zimmern 162 und 164, nach Berlin.

»Komm wir wollen sterben gehn
in das Feld, wo Rosse stampfen,
wo die Donnerbüchsen stehn
und sich tote Fäuste krampfen

Lebe wohl, mein junges Weib
und Du Säugling in der Wiegen,
den[n] ich darf mit trägem Leib
nicht daheim bei Euch verliegen.

Diesen Leib den halt' ich hin
Flintenkugeln und Granaten:
eh ich nicht durchlöchert bin,
kann der Feldzug nicht geraten.«

Der zweiundfünfzigjährige Hauptmann hält gar nichts hin (sondern sein ältester Sohn Ivo). Das vaterländische Geschehen wirkt stimulierend auf ihn. Nach dem tödlichen Attentat auf das österreichische Thronfolgerpaar in Sarajewo schwebt man in Wien für einen Monat zwischen Funke und Flächenbrand, berät, was aus der Situation zu machen sei, erklärt, der deutschen Schützenhilfe gewiss, am 28. Juli Serbien den Krieg und löst damit den Mechanismus der Bündnisse aus. Zar Nikolaus II. macht am 30. Juli mobil; 1. August Kriegserklärung des Deutschen Reiches an Russland, Ultimatum an Frankreich (Neutralitätsfrage), Frankreich mobilisiert. 2. August deutscher Einmarsch in Luxemburg, das neutrale Belgien lehnt Durchmarsch ab. 3. August deutsche Kriegserklärung an Frankreich. 4. August Englands Kriegserklärung an das Deutsche Reich wegen Einmarsches in Belgien. Umgekehrte Erklärungsrituale entlang derselben Achse. 6. August Hauptmann in Agnetendorf: »Die franz[ösische] Stadt Briey von uns besetzt. Polen soll im Aufstand sein, sich unabhängig von Russland erklärt haben und gegen das russische Militär vorgehen (Unsinn!). Belgiens Neutralität ist von uns nicht respectiert worden. Eine russische Division aus Masuren verjagt. Es ist etwas Hellseherisches in mir. Ich sehe und höre Truppen marschieren, kämpfen, Trompetensignale. Gewehrknattern, Geschützdonner, Hurra's, Truppen in Eisenbahnzügen singen / Lastwagen mit Proviant, Pferdewiehern, etc. alles in meinen Arbeitszimmern. Ein unzweideutiger Geist der Hoffnung erfüllt mich. Schon heute sind die Frauen im Dorf ruhiger und frischer. Ihre Tränen sind zum grössten Teil getrocknet. Auch sie bewegt der Flügelschlag der Hoffnung. Ja. Hoffnung, trotzdem das sichere und ungeheure Blutopfer noch nicht dargebracht worden ist. Wieviele dicke Dünste hat die Tatsache Krieg heut schon fortgefegt / Deutsche Kriegsschiffe sollen Truppeneinschiffungsplatz Marocko vernichtet haben. Ostseeflotte soll [nach] Liebau unterwegs sein.« Hauptmann, *der* deutsche Dichter, er war nicht nur Dramatiker, er war auch Drama, nach seiner Definition von Drama als Kampf.

Die ersten Kriegswochen sind als das »Augusterlebnis«, das Erlebnis der Einheit nationalen Empfindens, in den Bestand deutscher Erinnerung eingegangen. Der Historiker Jeffrey Verhey zitierte in seiner Studie zum »Geist von 1914« den britischen Kriegsveteranen Charles E. Montague: »Unweigerlich läßt der Abend vor einer großen Schlacht Flammen im Kopf auflodern. Herz und Verstand sind in Aufruhr und zugleich wie gelähmt, und auch der gemeine Mann kann, in dieser Stunde, das Leben mit dem Blick des Künstlers sehen – als Abenteuer und Herausforderung, wunderschön und gnadenlos, flüchtig und fremd. Der große Wurf, die nahe Geburt einer neuen Zeit, der Griff des Schicksals nach dem zu lüftenden Schleier – diese Empfindung ist ein Rausch, der wie Strychnin den verebbenden Schlag des in Todessehnsucht verzückten Herzens beschleunigt.« Er kenne keine Parteien mehr, er kenne nur noch Deutsche, rief der Kaiser vom Balkon und beschwor »infolge der andauernden und bedrohlichen Rüstungen Rußlands« (so zitiert auf Seite 1 des *Berliner Tageblatts*) den Verteidigungskrieg; mit der Sozialdemokratie wurde der »Burgfrieden« vereinbart. Verhey: »Überall hing die Nationalflagge, selbst in den Höfen der Arbeiterviertel Berlins, wo es das noch nie gegeben hatte. Bis heute bemühen sich die Historiker um passende Worte zur Beschreibung dieser Bilder.«

»Schicksal der Vernunft ist es, zeitweilig zu ermüden«, resümierte Heinrich Mann als Augenzeuge, »sich aufzugeben und das Feld zu räumen den Orgien einer komplizierten Naivität, den Ausbrüchen tiefer alter Widervernunft.« Vielleicht gab schon Landpastor Frenssen 1901 am Schluss des *Jörn Uhl* einen Hinweis: »›Es ist etwas Wahres daran, Heim. Ich weiß nicht, ob es daran gelegen hat, daß ich in den bedenklichsten Jahren keine Führung hatte: es ist mir nicht leicht geworden, das Rechte zu finden; ich habe das Gefühl, daß ich weite, unnötige Umwege gemacht habe.‹ Heim schüttelte den Kopf. ›Das Gefühl haben alle die, welche nicht auf andere hörten und schwuren, sondern sich selbst eine Weltanschauung suchen.‹ ›Nun‹, sagte Jörn Uhl, ›wenn es mit dem gescheiten Hans denn nichts ist, so gib mir irgendeinen guten, deutschen Namen nach deiner Erfindung und sage zuletzt: obgleich er zwischen Sorgen und Särgen hindurch mußte, er war dennoch ein glücklicher Mann. *Darum, weil er demütig war und Vertrauen hatte.* ...‹«

Der einundfünfzigjährige Dehmel, in dieser Stunde vom Künstler zum Soldaten geworden, ältester Rekrut der Armee, schrieb seinem Verleger am 14. September: »Offen gestanden kommt mir die ganze Literatur jetzt wie ein albernes Froschgequak vor, meine eigenen Verse nicht ausgenommen, und erst recht nicht das Entrüstungsgewäsch zwischen Hauptmann, Maeterlinck, Rolland etc. Das einzige Buch, in dem ich jetzt lesen kann, ohne ungeduldig zu werden, ist die Bibel. Ihre und Frau Hedwigs Liebesgabe für den bald ins Feld rückenden Musketier hat mich unsäglich mehr gefreut, als die prächtigste Liebhaberausgabe von Goethes Faust es vermocht hätte. Ich hoffe in längstens 10 Tagen losgehn zu dürfen, gehöre zu den Tüchtigsten meiner Compagnie, bin schon zum Gruppenführer ernannt. Meine Adresse schreibe ich Ihnen, sobald die Abfahrt bestimmt ist. Aber bitte keine Bonbons, Pfefferminz u Cola; diese künstlichen Anregungsmittel täuschen nur momentane Erfrischung vor, machen bei längerem Gebrauch noch durstiger und hungriger. Also bitte blos *reine* Chokolade (für den Marsch) und Cigaretten (für die Ruhepausen). Und auf Wiedersehn nach dem Sieg über England! Ihr Dehmel.«

Jeden traf das Ereignis anders. Schnitzler hielt sich bei Kriegsausbruch nicht fern der Fischers mit Freunden im schweizerischen Pontresina auf und erlebte den merkwürdigen Zufall, zugleich mit dem Nobelpreis zu tun zu bekommen. 1. August: »Banken geschlossen. Kein Geld auf Creditbriefe. Allgemeiner Wahnsinn. Schweiz in Kriegszustand. – Durch den Wald nach St. Moritz; Olga mit Bella uns entgegen; Brief der Hofr.[ätin] Zuckerkandl; u. a., dass Oesterreich heuer für den liter. Nobelpreis ausersehen, – und man daran denke ihn zwischen mir und Peter Altenberg zu theilen, was Olga noch viel aergerlicher empfindet als ich – (nicht aus finanz. Ursachen – sondern weil der lit. Nobelpreis noch *nie* getheilt worden).« Schrieb Schnitzler schon immer »heuer«, oder vertiefte sich sein Österreicher-Gefühl? Der Preis wurde dann gar nicht vergeben und 1915 dem entschiedensten europäischen Kriegsgegner, dem Franzosen Romain Rolland, verliehen.

Erst die Beteiligung Englands löste bei Schnitzler am 5. August den eigentlichen Schrecken aus: »Der Weltkrieg. Der Weltruin. Ungeheuere und ungeheuerliche Nachrichten.« – »Wir erleben einen ungeheuern Moment der Weltgeschichte. In wenig Tagen hat sich das Bild der Welt völlig verändert. Man glaubt zu träumen! Alle Menschen sind rathlos.« Die Rückkehr nach Österreich wurde sehr kompliziert und langwierig. Man sprach über nichts anderes, Schnitzler träumte: »Kaiser geht auf und ab; wir erwarten die drei ersten gefallenen Offiziere«, und »ich ängstige mich vor dem Leichengeruch«. Abends in »der Kaiserkrone nach dem Nm. Gerty und Hugo, dieser als Landsturmltnt.; er war zuerst nach Pisino einberufen; jetzt dem Kriegsministerium zugetheilt, Fürsorge Arbeitslose.« Anderntags: »Vm. kommt Jacob Wassermann mit seinen Söhnen zu Rad; speisen bei uns. Nach Tisch Hugo und Gerty. – W. – und der Krieg. Er ist wie immer drollig – in seinem Gemisch von Begeisterung und Schwindelhaftigkeit. Angeblich will er durchaus mit ... aber einerseits läßt es Julie nicht – anderseits ist er untauglich, aber er hält es nicht mehr lange aus ... dann stellt er sich wieder Hugo für October zur Verfügung.« Schnitzler selbst gewann unmittelbare ärztliche Anschauung, er unterstützte seinen jüngeren Bruder Julius, Chirurg, in den Krankensälen.

Auch auf neuem Feld blieb das sensible deutsch-österreichische Bündnis innerhalb des Verlags vor seine bekannten Belastungsproben gestellt; »im Westen ist's ja wahrhaftig wie ein Märchen, wie eine Legende vielmehr, und man kann sich die Figur des Kaisers mit seinen 6 Söhnen schon heute wunderschön in den Lesebüchern für die Mittelschulen des neuen 3. Jahrtausends vorstellen. Vom Simplizissimus zur Sagengestalt, es wird eine schöne Karriere gewesen sein«, resümierte Schnitzler. Seit dem Tod des Sohnes hatten ihre Briefe an Wärme gewonnen, Lieber Freund, hoben sie an; doch musste er seinen Verleger entschieden korrigieren, als dieser eine kritische Bemerkung einstreute, die lautete: »Es ist schade, dass sich die Oesterreicher, wie es scheint, auch jetzt nicht auf der Höhe der Situation zeigen. Mir wird erzählt, das Ihr Aushebungssystem nicht so funktioniert, dass alle wehrhaften Männer auch wirklich mittun, und auch mit der Ausrüstung scheint es bei Ihnen zu hapern. Und verlassen sich nicht die Oestereicher ein bisschen zu sehr auf die Deutschen?« Mit einer freundlich-bestimmten Standpauke wurde daraufhin detailliert aufgeklärt und gelobt, »was die österreichisch-ungarische Armee seit Beginn des Krieges geleistet hat ist ausserordentlich, bewunderungswürdig; – darin stimmen auch alle jene Elemente überein, die früher nichts weniger als militaristisch gesinnt waren.« Der Wiener bat (wann nicht?) um Gerechtigkeit gegenüber den Österreichern und das nun wichtige gegenseitige Wohlwollen. »Sie aber, lieber Freund, dem eine so bedeutungsvolle Rolle als Mittelsmann zwischen deutschem und österreichischem Wesen zugefallen ist, scheinen mir zur Wegräumung von allerlei Missverständnissen, die draussen im Reiche bezüglich österreichischen Wesens jederzeit bestanden haben, vor vielen anderen berufen.«

Der Mittelsmann brauchte selber einen: »Mein Bruder lebt seit 25 Jahren in London; nach den beunruhigenden Nachrichten über die Gefangennahme der Deutschen und Österreicher war es mir wirklich eine große Beruhigung durch Ihre gütige Vermittlung zu hören, dass er und seine Familie sich wohl befinden. Sie müssen mir gelegentlich mitteilen, was Sie für uns ausgelegt haben; das muß schon eine Menge sein.« So Fischer am 6. November an Nansen in Dänemark, der nun im Krieg wie in der Literatur sein Außenposten war; hier würden noch Lebensmittel gegen Weinpakete wechseln. Bücher wurden nicht mehr gekauft, dafür habe niemand Zeit und Geld, und außerdem »ist ja das was da draußen geschieht, stärker wie alle Kunst und dichterische Phantasie. Kellermann ist jetzt zum zweitenmale mit meinem Auto und mit Proft an die Front gefahren um den lieben Soldaten Liebesgaben zu bringen. Die Welt hat sich verändert, seit wir uns nicht gesehn haben; für mich und die meinen war sie schon vorher ins Schwanken geraten und für uns wird sie sobald nicht wieder ins Gleichgewicht kommen.« ... »Wir wollen nur hoffen, dass die entsetzlichen Kämpfe unserem Land den vollen Sieg bringen. Was sollte aus der Welt werden wenn das zaristische Russland und das perfide Engländertum noch größere Macht gewinnen! Das wäre auch für Skandinavien ein arges Unglück. Das kann nicht in der Bestimmung des Weltengangs und menschlicher Kulturentwicklung liegen. Wir vertrauen auf die großen staatlichen und individuellen Kräfte unseres Landes, die zwar schwer aber doch mit der ganzen Zuversichtlichkeit ihres Kraftgefühls diesen großen Kampf erfolgreich ausfechten werden. Herzliche Grüße von uns zu ihnen. Ihr SFischer«

Wie alle seine Autoren – in unterschiedlichen Graden – empfand S. Fischer patriotisch, hier in althergebracht chauvinistischer Rhetorik, von perfidem Engländertum sprach

Napoleon. Deutschland Seite an Seite mit Österreich-Ungarn konnte für ihn als Liptauer nur Richtigkeit haben. Ob es sich mit der Tatsache vertrug, dass sein großer Bruder Engländer geworden war, weiß man nicht, ebenso wenig, welchen Gefahren Joseph Fischer ins Auge sah. Am Finsbury Square (nicht fern seiner früheren Geschäftsadresse) hängte der *Jewish Chronicle* ein patriotisches Banner auf: »England has been all she could be to the Jews. The Jews will be all they can be to England«. Dies versprachen vor allem die vor Pogromen geflüchteten Juden. Obwohl bei der Royal Navy im Ausland geborene Briten und solche, deren Eltern noch gebürtige Ausländer waren, nicht rekrutiert wurden, fiel der prozentuale Anteil britisch-jüdischer Soldaten (14 Prozent der Jüdischen Gemeinde) höher aus als der Anteil aller Briten unter Waffen an der Gesamtbevölkerung (11½ Prozent).

J. Fischer hatte 1898 den Naturalisationsantrag für die Familie gestellt und nach den Gesetzen der Insel den Nachweis seines Mindestaufenthalts von zehn Jahren sowie die Bürgschaft von Leumundszeugen beigebracht. Für seine Unbescholtenheit garantierten vier »lamp manufacturers« und ein »insurance broker«, Briten von Geburt. (Ihre Aussagen blieben für 101 Jahre versiegelt mit einem porösen rosa Bändchen!) Als knapp Fünfzigjähriger hatte sich der Glaswarenhändler selbständig gemacht, vielleicht ist er es immer parallel gewesen; offiziell wirkte er jedenfalls noch 1898, aber nicht mehr 1901 für *S. Reich & Co.* Bei Kriegsbeginn lebten die Fischers seit zwanzig Jahren in der Lancaster Road, die Zusätze »Villa Austria« und »mcht.« (Kaufmann) verschwanden jedoch fortan aus den Adressbüchern, bis bessere Zeiten kamen. Und sollten sie 1914, wie in den Census-Daten 1901 angegeben, weiterhin junge Frauen aus Deutschland als Bedienstete beschäftigen, dann müssten diese jetzt schnellstens zurückgeschickt werden. Sami und Peppi Fischer besaßen Telefon; im Kriegszustand ließ sich natürlich nicht ohne das Delikt von Spionage oder Vaterlandsverrat mal eben ein Gespräch anmelden – doch was hätten sie gesagt? Wir verprügeln euch? Der ältere Liptauer dürfte zwiegespaltener gewesen sein.

Es waren die Bruderkonstellationen, die in diesem Krieg litten oder gar zum Ausbruch kamen. Hauptmann beschäftigte sein kompliziertes Verhältnis zu dem vier Jahre älteren Carl. Mit vier Büchern war der nur zögerlich und letztlich gar nicht Fischers Autor geworden, und gerade im Frühjahr 1914 hatte er das pazifistische Drama *Krieg. Ein Tedeum* bei Kurt Wolff, dem Verlag der Jüngsten, veröffentlicht. Die »grösste Verwickelung meines Lebens, die furchtbarste war doch die mit dem Bruder: sie kann nur mit Tode enden«, notierte der Nobelpreisträger mitten im Krieg, in den alle seine drei älteren Söhne einzogen. »Entwirren kann sie sich niemals. Der Versuch führt bei jeder Erneuerung zu tieferer Verstrickung, führt, wenn er unterbrochen wird, zur Erdrosselung. Es heisst in diesem Betracht ruhig sein, sich nicht bewegen (geistig).« Genau dies tat im selben Moment Thomas Mann, er bewegte und verstrickte sich zutiefst gegen den vier Jahre älteren Heinrich, »ein leidenschaftlicher Demokrat der neuesten Prägung« (1910, an Kurt Martens).

Die Beziehung der beiden Manns, die Bibliotheken gefüllt hat und es fernerhin tun wird, ragt immer wieder in die Geschichte von S. Fischer hinein. Beschrieben als »jeder für sich eine der beiden feindlichen Hälften von Deutschland« (Hermann Kesten), erlangten die Brüder repräsentative Geltung für die innere deutsche Zerstrittenheit vor der Weimarer Republik. Fischer war der Verleger, der dem Schrifttum des einen die volle Freiheit gewährte. Auf diese Weise wird deren Konflikt auch beispielhaft dafür, wie sehr jener die Bewegungen seiner lebenslänglichen Autoren mitzuvollziehen bereit war. Bei Thomas Mann brachte der Krieg, Kollisionsmoment des »brüderlichen Weltverhältnisses«, Extreme hervor. Sie hatten sich angestaut, darin erkannte auch er selbst sich in seinem Land wieder.

Ein kurzer Rückblick bis dorthin. Zeitlebens bildeten sich die Brüder aneinander fort. An ihrem Lübecker Ausgangsort waren sie zwei standesbewusste Patriziersöhne, die sich für die Künstlerexistenz entschieden. (Heinrich: »Das Charakteristische der Wohlanständigkeit opfern ist Kitsch.« Thomas: »Die Kunst ist gerade, äußerst charakteristisch zu sein, ohne irgend eine stilistische Empfindlichkeit zu verletzen.«) Der Ältere muss sich gegen den Vater durchsetzen, der Jüngere kann in dessen Windschatten segeln, er muss sich nicht zeigen, wird für tüchtiger und ordentlicher gehalten, und nach väterlichen Begriffen ist er es auch. Heinrich, der zugleich als sehr förmlich galt, ist der Lebensmutige; Thomas, der Mann auf dem Beobachterhochsitz, der Lebensängstliche. »Es ist ein altes Lübecker Senatorssohnsvorurtheil von mir, ein hochmüthiger Hanseateninstinkt, mit dem ich mich, glaub' ich, schon manchmal komisch gemacht habe, daß im Vergleich mit uns eigentlich alles Übrige minderwerthig ist.« (8. Januar 1904)

Dies war schon handreichend aus der Befremdung gesprochen, die in den überlieferten Briefen, wie hier zitiert, im Dezember 1903 hervortritt. Thomas Mann hielt dem Bruder ein abgewirtschaftetes Verhältnis zur Kunst vor und meinte dabei auch eine persönliche Haltung: »Wenn ich zehn, acht, fünf Jahre zurückdenke! Wie erschienst Du mir? Wie warst Du? Eine vornehme Liebhabernatur, neben der ich mir mein Lebtag plebejisch, barbarisch und spaßmacherhaft vorgekommen bin, voller Discretion und Cultur, voller Reserve der ›Modernität‹ gegenüber und in erster Linie historisch begabt, ledig jedes Applausbedürfnisses, eine delicate und hochmüthige Persönlichkeit, für deren litterarische Äußerungen jetzt in Deutschland sehr wohl ein empfängliches erlesenes Publicum vorhanden wäre.« Er hätte seinen Bruder in der Nähe restaurativer Ästheten (wie Stefan George), »im Inselverlag unter exklusiven ästhetischen Liebhabern und hochmüthig historischen Gourmands besser, würdiger, wohlthuender« ausgemacht. »Nein, Du warst« kein Künstler, »sondern etwas Besseres, Höheres, Reineres«. Und nun diese Pein, der Roman *Die Jagd nach Liebe*, »wundervolle Schönheiten« neben »gellenden Geschmacklosigkeiten«, »Schenkel«, »Brüste«, »Wade«, »Fleisch« – »Sexualismus«.

Die Sexualität eines Menschen wirkt bis in die Spitzen seiner Geistigkeit, hieß es bei Nietzsche, an dem sie beide ihre Psychologie geschult hatten, und hier trennten sie Welten. Heinrich Mann diente sie zu einer umfassenderen gesellschaftlichen Diagnose. In seinen jungen Jahren, 1894, während die ältere Generation im naturalistischen Kampf lag, hatte er sich bei Ewers beklagt, es sei doch »das *bürgerliche* Elend einmal anzufassen, das sich gewöhnlich nicht sehen läßt, im Gegensatz zu dem renommistischen, aufgebauschten Proleten-Elend der ›Weber‹«. Dessen nahm er sich an, jedoch mit einem anderen Befund, als er ursprünglich gedacht hätte: Das Problem dieses Bürgertums war es selbst. Anschauungen dazu lieferte auch der Bruder. »Hunderttausende, die Deine Sprache sprechen, haben in dunklem Drängen ungefähr das, was Du aus Deiner innern Erfahrung herausläßt.« Gefahr laufe er allein, »daß Du allzu wohlig in die nationale Empfindungsweise untertauchst« und dass die »Frauen bei Dir nur noch castrirt vorkommen«. Sein Beispiel war Tony Buddenbrook, die einzige Frau, die jener bisher nicht um einer Idee, sondern um ihrer selbst willen dargestellt habe; was fiel auf, wenn er Original und Literarisierung verglich: »Ihr Vorbild weist ja Züge auf, die vom Stil des Bürgerhauses abweichen. Es hat unterm 2. Kaiserreich geblüht und ist in dieser Cocottenkultur soweit mitgegangen, wie eine Deutsche aus dem Mittelstand das eben konnte. Es hat sich für die Sinnlichkeit mindestens so sehr interessiert, wie für die ›Firma‹. Die Toni kennt nur die ›Firma‹, läßt sich ihr zuliebe verheiraten, behauptet nur, wenn es sich um sie handelt, einige Persönlichkeit. Um ihrer Jugendliebe hat sie keine. Alle sexuelle Energie ist sauber herausgeschnitten. Diese Art Vogel-Straußen-Keuschheit bei Behandlung der Frau sehen zu *wollen* – ist ja germanisch, heute und früher.« ... »Was Dich lenkt, Dich stärkt, Dich beherrscht wie eine Macht, ist, wie wir wissen, das heutige Deutschland, das chauvinistische und darin reaktionäre Deutschland Wilhelms II.« (Dezember 1903)

Diese Perspektive auf den Bruder wird Heinrich nicht mehr verlassen, und der Jüngere wird eine bemerkenswerte Art ausprägen, es nicht wahrhaben zu wollen, auch dies aus der inneren Erfahrung herauszuhalten; »für mich immer noch ein bischen unwahrscheinlich ist die Entwicklung Deiner Weltanschauung zum Liberalismus hin«. »Seltsam, wie gesagt, und interessant! Du mußt Dich wohl ganz ungeahnt jung und stark damit fühlen? Wirklich, ich würde Deinen Liberalismus als eine Art bewußt eroberte Jugendlichkeit auffassen, wenn er nicht, wahrscheinlicher, ganz einfach ›Reife des Mannes‹ bedeutete. Reife des Mannes! Ob ich's auch soweit bringen werde? Fürs Erste verstehe ich wenig von ›Freiheit‹« (Februar 1904). Ein halbes Jahr später schrieb er der Lübecker Freundin Ida Boy-Ed, Heinrichs »künstlerische Persönlichkeit« erwecke in ihm »Haß. Seine Bücher sind schlecht, aber sie sind es in so außerordentlicher Weise, daß sie zu leidenschaftlichem Widerstande herausfordern.« Wieder ein halbes Jahr später an den Bruder: »Du weißt, ich glaube, daß du Dich ins andere Extrem verloren hast, indem Du nachgerade nichts weiter mehr, als nur Künstler bist, – während ein Dichter, Gott helfe mir, *mehr* zu sein hat, als bloß ein Künstler. Wir müssen wohl beide, als Neurastheniker vielleicht, eine fatale Neigung zum Extrem haben, – was auch wieder unsere Stärke sein mag.« (Februar 1905)

Im Januar 1906 sprach Heinrich seinem Bruder »historischen Instinkt« ab, was dieser ihm zugab. Den Anlass bot dessen Beschäftigung mit Friedrich dem Großen, das angestrebte Meisterwerk, sein Thema Größe: »Vom Studium des Künstlerthums gelangte ich unversehens zum Studium der Größe.« Einen »modernen Großstadt-Roman« zu schreiben, wofür er Material gesammelt habe, fehle ihm, mit Verlaub, nun doch die Bescheidenheit. Dem Älteren dienten die Entäußerungen des Bruders (»es gilt andauernd, sich menschlich stramm zu halten«) wohl längst als ein Beispiel, Deutschtum zu exerzieren. Nicht unähnlich dem Kaiser, nicht unähnlich seinem Untertan, dem autoritären Papierfabrikantensohn Diederich Heßling – »ein weiches Kind«, beeindruckt von allem, was »eine Macht« war, sich für die eigene Herrschsucht erniedrigend: Hochmut, ein Meister aus Deutschland.

Heinrich Mann wollte Chronist seiner Zeit sein. Der Bruder ihr erster Dichter und Repräsentant. (»Man repräsentiert, man tritt auf, man zeigt sich der jauchzenden Menge; man ist nicht umsonst ein Untertan Wilhelms II.« – las man 1908 in seiner Reportage vom Eisenbahnunglück, und man kann sicher sein, er mochte die läppisch-eitle Passage kurze Zeit später selbst am allerwenigsten.) Thomas Mann zog es in die Höhen: Dichtung, Geist, Genie. Das Höhere, sein Lieblingsattribut, er hätte es sich für nichts in der Welt vom Teufel abkaufen lassen; es war in seiner vergeistigsten Form das, was aus der Tiefe sprach, was allem seinen »Schauer« gab, das Ungenannte, Unheimliche, das zeitlos Deutsche in seinen Mythen, Märchen, Dämonien, in seinen Absolutismen und unlösbaren Antinomien – das Tiefste, das Höchste: Kultur. Was im Auge des brüderlichen Betrachters herausgehalten blieb, war das Dazwischen, das Verhältnis zum Leben (noch einmal mit Tonio Kröger gesprochen), zur Wirklichkeit. Mann d. J., schwankend zwischen Gehobenheit und Ekel, wusste es selbst, doch der hohe Bürger fasste dieses Manko, wie alles, ästhetisch auf; der Ältere längst auch moralisch, gesellschaftlich, politisch, als eine Frage der eigenen Verbindlichkeit.

Thomas Mann bereitete einen Essay »Geist und Kunst« vor. Heinrich verfasste *Geist und Tat* und beschrieb die Franzosen, die Erben von 1789, als sein Ideal, »das geistigste und tätigste« Volk, »das es je gab«. Welches Glück für Rousseau und Zola (dessen Naturalismus als »die angewandte Wissenschaft vom Menschen« Demokratie bedeutet habe), denn sie hatten ein »Volk mit literarischen Instinkten, das die Macht bezweifelt, und von so warmem Blut, daß sie ihm unerträglich wird, sobald sie durch die Vernunft widerlegt ist. Was alles mußte zusammenkommen, damit dem Geist Krieger erstanden! Nordische Menschen, vom Blut und noch mehr von der Kultur des Südens durchdrungen. Die Synthese Europas.« … »›Die französischen Soldaten können ihre Vernunft gebrauchen‹, sagte Napoleon. ›Drum sind sie weiches Wachs in der Hand dessen, der sie bei ihrer Vernunft faßt; und doch sind sie die unerschrockensten der ganzen Welt.‹«

In diesem Essay von 1910 lasen sich bereits Argumente gegen den Bruder heraus; über Deutschland hieß es: »Niemand hat gesehn, daß hier, wo so viel gedacht ward, die Kraft der Nation je gesammelt worden wäre, um Erkenntnisse zur Tat zu machen.« Und: »Nirgends liegen zwischen den Klassen solche Eisberge von Fremdheit.« Er entzauberte das Thema des Jüngeren, den »großen Mann«, und klagte über die »abtrünnigen Literaten«, die verirrt und feige nicht wussten, wo sie hingehörten: »Sie haben das Leben des Volkes nur als Symbol genommen für die eigenen hohen Erlebnisse. Sie haben der Welt eine Statistenrolle zugeteilt, ihre schöne Leidenschaft nie in die Kämpfe dort unten eingemischt, haben

909 in Landro (Südtirol)

Erdenerstraße 8, Gartenseite und Wohnzimmer, um 1910
Links Clara Rilke, rechts Peter Nansen, dahinter die Fischers

Mit Gerhart im Sommer 1905

Gerhart in Wickersdorf, um 1909

Die Familie auf der Terrasse, um 1909.
Fischer mit Tutti, Samuel und Ernestine Beer, rechts Gabriele Reuter mit Tochter Lily

Iedwig mit Brigitte (»Tutti«). Travemünde, 1916

Gerhart Hauptmanns 50. Geburtstag mit 153 Personen im Hotel Adlon, 1912. Samuel Fischer ganz rechts, Hedwig Fischer Vierte von links

Mit Thomas Mann. Travemünde, 1919

Gertrud und Moritz Heimann mit Fritz, um 1907

Lido, Hotel des Bains, August 1913
Von rechts nach links: Arthur und Olga Schnitzler, Richard und Paula Beer-Hofmann mit Mirjam, Alexander Moissi, ein Sänger, Fischer. Hedwig fotografiert.

Kriegskind Hilla, geboren 1916 (hier um 1927)

Oskar Loerke, erst Autor, ab 1917 Lektor bei S. Fischer

Walther Rathenau, Kriegswarner

Richard Dehmel, ältester Rekrut

Dehmel, Heimann, Fischer. Travemünde, 1917

Mit Gerhart Hauptmann. Liebenstein, 1928

Mit Arthur Schnitzler. Engadin, 1930

Mit George Bernard Shaw. Malvern, 1929

Bei Hermann Hesse in Montagnola, 1933. Links Gottfried Bermann, Verlagsleiter seit 1932

1931

die Demokratie nicht gekannt und haben sie verachtet.« Sie halten es mit der Macht: »Vom tragischen Ehrgeiz bis zu elender Eitelkeit, von der albernen Sucht, besonders zu sein, bis zum panischen Schrecken der Vereinsamung und dem Ekel am Nihilismus: die abtrünnigen Literaten haben viele Entschuldigungen.« Doch »Vornehmheit sollte nicht Selbstkultus sein; die deutsche Überschätzung des Einzelfalls, der Auszeichnung geht täglich mehr gegen Vernunft und Wahrheit«. Auszeichnungsdrang gegen jede Vernunft würde der Jüngere noch erweisen. Wirklich verstehen kann ihn dann nur der Bruder, der ihn bereits entworfen hat.

Im November 1913 äußerte Thomas Mann ihm gegenüber seinen jüngsten »bürgerlich-menschlichen« und »geistigen« Tiefpunkt, Sorgen um sich und seine Arbeit, er habe weder Kraft noch Lust; Sorgen wegen der Schulden für die Münchner Villa, ihrerseits eine Gefährdung, denn: befürchte »für mich selbst Fäulnis und Stagnation und Verweichlichung durch ein bequemes Luxus-Bourgeois-Dasein«. »Müdigkeit, Zweifel, eine Wundheit und Schwäche, daß mich jeder Angriff bis auf den Grund erschüttert; dazu die Unfähigkeit, mich geistig und politisch eigentlich zu orientieren, wie Du es gekonnt hast; eine wachsende Sympathie mit dem Tode, mir tief eingeboren: mein ganzes Interesse galt immer dem Verfall, und das ist es wohl eigentlich, was mich hindert, mich für Fortschritt zu interessieren. Aber was ist das für ein Geschwätz. Es ist schlimm, wenn die ganze Misere der Zeit und des Vaterlandes auf einem liegt, ohne daß man die Kräfte hat, sie zu gestalten. Aber das gehört wohl eben zur Misere der Zeit und des Vaterlandes. Oder wird sie im ›Unterthan‹ gestaltet sein?« Er wurde bald vierzig, sah sich »ausgedient«, und die Familie löste sich auf. Schwester Carla hatte nach unglücklicher Liebe die Leidenschaft gegen sich selbst gerichtet – Thomas fühlte die eigene Existenz mit in Frage gestellt; Heinrich brach mit der älteren Schwester Lula, und vor allem war er verjüngt enteilt, Mann der Epoche, Demokrat neuester Prägung. Das ließ sich gegenüber Kurt Martens so hinwerfen, doch wie sehr er eine Auseinandersetzung darüber scheute, sozusagen zu lernen verweigerte, zeigte sich an seinen Reaktionen gegenüber dem älteren Bruder bei Kriegsausbruch.

Mit einer fast aggressiv erscheinenden Verdrängung seines Wissens um die Haltung des anderen freute er sich diesem gegenüber auf »die Umwälzungen, namentlich die seelischen, die solche Ereignisse im Großen zur Folge haben müssen!«, freute er sich auf die schöne Leidenschaft. »Muß man nicht dankbar sein für das vollkommen Unerwartete, so große Dinge erleben zu dürfen?« Neugier habe er »und, ich gestehe es, die tiefste Sympathie für dieses verhaßte, schicksals- und rätselvolle Deutschland, das, wenn es ›Civilisation‹ bisher nicht unbedingt für das höchste Gut hielt, sich jedenfalls anschickt, den verworfensten Polizeistaat der Welt zu zerschlagen.« (Russland) Heinrich Mann sah für sich selbst wie für Deutschland schwarz; der Bruder: »Kannst Du wirklich glauben, daß durch diesen großen, grundanständigen, ja feierlichen Volkskrieg Deutschland in seiner Kultur oder Gesittung so sollte zurückgeworfen werden, daß es Deine Gaben dauernd abweisen könnte?«

Hier sprach deutsches Empfinden. »Und das Merkwürdige ist«, so am 22. August 1914 an Samuel Fischer, »daß man die Ereignisse schon nicht mehr als wüsten Traum empfindet, daß man schon gewöhnt und eingelebt ist und sich fast in seinem Elemente fühlt.« ... »Diese Friedenswelt, die jetzt mit so erschütterndem Getöse zusammengestürzt ist, – hatten wir alle sie nicht im Grunde satt? War sie nicht faulig geworden vor lauter Komfort? Schwärte und stank sie nicht von den Zersetzungsstoffen der Civilisation?« Was sagte denn sein Verleger dazu? (Mir liegt die Verwöhnerei auch nicht, aber bauen Sie sich doch ein kleineres Haus und setzen Sie Ihre Verweichlichung nicht den Errungenschaften der Französischen Revolution auf die Rechnung –? Nein, Fischer war geduldig.)

Und sein Autor war schon weiter, »wenn ich politisch die Notwendigkeit der Katastrophe nicht sehen konnte, – sittlich-psychologisch habe ich sie gefühlt, und das Gefühl von Reinigung, Erhebung, Befreiung, das mich in dem Augenblick ergriff, als das nicht für Möglich Gehaltene wirklich da war, wird wenigen Deutschen ganz fremd geblieben sein. Es ist wahr, uns Deutschen konnte nichts Größeres und Glücklicheres geschehen, als daß die Welt sich gegen uns erhob. Deutschland wird die Welt staunen machen, dessen bin ich gewiß.« Sein Schreiben war in die *Gedanken im Kriege* übergegangen, seinen politischen Aufsatz. Was ihn nicht seit gestern beschäftige, »der Dualismus von Geist und Natur, der Widerstreit von civilen und dämonischen Tendenzen im Menschen«, im Krieg werde »dieses Problem ja eklatant«. Und zum Schluss des Briefes: »Es ist der deutsche Geist, die deutsche Sprache und Weltanschauung, deutsche Kultur und Zucht, was dort siegt, und so braucht auch meinesgleichen sich jetzt nicht zu verachten.«

Also gar nicht ausgedient, »meinesgleichen« erfuhr in seinen *Gedanken* für das Novemberheft der *Rundschau* die Apotheose ins Soldatische. Schwelgerisch, in einer ans Zynische grenzenden Koketterie, beschrieb er die Bändigung von Stoff und Form in zäher Selbstdisziplin am Schreibtisch (»voller Einsatz aller Grundkräfte Leibes und der Seele«) als »zugleich militärisch und künstlerisch«, als *»Blutzeugenschaft«*. »Mit großem Recht hat man die Kunst einen Krieg genannt, einen aufreibenden Kampf: schöner noch steht ihr das deutscheste Wort, das Wort ›Dienst‹ zu Gesicht, und zwar ist der Dienst des Künstlers dem des Soldaten viel näher verwandt als dem des Priesters.« Man erlebe jetzt eine »phantastische Neuheit der inneren Lage«, das »brüderliche Zusammenarbeiten von Sozialdemokratie und Militärbehörde«; da habe sich schon einer begeistert: »Unter der Militärdiktatur ist Deutschland frei geworden!« Die verrottete, verflachte Welt, aus der man gottlob vom Krieg heimgesucht werde, stand unter schlechten Einflüssen der Zivilisation. »Wäre sie nur anarchisch, nur ohne Kompaß und Glauben, nur wölfisch-merkantil gewesen, es hätte hingehen mögen. Aber ein geiler Mißbrauch eben jener Widerstände und Entseuchungsmittel, die sie aus sich hervorzubringen suchte, machte ihre Abscheulichkeit vollkommen.« »Was die Dichter begeisterte, war der Krieg an sich selbst, als Heimsuchung, als sittliche Not. Es war der nie erhörte, der gewaltige und schwärmerische Zusammenschluß der Nation in der Bereitschaft zu tiefster Prüfung – einer Bereitschaft, einem Radikalismus der Entschlossenheit, wie die Geschichte der Völker sie vielleicht bisher nicht kannte.« Auch Thomas Mann »hielt den Leib hin«.

Sein etwa zwanzigseitiger Text war weder graziös noch ironisch, aber aggressiv. Der Autor potenzierte sich in ein höheres deutsches Selbst, von Feinden umzingelt, und ließ die Hunde von der Kette. »In der Tat: man will uns erziehen.« Die »Zwangszivilisierung Deutschlands« sei geplant. »Man will nicht erlauben, daß wir leben«. »Man will uns glücklich machen. Man will uns den Segen der Entmilitarisierung und Demokratisierung bringen, man will uns, da wir widerstreben, gewaltsam zu Menschen machen.« Die deutsche Seele sei aber »zu tief, als daß Zivilisation ihr ein Hochbegriff oder etwa der höchste gar sein könnte.« Schon Goethe: »Dieser dämonischste Deutsche und kultivierteste Sohn der Natur, der je lebte, mußte sich nicht nur aus Ordnungssinn kalt verhalten gegen die französische Revolution, sondern namentlich, weil sie so ganz ein Werk des zivilisierenden Geistes war.« Weil »dieses innerlichste Volk, dies Volk der Metaphysik, der Pädagogik und der Musik ein nicht politisch, sondern *moralisch* orientiertes Volk ist«. Aus Manns Gleichung von unserem Soldatentum und unserem Moralismus in unserer Seele ergab sich: »der deutsche Militarismus [ist] in Wahrheit Form und Erscheinung der deutschen Moralität«. (Also auch der Seele.) »Deutschlands Sieg wird ein Paradoxon sein, ja ein Wunder, ein Sieg der Seele über die Mehrzahl – ganz ohnegleichen. Der Glaube an ihn ist wider alle Vernunft, – *daß* Deutschland fest und gelassen ist in diesem Glauben, das ist des Wunders Anfang, unvergeßbar schon er für alle Geschichte.«

Sein Material über Friedrich den Großen und den Siebenjährigen Krieg (1756–1763) floss ein. »Deutschland ist heute Friedrich der Große. Es ist sein Kampf, den wir zu Ende führen, den wir noch einmal zu führen haben«; »es ist sein Europa, das im Haß verbündete Europa, das uns nicht dulden will, und dem noch einmal in zäher Ausführlichkeit, in einer Ausführlichkeit von sieben Jahren vielleicht, bewiesen werden muß, daß es nicht angängig ist, ihn zu beseitigen.« In einer Passage zum Verhältnis des Preußen zu Voltaire – Bewunderung und Hass – rutschte ihm ein »ich« aus der Feder: »Seit ich die beiden kenne.«

Es war beeindruckend, wie weit er ging, in seiner Häme gegen Engländer und Franzosen, in den Ausdrucksweisen, in Spuren von Selbsthass, in Übertreffenszwang und Unterwerfungssehnsucht; der Mann des Verfalls pries »Fortgeschrittenheit«, das »soziale Kaiserreich« sei noch der modernere Staat (»als ob nicht unsere Krankenhäuser, Volksschulen, wissenschaftlichen Institute, Luxusdampfer und Eisenbahnen ebenso gut wären wie unsere Kanonen und Torpedo«); und es war beeindruckend, wie weit er kam: Mit den Gesichten seines Furors wusste er, was dem Europa geschehen werde, welches »Deutschland durch eine Niederlage zu revolutionieren, zu demokratisieren« versuche: »daß eine deutsche Niederlage das einzige Mittel wäre, uns *und* Europa in der

Gesittung zurückzuwerfen; daß nach einer solchen Niederlage Europa vor dem deutschen ›Militarismus‹ nicht Ruhe noch Rast haben würde, bis Deutschland wieder da stände, wo es vor diesem Krieg stand; daß umgekehrt nur Deutschlands Sieg den Frieden Europas verbürgt.«

Unüberhörbar nicht aus »weiser Voraussicht«, sondern aus der eigenen Seele gesprochen. »Man sieht das nicht. Man sieht in deutscher Art ein Barbarentum, dessen Kraft gewaltsam gebrochen werden muß. Man glaubt, ein Recht zu haben, auf Deutschland Kirgisen, Japaner, Gurkhas und Hottentotten loszulassen, – eine Beleidigung, beispiellos, ungeheuerlich, und einzig nur möglich geworden kraft jener im stärksten Sinne des Wortes *unerlaubten* Unwissenheit über Deutschland, die aus jedem Worte der Bergson, Maeterlinck, Rolland und Richepin, der Deschanel, Pichon und Churchill, am wüstesten aber aus der Tatsache der ganzen vermessenen Zettelung selber spricht.«

Mann weiter: »Es ist wahr: der deutschen Seele eignet etwas Tiefstes und Irrationales, was sie dem Gefühl und Urteil anderer, flacherer Völker störend, beunruhigend, fremd, ja widerwärtig und wild erscheinen läßt. Es ist ihr ›Militarismus‹, ihr sittlicher Konservatismus, ihre soldatische Moralität, – ein Element des Dämonischen und Heroischen, das sich sträubt, den zivilen Geist als letztes und menschenwürdigstes Ideal anzuerkennen. Dies Volk ist zu groß auch auf dem Feld der Gesittung – nur lächerliche Ignoranz leugnet es.« Deutschland »wird sein tiefes, verhaßtes Ich wie ein Löwe verteidigen«. Man werde dieses »unbekannteste Volk« kennenlernen müssen. »Daß ein Volk kriegerisch sein könne und dabei geduldig aufs äußerste, bis zum Rande der Demütigung, bis zur Gefährdung der Existenz selbst,– das deutsche Volk, einzig hierin unter allen, beweist es.«

Auf die eigene Art »hellseherischer« als Hauptmann in Agnetendorf marschierte Thomas Mann im November 1914 (auch ohne »Versailles«) bis in den Zweiten Weltkrieg durch. Bis dahin würde er selbst, wie wir wissen, den »Dienst« quittiert haben. Dabei hatten seine Äußerungen im großen Chor bei Kriegsausbruch nicht die Exponiertheit, die man heute und so singulär zitiert daran wahrnehmen muss – auch mit den *Gedanken im Kriege* gelang es ihm »nicht, zu *dem* repräsentativen Schriftsteller des deutschen Kaiserreiches zu werden«, fasste Hermann Kurzke zusammen; sie riefen also bei Nationalkonservativen Zuspruch, bei europäisch und Mann freundlich Gesinnten erstauntes Befremden und im Ausland Empörung hervor. Die eine Bestätigung, die Thomas Mann reichen mochte, stammte von Richard Dehmel aus dem Schützengraben, die freudige Antwort des Autors ins Feld schloss mit soldatischem Gruß. Was ihn niederschlug, war die zum Bruch führende Reaktion Heinrich Manns, sein dafür berühmter Essay *Zola.* »Der verantwortungsloseste Lyrismus ist wieder da, Lyrismus des Abgrundes.« Im ersten Satz erkennbar an den kleinen Bruder gerichtet: »Der Schriftsteller, dem es bestimmt war, unter allen das größte Maß von Wirklichkeit zu umfassen, hat lange nur geträumt und geschwärmt. Sache derer, die früh vertrocknen sollen, ist es, schon zu Anfang ihrer zwanzig Jahre bewußt und weltgerecht hinzutreten. Ein Schöpfer wird spät Mann.« Es ging nicht um Persönliches, hielt Heinrich Mann später fest, sondern um eine Idee »(politisch gesprochen: europäische Demokratie)«, »nicht mehr um literarische Vorliebe oder geistige Rechthaberei, sondern um die allgemeinste Noth u. Gefahr. In meinem, ›Zola‹ betitelten Protest war es, dass ich gegen die auftrat, die sich, so musste ich es ansehen, vordrängten, um zu schaden«.

Auch für Samuel Fischer hob sich Thomas Manns »Lyrismus« im Kriegsgeheul vielleicht nicht recht ab, doch sicherlich im Kontext seines bisherigen Schreibens. Der Verleger dürfte ein Leser des liberalen *Berliner Tageblatts* gewesen sein; vor allem der, soweit es die Kriegszensur gestattete, um Mäßigung bemühten Leitartikel des Demokraten Theodor Wolff, des ehemaligen *Freie Bühne*-Mitbegründers. Mann griff in seinem Text namentlich auch den im Verlag geschätzten irischen Dramatiker und Sozialisten Shaw an, über den Julius Bab erst 1910 eine Biographie veröffentlicht hatte, und Fischer würde ausdrücklich an ihm festhalten (von D'Annunzio distanzierte er sich).

So wüsste man vor allem gern, ob ihn die *Gedanken im Kriege* an seine Anfänge erinnert haben. Denn *sein* Autor kämpfte hier nicht allein »patriotisch« gegen akute äußere Feinde; er führte zugleich nach innen, in einer bei ihm nicht gekannten Ausdrücklichkeit, in nationalistisch gegenaufklärerischem Geist den Kulturkampf gegen eine Moderne (»kreischt man mit Fistelstimme: ›Zivilisation‹«), wie er sich in den 1890er Jahren mit der noch tiefer in Gift getauchten Spitze direkt gegen die »Berliner Geschäftssemiten Otto Brahm, S. Fischer und Genossen« als den exponierten Förderern dieser Moderne gerichtet hatte. Nur die Judenfeindlichkeit fehlte, die bei Erwin Bauer oder Friedrich Lienhard einen Teil des Programms bildete.

Wirkte es auf den Verleger so, holten ihn – und sei es durch den Grad der Mann'schen Aggression – die alten Kämpfe im eigenen Haus ein? Gesellschaftlich hatten sie nie aufgehört, im Hitzekern des Modernisierungsdrucks in diesem Land, als »deutsche Frage« nach der bestimmenden formgebenden Kraft für die Nation. Die Sorge um Selbstverlust, Substanzverlust, Kulturverlust oder Vaterlandsliebe blieb so hochgradig präsent über die fünfunddreißig Jahre, die Fischer nun in Berlin lebte, dass man in der Unübersichtlichkeit ihrer vielen Reizworte daran gewöhnt sein mochte; ob sie mal »traurige Ausländerei« und »demokratischer Allerweltsdusel« französischer Ideen der Zivilisation, mal Sozialismus, mal Judentum oder Amerikanismus, mal Industrialismus, Materialismus oder Großkapitalismus lauteten. Der moderne Dichter habe seine Zeit darzustellen, hieß einst die Forderung, doch in gewisser Weise kann er gar nicht anders, er ist selbst aus ihrem Stoff – das muss er aushalten können, in der erhöhten Konzentration seines Dienstes am Material; und eben auch der Verleger.

Thomas Mann gehörte zu den Autoren, deren Briefe von jeher ein inhaltliches Austauschbedürfnis mit seinem Verleger verrieten. (Und der sich für Zuwendung nicht nur im Stillen bedankte. »Wo ist zum zweiten Male ein Verleger, der die innere Teilnahme besitzt, und überhaupt geistig in der Lage ist, an einen Autor so zu schreiben?«) Fischer sah sich nicht als einen Intellektuellen an. »Vor dem Abstrakten und rein Philosophischen fürchtete er sich geradezu, vor dem Zarathustragrat, auf dem die Umwerter nachtwandelten, schwindelte ihm« (Samuel Saenger). Seine verlegerischen Zusagen basierten nicht auf Konzepten; laut Saenger hatte er auf seinem Gebiet der Literatur einen »plastischen Blick«.

Ihm sei in der Kunst »das Erlebnis alles und ich stehe nicht als kritischer Mensch da der sich nicht genug tun kann im Fordern«, entwarf er selbst einmal an Wassermann; er wollte sich menschlich angesprochen fühlen. Vorschläge am Text, die er in der Regel seinem Lektor überließ, betrafen dramaturgische Stimmigkeiten oder die Psychologie von Figurendarstellungen. Sonst gehörte er zu den »aufmerksamsten und gesammeltsten Zuhörern«. Er wusste das Urteil der von ihm ausgewählten Mitarbeiter zu schätzen und einzuschätzen. Moritz Heimann beispielsweise lieferte ihm detaillierte Lageberichte und Gutachten, aus denen er sehr gut die eigenen Schlüsse ziehen oder präzisieren konnte. Dass er mit seinen Autoren nicht konkurrierte und sich in ihrem Hintergrund hielt, musste ihnen, bewusst oder unbewusst, besonders viel wert sein. Für Thomas Mann stellte er eine übergeordnete, vielleicht ein wenig väterliche Instanz dar – »ein guter Mann«, hielt jener im Nachkriegsjahr fest, in der Kürze, die sich aus geprüfter Erfahrung ergibt. Fischer bot ihm einen Maßstab.

»Haben Sie denn, um Gottes Willen, den ›Zola‹-Aufsatz meines Bruders dort gelesen?«, »dort« in der jungen, von René Schickele herausgegebenen Zeitschrift *Die Weißen Blätter*; »ich komme über den Streich garnicht hinweg«, die »abscheuliche Intrige«. Fischer hatte. Und offenbar antwortete er dem Empörten dann in einer Weise, welche diesen darauf reagieren ließ: »Ach, die Demokratie! Glauben Sie ernstlich an sie? Ja, ich sehe längst, daß Sie persönlich ›linkser‹ sind, als Ihre ›Rundschau‹.« Er sei »natürlich nicht so dumm«, »zu leugnen, daß die Politisierung, Demokratisierung, Literarisierung, Intellektualisierung Deutschlands« … »fortschreiten wird und muß«. Aber, ach und dennoch, Demokrat sei er »höchstens mit der Vernunft; mit dem Gefühle eher konservativ«. Erneut muss Fischer mit einem Zureden reagiert haben, denn Mann antwortete auf dieselbe sich orientierende Weise. Er habe sich neulich unzulänglich ausgedrückt, zwanzig Monate und länger überdenke er nun schon seine »politischen Gedanken und Empfindungen«. Doch: »Das Geistige ist eine Hydra; es wachsen vier Köpfe nach, wenn man einen abschlägt. – Wenn die Demokratie nur in der gerechteren Verteilung von Recht und Pflicht bestünde, wie Sie sagen, so sollte ich ruhig sein. Aber es ist noch sehr viel anderes damit verbunden, gerade für Deutschland recht fragwürdiges. Ich sehe die Notwendigkeit der Entwicklung; aber um sie mit Hurrah und Hussah anzufeuern, dazu fehlt es mir an Begeisterung für sie. Ich finde Ihre Bemerkung ausgezeichnet, daß unserem Demokratismus – dem radikalen – noch nicht genügend konservierende Kraft, d. h. Herrscherwille, innewohne, um die Werte der Tradition vor zu schneller Entwicklung zu bewahren.«

Herrscherwille ist wohl nicht Fischers Wort gewesen,

doch alles andere passt. Darauf könnte man sich also einigen? Mann: »Unsere Demokratisierung muß die Folge unseres Sieges, die Begleiterscheinung unseres Eintritts in die Weltpolitik sein; aus geistigen, innerpolitischen Gründen hätte ich wenig für sie übrig, und gar als Produkt der Niederlage wäre sie mir abscheulich.« Dabei blieb es also. Sehr gehindert durch die Gesundheit und häufigere Nervenkrisen, schreibe er nun weiter an seinen *Betrachtungen eines Unpolitischen*, »in denen ich mich von Allem entlaste, was ich auf dem Herzen habe und die jedenfalls das denkbar persönlichste Kriegsbuch (ein ziemlich dickes Buch!) werden« – und eine Zwiesprache mit dem Bruder.

Die 650 Seiten würden 1918 erscheinen und als ein nunmehr »unzeitgemäßes« Buch »von Charakter« (Fischer) erstaunliche Nachfrage erleben, 1919 das 14. Tausend. Natürlich waren die Zahlen nicht zu vergleichen mit Heinrich Manns *Untertan*, der, 1914 im Zeitungsvorabdruck gestoppt, 1916 in einem Privatdruck von einem Dutzend aufgelegt, jetzt nach Kriegsende in den ersten sechs Wochen bei Kurt Wolff auf 100 000 Exemplare kam. In dem typischen Verhalten eines guten Verlegers, der, wenn es sein soll, auch mit Scheuklappen, immer für den eigenen Autor spricht, wollte Fischer glauben dürfen, dieser Absatz verdanke sich – als Satire auf Wilhelm II. – allein den Umständen; Arthur Schnitzler widersprach. Er fand den *Untertan* nicht sehr sympathisch, »als künstlerische Leistung« jedoch »ausserordentlich«. Das Buch des Bruders habe er ebenfalls gelesen, »oft mit innerster Bewegung«, und währenddessen, weil zufällig am gleichen Ort in Partenkirchen, mit Heinrich Mann politische Diskussionen geführt. »Manches von der Problematik Deutschlands und insbesondere dieser Epoche Deutschlands wurde mir in diesem halb unbewusst geführten Dialog zwischen den beiden Brüdern offenbar, die als Dichter das Wesen der Geschichte zu tief empfinden, um je auch dort, wo sie es gerne wollten, wirklich Politiker sein zu können. Mit herzlichen Grüssen.« (Eine Zeit, die von ihren Künstlern erwartet, Politiker sein zu können, ist hoffnungslos, möchte man hier gleich ergänzen.)

Für die Fischers persönlich bedeutete der Krieg eine seltsam vermischte Zeit, in ihrem siebenundfünfzigsten und fünfundvierzigsten Lebensjahr wurden sie noch einmal Eltern, zu ihrer größten Überraschung und ein wenig schüchternen Freude. Am 6. Mai 1916 wurde Hildegard geboren, »mein jüngstes Töchterlein«. Wie fragil die Lage doch war, erfährt man einmal mehr durch Dritte; Richard Beer-Hofmann hielt sich gerade in Berlin auf. »Um 2h wieder bei Fischer. Er, schon im Begriff, wieder nach Hause zu fahren. Arg verstört. Tränen in der Stimme. Besorgt um das Kind, das sehr klein ist, und nicht ordentlich Nahrung nehmen will. Ich bleibe nur 3–4 Minuten, und gehe dann mit Heimann, der nach Hause fährt, bis zum Zoologischen Garten.« Am nächsten Tag Erleichterung »Von Heimann erfuhr ich teleph. daß es bei Fischer viel besser geht, F. vergnügt ist und mit mir und Heimann zusammen irgendwo essen möchte«. Fischers Wärme für »die liebe Maus« hatte etwas Großväterliches, nicht etwa, weil er sich weniger sorgte (bitte »mehr Haferschleim in Milch«), sondern weil dieses späte Geschenk von größerer Ferne neue Zartheiten hervorrief. Ob die nun elf Jahre ältere Schwester (»Tutti darf noch nicht baden«) darunter litt, ist nicht bekannt, es sei so viel »kindliche Güte und Liebe« in ihr, freute sich damals der Vater, und Vitalität.

Einschneidende familiäre Veränderungen gab es ansonsten eher nicht, soweit man weiß. Neffe Oscar wurde als Lehrer beurlaubt, aber wohl nicht eingezogen; Neffe Carl, der Arzt, findet sich nicht erwähnt; ein Landshoff-Onkel, Bankier in Petersburg und Mitglied des Flottenvereins, wurde für einen Spion gehalten, kam jedoch frei. Das Leben verlangsamte sich zuerst. Fischer litt häufiger unter Depressionen. Er saß Max Liebermann zum Porträt.

»Mindestens drei Abende in der Woche war ich im Grunewald«, so Otto Flake, »wo man Cooncan spielte oder zeitgemäße Lektüre las – ich erinnere mich noch an Clausewitz und den jungen Moltke.« Cooncan war eine Art Rommé. Man verbrachte gemeinsam das erste Kriegsweihnachten im bayerischen Partenkirchen, traf dort Peter Nansen, »ein ungemein charmanter, aber gänzlich abgewirtschafteter Mensch« (Flake, und er sah richtig, Nansen würde 1918 sterben). Das Filmunternehmen mit Gyldendal scheiterte, in Kopenhagen war man einer Hochstaplerfirma aufgesessen, wie sich herausstellte. Auch Annette Kolb, die bei Fischer 1913 mit ihrem Roman *Das Exemplar* einen Erfolg verbuchen konnte und deren *Briefe einer Deutsch-Französin* 1916 herauskommen würden, reiste mit Begleiterin an, sowie der jungenhafte Hans Reisiger, zehn Jahre älter als Gerhart und mit ihm am Beginn einer Freundschaft, war er nun ein bisschen Kind im Haus geworden. Er unterhielt gute Kontakte auch zu den Hauptmanns und nicht weniger zu den Manns, für deren Kinder er »Reisi« ist. S. Fischer hatte 1911 einen Roman von ihm in Verlag genommen und würde 1919 Reisigers Übersetzung der Gedichte von Walt Whitman bringen, *Grashalme*. Ein Buch für die angeschlagenen Seelen.

»Wir werden nach dem Kriege mehr wie je auf Bücher innerlicher Menschlichkeit gestellt sein und da werden Ihre Bücher gut dastehn«, hatte Fischer schon zu Neujahr 1915 an Hesse geschrieben. Lag man noch Ende 1913 in großer Kontroverse, in der zwischenzeitlich Heimann für Fischer übernahm, um Hesse darüber aufzuklären, was man einem »echten Verlag« antat, wenn man einem »rein buchindustriellen Unternehmen« wie Ullstein einen »Namen nur zur Aufputzung« seines Lesefutters bot, so bewirkte der Krieg Hesses deutliche Hinwendung zu Fischer. Auch der Schwabe hatte sich freiwillig gemeldet, wegen starker Kurzsichtigkeit wurde er zurückgestellt. Er stieß sich an dem Kriegsgetöse der Kollegen (*O Freunde, nicht diese Töne!*), was man ihm übelnahm, am Ende reichte er selbst eine Beleidigungsklage ein. Fischer gab Rat und beruhigte auch Ängste hinsichtlich seiner deutschen Gelder, Hesse lebte ja in der Schweiz, passender wäre zu sagen, er litt und fühlte sich im Umbruch. Wenn er Ende 1917 den Roman *Demian. Die Geschichte einer Jugend* seines Freundes Emil Sinclair an den Verlag weiterreicht, ist es Hedwig, die Hesse auf den Kopf zusagt, »ich denke immer, den haben Sie auch geschrieben«; dessen »seltsame Süße« habe sie getröstet. »Wenn Sie es also nicht selbst sind, sondern ein Ihnen innerlich Verwandter, so erzählen Sie mir von ihm.« Und vor allem möge er seinen angekündigten Besuch wahrmachen. In Berlin ging man, so noch einmal Flake, in »die Sinfoniekonzerte und sah Nikisch Beethoven dirigieren. Manchmal kam Rathenau zu Fischers herüber, gewöhnlich wenn Gerhart Hauptmann da war, der mit vaterländischen Gefühlen über Politik redete und sich in den Nebensätzen nicht zurechtfand, daher seine Frau sie entwirren mußte. Rathenau, der ihn duzte, stellte seine Anschauung belehrenden Tones richtig.«

Walther Rathenau, Jahrgang 1867, ein Einzelgänger und zugleich auf ungewöhnliche Weise drei Sphären angehörend, der Industrie, der Kultur und der Politik, wurde in diesen Jahren ein Hauptautor für Fischer. Der Krieg erweiterte natürlicherweise das Sachbuch. Neben seiner Idee, Kriegstagebücher zur Veröffentlichung zu finden, druckte er *Ostpreußische Kriegshefte*, fünf Publikationen zwischen 1915 und 1917, in denen das Leid der Region unter den Russen zur Darstellung kam. Der Erlös floss dem Roten Kreuz zu (wofür Fischer die Rotkreuz-Medaille erhielt). Bis 1918 gab er eine *Sammlung von Schriften zur Zeitgeschichte* heraus, die sich nicht zuletzt dem angeregten Verkehr in der *Deutschen*

Gesellschaft 1914 verdankte. Sie gründete sich im November 1915 auf Initiative des Dramatikers Karl Gustav Vollmoeller (seit 1903 Autor und Übersetzer bei Fischer) als eine, im Geist von 1914, parteienübergreifende Vereinigung, ein *gentlemen's club* unter Ausschluss von Frauen; seine Mitglieder – Vertreter aus Industrie, Politik, Militär, Bankenwelt, Wissenschaft und Kultur – trafen bei Vorträgen oder in den Clubräumen zusammen und besprachen die Lage. Überregional gedacht, blieb sie doch eine Berliner Angelegenheit. Thomas Mann beispielsweise trat aus, weil er, für den Beitrag von 60 Mark, zu selten anwesend sein konnte. (»Ich würde entschieden eine gerechtere Verteilung von Recht und Pflicht darin erblicken, wenn der Beitrag der auswärtigen Mitglieder auf die Hälfte ermäßigt würde«, wandte er sogleich seines Verlegers Lehre von der Demokratie an!)

Fischer besuchte die *Gesellschaft* gern und regelmäßig, seitdem er im Hotel Eden in der Stadt wohnte und einmal wieder die kurzen Wege genoss (nachdem Hedwig mit den Kindern – die Kleine lief jetzt wie ein Wiesel – an die See gezogen war). Unter den Autoren seiner *Sammlung von Schriften zur Zeitgeschichte*, die er 1918 mit Band 33 (*Rußlands politische Seele*) abschloss, befanden sich Alfred Weber (*Gedanken zur deutschen Sendung*), Ferdinand Tönnies (*Weltkrieg und Völkerrecht*), Leopold Ziegler (*Volk und Staat*), Lucia Dora Frost (*Preußische Prägung*) oder Emil Ludwig (*Die Fahrten der Goeben und der Breslau*) und Thomas Mann, dessen *Friedrich und die große Koalition* mit rund 40 000 Exemplaren bis 1918 einer der Spitzentitel im Verkauf wurde. Nicht in der *Sammlung*, sondern im Hauptprogramm veröffentlichte Fischer Rathenaus durchschlagenden Vortrag *Deutschlands Rohstoffversorgung*. Dass er als Wirtschaftstheoretiker noch vor militärischen Fachleuten der Erste war, »der den materialverschlingenden Charakter der neuen Waffentechnik erkannt und in der Einrichtung der Kriegsrohstoffwirtschaft eine höchst wirkungsvolle Organisation geschaffen« hatte, der er bis 1915 selbst vorstand, würdigte Theodor Heuss noch 1965 als eine seiner geschichtlichen Leistungen. Mit Rathenau, von dem 1917 gleich drei Bücher erschienen, besprach sich Fischer im selben Jahr offenbar auch über seinen Plan einer Zeitschrift, *Der Volksstaat* (aus dem nichts wurde). Es steht ganz außer Frage, dass der Verleger ihn für den Mann der Stunde hielt, ihn dabei »zu den eigenartigsten Männern des heutigen Deutschland« zählend. 1918 brachte er dessen Einzeltitel noch einmal in Gesammelten Werken, darüber hinaus versuchte er, ihn behutsam zu weiteren Schriften anzuregen. Rathenaus Zeitkritik wurde gelesen, sein Titel *Von kommenden Dingen* erreichte 1918 das 65. Tausend. Nehmen wir dies zum Stichwort, von kommenden Dingen: die Nachfolgefragen, Fischer wusste sich in Ibsens *Baumeister Solness*-Situation.

»Ich will Ihnen etwas verraten. Ich habe seit einiger Zeit solche Angst – so entsetzliche Angst vor der Jugend. *Hilde.* Unsinn! Wie kann man nur vor der Jugend Angst haben! *Solness.* O doch! Deshalb habe ich mich auch eingeschlossen und verbarrikadiert. *(Geheimnisvoll.)* Sie müssen nämlich wissen – die Jugend wird eines Tages kommen und an meine Tür donnern! Bei mir einbrechen! *Hilde.* Ich finde, dann sollten Sie hinausgehen und der Jugend aufmachen. *Solness.* Aufmachen? *Hilde.* Ja – damit die Jugend zu Ihnen hereinkann. Einfach so, im Guten. *Solness.* Nein, nein, nein! Denn die Jugend, sehen Sie – das ist die Vergeltung. Sie kommt gleichsam unter einer neuen Fahne – und kündet die Wende an. *Hilde (steht auf, sieht ihn an und sagt mit bebenden Lippen).* Können Sie mich zu irgend etwas brauchen, Baumeister? *Solness.* Ja, ja! Und ob ich Sie brauchen kann! Denn Sie kommen auch – gleichsam unter einer neuen Fahne, scheint mir. Also – Jugend gegen Jugend!« (*Ende Erster Akt*)

Jugend gegen Jugend trug bei Fischer in Berlin den Namen Robert Musil. An die Tür donnerten zum ersten Mal seit der naturalistischen Generation wieder »Jüngste«; ihre Hauptorgane waren Herwarth Waldens Zeitschrift *Sturm* (seit 1910) oder Franz Pfemferts *Aktion* (1911). Fischer hatte bereits den einen oder anderen von ihnen »hereingelassen«, aber natürlich wollten und mussten sie sich in Gegengründungen zum Etablierten zur Geltung bringen. Wer wusste das besser als der »alte Fischer«, der er jetzt war, ein bei alledem sogar verehrtes, nichtsdestoweniger »verbrauchtes« Vorbild. Der neue Fischer schien Kurt Wolff zu sein, Jahrgang 1887, Professorensohn und Germanist aus Bonn, seine ersten redaktionellen Mitarbeiter: Kurt Pinthus und Franz Werfel. Verleger haben vielleicht zwanzig bis fünfundzwanzig Jahre, dann müssen sie ohnehin Weichen stellen für die Verjüngung. Dies konnte sachte vor sich gehen oder, wie in diesem Falle, mit Macht bevorstehen. S. Fischers »Jahresringe« erforderten die adäquate Hinwendung zu den nachwachsenden Autoren, und zwar auch um der älteren willen, außerdem ein persönliches Zukunftsmodell für den Verleger und drittens jüngere Ansprechpartner im Haus.

Ernst Rowohlt, Sohn eines Bremer Kaufmanns, ein Wunder an Energie und stets mit den aktuellen Aktienkursen im Kopf, wurde nach einem ersten Anlauf als selbständiger Verleger (1910, zusammen mit Wolff in Leipzig) ab 1. Februar 1913 bei S. Fischer Volontär und für Weiteres erwogen; doch so richtig gut passte man nicht zusammen, seine Prokura begann am 13. März und endete am 24. Oktober 1913. Ein Hans Winand, Publizist, wurde ebenfalls ins Auge gefasst; Moritz Heimann wäre dann gegangen, wie er seinem Chef nun enthüllte – »nun« meint im Januar 1914, als Verleger und Lektor ein neues Vertrauen zueinander fassten. »Seit zwei, drei Jahren war ich an diesem Vertrauen unsicher; ich glaubte, daß Sie mich als für Sie unfruchtbar ansähen, und wurde dadurch in der That unfruchtbar« – begann es in Zeiten des

XXVten Jahrs? Drauf und dran sei er gewesen, »ein anderes ›Obdach‹ zu nehmen, das sich mir bot. Ich sagte mir: wenn ein fremder, neuer, unerprobter Mann berufen sein soll, zu entscheiden, wo ich nach 18 Jahren nur zu beraten habe, so ist das für mich, in meinen und aller Welt Augen, eine capitis diminutio.« Einen Konflikt habe er jedoch aus zwei Gründen nicht daraus machen wollen, weil er es sich zum Prinzip habe werden lassen, »mein Verhältnis zu Ihnen und Ihres zu mir ganz von sich selbst, ohne Eingriff irgend welcher Taktik, sich entwickeln zu lassen; dann aber auch, weil ich die Notwendigkeit der neu zu kreierenden Stelle einsah und Herr Winand mir der geeignete Mann dafür zu sein schien.« Man möge ihm verzeihen, doch bitte er, »nie mich als ein zu schonendes Inventarstück zu betrachten«.

Nun also der Autor des *Törleß*, der studierte Maschinenbauer, Philosoph und Psychologe sowie erfahrene Bibliothekar Musil aus Klagenfurt, Jahrgang 1880. In demselben Brief wurde er nach seinen enormen Vorzügen (»gebildet, kenntnisreich, von tiefem und starkem Verstand, höchst talentvoll und dabei in sozialem Sinne klug und klar«), nach seiner künstlerischen Natur (»diamanthart«), nach seinem Bewusstsein der Verpflichtung gegenüber dem Verlag und seinem Organisationstalent genauestens von Heimann durchgenommen. Wieder war es die Zeitschrift, mit deren Hilfe Fischer die Attraktivität seines Hauses zu steuern versuchte.

Zum 1. Februar 1914 wurde die neue Kraft unter Vertrag genommen, § 1 zwischen S. Fischer und Herrn Dr. Robert Musil: »Es obliegt ihm in der Hauptsache die Heranziehung der jungen Schriftsteller-Generation, die Einholung und redaktionelle Sichtung der Produktion zur Veröffentlichung in der Neuen Rundschau, eventl. auch zur Buchausgabe für den Verlag. Zu diesem Zweck wird er sich mit den in Frage kommenden Schriftstellern persönlich und schriftlich in Verbindung setzen und mit der Gruppe dieser Schriftsteller, sowie mit dem Verlag und der Redaktion der Neuen Rundschau in ständigem Kontakt halten. Regelmässige Sprechstunden im Büro der Redaktion sind dabei ebenfalls vorgesehen. Es obliegt ihm ferner die kritische Begründung und Führung dieser Gruppe in der Rundschau durch Essais und Aufsätze.« Und sollte man doch die Gründung einer neuen Zeitschrift für nötig befinden, wie es seit längerem hin und her erwogen wurde, dann gälte der Vertrag ebenso für diese; vorerst plante man nur ein Beiblatt, »S. Fischers Mitteilungen über neuere Literatur«.

Der Beschreibung nach sollte Musil eine Art Juniorverlegerschaft antreten; wie fern sich Fischer selbst »der Gruppe dieser Schriftsteller« fühlte, wirkt wie ein Wasserzeichen durch das Vertragspapier durch.

In den nächsten Monaten wurde die Situation von Heimann weiteren Analysen unterzogen, 5. April 1914: a) die neuen Zeitschriften, die *Weißen Blätter* und der *Neue Merkur*, »schon jetzt ist klar, daß beide Unternehmungen der Rundschau nie werden im Lichte zu stehn vermögen«, was die eigenen Pflichten erhöhte. b) »Dr. Musil ist ein ausgezeichneter Schriftsteller, kein Organisator«; zu beobachten sei, »wie schon jetzt, kaum daß er angefangen hat, zwischen der Ultra-Jugend und ihm die Gegensätze und Unstimmigkeiten so groß sind, daß er zu den Konservativen neigt«. c) Bei den Dramen im Verlag »ist wenigstens Georg Kaiser eine wirklich originelle Erscheinung, und unter den Gedichten ist Wolfenstein sehr erfreulich«; bei den Romanen leider nur Mittelgutes: wenn Döblin tatsächlich sein Buch (*Die drei Sprünge des Wang-lun*) ihnen gäbe (wird er), dürfe man sich freuen, es sei »das einzige neuere von wirklicher Qualität«; Flakes Roman *Der schwarze Ring*, »ein einziger Ärger« (er wird ihn überarbeiten): »Wie instinktlos ist der heutige Deutsche doch!« Und Emil Ludwig: »Er ist oft vorzüglich, aber er ist immer talmi«. – »Alle diese Praktischen werden uns nicht einen Schritt weiter bringen; sie sind alle von der Zeitung Besiegte, nicht neue Typen.«

Der Krieg bedeutete eine schwere Störung für die kommenden Dinge im Verlag. Robert Musil, für den Fischer große Sympathien hegte, schied aus und wurde Offizier. Der Hilfe suchende Oskar Loerke immerhin konnte durch zähe Eingaben an die Militärbehörde, er werde in Berlin gebraucht, was ja stimmte, vom Kriegsdienst befreit werden, zum 1. Oktober 1917 wurde er Lektor. Für Fischer allerdings – *wie wird man in die Kähne kommen?* – begann in diesem Jahr die eigentliche Schlacht (für die deutschen Truppen, nebenbei gesagt, auch).

Überstehen ist alles

Alle wollten sie zu Kurt Wolff. Nicht weil er der sogenannte Verleger der Expressionisten oder Verleger der sogenannten Expressionisten war, sondern weil er eine junge gute Figur machte und eine glückliche Hand bewies. »Groß. Schlank. Blond. Grauenglisch angezogen. Elegant. Weiches Haar. Glattrasiert. Jünglingsgesicht. Blaugraue Augen, die sich verhärten können«, skizzierte ihn Musil nach ihrer Begegnung im Januar 1914. In seinem ersten offiziellen Verlagsjahr, 1913, einen Autor eingekauft zu haben, der ein paar Monate später den Nobelpreis erhielt, musste man einen gelungenen Auftakt nennen. Der Dichter hieß Rabindranath Tagore. Bevor Wolff Verleger wurde, war er bereits Sammler, als Fünfundzwanzigjähriger ließ er im November 1912 seine Bibliothek versteigern, 1694 Nummern, von denen ein Drittel Goethe-Pretiosa darstellten, darunter Autographen und seltene Privatdrucke. Goethes *Tasso* wurde auch der erste Band der »Drugulin-Drucke«, die Wolff zusammen mit Rowohlt, an dessen Unternehmung er damals stiller Teilhaber war, im Sommer 1910 in Leipzig herausgab. Jede Generation hat ein Recht auf ihren Verleger, und Kurt Wolff bewarb sich darum, dieser für die nach 1880 Geborenen zu sein, genauso wie sein nach ihrer Trennung nur schwer auf eigene Füße kommender Compagnon – »Wilhelms Weinstube, dämmeriges Lokal in einem Hof. Rohwolt. Jung rotwangig, stillstehender Schweiß zwischen Nase und Wangen, erst von den Hüften an beweglich«, skizzierte Kafka, ebenfalls nach erster Begegnung (am 29. Juni 1912).

Wolffs Reihe neuer Dichtungen ab dem Sommer 1913, *Der jüngste Tag*, schmale Bändchen »kleinerer Werke«, darin schon im ersten Jahr auch Österreicher, Franzosen und Prager Autorenkreise vorstellend, versammelte im Laufe der Zeit alle, die Geltung über den Tag hinaus behielten, Walter Hasenclever und Else Lasker-Schüler (die ihre Gedichte einmal Moritz Heimann angetragen hatte), Franz Hardekopf, Georg Heym, Robert Walser, Gottfried Benn, Georg Trakl, Oskar Kokoschka oder Franz Werfel. Franz Kafkas Erzählung *Der Heizer* erschien hier gleich im ersten Sommer, so dass die schleunige Kontaktaufnahme daraufhin von Robert Musil in seiner Funktion als Fischers Gesandter vermutlich auch dann über eine Episode nicht hinaus gegangen wäre, wenn er jenen nicht mit der Bitte um Kürzung seiner Erzählung der *Verwandlung* verschreckt hätte. Wolffs Horizont reichte von Anfang an über seine Generation hinaus, dies wurde für Samuel Fischer das Bedrängende. Er verband einen ans Elitäre reichenden guten Geschmack mit Geschäftssinn, Organisationstalent und Selbstbewusstsein.

Das Phänomen seiner Attraktivität für Autoren anderer Verlage (Heinrich Mann und Carl Hauptmann sind schon erwähnt worden) erklärte er sich selbst mit seinem Mitarbeiter Georg Heinrich Meyer, »Freund aller Buchhändler«, ein Arbeitstier und eine »suggestive Verkaufskanone«, die von Kola-Pastillen lebte. Sein Motto lautete »inserieren, inserieren, inserieren«. Die stetige Entwertung der Mark während des Krieges beobachtend, habe er seinem Meyer keine Grenzen gesetzt; Wolff: »Und den Autoren machte es eine Riesenfreude, ihre Bücher ganz groß im Berliner Tageblatt und anderswo angezeigt zu finden.« Mit dieser Praxis stand sein Verlag »ziemlich allein. Fischer jedenfalls lockte es nicht aus seiner Reserve – ob er's unvornehm fand, ob's Sparsamkeit war, weiß ich nicht. Manche Fischer-Autoren aber haben es zweifellos vermißt«; und es schien sich auf die

Auflagen auszuwirken. Der Genannte annoncierte im *Börsenblatt* sowie vor Ostern und vor Weihnachten in den großen Blättern, er warb über Prospekte und seit dem Erfolg von 1911 über die Almanache. Eigentlich musste man Fischer bisher einen Marketing-Strategen nennen, der gezielt für Präsenz zu sorgen verstand, doch Flake bestätigte, sein »Grundsatz«, einem Buch erst dann »durch Reklame nachzuhelfen«, wenn es Anzeichen für seinen Erfolg gab, schuf neue Unzufriedenheiten. Wolffs schon mal grellrot plakatierte Agitationen bedeuteten für alle einen Wandel der Sitten. Und Fischer ließe sich noch aus der Reserve locken, »um nicht überschrieen zu werden, denn Reklamen dieser Art scheinen die neueste Mode zu sein« (an Schnitzler 1916).

Der junge Verleger verstand es überhaupt aufzutreten. 5. April 1919, »Nachricht, daß der K. Wolf-Verlag das G. Hirth-Haus gekauft hat und im Herbst nach München zieht. Reklamehaft. ›Verlag der jungen Dichter-Generation‹, was eine Lüge ist. – Cigarette schmeckt schlecht. Der Katarrh sitzt sehr fest.« Der das notierte, stand wenig in der Gefahr überzulaufen, doch ihn beeindruckte offenkundig das neue Obdach seines Bruders; von Cassirer dorthin gewechselt, war dessen *Untertan* gerade dem Verkaufsgenie Meyer anvertraut. Wolff verfügte über ein größeres Erbe seiner früh verstorbenen Mutter. Das »Hirth-Haus« hatte dem Verleger der Zeitschrift *Jugend* gehört, bis Georg Hirth 1916 starb. Es verdankte den Klang seines Namens einem Festsaal mit Gobelins und umlaufender Galerie, ideal für Empfänge, Konzerte oder Lesungen. Rabindranath Tagore würde hier im Juni 1921 einen Vortrag halten, Mann Sahib der Einladung dorthin schließlich folgen und ihm vorgestellt werden (»Er hat meine Identität wohl nicht aufgefaßt«), und vielleicht ginge ihm im »Wolffsaal« auch durch den Kopf, dass der Gastgeber während der letzten vier Jahre immer wieder als sein eigener Verleger gehandelt worden war.

Es begann mitten im Krieg, 1917, Kurt Wolff kündigte jetzt in einem Sonderprospekt eine 10-bändige Werkausgabe Heinrich Manns an (die Brüder sprachen nicht mehr miteinander): »Hier ist – und hier allein in der neuen Literatur – das leidenschaftliche Tempo, der große Atem des Romanciers.« »Heinrich Mann ist als der größte deutsche Erzähler der Gegenwart heute anerkannt«, dies formulierte Wolff, nicht Meyer, »ein expressionistischer Erzähler im besten Sinne des Wortes, der Expressionist war, ehe die Gegenwart das Schlagwort erfand«; »der Schöpfer des neuen deutschen Romans, der nicht nur der ästhetische, sondern vor allem der politische und ethische Ausdruck des Wollens und Willens unserer Generation wurde.« Eine für Thomas Mann brisante Koinzidenz, wenn Fischer nun dem jungen Verleger (der in der ihm älteren Autorengeneration allein in Heinrich Mann und Karl Kraus »Zukunft« sah) den Vorschlag unterbreiten ließ, mit ihm zu fusionieren. Der Auslöser hieß Alfred Kerr, so Wolff in seinen Erinnerungen. Eines Tages im Februar habe der Kritiker und Essayist (auch Reiseimpressionist und Dichter), der bisher bei Fischer veröffentlichte, vor ihm gestanden und seine gesamte Produktion in sieben Bänden angeboten, unter der Bedingung einer sofortigen Entscheidung; sie lautete Ja, und ein paar Tage später, in der ihm eigenen Geschwindigkeit, die seine Attraktivität mit ausmachte und die es brauchte bei dem vielen, das er auf einen Streich verlegte, war der Vertrag geschlossen.

Im März traf ein Brief aus Berlin ein. Kerr hatte seinen Wechsel kundgetan und erlebt, dass »Herrn Fischer die Veröffentlichung meines Hauptwerkes in Ihrem Verlage nicht nur kränkt, sondern daß er sie als einen menschlichen Schlag empfindet und wahrhaft erschüttert ist«. – »Herr Fischer hält Ihren Verlag für feindlich.« – »Er hat nun die Überzeugung erlangt, daß Zusammenschluß hier unter Umständen fruchtbarer sei als Wettbewerb.« Kerr schien selbst verblüfft zu sein, er fuhr umso förmlicher fort: »Damit keinerlei Mißverständnis möglich ist, sei zusammengefaßt: 1. Ich bin von Herrn S. Fischer, Berlin, Bülowstraße 90 ermächtigt, bei Ihnen die Vereinigung des Gesamtverlages S. Fischer und des Gesamtverlages Kurt Wolff anzuregen. 2. Herr Fischer hält einen solchen Schritt für wünschenswert, weil gegen den erstarkenden Buchverlag der Zeitungsinhaber Ullstein, Mosse usw. ein Zusammenschluß zweier starker Privatverleger nützen kann.« Einen »Posaunenstoß« nannte Wolff dieses Schreiben. »Ich rührte mich nicht.« Knapp zwei Wochen später fand dann plötzlich, »unangemeldet, unerwartet, Sami Fischer nach Leipzig, außer sich über den Verlust des Autors«. Es war nicht der Verlust des Autors, der genoss nicht uneingeschränkte Wertschätzung (»affectiertes und geziertes Gerede; er wird immer langweiliger mit seiner Pose von Lyrik und heiligem Ernst und das mit der ›verschwebenden Grazie‹ haben wir oft genug zu hören bekommen«, hieß es 1906 gegenüber Hedwig; und Hauptmann stand mit ihm just völlig überkreuz).

Nein, der Vorgang musste wegen seiner bedrohlichen Signalwirkung abgewehrt werden. Wenn die Darstellung zutraf, dann hatte die Episode allerdings etwas Verzweifeltes. (Wolff überließ Fischer ohne Zögern den Vertrag, und Kerr stimmte dem Handeln der beiden Verleger rückwirkend zu, mit Einschränkung: »Ich habe nach wie vor Lust, mit Ihnen zu arbeiten.«) Die Fusionsidee würde weitergären. *Wie es ist, so muß es genommen werden*, Fischers persönlicher Pragmatismus, er überlastete, denn alles geriet zugleich ins Arge, die Autorenpflege, die Nachfolgefrage, das niedersinkende Deutschland. Für den kriegsdienenden Robert Musil traten erst Albert Ehrenstein, dann Alfred Döblin in die Redaktion der *Rundschau* ein, beide fühlten sich dort überstimmt und machtlos. Umso erfreuter musste man sein, dass Oskar Loerke im Lektorat anwuchs, nicht zufällig jemand, der mit

Heimann (und Hauptmann) harmonierte – und seine Gedichte ließen Fischer zaghaft hoffen, er werde doch noch »Teile jener Welten« erobern, »die sich mir bisher spröde verhüllen«.

So sehr man sich bemühte, die Jungen in Verlag zu nehmen, ob mit Jahrbuch (*Die Erhebung*) oder Bücherfolge (*Dichtungen und Bekenntnisse*), dass man mit dieser Generation »der neuen Subjektivsten und Superlativisten« (Arthur Eloesser) nicht warm wurde, blieb jedem wahrnehmbar. Obwohl S. Fischer 1912 mit Reinhard Sorge, Jahrgang 1892, und seinem Stück *Der Bettler* den angemessenen Auftakt für diese Jungen gefunden hatte, die ausdrücklich als die »Vatermörder« auftraten und mit diesem Stichwort noch in Zukunft charakterisiert blieben. Otto Flake behandelte in seinen Erinnerungen Fischers eigenen Sohn Gerhart in solcher Perspektive: »In Venedig war an einer Austernvergiftung ihr einziger Sohn gestorben, ein wenig gesunder und schwieriger Mensch, der wie viele seiner Generation – junge Leute aus reichem Haus – sich gegen die bourgeoise Lebensauffassung der Eltern wandte; ein paar Jahre später wurden sie alle Edelkommunisten.« Reinhard Sorge wurde allerdings Katholik und starb 1916 im Krieg. Fischer kondolierte der Witwe, »ich hoffe dass wir zum Gedächtnis eine schöne Feier seines ›Bettler‹ haben werden«.

In dem kompliziert gedachten Stück wurde ein wahnsinniger Vater, der mit einer Kindertrommel herumlief und die eigenen Traumgesichte entwerfen musste, nämlich Konstruktionen von gigantischen Maschinen, die zum Wohl der Menschheit eingesetzt werden konnten, durch seinen Sohn, den »Dichter«, vom eigenen Leid befreit durch Vergiftung (und absichtslos die Mutter mit); dabei war es Teil des Stückes, das Geschehen unvermutet als ein symbolisches Handeln der Kunst zu spiegeln und dies letztlich mit Handlung in eins zu setzten. »Selten hat sich ein Berufener in einem ersten Werk so stark angekündigt«, hatte Fischer dem Autor im März 1912 geschrieben, »ich bin mit Freuden bereit, Ihre Arbeit zu drucken«, und auch den Bühnenvertrieb zu übernehmen. Im November erhielt der zwanzigjährige Sorge den neu eingerichteten Kleist-Preis, eine Stiftung zur Ermutigung junger Autoren, aus der Hand von Richard Dehmel. Dies alles fand zwei Jahre vor Ausbruch des Krieges statt; Gerhart Fischer war noch am Leben, und die reportagehaft formulierte technische Utopie eines gigantischen *Tunnels* zwischen Amerika und Europa von Bernhard Kellermann wurde der große Bestseller des Verlags – *Der Tunnel* verkaufte sich sogar im Krieg.

Doch die Zeit holte S. Fischer ein, das verlegerische Leitprinzip des Vorausseins hob sich auf. Man drohte schließlich hinterherzulaufen (mit der Gefahr, dass nur noch die Epigonen übrig blieben) oder erkannte gar nicht, was man im Verlag schon hatte (mit der Gefahr, es allzu leicht zu verlieren). Und das Problematischste daran musste die ungute Wirkung auf die älteren Autoren im Haus sein. Eine neue Bedrohung für die schönen Kontinuitäten.

Dass die neuen Literaturen von dem seit drei Jahrzehnten herangezogenen Publikum gar nicht *angenommen* wurden, dass dieses Publikum, selbst wenn es sich dafür interessieren mochte, diese Literatur hier bei S. Fischer gar nicht finden wollte und abwehrte, waren Subtilitäten des Verhältnisses von Leser und Verlag, wie sie in diesen Buchhandelszeiten, als man ein Haus noch in seiner »Geschlossenheit und Einheit« als Gewährleister der eigenen Lesebedürfnisse auch wahrnahm, ja tatsächlich bestehen konnten – doch Fischer dachte so nicht. Wenn dies der Fall gewesen wäre, hätte es auch bedeutet, dass seine Lesergesellschaft homogener war, als er sie empfand (und als die Nation). Das Neue, Heterogene einer solchen Lesergesellschaft verträglich zu machen, würde er jedoch immer noch als die vielbesprochene kulturbildende Funktion und als »Auftrag« des Buchhandels angesehen haben. Schnitzler, im November 1917: »Er sprach davon, daß er das meiste expressionist. moderne eigentlich contre coeur nehme; doch sei es seine Verlagspflicht.« Und das glückte nicht. Samuel Fischer war sich seines Urteils nicht mehr sicher, S. Fischer wurde sich selber fremd und verstörte sein Publikum. Kurze Eindrücke des Nichtzueinanderkommens.

Für Max Herrmann aus Neisse, Jahrgang 1886, hatte sich Kritiker Kerr starkgemacht, man nahm 1914 seinen Gedichtband *Sie und die Stadt* in Verlag. Das Septemberheft der Rundschau zum Krieg deprimierte den Dichter; »Hauptmann, Heimann, Bie, Musil, Stehr – alle, alle! Sogar Kerr – hat sich als Freiwilliger gemeldet.« 1916 beklagte er die »immer widerlicher« sich gebärdenden Rundschau-Leute; seine nächsten Gedichte erschienen 1917 bei Wolff, die übernächsten wieder bei Fischer. Herrmann-Neisse hatte sich hier im Juni 1914 wegen akuter Heiratspläne um etwas Festes beworben, »Geschäftsstunden 9–5 oder so«, doch Fischer (»nichts verzerrt-jüdisches, feiner, freier Kopf«) gefielen dessen Gedichte, die reiche Gestaltungskraft, die Art, Dinge »ein für alle Mal umrissen hinzustellen«. Sein Talent werde sich bei subalterner Arbeit »gedemütigt, totunglücklich fühlen«, bot er ihm Hilfe bei journalistischer Tätigkeit als Zubrot an: »ich solle so politische oder actuelle Vorgänge oder Großstadteinrichtungen (Irrenhaus etc.) schildern, wie ich sie sehe, auch in Prosa, wie in Vers«. Gegen Herrmann-Neisses Selbstzweifel sei Fischer »starrköpfig« geblieben bis »zu dem Paradox, für mich wäre eine bürgerliche Tätigkeit das Abenteuerliche und eine solche literarische das Bürgerliche«. Im März 1917 bekam Herrmann-Neisse die angestrebte Büro- und Korrektorentätigkeit, im September 1919 gab er sie ermattet auf; die nächsten Gedichte erschienen in München (Roland-Verlag) und Dresden (Neue Schaubühne).

Wilhelm Lehmann, 1882 in Venezuela geboren, war ein Zögling von Heimann. Der Anglist überarbeitete die ungenügenden Shaw-Übersetzungen von Siegfried Trebitsch (auch nicht zu letzter Zufriedenheit). Über Fischer sollte ihm von Ende 1907 an eine Lehrerstelle in Wickersdorf vermittelt werden, so hofften Heimann und Lehmann, 1912 wurde sie wahr, und 1916 erschien sein Schlüsselroman von eigenwilliger Bildhaftigkeit über den Tyrannen Wyneken, *Der Bilderstürmer*: »Magerhold hat kein Gewissen dem Geheimnisvollen gegenüber, er gießt einem Gedicht, und sei es noch so schön und flög es geräuschlos wie eine Eule in der Nacht, Vitriol ins Gesicht.« (Lehmann war, wie einst Gerhart Fischer, ein Anhänger von Martin Luserke.) Der Ruhm, den der Lehrer für seinen Roman erfuhr, »welkte eilig«. Als er »ein drittes Buch anbot«, wollte sein Verleger damit warten, der Autor verstand: »Für Ihre Bücher haben die Menschen jetzt keine Zeit mehr.« Lehmann: »Die deutschen Verleger mieden mich inbrünstig.« Für Fischer jedenfalls kehrte Wickersdorfer Glücklosigkeit zurück.

Hans Henny Jahnn, 1894 in Hamburg-Stellingen geboren (Gerharts Jahrgang), sandte sein drastisches Drama *Pastor Ephraim Magnus* über das irdische Inferno, geprägt vom Krieg wie vom Expressionismus, vertrauensvoll an Oskar Loerke. Fischer hatte Bedenken und schlug dem Fünfundzwanzigjährigen einen limitierten Privatdruck vor. »Vorher aber hatte das Lektorenkollegium Loerke, Heimann, [Rudolf] Kayser mir in bewegten Reden den Rücken gestärkt, damit ich das Ansinnen ihres Chefs, das er ihnen schon anvertraut hatte, zurückwiese; sie wollten die volle Öffentlichkeit.« Loerke war gerade der Juror des Kleist-Preises und wollte ihn Jahnn verleihen. Seufzend habe Fischer sich also der Mehrheit gebeugt, Jahnn möge sich allerdings frei fühlen, ohne Rücksicht auf Kosten noch in den Fahnen zu korrigieren. »Er hoffte, ich würde den Text mildern. Hätte ich doch den Rat des Verlegers befolgt!« Ein Eklat brach los, selbst »alte und gefaßte Kritiker bestiegen die Barrikaden« und riefen pervers, obszön, sado-masochistisch, ein Verbrechen gegen die Dichtkunst und vieles mehr. Jahnn später, das Buch habe ihm geschadet, »wie nur selten ein Buch einem Autor geschadet hat«.

Georg Kaiser, 1878 in Magdeburg geboren, sah sich in der Nachfolge Gerhart Hauptmanns und veröffentlichte seit 1911 in dessen Verlag. Die einzige »originelle Erscheinung« der expressionistischen Dramatiker-Generation im Haus, wie Heimann gesagt hatte, war überaus produktiv, doch gerade als er sich durchzusetzen begann, im Kriegsjahr 1917, mit der Uraufführung seines schon 1914 bei Fischer veröffentlichten Stückes *Die Bürger von Calais* im Neuen Theater in Frankfurt am Main, bei gleichzeitig vier weiteren Stücken im Programm deutscher Bühnen, leitete der Autor seinen Wechsel ein. Schon 1915 hatte er seine Dramen Kurt Wolff angeboten, Kaisers neuer Verleger wurde jedoch ein anderer: Gustav Kiepenheuer. Im Schatten der Etablierteren und der Lauteren hatte der 1880 geborene Apothekerssohn und gelernte Buchhändler am 1. Juni 1909 in Weimar seinen Betrieb aufgenommen, von 1910 an auch als Verleger (*Leben in Alt-Weimar*). Ähnlich Ernst Rowohlt, der 1919 nun wirklich den eigenen Verlag aufmachte (nachdem auch hier noch einmal in Sachen Fischer erwogen wurde), galt der gebürtige Westfale nicht als der fleißige Manuskriptleser, sondern als Mann mit Begeisterungsfähigkeit und Intuition, zugleich plante er längerfristig. Unter seinem Dach würden sich letztlich die Jüngeren ansammeln (Bertolt Brecht, Lion Feuchtwanger, Joseph Roth und viele mehr).

Kiepenheuer trat mit Georg Kaiser in eine neue verlegerische Phase ein: erstmals ein Theaterautor, erstmals ein solcher Erfolgsautor, erstmals auch ein derart schwieriger Autor, denn wie Gerhart Hauptmann tat er sich nicht genug im Fordern. Ihr Generalvertrag von 1920 sah vor, dass der Verleger seine Schulden übernahm, und deren Höhe – was Kiepenheuer erst erfuhr, »als ein Rückzug nicht mehr möglich war« – belief sich auf 500 000 Mark, nicht hinzugerechnet bereits gezahlte sechsstellige Vorschüsse und ein Monatsfixum. Dann wurde Kaiser im Oktober 1920 wegen Betrugs und Unterschlagung in einem Berliner Hotel festgenommen, ein Gericht verurteilte ihn zu einem Jahr Gefängnis, im April 1921 kam er frei; der Verlag bürgte für seine Schulden, legte Termine mit den Gläubigern für Rückzahlungen fest, zu verrechnen mit den Einkünften des Autors. *Der* Kelch war an Fischer vorübergegangen, aber Kaiser würde in den Jahren bis 1933 der meistgespielte Dramatiker sein.

Die Geschichte enthielt schon die Ingredienzien der zwanziger Jahre, wenn bei galoppierender Inflation groteske Unsummen ins Spiel kämen, wenn im Klima von Revolution und Verzweiflung betrügerische Kräfte auf den Plan träten. So nahte ebenfalls 1920 ein Baron Schey von Koromla heran; für eine Hauptmann'sche Gesamtausgabe in Höhe von 300 000 Exemplaren winkte er dem Entflammten mit 1 000 000 Mark. Ein paar Monate zogen sich die Verhandlungen hin, Rechtsberater Pinner berichtete nach Agnetendorf, wie schwierig sie verliefen, da die »Geschäftsgebahrung« des Herrn Fischer und die der betreffenden Herren grundsätzlich verschieden von einander sei. (Ersterer wollte etwa Proben von Druck und Papier sehen, da man an diesen wohl extrem zu sparen gedachte). Bei den Hinterleuten des Barons, so Pinner weiter, handle es sich um den Verlag Knaur, der vor einigen Jahren mit billigen, aber minderwertigen Klassiker-Ausgaben hervorgetreten sei. Fischer habe seine grundsätzliche Bereitwilligkeit erklärt, auf die Sache einzugehen. Obgleich er wenig an ihre Realität glaube, erwarte er Vorschläge. Tatsächlich fehlte das Wesentliche, ein Financier. So musste Pinner schließlich melden, der Herr Baron

Schey und Herr Droemer für den Verlag Knaur bliesen die Sache ab.

Hauptmann war an Hochstapelei vorbeigeschrammt, doch er behielt (in der zitierten, von Hermann Stehr beschriebenen Weise) seine eigene Sicht auf »die mir entgangene Schey-Angelegenheit« und entwarf noch zwei Monate später Zeilen an seinen Verleger: »Ich bin immer noch der Ansicht und habe meine Gründe dazu anzunehmen, dass sie bei schnellem Zugreifen hätte zum Abschluss gebracht werden können; somit habe ich sie unter Verluste gebucht.« Die Bilanzbuchhaltung würde in diesem Jahrzehnt sein Steckenpferd bleiben, und auch er war nicht frei davon, eigene Aggressionen abzureagieren, indem er sie in die verallgemeinernde Form antijüdischer Stereotypen steigerte, jedenfalls im Tagebuch: »Heute zurück von Dresden. Verhandlungen mit Fischer. Die Notwendigkeit, innerlich auszukehren nach einem Schachergespräch. Mir fehlen dazu nicht die Eigenschaften, aber die große Grundeigenschaft, die Freude an diesen Eigenschaften.« (9. Mai 1920) Auch der Dichter litt unter dem *Solness*-Syndrom in der besonderen Variante, das Alter bei sich selbst zu verdrängen und es bei seinem Verleger zu bekämpfen.

Nach der Baron Schey-Eskapade betrieb der bald Sechzigjährige vehementest die Fusion von Fischer und Wolff. Hauptmann wollte einen jungen Verleger haben, er wollte sich auf Plakaten sehen, Werke verkaufen, gefeiert werden. Vielleicht steigerte er sich auch in die Angst vor einer Wiederholung seiner produktiven Stockung wie durch den späten Brahm hinein, und vielleicht meinte er es sogar gut, übertrug sich auf ihn die Ratlosigkeit, die Fischer selbst anhaftete. Seit 1916 duzten sie sich.

Wolff: »Damals war Hauptmann für mich jungen Mann der verehrungswürdige Nestor der alten Dichtergeneration und der größte Dramatiker der Zeit. An eine verlegerische

Beziehung zu Hauptmann hätte ich nie im Traum gedacht. Abgesehen davon, daß ich niemals und bei keinem Autor irgendeines Verlages den ersten Schritt getan haben würde, legten mir Bewunderung und Respekt für den Fischer-Verlag doppelte Zurückhaltung auf.« Große Worte, Abwerben galt (und gilt) als unfein, doch zweite Schritte waren natürlich erlaubt: »Ich ließ Monate vergehen. Als ich aber zufällig im Herbst des Jahres [1921] bei einem Freund in Schlesien zu Gast war, schrieb ich Hauptmann.«

Bis zum grauenden Morgen saß man dann zusammen, ohne dass einer den dritten Schritt tat. Wolff litt an Hühnerlebervergiftung, Hauptmann belebte sich an »Kalter Ente« und an seiner Idee einer literarischen Direktion des anderen im Fischer Verlag. Wolffs Hinweis auf »den denkbar besten Berater« dort, den Schwager Moritz Heimann, verhallte; es fehle die »dynamische Propaganda«. Im Mai 1921 hatte sich der Fusionsplan zwischen den Verlegern aufgelöst, noch 1923 klagte Hauptmann wie eine wartende Geliebte über den »soliden, aber gestrigen Trott« und seine tägliche Depression. »Fischer ist mir persönlich ein lieber Freund, den ich auch als Geschäftsmann schätze und hochachte. Aber ich bin jünger geblieben. Ich vermisse frischen, jugendlichen Unternehmungsgeist, anregende, vorwärtsdrängende Gemeinsamkeit. Nun, mir bleibt nichts übrig, als eben für zwei vorwärts zu drängen, das Fehlende irgendwie wett zu machen.« Und das ging so: »Lieber Fischer! Noch einmal muss ich Dich kränken. Habe die Freundlichkeit 400 000 M an die Firma Tiedemann und Grahl möglichst umgehend gelangen zu lassen«; vermutlich für Teppiche.

Woran war die Fusion gescheitert? Man stand, Fischer an der Seite des Hauptmann-Vertrauten Justizrat Pinner, vor der endgültigen Vertragsfassung, doch statt der unterschriftsreifen Papiere traf eine Absage letzter Sekunde bei Wolff ein. In seinen Erinnerungen sprach er von Gründen »so privater

Natur, daß sie auch heute nicht mitzuteilen sind«, und machte neugierig auf Unaussprechliches. Eine eigene Enttäuschung oder Verärgerung überlieferte er hier nicht. Dabei müsste er enttäuscht gewesen sein, nach den vielen Zukäufen und Einzelgründungen, die er schon in den ersten Jahren seines Verlegerlebens getätigt hatte; er wäre in aufsteigender Linie in eine unvergleichliche Dimension fortgeschritten. Gegenüber Hauptmann enthüllte er, es sei Fischers Unentschlossenheit und Mangel an Vertrauen gewesen, trotz einer ungemein »elastischen Haltung meiner Geschäftsfreunde« und der klugen Art von Rechtsbeistand Pinner; »ganz besonders schmerzlich und enttäuschend« sei ihm dies nun, weil »damit die schon der Verwirklichung nahe erschienene Aussicht, für Sie wirken zu können, entschwunden ist«, denn was ihn zu diesem Fusionsplan »leidenschaftlich geneigt gemacht« habe, sei gerade dieser Wunsch gewesen, »meine Kraft in den kommenden Jahren und Jahrzehnten in den Dienst Ihres Schaffens stellen zu dürfen« (25. Mai 1921) – viel Wasser auf Hauptmanns überspülte Mühlen. Wolff muss das gewusst (und gewollt) haben.

Als das Erstaunliche und Private erscheint bei näherem Hinsehen gar nicht das Scheitern, sondern wie weit der Fusionsplan schon gediehen war, wie schwach Fischer sich gefühlt haben muss. Er zauderte und wankte, von allen Seiten unter Druck, sich selbst alleiniger Ratgeber, und dann zog er die Notbremse – nach vielem Grübeln: Ging bei diesem vierunddreißigjährigen Verleger nicht alles zu schnell, würde er eine Langstrecke bestehen? Konnte er die von ihm propagierte Buch-für-Buch-Unabhängigkeit des Autors ernst meinen, oder verbarg sich dahinter Unverbindlichkeit des Verlegers? Bildete er nicht zu viele Reihen? (Hofmannsthal zu Andrian: »Der Verlag ist doch recht häßlich, mit all seinem expressionistischen mit Reclame fast schamloser Art herausgebrachten Zeug.«) Aber war Wolff trotz des Grellen nicht sogar zu »bibliophil«? Und vor allem: Hatte man sich hier nicht schon viel zu sehr von seinem Freund Gerhart Hauptmann im Verein mit Wolff enteignen lassen?

Fischers Lektor, jener angesehene Berater, der ihm die eigenen Entscheidungen deshalb nicht zwangsläufig erleichterte, riet im April 1921 dringend ab. Lose Vereinbarungen wie mit anderen Verlagen gern, doch eine Fusion »hielte ich für ein großes Unglück. So sonderbar es scheint, so sage ich Ihnen: wir sind jünger, d. h. lebenslänger nach der Zukunft«, sagte ein Mann, dessen labile Gesundheit sich stetig verschlechterte (zurzeit wurde er mit Opium und Chinin behandelt, gegen die langjährige Arteriosklerose, die Herz und Nieren angriff); konkret sah er in der Praxis Reibereien und dadurch den Verlust an Tempo voraus.

Moritz Heimann äußerte seine Bedenken gewiss selten, ohne dabei die eigene Motivation überprüft zu haben. In der bedrohlichen Lage bewies er eine fast seltsame Verlässlichkeit. Dabei hatte sich das Autoritätsgefälle zwischen dem Verleger und seinem Lektor über die Jahre nicht verringert. Heimanns Analysen dienten ihm zur Information und als Regulativ, die Entscheidungen traf Fischer selbst, wie oft gegen dessen Rat, lässt sich nicht ermessen (bei Bernhard Kellermann ist es gewiss); der Mann aus dem märkischen Sand wollte selbst auch nicht entscheiden müssen, wie Hedwig Fischer andeutete; er blieb vor allem ein großer Kommunikator und der Mann am Text. Sie waren Moralisten und hatten beide ihren Stolz. Deshalb hielt sich wohl trotz gewachsener Nähe (auch der Familien) die Distanz zwischen ihnen; wenn Fischer 1918, im Jahr der verheerenden Grippeepidemie (mit 800 Toten in der Woche allein in Wien, wo man sich, so Schnitzler, auf Hungerrevolten vorbereitete), gescholten wurde, den Dämon der Schwermut und Besorgnis losgelassen zu haben, obwohl Tochter Tutti, ein Brocken von Gesundheit, mit einer Grippe wahrlich fertigwerden konnte; wenn Heimann andererseits in seinem engagierten Plädoyer gegen die Fusion zwischen Wolff und »uns« hinzusetzte, »verzeihen Sie den Kutscherstolz«, nicht einmal »*meinen* Kutscherstolz«.

Seit 26 Jahren bildete er Fischers Ergänzung, seit 1901 als Schwager seines Hauptautors – eine Tatsache, die womöglich so sehr trennte, wie sie verband. Aus Anlass seines 50. Geburtstages (ebenfalls 1918) sprach er einmal ihr »paradoxes Verhältnis« an, das nun schon so lange gehalten habe, vielleicht »einzigartig und vorbildlich« geworden sei. Teil des Paradoxons war das Geld, Heimann hatte keines. Häufiger in diesen Jahren sich verschlimmernder Krankheit (auch bei seiner Frau) und nachlassender Arbeitsenergie (er arbeitete von Kagel aus) musste er seinen Chef, der zugleich sein Verleger war, um zusätzliche Beträge bitten, manchmal schon, während er noch für einen vorherigen dankte – soll man sagen, er *konnte* ihn darum bitten? Es wurde nicht ausgesprochen, doch Heimann müsste es mitgemeint haben, als er schrieb, »Sie haben es fertig gebracht, dass ich, als Ihr Beamter, Ihr bezahlter Angestellter, nicht nur Ihr und Ihrer ganzen Familie treuer vielleicht nächster Freund sein konnte, sondern auch ein völlig freier Mann«. Feiertagsworte?

Frei sein bedeutete für beide frei bleiben von falschen Abhängigkeiten, von gekaufter Pflichtschuldigkeit, bedeutete den Respekt voreinander nicht verlieren – wie ging das? Indem man einander half, den Respekt vor sich selbst nicht verlieren zu müssen. Einfach war das alles nicht. Heimann, der Intellektuelle, hatte die Dialektik ihres Verhältnisses sicherlich häufig durchdacht und auch bis in die hintersten Winkel empfunden. Von einer Scham (das wäre wohl sein Wort) über persönliches Unvermögen blieb er nicht verschont; doch solche Gefühle waren ja dem anderen nicht fremd. Heimann: »Das Schicksal hat uns für die Überfahrt, die kurze, von einem Ufer zum andern – es ist dieses mein ewiges Bild für unser Dasein – in denselben Kahn gesetzt;

jeder muß auf seine Weise dem andern helfen, dem andern dienen; jeder braucht Nachsicht, daß er die Fahrt nicht störe und hemme und den schmalen Raum zwischen den Borden nicht zum Gefängnis, nicht gar zur Hölle mache. Ich weiß, wie vieler Nachsicht ich bedarf, ich weiß, wie viele ich von Ihnen empfange.« Bei allem Idealischen hatte man die Trivialitäten des Alltags zu bestehen – Übergänge, die beide Herren offenkundig beherrschten. Welch schülbrige Stellen sich dabei für Heimanns Loyalität als Mittler seines Verlegers tagtäglich ergeben konnten, obendrein bei seiner »angeborenen Lust zur Intrigue«, erwies sich nicht zuletzt an der Hauptmann-Front.

Als für Fischer im Juni 1921, nach Scheitern der Kooperation mit Kurt Wolff (und nach dessen Brief an Hauptmann), einmal mehr beunruhigende Töne von seinem Autor ausgingen, kündigte der Lektor an, auf seinen Schwager beiläufig und für diesen unmerklich einen ordnenden Einfluss ausüben zu wollen. Heimann beherrschte neben dem »Poetischen« die scharfen Worte wie die Diplomatie; diese Instrumente zum Einsatz zu bringen und dabei möglichst wahrheitlich und integer zu bleiben enthielt für ihn einen Stimulus. Sein langer Brief im gewohnten, persönlichen Stil mischte dann unter die Gedanken und Neuigkeiten zur Lage von Dichtern und Dichtungen ein Urteil von Gewicht, nämlich des Schutzverbands der Autoren, wonach der S. Fischer Verlag doch »die Nummer I« sei, »an Loyalität, sachlicher Hingabe und Stätigkeit«; zugleich beklagte er (er dürfe dies) die akute Verwirrung des gleichnamigen Verlegers: »Hat keine Ahnung, wie von ihm beneidete Konkurrenten zum Beispiel um Loerke sich reißen würden. Fischern müßte nur einmal eingehämmert werden, daß in seinem Verlag das Beste, Stärkste, Dauerndste steckt, damit er den Elan kriegt.« Heimann wusste sicher, dass bei Fischer das Problem zugleich tiefer lag.

Denn einhämmern konnte der auch. Solange er auf zwei Beinen stünde, würde er für sich selbst sprechen. Er sandte zeitgleich am 8. Juni 1921 per Einschreiben nach Agnetendorf eine vier Seiten umfassende »Selbstbehauptung«, zu der er sich gezwungen fühle, denn Hauptmann verletze seine menschliche Würde und behandle ihn wie »einen lästig gewordenen verbrauchten Mann«; auch gegen Brahm habe er ja ständige »Skrupel« gehegt, erinnerte der Verleger. Dabei »ist genügend bekannt, dass ich noch immer zu den stärksten und lebendigsten Arbeitskräften im Buchhandel zähle«. Zu seiner sogenannten »Aengstlichkeit« sei gesagt, sie wäre in diesen Zeiten kein Wunder, doch tatsächlich wage er mehr als andere Literaturverlage: »Mein Verlag hat die grösste Produktion, die grössten Auflagenziffern und die am besten organisierte Vertriebsstelle in Leipzig (sie hat Wolff besonders angelockt). Prestige und Vertrauen der lesenden Welt zu meinem Verlag sind ungemindert.« (Das sah man in Österreich anders.) Nächster Punkt, der »frische Wind« bei der Insel und bei Wolff, wo ist er? Die schöne Ware der Insel sei *honorarfrei* verlegte Weltliteratur, lebende Dichter fänden sich »minimal und ohne weitreichende Wirkung« im Programm; in Schriftstellerkreisen spreche man ja deshalb von der »Toteninsel«.

Und bei Wolff? Tagore sei in England und in Amerika über die Maßen verbreitet. (Darüber hätte er sich jetzt mit dem jungen Alfred Knopf, wegen Thomas Mann auf dem Weg in die Bülowstraße, unterhalten können, doch der kam nicht »an den Wachtposten« der Vorzimmer vorbei, um Fischer zu sprechen: »›Er ist hier wie ein Kaiser‹, sagte man uns.« Womöglich hatte er genug von jungen Verlegern.) Fischer weiter: »Indische Naturphilosophie ist auch bei uns die grosse Mode. Heinrich Manns Wirkung ist verblasen, Unruh und Sternheim haben den Verlag verlassen« … »Also viel Fassade, mehr Fassade als Inhalt. Es macht mir kein Vergnügen, darüber zu sprechen, aber deine Stellungnahme zwingt mich dazu. Wolff ist gewiss ein kluger und intelligenter Mann, er hat mich aber bei den Verhandlungen mit seinen Finanzleuten nicht unterstützt. Wäre ich auf deren Bedingungen eingegangen, so hätte ich neben dem einzubringenden Verlag auch noch eine grosse Summe dazu zu zahlen« oder als Schuld zu verzinsen gehabt; er hätte sich also die Anteilshälfte an seinem eigenen Verlag kaufen sollen, um dann »bei *Nachlassen meiner Arbeitskraft* als Direktor *entlassen* zu werden. So grotesk das klingt, so ist es doch wahr.« Grotesk vor allem, dass Fischer diese Interna, die bei ihm nach einer »feindlichen Übernahme« klangen, gerade dem mitteilte, der schon jetzt auf nichts anderes sann, als ihn in seinem eigenen Haus als Direktor zu entlassen, in herbstlicher Nacht bei Kalter Ente.

Warum das alles? Warum ging Hauptmann nicht einfach zu Kurt Wolff, wenn er ihm als Autor so viel bedeutete – es war wohl doch eher der Verlag drum herum, machte der nicht gerade den Eindruck einer leichten Beute? Und warum ließ Fischer ihn nicht einfach ziehen? Hauptmann war maßlos, er musste sich eines Maximums vergewissern und die Schmerzgrenze spüren, zu diesem Zeitpunkt mochte es auch seine Art sein, sich feiern zu lassen. Er muss bei seinem Flirt mit der Jugend gewusst haben, dass er bessere Bedingungen und größeres Gewicht kaum anderswo noch einmal beigemessen bekäme, seine besten Werke waren geschrieben. Er hing ja an seinem Verleger, auch wenn es sich für beide nicht so anfühlen konnte. Und Fischer hing an Hauptmann, weil dieser Schlesier, wie man es auch nennen wollte, den emotionalen, auratischen oder mythischen Kern, den Elementargeist und den Aberglauben seines Verlages bildete.

Und gerade jetzt in den Zeiten des Nachkriegs wurde ihm sein Gründungsautor zum Prüfstein: für die eigene verbliebene Vitalität, für die Bestandskraft seines Verlages, für das

Überstehen in schwieriger Zeit. Sfischer istgleich S. Fischer Verlag. Nie wäre die persönliche Fallhöhe für ihn tiefer gewesen, bei einem Verlust von Hauptmann, als in diesen Nachkriegsjahren, bei verlegerischer Desorientierung und Abhängigkeit vom Autorenstamm auch aus Gründen der wirtschaftlichen Lage, und vor allem: bei zugleich größter öffentlicher Reputation, die Hauptmann je genoss. Man schlug ihn jetzt, 1921, als Kandidat für die Reichspräsidentschaft vor. Für den Verleger des ersten Autors der *Freien Bühne* bedeutete dies einen Ritterschlag, ihn in dem Moment verlieren zu können musste sich wie eine Infragestellung der eigenen Geschichte auf ihrem Höhepunkt anfühlen, wie eine Art von Vernichtung. 1922 wurde jener sechzig Jahre alt, man plante für Herbst 1921 die achtbändige Volksausgabe in Halb- und Ganzleinen (Auflage 10 000), Nachtragsbände für die bisherigen Ausgaben, für April 1922 eine Schulausgabe und für Herbst 1922 die »Monumentalausgabe« in 12 Bänden. Man darf nicht glauben, dass sich dies alles auch verkaufte.

Die *wirtschaftlichen* Bedingungen des Verlegens erschienen zugleich unlösbar. Neben der Zukunft des Verlegers (Namen wie Piper und Cassirer tauchten auf) beschäftigte jetzt die Umwandlung des Verlags in eine Aktiengesellschaft zur Verbreiterung der finanziellen Basis; die Verlage Georg Müller (1920), Kurt Wolff (1921) und Kiepenheuer (1921) hatten schon umgewandelt. Vom 29. Dezember 1922 an war Fischer sein alleiniger Aktionär, bei einem Aktienkapital von 15 000 000 Mark, von denen sich Geringfügiges auf vier weitere Leute der Form halber verteilte. Um den Verlag zu stützen, hatte er private Aktien verkauft (Hauptmann konnte das nicht beeindrucken, bliebe ja alles in einem Besitz).

Das größte Problem bereitete der rapide Währungsverfall, die stetig zunehmende Verteuerung aller Produktionsposten. Durch Teuerungszuschläge wurde der Ladenpreis quasi aufgehoben, und alles zusammen steigerte die Übervorteilungsängste der Autoren. (Die Menge an einzeln verfassten Briefen mit kalkulatorischen Erläuterungen überstieg – trotz Papiernot – jedes Maß.) Rundschreiben halfen nicht, einheitliche »Richtlinien für die Honorierung schönwissenschaftlicher Bücher«, von zehn Verlagen entwickelt und unterzeichnet, auch nicht. Die Zahlen spielten verrückt. »Hacketal-Aktien für einen Betrag von 18 Milliarden, 945 Millionen« habe er für Hesse gekauft (Fischer hatte es übernommen, wegen der ungünstigen Valuta Gelder für den schweizerischen Hesse anzulegen); eine Woche später meldete demselben Autor die Prokuristin Regina Rosenbaum, ein anderes Wunder der Kontinuität, seit bald dreißig Jahren eine engste Mitarbeiterin, man habe sich um eine Differenz von 391 Milliarden 860 Millionen beim Voraushonorar von M. 839 700 000 verrechnet, da die »Buchhändler-Schlüsselzahl« am Abrechnungstag eine andere gewesen sei.

In *Österreich* befand sich Fischer (auch fern von Kurt Wolff) parallel zu allen beschriebenen Vorgängen in besonders desolater Lage, wie die Notate Arthur Schnitzlers zeigen, bei dem sich die Beschwerden auf eine natürliche Weise anzusammeln schienen – gewichtigster und erfolgreichster Autor aus dem Wiener Kreis. Hatte man zu Ende 1917 freundliche Begegnungen erlebt, als Fischer, »hauptsächlich auf Papiersuche«, mehrere Tage in Wien verbrachte, und dort »wieder, wie immer, besonders allein und losgelöst einfach, gut, und etwas altvaterisch wirkte«, anderntags »nett und warm«, so hob der Ton nur wenige Monate später markant an.

Anlässlich der Papierknappheit spielten sich die alten Befürchtungen, in Berlin von Fischer vernachlässigt zu werden, mit neuer Schärfe durch: »als gestatteten die deutschen

Behörden nicht etc. Dabei nicht ganz aufrichtig. – Stellung Oesterreichs, Stellung der Juden. ›Esoi‹verhältnis der Juden zu einander – Respektlosigkeit; – und Nachkriechen jedem Drittenrangstalent christlicher Confession von Seiten der jüdischen Kritiker.« Notizen im März 1918, nach einem Abend mit Felix Salten, der aus der deutschen Hauptstadt berichtet hatte. Es war jetzt nicht untypisch, dass ein Herold, dem man nicht einmal vorbehaltlos traute (was Ohnmachtsgefühle steigerte dazu beitrug, sich zeitweise »mit der Fischer-Papierangelegenheit zwangshaft« zu beschäftigen. Schnitzler wurde zur treibenden Kraft, dass der Idee, mit einer Zweigstelle in Wien die Papierkontingente aufzufüllen, Taten folgten, und notierte den schleppenden Fortgang, das unverantwortliche Betragen, »Affaire Fischer« (30. 3. 1918), »Fischer's Laxheit« (16. 4. 18), Fischers »Ich schwanke noch«, wie mittlerweile sein Spitzname sei, dabei »Seine Rieseneinnahmen!«, wie der nunmehrige Berliner Prokurist für die Wiener Zweigstelle, Paul Eipper, sich selbst von der Seele geredet hatte (6. 10. 18). Mit Ängsten sei der wiederum nach Wien gefahren, weil er Schnitzlers Briefe an Fischer »un-menschlich« fand, »allzu sachlich juristisch«, wie er ihm sagte. Vor Ort zeigte Eipper sich nun »entsetzt über die Unanständigkeit (Preise etc.) in Wien«.

Die vom Innenministerium genehmigte Zweigstelle des Verlags nahm im März 1919 offiziell ihren Betrieb auf, doch ganz umsonst, eine »Parallelaktion«, zu Schnitzlers Empörung druckte Fischer erneut erst anderes und nicht gleich das Versprochene. Der Dichter stand in regelmäßigem Kontakt mit dem Wiener Sortimenter Friese und erfuhr aus erster Hand, was nachgedruckt oder nachgesandt und lieferbar war. Nach Rückkehr der Beer-Hofmanns aus Berlin sprach man von der dortigen »mindestens verständnislosen Stimmung des Verlags Fischer gegen uns; – des (klugen aber verbitterten) Heimann schlechter Einfluß; Fi.'s Kleinlichkeiten«.

Es war ja kein Geheimnis und zugleich fast ein Kuriosum in diesem Verlag der österreichischen Literatur, dass dessen preußischer Lektor Heimann den Österreichern fern stand; vor allem Hofmannsthal weckte ambivalente Empfindungen (auch bei Hauptmann), was er gewusst haben wird. Insgesamt blieben alle Seiten auf die tradierten Abgrenzungen bezogen. Die *Vossische Zeitung* brachte zu Weihnachten 1917 Hofmannsthals Gegenüberstellung »Preuße und Österreicher. Ein Schema« mit rund dreißig Zuschreibungen zu Land, sozialer Struktur und dem Einzelnen. »Scheinbar männlich« gegenüber »Scheinbar unmündig« oder »Jeder einzelne Träger eines Teiles der Autorität« gegenüber »Jeder einzelne Träger einer ganzen Menschlichkeit« oder »Selbstgerecht, anmaßend, schulmeisterlich« gegenüber »Verschämt, eitel, witzig« und »Größere Gewandheit des Ausdrucks« gegenüber »Mehr Balance«.

Der Dichter würde seinen Verleger Anfang 1922 um eine Gesamtausgabe bitten, in seinem Falle nicht ganz einfach – besonders teuer – wegen seiner Doppelverlaglichkeit. Doch gerade er würde einen ganz elementaren Wert darauf legen, ihm müsse sie viel mehr bedeuten als Schnitzler oder Hauptmann, erläuterte er, weil er ein so besonderer Fall sei: »der einzige Österreicher«, ein »Mensch, in dem vielerlei Blut sich mischt«, und ein Autor, dessen Lebenswerk besonders *»vielförmig«* sei, weswegen es durch eine Gesamtausgabe überhaupt erst in Erscheinung träte, da sein Publikum ebenfalls »vielfältig und zersplittert ist« … Hofmannsthals Briefe zeigen nicht zuletzt, wie sehr in jedem Autor sein eigener Verleger steckt. Und vermutlich durften sich die Österreicher tatsächlich noch nie so vernachlässigt fühlen wie in dieser abgedankten Zeit, in der man in Berlin so sehr mit sich beschäftigt war. Deren Klagen ließen nicht nach.

Saltens zum Tee am 30. November 1919, »Wir fanden uns auch in unserm Mißverhältnis zum Verlag Fischer. (Von

Friese-Lang die Nachricht, daß wieder nicht genug von meinen Büchern kommen.) – Die Neuerscheinungen (Jahnn, Ehrensteins Zaubermärchen u. dergl.) – Atmosphäre Heimann – Flake – Frau Fischer.« Man drucke »Schund«, der unverkauft liegen bleibe, während von ihm, auch von Ibsen, Hauptmann u. a. alles Mögliche fehle, hieß es wieder am 10. Februar 1920; »Versuch einer Erklärung: F.s Angst vor dem Terror der bolschewistischen Jungliteraten«. Am 14. Juni 1920, erneut nach einer Rückkehr Saltens aus Berlin, »man spürt die Atmosphäre des Fischer Verlags – die Renegateneinstellung gegen Oesterreicher- und Judenthum«. 3. Juli, »Brief an Fischer, der mir wieder aergerlich (in doppeltem Sinn) schrieb«. 30. August, »Bei Richard und Paula, Gartengasse; er liest uns seine Corresp. mit Fischer vor«.

Wie wenig man doch zugleich voneinander wusste – kein Mensch schien auch nur gerüchteweise etwas von Fusionsplänen gehört zu haben, bei Schnitzler findet sich jedenfalls keine Bemerkung; 19. März 1921, »Jacob [Wassermann] erzählt von seiner Corresp. mit Fischer«. Aber wohl nicht von seiner Korrespondenz mit Wolff.

Wassermann hatte im Krieg einen großen Erfolg mit seinem Roman *Das Gänsemännchen* erzielt. Das Scheitern seines Versuchs einer modernen Ehe, die Trennung von seiner Frau Julie 1919, führte zu Unterströmungen in seinem Verhältnis zu Hedwig. Im selben Jahr lernte er im Hirth-Haus Kurt Wolff kennen. Man interessierte sich füreinander. Doch Wassermann (er beklagte Vernachlässigung durch Fischer) provozierte bei Wolff Widerspruch (er konnte dessen Klagen nicht beipflichten), was wiederum Ängste und peinvolle Briefe auslöste. Einen nachgebesserten Vertrag, einen Roman der Freundin Marta Karlweis und die eigene so gewünschte Gesamtausgabe würde er am Ende in seinem alten Verlag dank Wolff erreicht haben. Jakob Wassermann trat als Autor in sein erfolgreichstes Jahrzehnt ein, doch es wurde auch sein dunkelstes. 1921 erschien seine Selbstreflexion *Mein Weg als Deutscher und Jude* – ein Appell gegen den Beweisdruck und die Leugnung, als Jude Deutscher sein zu können; und ein Politikum in der sich gewalttätig aufladenden Gesellschaft. (Nach zwei Jahren Krieg, im Oktober 1916, hatte das preußische Kriegsministerium bereits die sogenannte »Judenzählung« angeordnet, eine Erhebung zu den von Juden im Heer bekleideten Positionen. »Seit 1918 fragten die Provinzbuchhandlungen, bevor sie ein Buch im Schaufenster ausstellten, selbst bevor sie es gelesen hatten, ob der Verfasser Jude sei«, so Joseph Roth 1933.)

Gleiche Zeit, anderer Fall: der *Reigen.* Seit fünfundzwanzig Jahren führten die zehn Dialoge eine Schattenexistenz, zu der sie die Zensur verdammt hatte. Ihr Eigenleben begann als unverkäuflicher Privatdruck, von Schnitzler bezahlt, durch Fischer betreut, in der Rundschau von Kerr rezensiert. Anschließend fanden sie sich auf verschlungenem Wege, immer wieder konfisziert, in verschiedenen Ausgaben, dem Autor auch veruntreut, in der Hand vor allem des Wiener Verlegers Harz, und so lief der *Reigen* bis 1921 auf sein 100. Tausend hinaus. Offiziell war die Zensur nach Abdankung der Monarchien in den neuen Verfassungen aufgehoben worden, Maßnahmen gegen Schmutz und Schund blieben jedoch ausdrücklich gestattet. Als Max Reinhardt im Dezember 1918 für eine erste Inszenierung im Deutschen Theater anfragte, beriet Schnitzler mit Fischer, der es für eine willkommene Gelegenheit hielt, das Stück vom Anrüchigen zu befreien (April 1919). Verzögerungen und dann Reinhardts Rücktritt von der Leitung der Berliner Bühnen im Sommer 1920 vererbten den Vertrag an Felix Hollaender weiter, der den *Reigen* nun als Ensemblegastspiel des Deutschen Theaters im Kleinen Schauspielhaus (Leitung Gertrud Eysoldt und Maximilian Sladek) in der Berliner Musikhochschule geben wollte – Schnitzler boten die Namen Garantie genug für das Niveau, doch an der Inszenierung (von Hubert Reusch) hatte er kein Interesse mehr. Am Nachmittag vor der Premiere traf im Theater eine behördliche einstweilige Verfügung ein, man spielte trotzdem, auch weil eine Absage nicht finanzierbar gewesen wäre. Und was nun folgte, musste Schnitzler bitter stimmen.

1897 hatte er das Stück verfasst, seine Uraufführung am 23. Dezember 1920 vermochte es, einerseits einen Skandal im alten naturalistischen Kampfes- und Hämestil zu entfachen, bei dem sich der Autor zu Reaktionen (unter anderem gegen Harden) genötigt sah, andererseits dem bald sechzigjährigen Dichter den Stempel des Veralteten aufzudrücken. Die Erstaufführung in Wien am 1. Februar 1921 brachte Tumulte und ein polizeiliches Verbot; noch im selben Monat wurde in Berlin Stimmung organisiert. Die politischen Interessen dominierten bei alledem auf die verschiedenste Weise. Schnitzler hatte antisemitische Anfeindungen hinzunehmen. Im September 1921 würde in Berlin ein Prozess wegen Erregung öffentlichen Ärgernisses gegen Eysoldt und Sladek geführt werden. Den Verteidiger kannte Fischer gut, er war seinerzeit der Syndicus von Wickersdorf, 1919/20 preußischer Innenminister, Sozialdemokrat und Rechtsanwalt Wolfgang Heine. Man würde zwar gewinnen, und Heine die Prozessprotokolle noch bei Rowohlt herausgeben, doch das Stück kam nicht frei in dem Sinne, wie Schnitzler es sich wünschte: es wurde immer noch nicht durch die Aufnahme unter seine Werke rehabilitiert.

27. August 1921, »nach Berchtesgaden. S. Fischer an der Bahn; mit ihm Hotel Schönfeldspitze gefahren. – Seine Frau, seine Kinder. Wir spazieren in der Nähe des Hotels, besprechen Urheberrechts- und Geschäftsfragen; er sagt, ohne seine Anilinactien hätte er seinen Verlag nicht weiter führen können.« 28. August, »mit Hrn. Walter C.[ohn, Mitarbeiter bei Fischer] über neuere Literatur; der Expr. habe

auch geschäftlich versagt. Mit Fi. besprach ich u. a. die neue Ges. Ausgabe und Übernahme des ›Reigen‹ in seinen Verlag. Wir waren sehr freundschaftlich; er zeigte sich weniger informirt als ich gedacht.«

Wuchs ihm alles über den Kopf? Bekam man bei S. Fischer überhaupt noch, was man brauchte? Hatte er noch das rechte Interesse? Verlangten es vielleicht die für die Unsterblichkeit gemachten Werke, dass man es nicht verpasste, seinen sterblichen Verleger zu verlassen? Man würde da nie sicher sein können. Hedwig Fischer bat bei Theaterkarten nunmehr um Plätze in der ersten Reihe: ihr Mann hörte schlecht.

Der Hader des angesehensten österreichischen Dichters darüber, wie wenig sich dies Ansehen (nun auch in Amerika) materiell niederschlug, kam nie zur Ruhe. Das eigene Haus im Wiener Cottage (seit 1910) galt ihm nicht als viel. Es war jetzt gerade abbezahlt, da wurde im Juni 1921, mitten im *Reigen*-Jahr, seine Ehe mit Olga geschieden und dies noch in Zukunft vermerkt als der »Ruin meines Wiener Hauses« (August 1922). Dies alles mochte den emotionalen Untergrund bilden, wenn Schnitzler beim Tanz der Milliarden-Kolonnen auf dem Höhepunkt der Inflation in aller Freundlichkeit einen Dr. Hans Jacob, »geborenen Mittelsmann zwischen Verleger und Autor«, beiden bekannt, aber nicht zu sehr, nach Berlin schickte. Eine aufschlussreiche dritte Warte nun auch für Außenstehende.

Nach Einblick in die Abrechnungen schrieb Jacob, Fehler seien offenkundig dadurch entstanden, »dass der Verlag mit den Problemen der Geldentwertung und ihren Folgen für die Autoren *nicht im geringsten vertraut* war. An der Loyalität des Herrn Fischer ist in keiner Weise zu zweifeln, aber ich bin erschreckenderweise auf einen seltsamen Zwiespalt gekommen. Einerseits ist Herr Fischer zu grossmütigen Konzessionen bereit, zu denen er in manchen Fällen gar nicht verpflichtet ist; andererseits ist er in kleinen Dingen, in denen das Recht offensichtlich auf Seiten der Autoren liegt, hartnäckig bis zur Unnachgiebigkeit. Die Materie ist ungewöhnlich kompliziert und die Verwicklungen in gewisser Hinsicht nicht die Schuld der Menschen, sondern die der unglaublichen Verhältnisse in Deutschland.«

Die unglaublichen deutschen Verhältnisse. Den Krieg hatte man also verloren, und weil er hier einst mit Hauptmanns Worten begann, soll er mit dessen Aufzeichnungen schließlich auch enden. 6. November 1918: »Die Flotte im Aufstand. Die rote Fahne auf dem Kieler Schloss«, Sohn Benvenuto floh aus Kuxhaven (sic). »Die ganze Flotte besteht nur noch aus leeren Kähnen. – Die Engländer werden sie abholen.« 9. November, »Das Ungeheure ist zur Tatsache geworden. Die Bahn Wilhelms II. dieses eitlen, überheblichen und fleissigen Monarchen ist beendet. Die Nachricht von seiner und des Kronprinzen Abdankung ist heute eingetroffen.« 10. November, »Gestern, am 9ten, wurde die Republick ausgerufen.« Am 15., noch immer in der Wohnung im Grunewald, feierte Hauptmann Geburtstag. »Alle Könige und Fürsten haben abgedankt. Arbeiter u Soldatenräte überall etc etc Kämpfe unter d Linden etc etc.« Zurück in Agnetendorf: »Schmerzlichste Weihnachten den Deutschland seit hunderten von Jahren erlebt hat. Die Geister des Hauses. Die Grösse der herrlich ragenden Natur. Die grössere Wahrheit der menschlichen Lage überhaupt, gegen das verschleiernde Wesen der Stadt.«

In München Thomas Mann am 10. November 1918: »Nachrichten über die Ausbreitung der Revolution im Reiche. Die rote Fahne auf dem Berliner Schloß. Das vorschwebende Bild ist: die großdeutsche Republik.« … »Ich war nie ›Republikaner‹, aber ich habe nichts gegen den deutschen Freistaat mit Einschluß Deutsch-Österreichs und nichts gegen den Fall der Dynastien u. des Kaisertums. Die Kaiseridee, der kaiserliche Name war, nach Bismarcks Wort, eine große werbende Kraft im Sinne der Einigung, vor 50 Jahren. Heute braucht man meiner Überzeugung nach für die Reichseinheit auch ohne Kaiser nicht zu fürchten.« Wilhelm II. sei ein »romantisches Rudiment« gewesen und habe sich so auch dargestellt. Von der »relativen Ruhe u. Ordnung« war Mann angetan. »Die deutsche Revolution ist eben die deutsche, wenn auch Revolution. Keine französische Wildheit, keine russisch-kommunistische Trunkenheit. Es scheint, daß die Bewegung eher von Links nach Rechts geht« …

Nach den *Betrachtungen eines Unpolitischen* hatte er durch das Schreiben zweier Idyllen und vielleicht auch seinen zweifachen Nachwuchs (vor allem »das Kindchen« Elisabeth) an Gleichgewicht zurückgewonnen. Er akzeptierte, dass die Welterkenntnis seines Bruders der Zeit gemäßer gewesen war, und machte sich auf den Weg des sogenannten Vernunftrepublikaners. Einen Eindruck vom Neuen im Alten geben seine langen Einträge für diese Novembertage. Man hatte von ersten »Bedingungen« gehört, 11. November: »Ungeheuerlich. Die Möglichkeit, 5000 Lokomotiven und 150 000 Waggons abzuliefern wird auch von der Zeitung bezweifelt.« Alle Welt beschäftige sich jetzt mit dem »roten Terror«, »dessen Eintreten ja keineswegs unwahrscheinlich ist, falls die Ernährung versagt«. … (Die Bewegung ging jetzt eher nach links.) … »Im Liegen Vorstellungen von Revolutionstribunal und Hinrichtung. Kommt es extrem, so ist es nicht unmöglich, daß ich infolge meines Verhaltens im Kriege erschossen werde.«

12. November: »Ich bin durchaus versöhnlich und positiv gestimmt gegen die großdeutsche soziale Republik Deutschland, die sich zu bilden scheint. Sie ist etwas Neues, auf der deutschen Linie Liegendes, und das Positive in der Niederlage ist, daß durch diese Niederlage Deutschland in der poli-

tischen Entwicklung deutlich an die Spitze kommt: die soziale Republik ist etwas über die Bourgeois-Republik u. Plutokratie des Westens hinaus und hinweg Gehendes, zum ersten Male wird Frankreich Deutschland politisch nachzufolgen haben. War dies das immanente Ziel des deutschen Krieges, so erklärt sich das, trotz allem, Pionierhafte und Initiative der deutschen Kriegsführung, das sehenden Franzosen während dieser Jahre auch bewußt wurde und sie an das Frankreich der Revolution erinnerte.«

Die nächsten Schritte ging Thomas Mann mit Gerhart Hauptmann. Man brauche den Kaiser zur Reichseinheit gar nicht mehr, hatte er nach dessen Abdankung und Fahrt mit 10 Autos ins holländische Exil vermerkt; doch man brauchte etwas. Im Land beschwor man die Erinnerung an den Geist von 1914. »Reiner stand nie ein Volk vor Gott und der Weltgeschichte da, als das deutsche Volk im Jahre 1914«, erklärte Gustav Stresemann 1921 auf dem Parteitag der liberalen Deutschen Volkspartei, die er mitbegründet hatte. Dahin gälte es zurückzufinden. »Unser Ziel wird die Versöhnung aller Schichten des deutschen Volkes sein müssen. Daß die Masse national denkt, hat sie 1914 bewiesen.« Die große Integrationsfigur in solchem Sinne wurde Gerhart Hauptmann, Dichter des Mitleids, der gesteigerten Volksseele, von Figuren wie Rose Bernd, Fuhrmann Henschel oder Mutter Wolffen, Nobelpreisträger, aber nicht elitär, eine Gegenfigur des Kaisers, nationaler Dichterfürst und Demokrat, bisher betont unparteilich und im Krieg Patriot. Eine Woche nach der Novemberrevolution hatte er eine *Kundgebung von Berliner Künstlern und Dichtern* (sechzig unterzeichneten) zugunsten der Republik verfasst, heute habe »das Volk sein Geschick in die Hand genommen«, und: »Keiner von uns wird zögern, im Wohlfahrtsdienste des Friedens das Seine von Herzen und nach Kräften zu tun«; 1919 setzte er sich für deutsche Kriegsgefangene in Frankreich ein.

Hauptmann hatte in Person zeitlebens Gegensätze vereinigt. Dass man ihn in den eigenen Reihen im Sommer 1921 als Kandidat des nächsten vom Volk zu wählenden Reichspräsidenten vorschlug (auch Heinrich Mann war im Gespräch), war als Zeichen zu sehen, wie viel Führung man von den Dichtern jetzt erwartete, wie viel sie sich selbst zutrauten. Er lehnte weise ab, nach einer Weile, er sei kein Politiker.

Es tat den Feiern zum sechzigsten Geburtstag des Dichters, der aussah wie Goethe, keinen Abbruch, im Gegenteil, sie übertrafen die Programme zum fünfzigsten. Heinrich Mann nannte ihn »neben dem politischen Reichshaupt den Präsident des Herzens«, und sein Bruder Thomas, die einst feindlichen Hälften ansatzweise auf selber Seite und seit diesem Jahr wieder im Gespräch miteinander, hielt Kurs mit seiner Rede *Von deutscher Republik*. Hier nannte er Hauptmann einen König der Republik und bezog sich (wie einst im Almanach E. R. Weiß) auf Novalis, auf sein »Ideal der Deutschheit«, nämlich »echte Popularität«, bei jenem sei es in »der würdigsten Vereinigung volkhafter und menschheitlicher Elemente« gegeben. Solcherart thematisierte Thomas Mann, wofür die Rede berühmt wurde, seine Hinwendung zur Demokratie: »Obskurantismus, mit seinem politischen Namen Reaktion geheißen, ist *Roheit*« … »ekelhafte und hirnverbrannte Mordtaten« seien darunter organisiert worden; »ich weiß, junge Leute, was ich, der fürchten muß, aus geistigem Freiheitsbedürfnis dem Obskurantentum Waffen geliefert zu haben«, was »gerade ich […] schuldig bin. Mein Vorsatz ist, ich sage es offen heraus, euch, sofern das nötig ist, für die Republik zu gewinnen und für das, was Demokratie genannt wird, und was ich Humanität nenne« …

Seine Rede ist später vielfach als »heikler Versuch« (Hans Wysling) bezeichnet worden, seine gegenläufigen Motivationen zu vereinen, bekennend und mehrdeutig, Hauptmann als Vorbild preisend und ihn ironisch überwindend.

Hinsichtlich der zeitgenössischen Reaktionen darauf soll nur die seines Verlegers interessieren, denn der sprach, nachdem er den Text im September vorab für die Sondernummer der Rundschau erhalten hatte, von »großer Freude« – wobei er wohl auch die selbsterzieherische Leistung daran anerkannte. Sein Brief vom 10. September wirkte wach, hochgespannt und geradezu überschwänglich, ein »ganz großes Verdienst« sei diese Durchdringung eines Stoffes, »der uns heute am meisten angeht«. Denn »Republik und Demokratie sind in Gefahr geraten abgegriffene und inhaltslose Bezeichnungen zu werden.« Mann hatte mit den Mordtaten aus Obskurantismus unter anderem auf Fischers Autor Walther Rathenau angespielt; im Februar 1922 war der Großindustrielle Außenminister geworden, im April hatte er mit Sowjetrussland überraschend den »Rapallo-Vertrag« geschlossen, und im Juni war er von zwei jungen Rechtsradikalen aus Antisemitismus im Grunewald auf offener Straße erschossen worden. (Die Rundschau brachte ein Sonderheft.) Der Schock, der eigene und der allgemeinere, über den Mord und die Verrohung der politischen Mittel hatte Manns Rede mit motiviert.

Fischer: »Es ist Zeit, dass eine neue Atmosphäre von Glauben Liebe und Hoffnung geschaffen wird und da scheint mir nun wirklich Ihr Aufsatz wie das erste Glockenzeichen. Und dass Sie selbst Ihre eigene Entwicklung, Ihr Erlebnis zur ›Einerleiheit von Humanität und Demokratie‹ in die Wagschale legen, ist gewiss als ein Zeichen von beispielhafter Gewissenhaftigkeit und Verantwortung nicht gering einzuschätzen.« An seine »besondere Freude«, dass »Sie entscheidende Anregungen aus unserem Whitman geschöpft haben, dem Sänger der Demokratie, dem auch Hauptmann sein Verhältnis zum neuen Staat verdankt«, schloss sich ein Absatz der Interpretation zu Novalis und Whitman an, wie man es sonst eher aufseiten seiner Autoren las. So klang Samuel

Fischer also in akuter intellektueller Begeisterung. Und: »Noch eines hat mich sehr gefreut. Der gutgesinnte Leser der ›Betrachtungen‹ wird die Wahl haben, Ihnen weiter zu folgen. Dem tendenziösen Parteimann, der sich fälschlich auf Sie berufen hat, haben Sie den Stuhl vor die Türe gesetzt und das ist gut.«

Die Mühen der Ebene, oder dass Realpolitik in der verworrenen Republik anders gemacht wurde, verdeutlichte dann schnell der Festakt für den »heimlichen Kaiser«, wie Fischer ihn, selbst voller »Glauben an eine bessere Zukunft, an neue Brüderlichkeit«, in der Rundschau zum Geburtstag grüßte, »erstanden, vom Volke erkannt, an Stelle alter Machthaber eingesetzt und gekrönt«. Die Feier wurde in der Aula der Friedrich-Wilhelm-Universität am Geburtstag selbst begangen. Harry Graf Kessler hat sie überliefert. Hauptmann habe zwischen Reichspräsident Friedrich Ebert und Reichstagspräsident Paul Löbe gesessen. Das Denkwürdigste seien die bornierten Studenten und Professoren gewesen, die beschlossen hatten, nicht teilzunehmen, weil der Dichter als Republikaner nicht mehr zu den charakterfesten Deutschen gehöre. »Und von Sam Fischer höre ich, daß der genannte [Literaturprofessor Julius] Petersen, der die Festrede hielt, vor zwei Tagen bei ihm war, um ihn zu bitten, Ebert wieder auszuladen, da es der Universität nicht angenehm sein werde, wenn das republikanische Reichsoberhaupt bei ihr erscheine«; als Fischer dies ablehnte, bat er, »dann doch wenigstens Löbe, denn zwei Sozialdemokraten auf einem Male sei doch etwas viel!« Das Unheil stand ja schon in den Kulissen.

»Wir werden hier auf lange hinaus das Experimentierfeld für den Neu- und Umbau der sozialen- und moralischen Welt bleiben. Der Wind wird uns um die Ohren gehen; aber vielleicht wird es das beste sein was man jetzt erleben kann und vielleicht entwickelt sich daraus ein neues und – gesundes Leben«, hatte Fischer im August 1919 an Hesse in die Schweiz geschrieben, der seinerseits nach seiner Trennung von der Familie meinte, sich auf einsamer Bahn zu befinden und während des Krieges eine andere Haltung, vor allem zur Politik, gewonnen zu haben als die meisten seiner Autorenkollegen. »Seien Sie froh«, so weit weg zu sein von dem »in Todeskämpfen liegenden Deutschland, wo es jetzt schrecklich ist«, hatte Hedwig Fischer noch unterstrichen.

Mitte Dezember des ereignisreichen Jahres 1922 starb Sami Beer, der Schwager und Cousin, nur vier Jahre älter, *Geist der Vergänglichkeit*, ein Schlag, zu dem die Überlieferung fehlt. Es sei denn, man erkenne sie in Fischers jetzigem Antrag des »Du« an Moritz Heimann oder in Hedwigs Zeilen an Hermann Hesse, mit dem sie verstärkt korrespondierte. Sie erwähnte keinen familiären Todesfall, doch dass ihr Mann das Weihnachtsfest damit beschlossen habe, Tutti und ihr aus seinem Märchen des Siddhartha vorzulesen (die Indien-Mode!): »Es ist wie Musik, es hat eine unendliche Heiterkeit und ist doch voll von aller Weisheit des Lebens.« Ihr Mann leide wegen der Sorgen oft unter Depressionen, »da habe ich ihm immer Abends Sidharta an sein Bett gebracht, daß er daraus Trost schöpfen solle, und es hat ihm auch unendlich viel gegeben«. Aber nicht geholfen.

Beers Urne wurde ein halbes Jahr später, wohl nur zufällig am Geburtstag von Bruder Moritz, in Stahnsdorf beigesetzt, so etwas kostete jetzt 250 000 Mark. In der Liptau schloss 1923 ihr gemeinsamer Onkel Ignatz Ullmann im Alter von siebenundachtzig Jahren die Augen. Und in London hatte der große Bruder Peppi nach dem Krieg das kleine deutsche c aus seinem Namen entfernen lassen. Wollte er mit den Deutschen und Österreichern nichts mehr zu tun haben oder als solcher in England nicht gleich identifiziert werden können? Im Telefonbuch verschwand sein Name aus dem Zusammenhang weniger *Fischer*-Einträge in die Unübersichtlichkeit langer *Fisher*-Spalten hinein. Beim kleinen Bruder blieben Ängste und Schlaflosigkeit. Mit Nansen (1918), Altenberg (1919) und Dehmel (1920) waren auch die wenigen der Autoren mit echtem Humor gestorben. Wenn man weiß, wie sehr Fischer vor der Jahrhundertwende in den Berliner Reichshallen über den derben Spaß »meiner Leute«, des beliebten jüdischen Theaters der *Budapester Orpheum Gesellschaft*, lachen konnte, dann waren solche Erheiterungen, ähnlich wie die »Extravacanzen«, nun lange her. Und durch das Scheunenviertel Berlins zöge 1923 der Mob.

Doch wo Gefahr ist, da wächst das Rettende auch, hieß es bei Hölderlin, der 1923 ein Sonderheft der Rundschau erhielt. Der geistig-moralische Wiederaufbau des Landes, bei dem der liegengebliebene Übergang in die Moderne mitgeleistet werden musste, die Anpassung des eigenen Verlags an die gesellschaftliche und wirtschaftliche Situation mitsamt glückenderem Anschluss an die jüngere Generation – das waren die Aufgaben. Auch Moritz Heimann konzentrierte jetzt alle Energie auf die Erneuerung, gegen Anzeichen, »all die winzigen Vorwegnahmen, dass S. Fischer, Verlag nicht mehr die unbedingte Führung hat«, wie er am 3. Januar 1922 schrieb.

Mit allen Sinnen analysierte er, warum das eine oder andere Werk je nach Verlag ganz unterschiedlich ankomme. Warum holte Thomas Mann nicht längst Gustav Frenssen ein? »Ich habe viel darüber nachgedacht und bin immer wieder zu demselben Resultat gekommen. Jeder Verlag hat als solcher sein Publikum, dessen Grenzen schwer zu erweitern sind.« Das Publikum S. Fischers sei »das nervösere, literarisch interessierte der Grossstadt. Das breite, oft herzhaft und herzlich lesende Publikum, das wird ausgemacht von den an eine langsame Musse gewöhnten Kreisen der Provinz, als da sind Pastoren, Ärzte, Richter, mittlere Post- und Steuerbeamte, Lehrer und Gutsbesitzer.« Man hatte ja viele

Bücher für sie, »nur suchen sie sie bei uns nicht« … Und in dieser Zeit »triumpfierender Reaktion« sei »die gegenseitige Ausschliessung der Publikumskreise grösser denn je«. Eine neue Zeitschrift brauchte es.

Rudolf Kayser, der Schwiegersohn von Albert Einstein, war in die Redaktion der Rundschau gewechselt, wurde angeleitet von Oscar Bie, der sich aus dem Amt zurückzog. Zu Ende 1920 hatte Fischer erst an Otto Flake, dann an Stefan Zweig als Redakteur gedacht. Letzterer empfahl Thomas Mann, der selbst gerade auf eine Zeitschrift sann. 1922 bot Fischer nun Heimann die Leitung an, doch eigentlich wussten beide, dass er zu krank war. Dieser Spiegel des Verlags in die Welt sollte auf ein neues Niveau gebracht werden. Wie alles. Ganz deutsch, gut europäisch. Beratend würde er weiter einwirken wollen – und so erfand er von Kagel aus für seinen Freund, den Verleger, die Zeitschrift neu. Sie musste Richtung und Gewicht haben, aber durfte keine Partei vertreten. Was waren die Forderungen des Tages, die deutschen Kernfragen: »Sozialismus, Sozialdemokratie und Agrarwesen«, eine andere Kernfrage die Justizreform oder die Geschichte Amerikas und ebenso die Geschichte der Zentralisation Frankreichs als Anschauung der jetzigen Alternativen. »Loerke hat mir von Deinem Plan erzählt, Meisterwerke ausländischer Literaturen in Übersetzungen von Dichtern zu bringen.« Ein »vortrefflicher Plan«, mit Tücken allerdings; und immer wieder der Versuch, »auf die amerikanischen Dinge zu lenken«, als »aufklärendes Anschauungs-Material über eine mögliche Verfassung«. Man wurde den Eindruck nicht los, er verfasse sein Testament und versuche Fischer für alle Zeit Entschlossenheit einzuflößen. Moritz Heimann beim Aufbau einer demokratischen Kultur.

»Sobald man denkt: haben die Menschen keine grösseren Sorgen als Bücher zu kaufen, ist man im Rückzug. Man muss denken: und wenn sie verhungern, so werden sie's lesend tun, ohne Bücher kommen sie nicht aus. An dieser inneren Überzeugtheit liegt alles.«

Zu den letzten Büchern, die er als Lektor durchsah, gehörte *Der Zauberberg*, Thomas Manns Roman über das »Sorgenkind des Lebens«, Hans Castorp, in welchem die Zeit noch einmal zurückgedreht und mit dem Beginn des Weltkriegs geendet wurde. Eine Meisterleistung, sagte er, doch nicht eine »aus der Sphäre der Poesie«. Heimann starb am 22. September 1925. Dass die Nachfolgefrage sich klärte, dürfte er noch mitbekommen haben.

Hier nahte Rettung von unerwarteter Seite (oder nicht so unerwartet?), am 1. Oktober trat der künftige Schwiegersohn, bisher ein Chirurg mit Karriereaussichten, in den Verlag ein. Fischer habe ihm bei der ersten Besprechung »eine sehr sonderbare Frage« gestellt, »die ich zunächst nicht verstand. Er wollte wissen, ob ich Organisationstalent hätte.«

»Du erinnerst Dich, den noblen Aristokraten (mit den weißen Gamaschen) mit seiner Frau hier gesehen zu haben; dieses Paar treffe ich täglich Arm in Arm, scheinbar völlig harmonisch ausgeglichen, bleiben sie bei jeder Ecke, bei jedem Laden stehen, mit größter Ruhe alles betrachtend, also genießend. Diese gesammelte Ruhe wünsche ich uns auf unsere alten Tage; nur durch sie kommt man zur Lebensfreude und zum inneren Frieden der über so vieles hinweghilft.«

So kam es auf ihre alten Tage nicht. Mit größter Entschlossenheit zu sich selbst radikalisierte sich das abgedankte Land, unter Appellen an den Geist von 1914, und suchte den Weg zur Volksgemeinschaft immer gewaltsamer über die Abstoßung der »Feinde im Innern«; zu denen würden die Fischers gezählt werden. (»Die Juden sind ein verdammtes Pack. Am schlimmsten sind die Literaturerzähler. Man bekommt beim Lesen von all dem Dreck eine Stinkwut. Kommt bald der Tag? Gesegnete Stunde!« Joseph Goebbels im September 1924, ab 1926 Gauleiter von Berlin.)

1926 wurde der Verlag vierzig Jahre alt. Kurze Hosen, offenes Hemd, einen reichen Fang im Korb auf seinem Kopf balancierend, den dicksten Fisch noch freundschaftlich in rechter Hand, so schritt ein junger hellenischer Fischer auf seinem Weg nach Hause oder zum Markt, den Blick zum Betrachter gewandt und voller Energie an einem eher nördlich wirkenden Meeresstrand – dies Bild stammte von E. R. Weiß für den Almanach. Doch Fischer, der alte Fischer, beschrieb darin etwas ganz anderes, »eine unheimliche Stille auf dem Büchermarkt«.

Sie ergab sich nicht durch die Wirtschaftslage. Nach der großen Geldvernichtung von 1923 (dem Jahr des Putschversuchs von Adolf Hitler und Erich Ludendorff in München) schien die Währung 1924/25 an Stabilität zurückzugewinnen, außerdem tickte das Buch sowieso immer ein bisschen anders als der normale Warenverkehr. Und S. Fischer, Verlag hatte zu seinem Geschmack zurückgefunden. Nein, »das Übel sitzt tiefer«. Die Krise zeigte auf Fischers »Barometer für unseren kulturellen Lebensstandard« am Eichstrich an: *Das Buch ist obsolet.* »Man treibt Sport, man tanzt, man verbringt die Abendstunden am Radioapparat, im Kino.« In der Not der Sorgen flüchtet man »in das Chaos einer aufgestörten lebensgierigen Welt. Der verlorene Krieg und die amerikanische Welle haben unsere Lebensauffassung umgeformt, unseren Geschmack verändert.« Man ist leider sehr schnell, sich »von alter bürgerlicher Tradition« abzukehren; wir werden jetzt »Zeuge einer Verflachung und Veräußerlichung des geistigen und seelischen Lebens, das im Begriff ist, zu einer bedenklichen Bedürfnislosigkeit herabzusinken. Bleibt dieser Zustand eine Weile bestehen, so führt er zu einer Verrohung des Geschmackes, zu einem Versiegen der geistigen und moralischen Kräfte unseres Landes.«

Hier wurde über die »goldenen« zwanziger Jahre gesprochen, golden für Schieber, für Prediger verkappter Religionen und für junge Leute, die es sich leisten konnten, vom überreichen kulturellen Angebot manches zu probieren. (Hauptsache Berlin!, rief jetzt Heinrich Manns Neffe Klaus, er wollte Tänzer werden; und mittendrin, am Pariser Platz, im Gefolge von »Miß Baker«, von Max Reinhardt und Karl Vollmoeller feierte als Junge im Smoking zwischen nackten Mädchen auch Fischers Nichte Ruth – überliefert von Harry Graf Kessler.)

Samuel Fischer beurteilte die Welt nach ihrer Aufnahmefähigkeit für die Werke der Literatur. Daher rührte seine Erkenntnis, dass die bürgerliche Gesellschaft, »die vor dem Kriege die wirtschaftliche und kulturelle Führung hatte«, jetzt »in Auflösung begriffen« war. Zur »Steigerung ideellen Lebens« durch die geistigen Inhalte brauchte es eine »Atmosphäre von Kultur und Sitte«, und die war, bedingt durch die *sozialen* Umstände der kritischen Zeiten, nicht gegeben. Ein neues, künstlerisches Buch »ist ein Ereignis«, so Fischer, doch dies merkte gar niemand mehr, weil neben dem zu schnell auf Moden ansprechenden Publikum auch die Kritik versagte: »Wenn die Presse für das Buch ebensoviel Raum übrig hätte wie damals, als Fontane, Schlenther und Brahm ihre literarischen Kritiken schrieben, so würden die kritischen Essays unserer besten Köpfe sehr bald das Interesse des Publikums erregen und wesentlich dazu beitragen, die Wirkung des Buches zu verstärken.« (Glaubte er das wirklich?)

Der jüngere Zeitgenosse, Schriftsteller und Journalist Carl Christian Bry (Jahrgang 1892, ein Freund von Klabund und ebenso krank), der 1924 mit seinem Buch *Verkappte Religionen* den Begriff für den Geist der Zeit prägte; der von Robert Musil schon 1914 bemerkt und zur Mitarbeit an der Rundschau eingeladen worden war; Bry also glaubte, trotz des eigenen Beispiels, man könne gar nicht mehr wirken. Vor 1914 habe sich ein Autor in der glücklichen Lage befunden, über ablehnende Verleger, böswillige Rezensenten oder »die Blödigkeit des Publikums« klagen und sich durch »kapitalistische Gewalten« vom eigenen Wirken »abgeschnitten« fühlen zu dürfen. Heute sei es viel schlimmer. Der Autor klage zwar weiterhin, sein Verleger tue nichts für ihn, sein Kritiker erkenne Begabung nicht und das Publikum lese nicht genug, tatsächlich spüre er jetzt aber einfach seine *Wirkungslosigkeit*, und zwar ganz gleich, wie erfolgreich er sogar sein mochte. Weil es zu leicht war, Wirkung und Geltung zu erlangen, von »jeder Plakatsäule droht ein neuer, besonderer Weltumsturz, schreien Enthüllungen, locken frisch entdeckte Dimensionen«. Es rege niemanden mehr etwas auf: »Glückliche Zeiten, als die Menschheit noch in Irrtümern befangen war! Wir hingegen stöhnen unter der Last von einigen Schock Meinungen, von denen jede einzelne nicht unrecht hat und die doch weder einzeln noch mitsammen das Gefühl der Wahrheit geben.«

Bry hatte über Buchreihen in deutschen Verlagen promoviert und starb 1926 in Davos. Man hätte sich verstanden, nach Fischers Beobachtungen vollzog sich nämlich auch der Bücherkauf jetzt nur noch in »zeitweiligen Explosionen«, das stete »gleichmäßige Interesse einer breiten Käuferschicht« fehlte; ein Verlag wurde außerdem nicht mehr wie früher in der Gesamtheit seiner Produktion wahrgenommen. (Moritz Heimann würde vielleicht ergänzen, dass auch zu viele »von der Zeitung Besiegte« schrieben, die Konjunkturschreiber, diese praktischen, die nicht weiterhalfen. Kurt Wolff hatte 1921 angefangen, Kunstbücher zu verlegen, weil er schon keinen schöpferischen Nachwuchs mehr sah, zu der Zeit also, als er sich um die Fusion mit dem Altverlag S. Fischer bemühte. 1930 verkaufte er dann alle seine Verlage, und bevor er 1933 Deutschland verließ, liebäugelte er kurz mit dem Rundfunk.)

Das alte »kulturelle Gemeinschaftsgefühl ist im Sturm der letzten Jahre verblasen«, so Fischer weiter. »Das Buch, das die Kraft und die Mission einer inneren Bindung in sich trägt, ist heute der großen anonymen, unorganischen Gemeinschaft führerlos preisgegeben.« Man muss hier sehr genau hinhören, um die Unterschiede wahrzunehmen, denn es ist schon viel von Mangel die Rede gewesen. Bis zum Weltkrieg hatte man das Ermangelnde als ein »noch nicht« formuliert, nun war die Rede von einem »nicht mehr«. Es war etwas spürbar verlorengegangen, was »damals«, wie man es jetzt im Stande des Verlustes besonders merkte, trotz aller

Kämpfe und Kontroversen hinreichend gegeben schien – und zwar der Adressat, die »Gesellschaft« (von Fischer in Anführungszeichen gesetzt) als »das Sammelbecken aller künstlerischen und geistigen Angelegenheiten«. Literarische Vereinigungen, Lesezirkel, Volksbühnen und Ähnliches hätten »in allen Städten und Städtchen zur Ausbreitung von Literatur und Wissenschaft beigetragen«, und eines hatte sie dabei vereint: der Stellenwert, den sie »Kunst und Wissen« beimaßen, wodurch ein »Gemeinschaftsgefühl deutscher Kultur« entstand (oder sich aufrechterhielt).

Von der wertprägenden Öffentlichkeit ist hier die Rede gewesen, einem Gefüge aus Lesern, Kritikern und anderen Autoren. Zusammen bildeten sie den geistigen Raum, in den der Verleger seit vierzig Jahren hineinhorchte; in dem dann (in Deutschland) jeder etwas anderes wollte, in dem dank der Vielzahl an Verlegern kein Genie mehr unerkannt blieb, die Qualität der Kritik wohl schwankte, insgesamt vielleicht »ästhetische Wirrnis« vorherrschte, jedenfalls nicht die Homogenität, die man für England und Frankreich zu attestieren pflegte; in dem man aber, von 1926 aus gesehen, auf gemeinsamem Boden gestanden hatte, in dem eine Resonanz, eine gebührende Aufmerksamkeit oder, aus Sicht des Verlegers, ein Verhältnis zum Publikum gegeben war.

Friedrich Christoph Perthes hatte bei Anbruch des Schnellpressenzeitalters um die Exklusivität des hohen Bildungsgutes gefürchtet. Nun sah Fischer sich offenbar an einer größeren Schwelle. Im Zuge der gesellschaftlichen Umwälzung drohte das Schrifttum an Geltung einzubüßen, und die wirkungsvollen neuen Techniken hatten dies verstärkt: der Film (auf den er als Verleger einst Einfluss gewinnen wollte) und der Rundfunk. Medien, die beschleunigt Wirkung zeitigen und Bedürfnisse befriedigen konnten, für welche bis dahin das Schriftliche zuständig war – die Nation erführe ihre Sendung in Zukunft am Volksempfänger. Man würde einer »veräußerlichten« Lebensweise nachgehen, mit Medien, deren Frequenzen Fischers Resonanzraum merklich zu stören begannen. Dies ergab die »unheimliche Stille« des Büchermarktes, die er von einer bloßen Wirtschaftskrise ausdrücklich unterschied.

Unheimlich umso mehr, als diese Zeit der moralisch-geistigen Ausnahmesituation aus seinem Blickwinkel nichts so nötig hatte wie »Sammlung« um die lebenserneuernden geistigen Inhalte. Nach der Übergangszeit in die Moderne des wilhelminischen Kaiserreichs, in der es der Nation nicht gelungen war, eine »formgebende Kraft« zu entwickeln, nach der anschließenden Zerstörungszeit des Krieges, befand man sich aus Fischers Sicht in einer nächsten Übergangsperiode: »Die Zeit der bürgerlichen Abgegrenztheit ist vorüber, der demokratische Staat mit seinen ausgleichenden Tendenzen ist im Begriff, Gestalt zu gewinnen, ein neues Gemeinschaftsgefühl zur Entwicklung zu führen.« Dies klang nicht mehr sehr enthusiastisch, der Staat war »im Begriff«, aber noch nicht weit damit gekommen. In der Kultur hingegen war für ihn etwas bereits Erreichtes durch Krieg und Generationen- wie Zeitenwechsel verlorengegangen, der Konsensus über den Stellenwert von »Kunst und Wissen«. Dass dies keine nostalgische Altersperspektive sein musste, belegte der zweiunddreißigjährige Bry, der dasselbe Verlustgefühl formulierte. So begann diese neue gesellschaftliche Phase für den alten Buchhändler eher trostlos, mit einer Entfremdung von seinem bürgerlichen Publikum. Stille auf dem Büchermarkt bedeutete: der Leser antwortet nicht.

Parallel waren auch die Dichter mit einer Art Entschlossenheit zu sich selbst aus dem Krieg hervorgegangen und hatten »zur Zusammenfassung deutscher Kulturkräfte« bei der Umstrukturierung der (ehemals kaiserlichen) Preußischen Akademie der Künste für sich und vor allem untereinander eine Sektion der Dichtkunst beim Ministerium erstritten. Sie fand im Almanach keine Erwähnung, obwohl die offizielle Gründung ins Frühjahr 1926 fiel. Wahrscheinlich weil der Verleger und seine Leute für die Dichtkunst nichts Gutes darin erkennen konnten, wenn Dichter nun ihre eigene Gesellschaft bilden wollten – genau dafür waren ja ihre Verlage da.

Arthur Eloesser kam im Verlagsresümee indirekt darauf zu sprechen. Nach vielen Verfolgungen und ein paar Rückfällen habe der Staat vor dem Krieg Kunst und Wissenschaften gewähren lassen, und umgekehrt ebendiese den Staat. Deutschland sei nicht einmal zerrissen gewesen, sondern schlimmer, »schon fast schmerzlos glatt halbiert«, nämlich in das Deutschland der Macht und des Gedankens: »Es gab ein Unterhaus der Politik, die trotz allen militärischen Bekleidungsstücken nur noch Wirtschaft war, und es gab ein Oberhaus des geistigen, des künstlerischen, des schöpferischen Daseins mit seiner eigenen Hierarchie und mit einer Verteilung der Würden nach gegenseitiger Schätzung.« Beinahe beschämt fragte sich Eloesser nun: »Hatten wir, die wir von der Entdeckung der Wirklichkeit ausgegangen waren, denn nicht in der Welt gelebt?«, denn nicht durch sie, sondern durch die Jungen hatte sich die Katastrophe angekündigt; diese Generation der Verwaisten sei weniger wegen ihrer Werke wichtig gewesen, als wegen ihres »Angstzustands, der zur Empörung« wurde, während seine Generation sich »so wohlig eingerichtet« glaubte. Als »Politiker« habe sich damals eigentlich nur Heinrich Mann aufgeführt. Dafür hatte der Krieg die Dichter im Oberhaus nun umso mehr politisiert. Eloesser lakonisch: »Deutsche Dichter und Denker haben mehr als einmal von einer Gelehrtenrepublik geträumt« – oder einer Republik allein unter Dichtern und Denkern. Und die junge Generation, die der bessere Seismograph gewesen war, stand nun auch nicht mit im ersten Aufgebot der Akademie; als die Kandidaten, die den Aufbau leisten sollten, benannte man Hauptmann, Arno Holz, Hermann Stehr (für den absagenden Stefan George), Thomas Mann und Ludwig Fulda, alle über fünfzig und sechzig.

Hauptmann hatte 1922 den ersten Orden der Weimarer Republik überreicht bekommen, den Adlerschild. »Mit einer Ehrung Gerhart Hauptmanns ehrt das deutsche Volk sich selbst«, hatte Friedrich Ebert ausgerufen, doch schon während der monatelangen Feiern zu seiner Inthronisation als Volkskönig hatte der Dichter seine nächste Umgebung enttäuscht. Seine Rede war nur Klang und Pathos gewesen. Anlässlich des nächsten Auftritts notierte Oskar Loerke, glühender Verehrer Hauptmanns, in »galgenhumoriger Stimmung« den »Jahrmarktsrummel« und das »Mißverhältnis zwischen dem Gebotenen und dem Riesenjubel«; dem wegen Krankheit abwesenden Heimann hatten Berichte genügt, um ein »abscheuliches Schützenfest« zu beklagen, vor allem weil Hauptmann es leider so gar nicht merke und »das leere Rascheln« nur vermehre, manchmal denke er, man müsste ihm »den klaren Wein« darüber einschenken – so wurde das nichts mit der geistigen Führung in der Republik; und Harry Graf Kessler: »Übervoller Saal, Begeisterung, Feststimmung, Schulmädchen überreichten Rosen. Das wirkt schon ein wenig wie die Hurra-Stimmung, mit der Wilhelm II. gespeist wurde.« Nach dem Tod Friedrich Eberts im Februar 1925 wurde dann auch kein Dichter, sondern ein alter Militär, Generalfeldmarschall Hindenburg, zum Reichspräsidenten gewählt, wegen der Fülle seiner Befugnisse der »Ersatzkaiser« genannt.

Gottfried Bermann, 1897 in Gleiwitz geboren, trat ein schwieriges Erbe an. (Fischer verfuhr übrigens strenger als sein eigener Schwiegervater, er verhängte eine dreimal so lange, nämlich sechswöchige Kontaktsperre zur Prüfung, vielleicht weil sich die Zeiten dreimal schneller drehten.) Im Februar 1926 durfte der ehemalige Assistent des Chirurgen Sauerbruch die zwanzigjährige Brigitte Fischer, mit der er zur Hausmusik bei den Cassirers bekannt geworden war, heiraten. Gefeiert wurde mit 138 Personen. Die Hochzeitsreise ging nach Italien. »Heute früh waren wir im Park der Villa Borghese und im Museum Borghese, das herrliche Bilder hat. Es wurde gerade ein Denkmal Umbertos von König und Mussolini mit einem Kranz geehrt. Eine köstlich drapierte Parade zog auf mit Musik, rund herum strömte das Volk heran und wurde von den Fascisten im Zaum gehalten. Dann rollte der Hof langsam davon in prächtigen Autos, der König mit wenig, Mussolini mit viel Aufsehens. Alle streckten still und ehrfürchtig den Arm zum Gruß! Der Ernst dieser Dinge kommt einem unsagbar lächerlich vor. Also addio Ihr Lieben, die Tage in Rapallo waren sehr sehr schön« … schrieb Tochter Tutti, die Tage in Rapallo hatte man mit Hauptmann verbracht. Voller Elan bauten die Bermanns den eigenen Verlagshaushalt auf.

Er bekam seinen Schreibtisch in Fischers Büro gestellt und begann seine Lehre in den Bereichen Vertrieb, Werbung und Buchherstellung (die auch seine Frau bei E. R. Weiß gelernt hatte); durch Oskar Loerke wurde er in die Literatur eingeführt, Hermann Kasack sollte mit der jüngeren Autorengeneration und mit den Umgangsformen vertraut machen. Umfassend wies man ihn in die vielgliedrige Tätigkeit eines Verlegers ein, die sich im Grunde nicht lernen ließ – man musste es sein. Fischer behielt das letzte Wort, doch er dürfte sich entlastet gefühlt haben. »So mit rechtem Behagen für Fischer. Sein Spieltrieb im Plänemachen« … immer noch, wie Loerke bei Gelegenheit einer Redaktionssitzung für den Almanach im Mai 1926 festhielt.

Der Verlag verstärkte weiter das Sachbuch, das seit dem Krieg zum festen Bestandteil des Programms gehörte. Gustavus Myers' *Geschichte der großen amerikanischen Vermögen*, ein 800-Seiten-Werk und 1916 ein Exot bei S. Fischer, war damals auf große Resonanz gestoßen. Nun wurde ein Fremdsprachen-Lektorat eingerichtet. Noch 1926 erschienen die ersten vier Bände von Joseph Conrad (darunter *Der Geheimagent*, eingeleitet von Thomas Mann, und *Herz der Finsternis*), 1927 John Dos Passos (*Manhattan Transfer*), seit 1923 der Dramatiker Eugene O'Neill (*Kaiser Jones*). Die lange geplanten *S. Fischer Schulausgaben moderner Autoren* wurden ebenfalls 1926 realisiert. An diese neuen Entwicklungen ließ sich für Bermann anknüpfen. Aus der jüngeren Generation würde man zunächst Manfred Hausmann gewinnen, Siegfried Kracauer oder, mit ihren Reisereportagen, Klaus und Erika Mann.

Eine besondere Herausforderung musste für Gottfried Bermann der »Altbestand« der Autoren sein. Und umgekehrt. Es schien sich ja nun alles familiär in die nächste Generation übertragen zu können, man kannte Tutti schon als Kind. 1928 wurde der Schwiegersohn in die Verlagsleitung aufgenommen, woraufhin Gerhart Hauptmann seinen Justizrat Pinner veranlasste, vorbeugend alle seine Vertragsunterlagen zusammenzutragen. Da wusste er noch nicht, dass Pinner ihn seit Jahren betrog. Mit Hauptmann wurde es seit der Wolff-Krise stetig schlimmer. 1923 mussten Verträge erneuert werden, 1928 stand es wieder bevor, jedes Mal wurde vorgerechnet, ungern und zermürbt in die Strategien verlegerischer Gesamtkalkulation eingeweiht – immer galt es, die Schmerzgrenze zu überschreiten. Bermann wird überliefern, wie viel schlaues Bauerntum in Hauptmann gesteckt habe; nach Studium der Verträge hatte sich ihm ein erschreckendes Bild geradezu jenseitiger Vergütungen für Fischers ersten Dichter dargestellt.

Zwischen den Verträgen beherrschte 1924/25 der *Zauberberg*-Skandal die Korrespondenz. Die Feierlichkeiten von

1922 hatten den persönlichen Kontakt intensiviert, was Mann bekanntlich zur Gestaltung seiner Peeperkorn-Figur nutzte. Wiedererkennbar bis in die Lieblingsworte (»erledigt« und »absolut«), in vitaler Genussfreude mit Weinflecken auf der Bettdecke, so hatte Mann aus seinem König der Republik einen holländischen Kaffeekönig gemacht, so sah es Hauptmann; er fühlte sich ausgenutzt, lächerlich gemacht und, was vielleicht am stärksten wirkte, auf eine ungute Weise dem anderen einverleibt, bis ins »Panoptikale« habe der ihn abgetastet. Solche Einverleibung entsprang Thomas Manns schöpferischer Konkurrenz, wie weit er dabei ging, wussten nur die Beteiligten – Hans Wysling hat vorgeführt, wie stark Mann auch dessen *Griechischen Frühling* verarbeitet hatte, Hauptmann selbst wollte Fischer gegenüber nur mündlich die Subtilitäten aufdecken und Mann ansonsten aus seinem Gedächtnis streichen. Und dennoch, obwohl seine Kleider einer »intellektuellen Ruine«, einem Säufer und Giftmischer, »behaftet mit Goldsäcken und Quartanfieber«, umgehängt worden waren, ließ er sich mit der Zeit zur Gutmütigkeit bewegen und setzte sich in Manns Sinne für dessen Nobelpreis ein. Den gab es dann 1929, für *Buddenbrooks*.

Fischer wurde in diesem Jahr siebzig, eine große Feier plante er nicht, Thomas Mann wollte dem alten Herrn »etwas Liebes erweisen« und in kleinem Kreis an Silvester mit ihm in München feiern – es mehrten sich die Altersanzeichen und wohl auch die Auseinandersetzungen mit seinem designierten Nachfolger. Fischers verlegerische Grenze lag beim Massenbuch, er konnte sich mit dieser Form der Industrialisierung, für ihn Nivellierung, eines bereits »marktgewordenen« Werkes nicht abfinden. Als Adalbert Droemer an Thomas Mann wegen einer Volksausgabe von *Buddenbrooks* herantrat, wurde es kompliziert. Einem großen Gewinn für den Autor durfte er nicht im Weg stehen, so übernahm man jetzt die Idee des 2,85-Mark-Buches für den eigenen Verlag, und prompt wurde ein sensationeller Verkauf erzielt (das 700. Tausend bis Ende 1929). Doch es ergaben sich Folgedifferenzen. Dass Thomas Mann nach dreißig Jahren eines fast blinden Vertrauens auf die Ideen seines Verlegers in solche Gewässer geriet, sagt etwas aus. Ein anderes Beispiel wurde Erich Maria Remarque, er bot gezielt S. Fischer sein Manuskript *Im Westen nichts Neues* an, doch der Verleger glaubte, vom Krieg wolle niemand etwas lesen, so entsprach es seinen damaligen Erfahrungen. Tatsächlich wollten Menschen nun erstmals Derartiges lesen. Hatte sich Bermann hier wohl nicht durchsetzen können, gelang es ihm bei Alfred Döblin, *Berlin Alexanderplatz* für den Verlag zu erhalten. Denn Fischer ertrug dessen Sarkasmus nicht mehr – Döblin unterschrieb im Grunewalder Gästebuch schon mal mit »Goebbels«.

Alles stellte sich auf Abschied. Dem frischen Wind und der Überredungskunst der Bermanns verdankte sich eine ungewöhnliche Seereise Samuel Fischers nach England, im August 1929 traf er dort auf seinen Autor George Bernard Shaw, der hielt zwar Verleger für Haifische, doch dieser hatte seinen Erfolg im eigenen Land eingeleitet. In sprachlos herzlicher Verständigung saß man beieinander oder besuchte gemeinsam Shakespeares Geburtsort. Es mochte noch einen anderen Grund gegeben haben, warum Fischer sich zu dieser Reise überwunden hatte. Peppi, mittlerweile Witwer, war am 14. November 1928 in einem Altenheim in Hastings an der Südostküste gestorben – wann die Brüder sich zuletzt gesehen oder gesprochen hatten, weiß man nicht, das Gleiche gilt für Moritz. Dieser Bruder war im Januar 1926, einen Monat vor der Hochzeit von Tutti, in Lichterfelde an einer Zuckerharnruhr gestorben und in Weißensee begraben worden. Den Friedhofspapieren ist zu entnehmen, dass der Schwiegersohn sich darum gekümmert hatte.

Hofmannsthal war im Sommer 1929 am Beerdigungstag seines Sohnes an einem Herzschlag gestorben, der hatte Freitod begangen wie Schnitzlers Tochter Lily im Jahr zuvor. Als Symbol einer an den Vätern scheiternden Generation (und des eigentlichen Endes von Österreich) verstandene Zäsuren, die sich hier nur benennen lassen. Fischer empfing noch einen letzten Brief von Hofmannsthal, der sich in den ersten Sätzen des Jahrestages ihrer dreißigjährigen Verbindung besann. Schnitzler sah sich aus der Mode kommen, und der *Reigen* war immer noch nicht bei Fischer erschienen, seine Erbitterung darüber verband sich mit seiner Erbitterung über die jetzigen Zeiten, und darin erhielt sich das unausgesprochen Gemeinsame zwischen ihnen. Der Wiener dürfte gewusst haben, dass er zu den Autoren zählte, die Fischer am meisten schätzte. 1931 kam der *Reigen* heraus, in Schnitzlers Todesjahr, mit Rücksicht auf die Zeiten, wie von ihnen noch besprochen, ohne Einleitung. Fischer stand unter dem Eindruck der Pöbeleien, angeführt von seinem einstigen Autor Arnolt Bronnen, während Thomas Manns Rede (*Appell an die Vernunft*) gegen den Nationalsozialismus im Berliner Beethovensaal im Oktober 1930.

Trotz alledem druckte man 1929/30 Trotzkis Autobiographie. Der nach Konstantinopel ausgewichene Kommunist entschied sich auf Geheiß seines Verbindungsmannes (Valeriu Marcu) für S. Fischer, weil er noch der unabhängigste und zugleich größte bürgerliche Verlag mit einer geistigen Tradition sei, hier hätten einst die *Weber* der Literatur einen neuen Weg gebahnt, in diesem Verlag zu erscheinen heiße für die Leute, sich mit dem Kommunismus auseinandersetzen zu müssen. (Wenn es noch galt.) Die Rücksichten auf den »Druck der nationalsozialen Bewegung« und die antisemitische Presse, wie Fischer sie gegenüber Schnitzler vorbrachte, waren etwas Neues. Fischer mochte sich im Beethovensaal nicht nur rhetorisch bedroht gefühlt haben. Seine Schwerhörigkeit (eine Krankheit, die er mit Schnitzler geteilt hatte) war fortgeschritten. Gegenüber den vielfältigen Formen des Judenfeindlichen – um sie von heute aus richtig »hören« und einschätzen zu können, bräuchte es ein Konversationslexikon – war Fischer bisher eher geduldig erschienen. Man darf unterstellen, dass er meistens wusste, woran er war.

Der Literatur im Oberhaus hatte man damals viel gestattet und viel verziehen, am wenigsten noch schlechte Qualität. Ein Verleger, dessen Geschichte mit einer Freien Bühne gegen Zensur und Borniertheit begann, zensierte wohl nicht selbst (soweit sich dies beurteilen lässt). Es ist Literatur *vor Auschwitz* gewesen. Nur so wird das Alltagsverständnis ahnbar, mit dem Fischer ohne Berührungsängste, sogar freudig, etwa Bernhard Kellermanns *Tunnel* verlegen konnte, trotz einer so ausdrücklich alle judenfeindlichen Stereotypen gröblichst vereinigenden Figur darin wie den ostjüdischen Finanzmann »S. Woolf«; einen prächtigen Roman hatte er das Buch gegenüber Nansen genannt und allein unter künstlerischen Gesichtspunkten betrachten können.

Dieses Buch beschäftigte auch Bry: Technik als verkappte Religion. Der Roman sei so erfolgreich gewesen, weil er beides in sich vereinigt hatte, die Abneigung und die Bewunderung für die Technik. Die Hauptperson MacAllan war dem Wesen nach ein Übermensch, grobe unbewegte Gesichtszüge, sein Wille zum Bau dieses Eisenbahntunnels reichte für über zwanzig Jahre, für das Opfer von Frau und Kind und vielen Arbeiterarmeen, zugleich war es ihm gegeben, was er brauchte, im Nu zu bekommen. (Spandau, 7. April 1957. »In den letzten Tagen viel gelesen. Schon 1904 beschäftigte sich Chesterton in *The Napoleon of Nothing-Hill* [sic] mit den erschreckenden Folgen einer Massenpsychose.« ... »Sonderbar, wie sich solche cäsarischen Demagogen, die doch eigentlich eine atomisierte Gesellschaft benötigen, literarisch schon in der hierarchisch streng geordneten, stabil wirkenden Welt des Fin de siècle ankündigen. Ich dachte daran, wie oft Hitler von Kellermanns *Tunnel*, ebenfalls der Geschichte eines Demagogen, als einem seiner großen jugendlichen Leseeindrücke schwärmte. Bezeichnenderweise sind ja auch die Gesetze der Massenpsychologie um die Jahrhundertwende weitgehend erforscht worden.« Solche Bücher lese man immer erst post festum, fügte Hitlers Ingenieur Albert Speer noch an.)

Bücher machen weder gut noch schlecht, aber besser oder schlechter, hatte Fischer einmal gesagt. Golo Mann besuchte ihn im Mai 1933 im Verlagshaus in der Bülowstraße, zusammen mit Samuel Saenger führten sie zu dritt »ein zeitgemäßes Gespräch. Der Alte, verdüstert zwar, schien doch nicht mehr recht zu begreifen, was vorging, auch sein jüngerer Mitarbeiter kaum; so daß ich mir ihnen gegenüber wie ein jugendlicher Realist vorkam.« Es ist die Zeit der Bücherverbrennung. Das Gesetz zur Einschränkung der Versammlungs-, Rede- und Pressefreiheit (Februar 1933) war bereits erlassen, Dachau als erstes Konzentrationslager gegründet (März 1933), zum Boykott gegen jüdische Geschäfte aufgerufen und der »Arierparagraph« in Kraft gesetzt worden (April 1933). Die Bermanns fuhren überstürzt aus Berlin ab, Hedwig rief aus Rapallo bei den Manns an: »Wissen Sie, ob Juden noch Pässe bekommen?« Fischer nahm viel Schlafmittel.

Thomas Mann hasste zum gleichen Zeitpunkt Gerhart Hauptmann, »der Mann der Republik, der Freund Eberts und Rathenaus, den Juden erhoben u. groß gemacht haben«, habe am Tag der Arbeit die Hakenkreuzfahne auf seinem Haus hissen lassen. Der erste Dichter blieb bei seinem Volk und hielt es mit der Macht. »Er mag sich goethisch vorkommen in seiner Loyalität gegen das Gemeine«, bei Mussolini sei er gleichfalls gewesen. »Ich hasse diese Attrappe, die ich verherrlichen half, u. die großartig ein Märtyrertum von sich weist, zu dem auch ich mich nicht geboren weiß, zu dem aber meine geistige Würde mich unweigerlich beruft.« Mann war nach Protesten gegen seine Wagner-Rede im Anschluss an eine Vortragsreise im Ausland geblieben. Nach Erhalt des Nobelpreises hatte er unter dem Titel *Neujahrs-Psycho-Analyse* geschrieben, »Faschismus und Amerikanismus wurden uns empfohlen. Beides ist gleich unmöglich gleich untauglich, und beides kann nur von Leuten gepredigt werden, die keine Ahnung haben von Deutschlands und Europas seelischer Verfassung. Das junge, das neue Deutschland ringt nach neuen Ausdrucksformen – in denen es aber nichts Fremdes, sondern nur sich selber wiederfinden will.« Mann würde nicht zurückkehren und für sich die Lösungsformel bilden: »Wo ich bin, ist Deutschland«. Goebbels wurde im September Präsident der Reichskulturkammer. Fischer nahm weiterhin viel Schlafmittel.

Im Januar 1934 starb Hermann Bahr, seine letzte Trendansage soll nationalsozialistische Literatur gelautet haben. Jakob Wassermann, sehr zuckerkrank, starb an Neujahr an einer Angina, sein *Fall Maurizius* war Ende der zwanziger Jahre ein Weltbestseller geworden, hatte ihn nach Amerika geführt. Im Dezember 1933 brach er mit dem Verlag; seit langem fühlte er sich durch den Antisemitismus so eingeschnürt wie zugleich durch seine erste Frau Julie, die ihn seit Jahren mit Prozessen überzog, Gelder beim Verlag konfiszieren ließ. Gottfried Bermann wollte erst das neue Manuskript lesen, bevor er weiteres Geld gab. Auch Hauptmann hatte einen Brief erhalten, der seine Honorare betraf, höchst empört notierte er am 21. Januar 1934: »Ihr Brief übertrifft weit das was Sie an Wassermann verübt haben.« Und: »sagen Sie mir ehrlich, ob man mit Ihrem grossen Schwiegervater, dem Schöpfer des S. F Verlages noch verhandeln kann.« 12. Februar 1934: »Man braucht Wünsche und Wohlwollen. Sie werden Realitäten / Auch Pappa

Fischer schreibt einige gute Worte im alten Geist und bei altem Humor.«

Der Verlag in Deutschland und seine emigrierten Autoren wurden zum gegenseitigen Verrat erpresst. Thomas Mann, René Schickele und Alfred Döblin distanzierten sich auf Druck der Reichsstelle zur Förderung des Deutschen Schrifttums öffentlich von Klaus Manns Exil-Zeitschrift *Die Sammlung* im Amsterdamer Querido Verlag. Schickele an Joseph Roth, 28. Januar 1934: »Nach längerer brieflicher Vorbereitung erschien bei uns Prof. Saenger und setzte uns über die Lage der Familie Fischer und des Verlags umständlich ins Bild. Er sagte mir unter vielem anderen, worüber man sich schließlich hätte hinwegsetzen können, Fischer sei körperlich bedroht. Er sagte, der alte Sami, den ich wirklich liebe, würde sich eher mit Knüppeln totschlagen lassen als Deutschland zu verlassen. Er sprach stundenlang zwei Tage hintereinander. Er selbst machte einen so bejammernswerten Eindruck, daß sein Aussehen überzeugender war als alle seine Worte.«

In der Erdenerstraße wurde eingebrochen. Mit Hauptmann trafen sich die Fischers in Rapallo, und »mein Mann war mit Hilla in Pisa, um es ihr zu zeigen. *Sehen* ist für ihn immer noch schön, da das Hören versagt.« Fischer quälte die Angst, er könnte geisteskrank sein, möglicherweise wollte er in Pisa auch Spezialisten aufsuchen. *Ach, ich bin vergiftet.*

2. Mai 1934, Treffen mit Thomas Mann in Zürich. »Der alte Fischer sehr wunderlich und rührend in seiner Verkalktheit, kombiniert mit Taubheit, sodaß oft völlige Abseitigkeit und Unklarheit des Geredes zustande kommt. Ein gewisser Humor ist geblieben und im Grunde viel Scharfblick und Scharfgefühl für die Zweitrangigkeit derer, die ihm die Dinge aus der Hand nehmen. Von Suhrkamp [seit März 1933 Leiter der Rundschau, seit Juni im Vorstand von S. Fischer, ehemals Lehrer in Wickersdorf] sagte er gestern, an seine

Verlässlichkeit im Menschlichen glaube er gerade nicht. Er sei ›kein Europäer‹, von großen humanen Ideen verstehe er nichts. Da sprach eine Generation, die größer und besser war als die neue. Er hat im Grunde dasselbe Mißtrauen gegen seinen Bermann. Plötzlich fragte er mich, wie ich ihn gefunden hätte. ›Es ist gut, daß Sie ihm vorgearbeitet haben‹, sagte ich. Heute erklärte er, daß alle sein Autoren aus Deutschland hinausgehen sollten. Aber freilich müßten alle es tun. – Dazwischen viel Verwirrtes und Gedächtnisloses. – Ich nahm Abschied von ihm in dem Gefühl, es vielleicht oder wahrscheinlich zum letzten Mal zu tun. Als ich ihm im Weggehen schon, noch einmal zuwinkte und er freundlich zurückwinkte, war mir weh ums Herz, und so ist mir auch jetzt.«

Annette Kolb erlaubte sich in ihrem neuen Roman bei S. Fischer, *Die Schaukel*, eine Fußnote, dass in diesem Land sehr wohl einige Christen wüssten, was sie den Juden in ihrem Beitrag zur deutschen Kultur verdankten. In der Reichsschrifttumskammer schuf so etwas Arbeitsplätze, wie der Briefverkehr »zur Stellungnahme« diverser Polizeidienststellen zwischen Berlin und München zeigt. Trotzdem muss eine Greifswalder Bürgerin nachfragen, wie denn diese Unverfrorenheit auf Seite 176 durch die Zensur hatte kommen können? »Das Buch mag sein, wie es will, daß es aber ein deutscher Verlag fertig bekommt ein derartigs Buch in den Handel zu bringen, ist mir unverständlich. ... Heil Hitler! Irmingard ...«

Gabriele Reuter besuchte Fischer im Sommer 1934 im Grunewald und fand »ihn körperlich erschreckend verfallen. Geistig nahm er regsten Anteil an den Tagesereignissen. Ich erzählte ihm von einer neuen Arbeit, die mich beschäftigte. Er hörte gespannt zu, der Stoff interessierte ihn augenscheinlich stark. Mit der Änderung eines Wortes im Titel fasste er diesen zu einem günstigeren Druckbilde zusammen. Während er mich in der abendlichen Stille durch den Garten hinausbegleitete, standen ihm die Augen voll Tränen. Er drückte mir lang und fest die Hand. Wir ahnten wohl beide, dass wir uns nicht wiedersehen würden, und zugleich, dass eine neue Welt wild und leidenschaftlich ihren Weg erkämpfte. Wie sie sich auch auswirken wird – – es war nicht mehr unsere Welt.«

Die Bermanns lassen jetzt ihre drei Mädchen von Pastor Niemöller taufen (sie hofften, dadurch den »J«-Stempel in den Pässen vermeiden zu können, so die Enkelin). Fischer erteilt seinem Schwiegersohn und seiner Frau gemeinschaftliche Vollmacht, ihre Entscheidungen haben einstimmig auszufallen, für Hilla solle gesorgt und ein guter Mann gefunden werden. Im August treffen die Fischers in Freudenstadt mit Lutz und Philippine zusammen, hier lebt auch der Neffe Carl Beer, der Arzt. Fischer fühlt sich besser, wie er Thomas Mann schreibt. »Ich gehöre nun zu den Alten, aber zu den Treuen, u. wenn Sie mich brauchen, stehe ich zu Ihrer Verfügung, was vielleicht schon über meine Kräfte geht.«

S. Fischer stirbt am 15. Oktober 1934 »morgens um viertel acht« an Cerebralsklerose.

»Ein Stück meines Lebens und ein gutes Stück deutschen Lebens geht mit dem kleinen Juden, der ein Glückskind und eine Art von Genie war, ins Grab«, Manns Nachruf im Tagebuch. Bei der Beerdigung am 18. Oktober halten Oskar Loerke und Manfred Hausmann die Trauerreden, »beide Christen«, wie man in Weißensee vermerkt. Hedwig Fischer ist außerstande, an der Feier teilzunehmen. Gerhart Hauptmann weint. Wenn er wenige Monate später die Totenmaske sieht, verwirrt ihn Fischers Anblick: »ein Beduinenscheich, Reiter, Ritter, Kämpfer«. Es sind nicht viel mehr als hundert Menschen auf den Friedhof gekommen, liest man bei Loerke, wie viele Gestapo-Spitzel herumstanden, beim Verleger des Vaterlandsverräters Thomas Mann und des Kommunisten Leo Trotzki, war nicht herauszufinden.

Hedwig Fischer blieb bis Anfang 1939 in ihrem Grunewalder Haus, das später in den Besitz des Musikverlegers von Richard Strauss übergehen würde. Sie wanderte mit den Bermanns, die 1936 mit Teilen des Verlags zwangsweise nach Wien gegangen waren, erst nach Schweden und schließlich nach Amerika aus, an ihrer Seite Hilla und deren Tochter Monica.

Im März 1939 starb ihre Schwester Else, während sie noch auf ein Visum wartete. Der Witwer beerdigte sie kurzerhand im Fischer'schen Familiengrab. Ihr Bruder Ludwig wanderte über Italien, Paris und Lissabon ebenfalls nach Amerika aus, wo er 1941 starb. Ernestine Beer war 1937 gestorben, ihr Sohn Carl überlebte in Freudenstadt; Oscar, der Studienrat, für den Hedwig noch 1938 bei Benjamin Huebsch von der Viking Press vorsprach (einem Verleger mit Vorfahren in der Liptau), wurde am 26. Oktober 1942 mit seiner tuberkulosekranken Frau deportiert und drei Tage später bei Riga erschossen. In der Liptau wurden die letzten Juden 1942 in der großen Synagoge gesammelt und in die Konzentrationslager deportiert, wenige überlebten.

Hedwig Fischer hielt Kontakt mit ihren Autoren. Irgendwann bekam sie eine Demenz, in deren Verlauf sie erst unter Aggressionen, dann unter Verarmungsängsten gelitten habe. Nach Rückkehr der Bermanns in die alte Heimat ließ sie sich überreden, in ein Flugzeug nach Frankfurt zu steigen. Ihre letzten Jahre bis zu ihrem Tod am 7. November 1952 verbrachte sie in Kronberg im Taunus. Schwester Aloisia, die sie betreute, dokumentierte ihre Äußerungen und gelegentlichen Halluzinationen. Wir hören von Idioten, oder dass Emil Ludwig nur gut Schlittschuh laufen konnte, und von

Helden – Hermann Bahr erschlug Hitler im Treppenhaus. Sie bestellte Hotelzimmer in Rapallo für die Hauptmanns und die Fischers, und immer wieder bekam sie auch Besuch von ihrem Mann, dem sie hoffentlich eine gute Gefährtin gewesen sei. Wenn Schwester Aloisia einwandte, dass der tot sei, konnte sie unwirsch werden – es gab ja Auferstehung, also ihr Sami könne das.

Dank

Die Idee zu diesem Buch stammt von Monika Schoeller, die seit 1974 als eigentümerische Verlegerin in Samuel Fischers Nachfolge steht und hier an erster Stelle für ihr Vertrauen bedankt sei. Dafür sage ich ebenso Gisela Fischer Dank; es kann nicht angenehm sein, einen Fremden über die Familienpapiere gebeugt sitzen zu sehen. Vorbehalte oder Einschränkungen haben weder Auftraggeberin noch Enkelin zu irgendeinem Zeitpunkt mitgeteilt oder mich spüren lassen. Ich danke Hans Keilson, dem letzten Menschen, der als Erwachsener Samuel Fischer kannte, dass ich ihn in Holland besuchen und lange Stunden zu den zwanziger und dreißiger Jahren befragen durfte: »Ach, Sie sind ja unser junger Autor«, habe Fischer ihn 1934 begrüßt, in einem bläulichen Anzug und im Ton »beinahe wie ein Kantor«. Das ging mir nach. Im S. Fischer Verlag möchte ich Gisela Behr, Corinna Fiedler und Mechthild Kühling für ihre geduldige redaktionelle Unterstützung danken, Roland Spahr und Oliver Vogel für den »Extra-Zustrom« an Erwartung sowie P. W. Schmidt als der herstellerischen Lokomotive.

Für freundliche Wegweisungen in den Archiven, Magazinen und Institutionen, die hilfreiche Bereitstellung von Material oder Aufklärungen verschiedenster Art danke ich namentlich vor allem: Zuzana Nemcová und Peter Vitek in Liptovsky Mikulasch, István Margócsy in Budapest; den Sachwalterinnen der S. Fischer-Geheimnisse in Marbach Ingrid Kussmaul und Gabriele Schweikert; dem Bearbeiter des Autoren-Briefwechsels der Fischers Dierk Rodewald; in der Monacensia in München Gabriele Eitzinger; in Berlin

Barbara Welker und Hermann Simon vom Centrum Judaicum, Gisela Erler vom Landesarchiv, den Historikern Christof Biggeleben und Sebastian Panwitz, Christian Seeger vom Propyläen Verlag; in Wien Wolf Eckstein von der Israelitischen Cultusgemeinde, Kurt Ifkovits von der Österreichischen Nationalbibliothek/Theatersammlung und dem Antiquar Georg Fritsch; in Coburg Hans-Jürgen Baier vom Stadtarchiv und Horst Gehringer vom Staatsarchiv; in Wickersdorf Gerhard Hahn; in Hamburg den immer nachsichtigen Mitarbeitern der Staatsbibliothek, mit Richard Dehmel-Archiv, sowie Rüdiger Joppien; in London John Bull. Stellvertretend für die vielen Autoren lehrreicher Bücher über die vergangenen Zeiten sei Peter Sprengel bedankt.

Der eine Bereich des Buchhandels, dessen Gedeihen am elementarsten vom Wissen des Betreibers abhängt, ist das Antiquariat – meinem Bruder Christoph danke ich, dass er mir immer wieder seine Kenntnisse sowie seinen großen Bestand zur Verfügung stellt und durch sein Interesse noch meine eigene Neugier wachhält; diesmal betraf es seinen Bereich. Alle Fehler bleiben meine eigenen. Vor allem Saskia Egger, Jana Marko und Alexander Gérard, Helga Hoffmeister sowie Roderich Simons haben mir mit ihrer freundschaftlichen Geduld und Großzügigkeit geholfen. Mein umfassendster Dank, auszuschreiben mit jedem Buchstaben des Alphabets von A bis Z, gilt jedoch meinem Gefährten Michael Hofmann.

Hinweise

Autobiographische Handschriften oder Manuskriptentwürfe von Samuel Fischer, ungedruckte Briefe an Hedwig Fischer, deren Aufzeichnungen sowie das Tagebuch von Gerhart Fischer werden nach den Dokumenten des persönlichen Nachlasses von S. Fischer im Deutschen Literaturarchiv Marbach (DLA) zitiert.

Ungedruckte Quellen aus anderen Archiven wie jeweils angegeben.

Zitate aus Novellen oder Romanen werden ausgabenunabhängig meist durch Angabe der Kapitel nachvollziehbar.

Motti

5 Thomas Mann an Hedwig Fischer: Briefwechsel, 2.11.1934.
Joseph Roth: Briefe 1911–1939. Hg. v. Hermann Kesten. Köln 1970, S. 168, 10. Juni 1930.
Karl Gutzkow: zit. n. Wittmann S. 261.

Vorweg

11 *nichts … wiederfinden:* TM, Neujahrs-Psycho-Analyse, Tempo, 31.12.1929.

Meine Leute

13 Motto: Thomas Bernhard, Beton. Frankfurt a. M. 2006, S. 30.
gestern … verlieren: SF an HF, 9.4.1900.
14 *Also ich … Conversationslexicon?*: SF an Nansen, 14.1.1917, Nachlass Mendelssohn, Monacensia.
Freilich … Papiere: Roth, Juden, S. 64.
15 Alle vier Geburtsdaten lauten: 25. November 1858 (Rabbinatsmatrikel

in Liptovsky Mikulasch); 23. Dezember 1858 (»Berliner Registerblatt«, Akte des Polizeipräsidenten 1888 und 1911); 24. Dezember 1858 (Naturalisationsantrag, Coburg 1891, dort an anderer Stelle auch ein Mal 24. Dezember 1859); 24. Dezember 1859 (»Grunewalder Registerblatt«, Akte des Polizeipräsidenten 1911).

17 Die Angaben zur Geschichte der Jüdischen Gemeinde sowie zur Stadtgeschichte von Liptovsky Mikulasch folgen, wenn nicht anders angegeben, den Quellen des dortigen Stadtmuseums und seiner Kuratorin Zuzana Nemcová.

auf Druck … Kreise: Haumann S. 90. »In Böhmen durfte die Zahl von 8541 jüdischen Familien nicht überschritten werden, in Mähren wurden 5106 Familien zugelassen.«

das Spezifikum … Land und »die zentrale ökonomische Funktion der Juden in Osteuropa«: vgl. Haumann S. 95 und passim.

18 *Schemen … Modesucht*: Münz S. 104.

20 *mittelalterlichen Sumpf*: In der Zeitschrift *Der Orient*, 2. Juli 1847, zit. n. Lowenstein S. 389.

22 Die Daten von Moses und Salomon Ullmann nach den Angaben aus Liptovsky Mikulasch. Ausführliche Angaben zu Fischers Urgroßvater mütterlicherseits, Moses Ullmann aus Fürth, der dort als Sohn einer angesehenen Druck- und Papierdynastie einen Papiergroßhandel begründet habe, bevor er – den Papierhandel wiederum seinem Sohn Hajum Hirsch Ullmann (ab 1816 »Uhlstein«) überlassend – nach Miklós auswanderte, finden sich bei Peter de Mendelssohn S. 7 ff. Hier auch die Herleitung einer Verwandtschaft mit Leopold Ullstein, dem vierten Sohn des Hajum Hirsch Ullmann/Uhlstein, der 1848 nach Berlin geht und dort den Ullstein Verlag gründet. Leopold Ullstein wäre somit ein Onkel zweiten Grades von Samuel Fischer. Es fand sich kein Hinweis (auch die Enkelin Gisela Fischer verneint), dass sich Fischer und die Ullsteins einer Verwandtschaft bewusst gewesen wären. Wiewohl man sich natürlich kannte. (Sten Nadolny machte in seinem *Ullsteinroman* über die weitverzweigte Berliner Verlegerfamilie Samuel Fischer und Leopold Ullstein zu Vettern auf gemeinsamer Reise. Begegnungen an den üblichen Reiseorten waren natürlich immer möglich, ebenso ein gemeinsames Tennisspiel, und gesellig-hämische Bemerkungen Dritter über ostjüdische Herkünfte allemal. Vgl. Nadolny S. 236.)

Die Familiendaten: aus den Büchern des ehemaligen Mikulascher Rabbinats, Kopien dank Zuzana Nemcová und Peter Vitek, Stadtarchiv in LM.

auf dem Lande … dienten: Imre Kertész, Dossier K., Reinbek 2006, S. 34.

Die Angaben zu Friedrich und Ignatz Ullmann: Stadtarchiv LM, freundlich diktiert von dessen Leiter Peter Vitek.

23 *Warum … sehen*: Kertész, a.a.O., S. 30.

24 Nelli Fischer starb möglicherweise an Scharlach.

25 Joseph Fischers Lehrzeit bei S. Reich & Co. in Krasna: Erinnerung von Carl Beer (S. Fischers Neffe) 1960. Material Mendelssohn, DLA. *Schillern … erholte*: nach dem Exemplar bei Gisela Fischer, Zürich.

26 *Was Sie … denken muß*: SF an Madelung, Briefwechsel, 23.1.1915. *patriarchalisch*: Brief von Julie Sugár (Tochter von Josephine Venetianer, geb. Ullmann) aus Budapest an Hedwig Fischer, 2.11.1934. DLA.
Kenner der Verlagsgeschichte von Peter de Mendelssohn könnten ein Wort zu Fischers dort als wegweisend beschriebener Kinderfreundschaft mit dem ungarischen Verleger Samuel Revay (recte Revai) vermissen, der in einer Buchhandlung am Markt eine Stelle innegehabt und Fischer dort vermutlich eine Tätigkeit verschafft habe. »Verbürgt ist jedenfalls, daß Sami Fischer und Samuel Revay Freunde waren und es ihr Lebtag lang blieben.« (S. 16) Hier mag eine Verwechslung vorliegen. Samuel Revai wurde schon 1833 im oberungarischen Komitat Sáros als Samuel Rosenberg – 1881 zu Revai ungarisiert – geboren, lernte Buchbinderei in Wien und Budapest und kaufte 1859 eine Budapester Buchhandlung, aus der er zusammen mit seinem Bruder Leo einen bald führenden ungarischen Verlag entwickelte: *Revai Testverék* (Gebrüder Revai), der unter anderem das größte Lexikon ungarischer Sprache herausgab. Samuel Revai wurde 1895 zum Vorsitzenden des ungarischen Verlegerverbandes gewählt und starb 1908. Zu diesem Zeitpunkt hatte sein Sohn Mór (Moritz) nach einem Studium in Leipzig den Verlag der Gebrüder Revai bereits übernommen; er gilt seinerseits als der bekannteste ungarische Verleger zur Jahrhundertwende. In Samuel Revais Erinnerungen wird Samuel Fischer nicht erwähnt; in Moritz Revais zweibändiger Autobiographie, die 1920 in Budapest erschien und vor allem sein Verlegerleben, darunter die Beziehungen zu französischen und amerikanischen Verlagen, behandelt, kommt Fischer ebenfalls nicht ein Mal vor. Auch Fischer hat, nach bisherigem Recherchestand, etwa ungarischen Journalisten gegenüber, einen Austausch mit Revai nicht erwähnt, selbst bei Fragen nach der ungarischen Literatur nicht. Alle Angaben zu den Revais ermittelte auf die freundlichste Weise István Margócsy, Budapest.

27 *Ich bin … Ihr Sf.*: SF an HB, 7.3.1922. Theatersammlung Wien, AM 51.089/2Ba.

28 *Führer … Art saß*: Bahr, Selbstbildnis, S. 12, 13, 15 f., 13 f., 19 f.
30 *Es … Forint*: Kopie aus dem Staatsarchiv in Bytca/Stadtarchiv LM, übersetzt von Peter Vitek.
für meine … verkauft: SF an HF, 9./10. 4. 1900.

Wiener Kulissen

32 *Als … Lehre: National-Zeitung* vom 3. 10. 1913, Feuilleton, »S. Fischers Werdegang«. Das bei Mendelssohn im Wortlaut in Ich-Form zitierte Interview Fischers (S. 18) mit dem ungarischen Journalisten Cornelius Tabori in ungarischer Sprache in *Pesti Naplo*, Budapest 1911 (nach Angabe auf S. 1360), konnte nicht ermittelt werden (Hinweis von István Margócsy). Zu den Motiven von Richard Jügler vgl. hier S. 296 und Anm. (Zu Cornelius Tabori und dem Journalismus, vgl. Frido Mann, Achterbahn. Ein Lebensweg. Reinbek 2008, S. 360 f.)
Wir … gestaltet: Kertész, a. a. O., S. 30.
33 *eine deutsche … absolviert*: SF an Julius Bab, 11. 5. 1923; Nachlass Mendelssohn, Monacensia. Vgl. Jüdisches Lexikon. Berlin 1927. (Nachdruck Königstein 1982)
34 *Sami Fischer*: Karl Kraus, *Die Fackel*, Heft 336/337, 23. 11. 1911, S. 23 und Heft 341/342, 27. 1. 1912, S. 32. In einem Hörspiel von Friedrich Luft und Hans Scholz, »Berlin und S. Fischer«, aus Anlass des 100. Geburtstages von Fischer für den Rias Berlin, Sendedatum 21. 12. 1959 (so auf dem Ms vermerkt), findet sich auf S. 3 und S. 6–8 die Bemerkung, SF sei Commis in der Möbelfirma Schattkowsky & Co. gewesen; die Firma konnte bisher weder in den einschlägigen Archiven Berlins und Wiens noch in den Adressbüchern gefunden werden. Im Manuskript (DLA) wurden diese Stellen durchgestrichen, manchmal eine Bemerkung hinzugesetzt, Strich und Schrift verweisen auf Gottfried Bermann Fischer.
35 *Wienerberger … Ringstraßen-Stil*: zit. n. Franz Endler, Das k. u. k. Wien. Wien/Heidelberg 1977, S. 103, 105.
36 *Kaum … werden*: Bahr, Selbstbildnis, S. 106 f.
Bildeten … zurück: Spiel S. 41.
mit dem Geld … Gefühles: *Neue Freie Presse*, Wien 1. 5. 1873, zit. n. Jugend in Wien (Katalog), S. 28.
37 *die ökonomische … begeisterte*: Schnitzler, Jugend, S. 49.
während … gemacht habe: Harry Graf Kessler, Das Tagebuch 1880–1937. Bd. 4 1906–1914. Hg. v. Jörg Schuster u. a. Stuttgart 2005. Eintrag 11. 12. 1906.

meinen … klatschen: Schnitzler, Jugend, S. 49.
erste … Pracht: Max Eyth, 7. 5. 1873, Jugend in Wien (Katalog), S. 29.
39 *E-Eis-Fis … Musik*: Spiel S. 178.
Wert-Vakuum … Walzergenie: Broch Kap. 1/4, S. 47.
Nicht … alle Stände: Zweig, Die Welt von gestern, S. 29 f., 33.
40 *Dieser … Nachbarreich*: ebd., S. 28 und S. 34.
Auch … Bürgerthums: *Neue Freie Presse*, 28. April 1879, zit. n. Jugend in Wien, S. 45.
43 *zu keiner … Bezirks*: Spiel S. 140.
vornehmes … kam: Schnitzler, Jugend, S. 20.
wesenlose … Besitzes: Bahr, Selbstbildnis, S. 115.
Frühzeitig … in mir: SF, Notizen 1907.

Das alte Berlin

44 *Eckhaus Kochstraße 63/Friedrichstraße 43*: heute das »Haus am Checkpoint Charlie«! S. Fischers allererste Anlaufadresse bei Ankunft in Berlin ist wohl beim großen Bruder zu suchen. Die Firma *S. Reich & Co.* hatte seit 1872 ihren Standort in der Alexandrinenstraße 22 und wurde dort bis circa 1876/77 von einem C. Metzke als Disponent und Geschäftsführer vertreten; theoretisch könnte Joseph Fischer ab 1877/78 dessen Nachfolger gewesen sein; im Adressbuch für das Jahr 1880 findet sich unter der obigen Häuseradresse auch ein Fischer, »Sub-Direk.«, eingetragen. In den einschlägigen Archiven in Berlin haben sich keine erkennbaren Spuren von Joseph Fischer, seiner Frau Martha Oppler und seinem 1880 noch vor der Übersiedlung nach London (erneut für die Firma *S. Reich & Co.*) in Berlin geborenen Sohn Carl erhalten.
Noch … hinaus: Osborn S. 120.
45 *Hier … anzumerken war*: Bahr, Selbstbildnis, S. 167.
Vorliebe … entwienerte: ebd., S. 170.
Seltsam … degradiert worden: ebd., S. 169.
46 *verspäteten Nation*: Helmuth Plessner, Die verspätete Nation. Über die politische Verführbarkeit bürgerlichen Geistes. Frankfurt a. M. 1998 (1935).
Denn … Grabe!: Stürmer S. 149.
47 *undurchsichtige … Gegenspannung*: Nostitz S. 6.
Adolf Stoecker, 1835–1909, Dom- und Hofprediger von Berlin, gründete 1878 seine eigene Partei (»Christlich-Soziale-Arbeiterpar-

tei«) in dem Bemühen, die Kirche für die Arbeiterschaft wieder attraktiv zu machen; griff wegen ausbleibenden Erfolgs ab 1879 verstärkt zu antisemitischer Propaganda und führte die gleichgesinnte »Berliner Bewegung« an. In seinem Manifest *Unsere Forderungen an das moderne Judentum* von 1879 wurde an mehr Bescheidenheit und mehr Toleranz der jüdischen Presse appelliert. Stoecker sah in Berlin einen Kampf um die Herrschaft zwischen christlichem und jüdischem Geist, wurde unhaltbar und 1890 von Wilhelm II. seines Amtes enthoben, was den Prediger zunehmend isolierte. (Vgl. Ribbe S. 767–770, Lowenstein S. 201.)
Heinrich von Treitschke, 1834–1896, Historiker und Reichstagsabgeordneter, entfachte 1879 den sogenannten Berliner Antisemitismusstreit, als er in seinem »Unsere Aussichten« betitelten Artikel in den *Preußischen Jahrbüchern* Bismarck-Gegner angriff und eine neue »deutsche Judenfrage« stellte; Treitschke prägte Formulierungen, wonach die Juden »unser Unglück« seien, eine »Schaar strebsamer hosenverkaufender Jünglinge«, die »über unsere Ostgrenze Jahr für Jahr aus der unerschöpflichen polnischen Wiege« hereindrängen und »deren Kinder und Kindeskinder dereinst Deutschlands Börsen und Zeitungen beherrschen sollen«. Treitschke wurde massiv entgegengetreten, der Streit währte bis 1881, einer seiner Hauptantipoden war der Historiker und Abgeordnete Theodor Mommsen, der u. a. weitsichtig beklagte: »Was er sagte, war damit anständig gemacht«. (Lowenstein S. 203. Vgl. Walter Jens, Juden und Christen in Deutschland. Drei Reden. Stuttgart 1989.)

48 Die statistischen Daten zu Berlin nach Ribbe S. 691–699.

49 *Noch … zu wollen*: Bahr, Selbstbildnis, S. 169.
Anhänglichkeit … vergaß: Osborn S. 148.
In jenen … herrührte: SF, Verlagskatalog 1906.

50 *Mittlere … behandle*: Fontane, Briefe an seine Freunde. Berlin 1910, S. 241.

51 *Und daß … vorherbestimmt*: Fontane, L'Adultera, 2. Kap.
Wahrheit … anhaftet: ebd., 16. Kap.

52 *Episode Preußen … worden*: Fontane, Schach von Wuthenow, 2./20. Kap.

54 *die … Frau*: HM/Ewers 23. 1. 1891.
Lieblingsthema … so sein: ebd., 24. 1. 1891.
In diesen … Generation: Osborn S. 147 f.

55 *Es ist … aufgetrennt*: Ibsen, Gespenster, 2./3./2. Akt.

56 *Riechen … getödtet!*: Friedrich Nietzsche, Die fröhliche Wissenschaft (1882), Drittes Buch, S. 125. Der tolle Mensch. In: Kritische Studien-

ausgabe Bd. 3. Hg. v. Giorgio Colli, Mazzino Montinari. München 1999, S. 481.

57 *kräftigste Realpoesie*: zit. n. Rühle, Theater, S. 18.
und sogleich … empfangen: Brahm Bd. 1, S. 447 f.

58 *Spitalpoesie*: zit. n. Stach S. 16.
unter … Reclam: Ibsen an Julius Hoffory, 4. 2. 1887, DüD II, S. 129.

Von Carl Fischer Söhne *zu* S. Fischer, Verlag

59 Zum Anteil der Juden im Buchhandel vgl. Dahm 1979: »Der Buchhandel gehörte bis ins späte 19. Jahrhundert nicht zu den jüdischen Berufen. Die wenigen jüdischen Buchhändler, die es gab, beschränkten sich in der Regel auf Herstellung und Handel jüdischer Ritualien (Gebetbücher etc.) … Erst gegen Ende des 19. Jahrhunderts treten Juden in größerer Zahl im Buchhandel auf. Statistisch ist die relativ späte ›Entdeckung‹ der Buchhandelsberufe durch die Juden dadurch ausgewiesen, daß ihr Anteil an den im Verlagsgewerbe beschäftigten Personen von 0,94 % im Jahre 1895 auf 1,44 % im Jahre 1933 anstieg, während ihr Anteil an allen anderen Handelssparten rückläufig war.« (Anm. 44 auf S. 23 f.; s. a. Dahm 1993, S. 23, dort stark verkürzt.)

60 *Wahlzettel*: nach Wittmann S. 241 f.

62 die Initiative: Im Nachruf auf Hugo Steinitz im Börsenblatt Nr. 214, 15. September 1909, S. 10536 findet sich die Formulierung (Fettdruck B. H.): »Im Oktober 1883 trennte er [Steinitz] das Sortiment von dem inzwischen erwachsenen Verlage ab. Für letzteren vereinigte er sich mit S. Fischer und **führte für ihn** die Firma ›Hugo Steinitz & Co., Verlagshandlung‹, die in der Kochstraße 63 betrieben wurde.«

64 *uiber Dissolution gelöscht*: Register Wiener Stadt- und Landesarchiv.
lebhafteste … Schaufenster: *Börsenblatt* Nr. 220, 20. 9. 1884, S. 4329. Zur besonders konkurrenzfähigen Berliner Wirtschaft in den 1890er Jahren vgl. Ribbe S. 726.

66 *alten tüchtigen Annoncenaquisiteur*: HF, Erinnerungen.

67 Hugo Steinitz wird seine zweite Verlagsbuchhandlung zum 1. 9. 1886 in der Kronenstraße 55 ansiedeln und sich selbst in der Kochstraße 14; vgl. Berliner Adressbuch für 1887. Die neue Wohnadresse der Brüder Fischer: Lützow Ufer 19a.

69 *möglichst arme Gassenjungens*: Wittmann S. 205.

70 *So ist … fort*: zit. n. Jürgen Steim, Die Geschichte des ersten fachlichen Wirtschaftsverbandes in Deutschland. Vom deutschen

Buchdrucker-Verein zum Bundesverband Druck. Erster Band, 1869–1945. Wiesbaden 1969, S. 29.
Er hat ... abwiegen: zit. n. Wittmann S. 169.
es ist ... erlauben: ebd., S. 168.
71 *Buchhandels-Bijouterie-Fabrication ... willen!*: ebd., S. 219, 216 f.
72 *Diese ... messen*: ebd., S. 219 f.
Scribler: ebd., S. 228.
74 *als Heimstatt ... Literatur*: ebd., S. 221 f.
76 *Ich erhalte ... gesetzt?*: Zola an SF, Briefwechsel, 3. 11. 1888.
79 *Auf einen ... Konkurrenzausgaben*: Ibsen an H. E. Berner, 18. 2. 1882, DüD II, S. 286–290, 287.
benutzte ... hatte: ebd., S. 288.

»Entwickelungskampf«. Werden der man ist.

81 Der Polizeibericht: Landesarchiv Berlin, A Pr. Br. Rep. 030 Tit. 94 Nr. 10048.
82 Ibsen spricht von Jonas' »Bearbeitung«, DüD II, S. 287; ein »dtsch. Übersetzer und skrupelloser Bearbeiter skandinavischer Literatur« (Register in DüD).
simpelsten ... Pfuscher: an Emil Jonas 18. 1. 1878, DüD II, S. 31.
berüchtigter ... Räuber: an Julius Elias 11. 1. 1891, ebd., S. 203.
83 Gütesiegel: So legen es auch Fischers Inserate im *Börsenblatt* nahe.
für die ... hat: Zitat im Zitat: Hans-Ulrich Wehler; zit. n. Jäger, Geschichte des deutschen Buchhandels, Bd. 1/Teil 1, S. 238.
84 *dem ... Historiendichtung*: Brahm Bd. II, S. 397.
Bekenntnisblatt ... Moderne: Schlawe S. 68 f.
85 *Als Student ... emporflog*: zit. n. Soergel S. 162.
86 *die besten ... Schule*: Fontane (ca. 1884) gegenüber dem Chefredakteur der *Vossischen Zeitung*, zit. n. Bahr, Essays, S. 97.
mehreren ... Ideal-Realismus: H. Hart S. 39, Ruprecht S. 5.
solennen Mahl/Ibsenianer: Fontane, Tagebücher, S. 247 f.
87 *für das ... Drama*: J. Hart S. 169.
Aufführungen ... Interesse: Brahm, S. Fischer Katalog, S. 32.
90 *große ... Idee*: Soergel S. 60.
Unverständnis ... Dekadenzsymptom: Brand S. 44.
Man ... werden: Bahr, Studien, S. 53.
91 *Die Welt ... Krückstocke*: Fontane, Causerien, S. 110.
92 *Dezenz ... herauszustellen*: Karl Rosenkranz, Ästhetik des Häßlichen. Leipzig 1990 (1853), S. 9.

Bewußte … stellt: Hermand, Naturalismus, S. 7 f. (auf den geforderten Gestaltungswillen wies auch Hermand hin).

93 *dritte … Größe*: Ruprecht S. 13, 22.

In … Künstlermenschen: J. Hart S. 166.

94 *Ausgegangen … Klimas*: Brahm Bd. II, S. 361.

95 *weltenrichterliches Wesen*: ebd., S. 384.

Es zeugt … noch: Fontane, Causerien, S. 340.

96 *Ja … Werke*: Brahm Bd. I, S. 252 f.

konservativste: Brahm in Brauneck, Naturalismus, S. 276: »der Naturalismus wird, in der Berührung mit der konservativsten der Künste, die Extreme abthun und Mäßigung lernen und gerechte Beschränkung«.

97 *erfreuliche … Schauspieler*: GH, Notiz-Kalender, S. 174, 177.

98 *Ich … nichts davon*: GH, Abenteuer, S. 596, 583, 596, 599.

99 *Kindern … zweckvoller?*: J. Hart S. 168.

Hauptmann … bekannt hätte: Hanstein S. 164.

100 *Was … zu haben*: Brahm/Hauptmann 19. 10. 1889; zu Brahms Anteil an der Regie vgl. hierin Sprengel, S. 30.

101 *der Vater … Tod*: Brahm Bd. I, S. 258.

Hexensabbath: Brahm/Hauptmann 5. 11. 1889.

103 *dessen Erschließungen … schwächen*: GH, Abenteuer, S. 613, 621 (II. Buch, Kap. 39 u. 40). Auguste Forel war zwischen 1872 und 1878 Assistenzarzt bei Bernhard von Gudden (dem Psychiater, der am 13. Juni 1886 mit seinem Patienten König Ludwig II. von Bayern ertrank), bevor er von 1879 bis 1898 die Leitung der psychiatrischen Universitätsklinik Burghölzli innehatte. Er experimentierte auf dem Gebiet der Hypnose. Den Alkohol hielt er für »den wahren Teufel des 19. Jahrhunderts«, sein Plädoyer für die totale Alkoholabstinenz habe »mit der Zeit ein fast religiöses Gepräge« angenommen, so Hans H. Walser. Forel setzte sich für die rassenhygienisch begründete Sterilisation ein, auch für eine Verschärfung des Strafrechts wider die »Wiedererzeugung der schlechten Brut«. Vgl. dazu Anna Bergmann, Die verhütete Sexualität. Hamburg 1992; v. a. S. 78, 153, 75 (zur *Gesellschaft der Rassenhygiene*, in der auch Ernst Haeckel und Wilhelm Bölsche Ehrenmitglieder waren); S. 57 zu Alfred Ploetz (1860–1940) und dessen begriffsprägender Schrift von 1895. Dort heißt es weiter: »Was in England der Mediziner und Anthropologe Sir Francis Galton (1822–1911) 1883 unter dem Begriff ›Eugenik‹ zusammengefaßt hatte, war gleichbedeutend mit dem Programm der ›Rassenhygiene‹, der ›sexuellen Hygiene‹, ›Zeugungshygiene‹, ›Keimauslese‹, ›Vererbungshygiene und Fortpflanzungshygiene‹. All

diese Topoi bezeichnen ein und dasselbe: die nach naturwissenschaftlichen Erkenntnissen durch staatliche und medizinische Institutionen praktizierte Kontrolle über die ›Fortpflanzung‹ erblicher Eigenschaften. ›Fortpflanzung‹ und ›Vererbung‹ von seelischen und körperlichen Eigenschaften innerhalb eines Ganzen, einer ›Rasse‹, standen im Zentrum der rassenhygienischen und eugenischen Lehre. ›Rassenhygiene‹ und ›Eugenik‹ etablierten sich als Oberbegriffe und wurden synonym verwendet. Alfred Ploetz, im Nationalsozialismus als ›Altmeister der deutschen Rassenhygiene‹ gefeiert, bedauerte später seine Begriffsprägung, weil damit häufig eine rassistische Komponente assoziiert wurde, die nicht von ihm beabsichtigt gewesen war.« Die »Rassenhygiene« wird zwischen 1909 und 1945 an deutschen Universitäten gelehrt.
Verbreitung ... Lebensgestaltung: Bergmann, a. a. O., S. 75.
104 *im höchsten ... Polizei-Behörde*: Landesarchiv Berlin, Freie Bühne, APr Br Rep. 030-05, Blatt 9; Blatt 6–8.
nackten ... Realismus: Fontane, Causerien, S. 110.
Erfüllung ... Gehörigen: ebd., S. 282.
was ... kann: Fontane an Martha, 14. 9. 1889.
105 *abgedroschenen ... erklärt*: S. Fischer Katalog, S. 89.
nicht eine ... gestäubt ist: zit. n. Brahm/Hauptmann S. 18.
aus Börseanern ... Publikum!: zit. n. GH, Notiz-Kalender 1889–1891, S. 472.
106 *unerschrockene ... Stoffes*: Brahm Bd. 1, S. 259.
Der Bannerspruch ... Kritik: zit. n. Brauneck, Naturalismus, S. 63 f.
107 *kämpfende Natur*: Brahm/Schnitzler S. XIV. Zu Brahms erzieherischem Ehrgeiz, dem Theater als nationaler Mission und Schiller vgl. Brahm Bd. 1, S. 33–35 (Das Deutsche Theater, *Vossische Zeitung*, 29. 9. 1883).
108 *Nur ... Widersacher*: zit. n. Brauneck, Naturalismus, S. 64.
Sehr ... H. B.: Bahr an SF, Briefwechsel, 27. 1. 1889.
109 *S. Fischer ... Gelagen*: Hart S. 169, 39. Zu den wenigen, die Fischer über die nächsten Jahre von den Friedrichshagenern in Verlag nahm, gehörten u. a. der Schwede Ola Hansson, der Clausthaler Otto Erich Hartleben, der Schotte John Henry Mackay, der Pole Stanislaw Przybyszewski oder der Münchener Max Halbe, dessen Stück *Freie Liebe* er für eine Auflage einem anderen Verlag abkaufte.
Arno Holz und *Der wahre Jacob*, politisch-satirische Monatsschrift, »Sammelplatz für das literarische Parteileben« und 1888, noch als vierseitige Ausgabe in Zeiten des Sozialistengesetzes, eine Auflage

von 100 000 Ex. erreichend: zit. n. Horst Bartel (Hg.), Das Sozialistengesetz 1878–1890. Illustrierte Geschichte des Kampfes der Arbeiterklasse gegen das Ausnahmegesetz. Berlin 1980, S. 145 f.
Es strahlte … ihm aus: Halbe, nach Behl S. 31.
110 *Einige … finden*: zit. n. Briefwechsel wie datiert.
113 Conrad Alberti, Im Suff. Naturalistische Spital-Katastrophe in zwei Vorgängen und einem Nachgang. Berlin 1890.
Seine … Schriftsteller: Hanstein S. 99.
115 *Dieser … Rowdy*: GH, Notiz-Kalender, 26.12.1889.
seine … Schriftsteller: Hanstein S. 99.
116 *Sehr … OBrahm*: zit. n. Briefwechsel wie datiert.
So jagte … anerkannt: Hartleben, Tagebuch, 26. Juli 1890, Blatt 19/20. DLA.
Fontane an Tochter Martha am 26. Juli 1890: »Die ›Absage‹ so vieler Parteigenossen an oder von Brahm, hat heute früh einen großen Eindruck auf mich gemacht; ich will nicht sagen, daß er nothwendig Unrecht haben muß, aber leider ist es wahrscheinlich. Schade, daß ihm irgend was Essentielles fehlt.«
117 *zolaisierende Theorien*: Ewers S. 42.
Rinnsteinkunst: Hermand, Dichterbünde, S. 131. Zu Friedrichshagen: Mark Lehmstedt und Andreas Herzog (Hg.), Das bewegte Buch. Buchwesen und soziale, nationale und kulturelle Bewegungen um 1900. Wiesbaden 1999.
118 *Die Bühne … Fulda*: zit. n. Berlin um 1900, S. 408 f. (Vgl. Brahm an SF, Briefwechsel, 10.8.1890.)
120 *Die ›Sache … O Brahm*: Brahm an SF, Briefwechsel, 16.8.1890.
121 *der Kunst … gröblichst*: Houben Bd. 1, S. 13.
122 *von der … bestätigt*: Dieter Gosewinkel, Einbürgern und Ausschließen. Die Nationalisierung der Staatsangehörigkeit vom Deutschen Bund bis zur Bundesrepublik Deutschland. Göttingen 2001, S. 256.
Sonneberg: vgl. Brahm an SF, Briefwechsel, 10.8.1890.
123 *In Preußen … Feinde*: Gosewinkel, a.a.O., S. 239–241, 249.
124 Zu Coburg vgl. Harald Bachmann u. a. (Hg.), Herzog Ernst II. von Sachsen-Coburg-Gotha 1818–1893 und seine Zeit. Jubiläumsschrift im Auftrag der Städte Coburg und Gotha 1993. Das »Staatsgrundgesetz für die Herzogthümer Coburg und Gotha« von 1852 galt bis 1918 als »die fortschrittlichste Verfassung in Deutschland« (S. 152).
dass … konterkarieren: Oliver Trevisiol, Die Einbürgerungspraxis im Deutschen Reich 1871–1945. Göttingen 2006, S. 40 f.
125 *der Mann … Kritik*: HM/Ewers S. 163.

126 *Migranten … erwünscht*: Trevisiol, a. a. O., S. 135.
Führungsattest … Seitz: zit. n. Kopien von Dokumenten aus dem Stadtarchiv Coburg und aus dem Staatsarchiv Coburg: Min D 537-1-8 StACo.

127 *Um … angeln*: HM/Ewers 23. 8. 1891.
Darwinismus … Individualismus: zit. n. S. Fischer Katalog S. 117.

128 *ein Brief … nach*: HM/Ewers 27. 3. 1891.
Über die Geschäfte des Vaters von Heinrich und Thomas Mann vgl. Manfred Eickhölter, »Senator Mann und Thomas Buddenbrook« in: Hans Wißkirchen (Hg.), Die Welt der Buddenbrooks. Frankfurt a. M. 2008, S. 121 ff.

129 *Seien Sie … abfinden*: Ibsen an JE, Briefwechsel, 11. 1. 1891.
praktische … Bedeutung: Christian Freiherr von Ehrenfels an Alexander von Meinong, 11. 6. 1892, in: Rudolf Kindiger, Philosophenbriefe. Aus der Wissenschaftlichen Korrespondenz von Alexius Meinong. Graz 1965. Freundlicher Hinweis von Gerd-Hermann Susen, der diese Quelle entdeckte. Von Ehrenfels (1859–1932) gilt als einer der Väter der Gestaltpsychologie. E. kannte Carl Hauptmann aus seiner Zeit in Zürich, wo er ebenfalls Forel begegnete, und verehrte schon im März 1890 Gerhart Hauptmann (s. Kindiger, a. a. O., S. 73, 81). Als Rassenanthropologe wird E. auch in Anna Bergmanns Studie über die Anfänge der Eugenik und Rassenhygiene, a. a. O., S. 87 erwähnt: als »einer der radikalsten Propagandisten der polygamisch organisierten Menschenzüchtung«.

130 *Die … von selbst*: Brahm an SF, Briefwechsel, 27. 9. 1891. Zu Brahms Ausscheiden s. a. Brahm/Schnitzler S. 6; in der Fußnote werden (ohne Quellenhinweis) »Luccapreise« erwähnt, als ein Ausdruck von Fischer für Honoraransprüche Brahms, die er nicht erfüllen mochte; so viel erscheint sicher: es kam mehreres zusammen, dass Brahm ausschied. Der kurz vor Veröffentlichung stehende Briefwechsel Wilhelm Bölsches durch Gerd-Hermann Susen wird auch von Differenzen zwischen Bölsche und Brahm zeugen. (Vgl. Susen in Edward Bialek u. a. (Hg.), Carl und Gerhart Hauptmann. Zwischen regionaler Vereinnahmung und europäischer Perspektivierung. Dresden 2006, S. 361–382.) Man kann wohl sagen, die Entwicklungen dieser ersten Jahre werden durch Fischers direkte/indirekte Versuche bestimmt, Vereinnahmungen der verschiedenen Richtungen einzudämmen, letztlich auch Wilhelm Bölsches.

131 *Sehr … kann?*: Leo Berg an SF 17. 1. 1892; Universitätsbibliothek Breslau, Böl. Pis. 196.
Mein … unschönes ist: HM/Ewers 24. 10. 1889.

132 *Wir ... Zola*: René Schickele, Meine Freundin Lo, 3. Kapitel.
Deutschland ... imstande: Przybyszewski S. 102–104.
133 *eine ... einzugehen*: nach Peter Sprengel in Brahm/Hauptmann S. 52 (als Gegenbeispiel gilt Max Halbe).
134 *Ärmsten ... Dauer*: GH, Abenteuer, S. 634 f.
135 *der spektakulärste ... soll*: Brauneck, Literatur, S. 51, 215.
ordnungspolizeilichen ... mache: Houben I, S. 338.
136 *was ... ausklingen*: Fontane, Causerien, S. 287.
Der Klassenkampf ... dargestellt: Brecht, zit. n. Sprengel, Geschichte, S. 500.
137 *Hauptsache ... erhalten*: Brahm/Hauptmann 7. 3. 1892.
Eine ... können: GH an SF, Briefwechsel, 3. 3. 1892.
künstlerischen ... ließen: zit. n. Brauneck, Literatur, S. 64.
138 *Energie ... möchte*: Lublinski durch Brauneck, ebd.
Das Theater ... ausharren: Kerr S. 385 f.
139 *als ... ›Pornographie‹*: Brauneck, Literatur, S. 65.
Der ... Mensch: Friedrich Lienhard, Neue Ideale nebst Vorherrschaft Berlins. Gesammelte Aufsätze. Stuttgart 1913, S. 50 f.
deutschen ... hinauszuweisen: Lienhard, zit. n. Brauneck, Naturalismus, S. 455.
Berliner ... verspüren: Erwin Bauer, zit. n. Brauneck, Naturalismus, S. 445, 447–449.
140 *ob das ... gebracht wird*: »Die Israeliten als ›Träger der Kultur‹. Streiflichter auf unsern modernen Bücherhandel und Skizzen etwelcher Jünger desselben. Offener Brief an den Journalisten Dr. Isidor Feilchenfeld [Erwin Bauer] von Sally Simon Tilles [Paul Heichen]«. Berlin (1892), S. 11, 13 f. Auflösung des Pseudonyms von Heichen dank Georg Fritsch, Wien; erwähnt werden auch Stettenheim, Emil Jonas, Hugo Steinitz, Paul Lindau, Rudolf Mosse, der Verlag Cassirer & Danziger u. v. a.
141 *Einnahme ... Ranges*: Flügge 54 f. Vgl. Stefan Breuer in Thomas-Mann-Studien Bd. 30, S. 75–95.
142 *Entbindung der Moderne*: »Die Überwindung des Naturalismus«, zit. n. Brauneck, Naturalismus, S. 188.
Dem Naturalismus ... Einzelner: SF, Manuskript »Neues Schaffen«.

Die Landshoffs

144 Wenn nicht anders angegeben, wird aus Hedwig Fischers Erinnerungen zitiert, Nachlass S. Fischer.

Giebt's … könnte: SF an Max Halbe, 4. 6. 1892. Nachlass Mendelssohn, Monacensia.

150 *Ibsens grandiose ›Wildente‹*: TM, Notizbuch 1, S. 42.

ein Stück … Zeitgeist: TM/Grautoff 5. 3. 1895.

153 *zielbewußte Methode*: Max Ravoth an Hermann Landshoff, 24. 5. 1893. Nachlass Mendelssohn, Monacensia.

154 *Lieber … definitiv*: Bahr an SF, 27. 7. 1893. Nachlass Mendelssohn, Monacensia.

Hede … Witze: Anna Ravoth an Hedwig Landshoff, 20. 7. 1893. Nachlass S. Fischer.

Mein … miteinander: SF an Max Halbe, 28. 6. 1893. Nachlass Mendelssohn, Monacensia.

155 *rührender … Sinnes*: SF an HF, 17. 7. 1897.

156 *Hedel … Werde hart!*: SF an HF, 13. 7. 1897.

157 Fischers (Selbst-)Verständnis, wonach Juden die besseren Kaufleute sind, drückt sich u. a. in einem Brief an Peter Nansen vom 9. April 1915 aus, mit Bezug auf ihre scheiternde Film-Unternehmung: »Ist denn Kopenhagen so arm an jüdischen Geschäftsleuten, dass Sie die Dania Biofilm ohne jüdischen Kopf ließen?« Nachlass Mendelssohn, Monacensia.

Das Buch … möglich ist: SF, Der Verleger und der Büchermarkt, Almanach 1911, S. 10.

158 Zum Verein Berliner Kaufleute und Industrieller und zur Korporation der Kaufmannschaft: Christof Biggeleben, Das »Bollwerk des Bürgertums«. Die Berliner Kaufmannschaft 1870–1920. München 2006.

vorrangig … vertreten: ebd., S. 117.

Galt … volksverderblich ist: Knut Borchardt, 1999, zit. n. Biggeleben, a. a. O., S. 236. Vgl. Max Weber, Das Börsenwesen. Gesamtausgabe Abt. 1/Bd. 5; Schriften und Reden 1893–1898. Hg. v. Knut Borchardt. Tübingen 1999, 1. Halbbd. Einleitung.

159 *Welcher … verwandelt hatte?*: Biggeleben, ebd.

Wirtschaftspolitik … Sicherheitspolitik: Stürmer S. 268.

den ruinösen und herabwürdigenden Charakter: zit. n. Max Weber, a. a. O., S. 234.

160 *großmäulige*: Fontane zit. n. Biggeleben, a. a. O., S. 298.

völlig … Treitschkes: ebd., S. 121. Jüdischer Anteil: ebd., S. 118 f. Etwa 55 Prozent im *Verein*, 51 Prozent in der *Korporation*.

prägnant … beschrieben: Biggeleben, a. a. O., S. 237. In der gut geschriebenen Studie, die sich mit dem Konfliktpotential zwischen kaufmännischen Wertevorstellungen und den »ethisch-moralischen Anschauungen des Bildungsbürgertums« beschäftigt, heißt es über diese kritische Phase um 1896, S. 268: »eine genaue Analyse der Vergehen und Verurteilungen an der Berliner Börse zeichnet ein anderes, differenzierteres Bild von einer Institution, die wie keine zweite für die Schattenseiten des Kapitalismus stand. Die verhältnismäßig geringe Zahl von Verstößen gegen Börsendisziplin und kaufmännische Ehre ist überraschend und spricht für die Stärke, für das Funktionieren des kaufmännischen Gruppenethos.« Hervorzuheben sei, »wie wenige Fälle von Kursmanipulationen und Prozessen es in der Burgstraße gegeben hat«.

161 *Doppelmoral ... Marx-Prozeß*: zit. nach Hauptmann, Tb. 1892–1894, S. 143 ff.
für die ... Gegenwart: Rürup S. 115.
die Weiber ... Shylock: Bahr an SF, 11. 6. 1893, Nachlass Mendelssohn, Monacensia.
Sie täuschen ... des Juden: Bahr, Antisemitismus, S. 28 f., 21 f.

162 *die starke ... Verwaltung ein*: Biggeleben, a. a. O., S. 193, 114 f., 176–178, 127.

163 ... *im unversponnenen Zustande, als Garn- und Stückware. Praktisches Hilfs- und Lehrbuch, bearbeitet für Färber und Färberei-Chemiker, sowie im Unterricht in Fachschulen, 1) Die Bleichmittel, Beizen und Farbstoffe. Eigenschaften, Prüfung und praktische Anwendung* (so die folgenden Zeilen).
Zur Elektroindustrie und Chemie vgl. Ribbe S. 723.
Rheinischen ... blamirt: SF an HF, 27./28. 11. 1898.

164 *Magine Rèim*: Hermann Landshoff wird am 20. 12. 1893 aufgenommen; Mitgliedsnummer 693a. Nachlass S. Fischer.
Herr ... an?: SF an HF, 8. 8. 1895 (Jahr erschlossen).
Zu den jüdischen Vereinigungen in Berlin, *Gesellschaft der Freunde* und *Magine Rèim*: Sebastian Panwitz, Die Gesellschaft der Freunde 1792–1935. Berliner Juden zwischen Aufklärung und Hochfinanz. Hildesheim/Zürich/New York 2007. Vgl. www.panwitz.de. Panwitz bezeichnet die *Gesellschaft der Freunde* als ein »Paradebeispiel für den Prozeß von Emanzipation und Akkulturation eines wesentlichen Teils des Berliner und des deutschen Judentums«.
Andersdenkenden ... wirken: zit. n. Panwitz, a. a. O., S. 24.

165 *dem Menschen ... ekel*: Max Osborn, Hochzeitszeitung, Exemplar Gisela Fischer, Zürich.
Unsere Hochzeit ... gemischt: HF, Erinnerungen.

166 Minna Fischer starb am zweiten Weihnachtstag und wurde in Weißensee begraben.

167 *zu … Besitz*: SF, Vom Verlegen, Verlagskatalog 1906.
168 *neuen … zu warten*: SF, Notizen (wohl 1911).
Lieber … besprechen: SF an Bölsche, Universitätsbibliothek Breslau, Böl. Nakk. 71.
169 *mit der … Markte*: SF, Almanach 1911, S. 26.
Die Stellung … materiell: Unseld, Autor, S. 15 f.
recht heikel … Werte: SF, Verlagskatalog 1906.
170 *mit wenigen … aufzubringen*: SF, Notizen.
171 *Die Aufklärungsarbeit … werden*: SF, Interview 1914, In Memoriam, S. 24.
unzeitgemäße … Temperaments: SF, Notizen.
H. hat … zu Tisch: SF an HF, 8. 8. 1895.
172 *Trotz … Dingen*: Kerr S. 86.
Die grösste … Theater-Erfolg: SF, Notizen.
Was hilft es … Anmaßung: SF, Verlagskatalog 1906.
173 *Viele … setzen*: SF, Notizen.
Zwanzig … gekommen: Otto Flake, Nachruf auf Samuel Fischer, *Frankfurter Zeitung*, Material Mendelssohn DLA, Oktober 1934.
Dem … in ihn: Justinus Kerner, zit. n. Bab/Handl S. 13.
175 *Was sich … ausdrücken*: Ludwig Wittgenstein, Tractatus logico philosophicus (1918), Satz 4.121.
Idole … Verstand: Francis Bacon, zit. n. Karl-Heinz Gerschmann, Metzler Philosophen-Lexikon. Stuttgart/Weimar, S. 73.
176 *Damals … Farbe*: Andrian, Garten, 1. Kap.
Hast Du … merkwürdig: HvH/Andrian, April 1894.
Kennst … zu sehen: am 10.4.1895. Zit. n. Weinzierl, Hofmannsthal, S. 131.
Sohn … Aristokraten: Bahr an SF, Briefwechsel, Februar 1895.
177 *jetzt nur … einschränke*: SF an Bahr, Briefwechsel, 12. 12. 1893.
das beste … schön: Bahr an SF, Briefwechsel, 25. 1. 1895.
Die Novelle … unreif: SF an Bahr, Briefwechsel, 8. 2. 1895.
178 *Wien wurde … wahrgenommen*: Sprengel/Streim S. 38, 34.
Werk in Anführungszeichen: vgl. an Olga Waissnix, 11. 11. 1893. »Eine Art Volksstück soll das nächste größere ›Werk‹ sein; dazwischen wird auch manches kleinere, skizzenhafte u. novellistische entstehn können. Einige Kleinigkeiten hab ich auch gemacht; sie sind aber nicht gut.« In: Liebe, die starb vor der Zeit. Arthur Schnitzler und Olga Waissnix. Ein Briefwechsel. Hg. v. Therese Nickl und Heinrich Schnitzler. Wien/München/Zürich 1970, S. 281.

179 *Heute … concentriren*: Schnitzlers Tagebucheinträge wie datiert; Briefe SF an Schnitzler, Briefwechsel, wie datiert. Dazwischen:

180 *zuviel … Anschauung*: Brahm/Schnitzler 6.6.1894.

Ich sage … besser: AS an Theodor Herzl, Briefe I, 6.4.1895.

182 *Herausforderung … Wahrheit*: SF, Verlagskatalog 1906.

183 Die Mona Lisa, vgl. Marbacher Magazin 93/2001 (Schnitzler), S. 139.

Seit vielen … besteht: Freud an AS, 8.5.1906.

184 *zu intim … Doppelgängerscheu*: Zit. n. Weinzierl S. 68 f.

Nicht die … wollte: Schnitzler, Aphorismen, S. 94, 96, 98.

Es war … geschrieben?: AS, Tb., 4./7.2./25.7./21.8.1896.

186 *›moralisch‹ retouschiert*: SF an Nansen, Briefwechsel, 27.12.1894.

187 *die … liest*: TM/Grautoff 13./14.11.1894.

die Möglichkeit, ›abzuwarten‹: TM, Lebensabriß. Gesammelte Werke in 13 Bänden. Frankfurt a. M. 1990, Bd. XI, S. 104.

Das freie … Hauptsache: TM/Grautoff 22.9.1894.

volle 24 Druckseiten: ebd., 13./14.9.1894.

188 *alles … hätte*: TM, Lebensabriß, a. a. O., S. 104.

wenn … lang ist: SF an TM, Briefwechsel, 29.5.1897.

obgleich … verlangen: TM/HM 24.10.1900.

der alte Fuchs: SF an HF, 21.7.1897.

189 *in der Mark … Kiefern*: Heimann, zit. n. Jürgen Husen, Moritz Heimann (1868–1925) und Kagel, Frankfurter Buntbücher 8, 1992, S. 3.

Jener Sorte … verschwenden: Bahr, Essays, S. 100 f.

190 *schlesischen … Innenlebens*: GH, Tb., 10.5.1898.

Fest steht und treu: AS, Tb., 25.3.1907.

Die Fähigkeit … wirkt: Karlweis S. 129. Zum Verhältnis von Lektor und Autor im Allgemeinen vgl. Köhlmeier.

Wer … lassen: Trebitsch S. 111.

191 *wenn ich … Exemplares*: TM/HM 27.3.1901.

Das Haupterlebnis … Mißverständnis: ebd., 5.12.1903.

192 *Hast Du … bald. T.*: TM/HM 20.11.1905.

193 *Kriegerisch-Deutschtümelndem*: Wittmann S. 299, zur Umfrage des *Literarischen Echos*, S. 298 f. Jakob Wassermann hatte es 1901 auf diese Liste geschafft, 1905 gesellte sich Hermann Hesses *Camenzind* auf der Liste zu den *Buddenbrooks*.

w*ohlwollendes Regiment*: HM/Ewers 12.5.1892.

Die literarische … wurde: Flügge S. 35.

194 *notorischen … auch nicht*: HM/Ewers 21.11.1890 (S. 194), 16.5.1891, 24.8.1892, 22.2./30.4./9.5./29.5./2.10./3.12.1894.

196 *der eine … machen*: HM, Das Kind. Geschichten aus der Familie. Hg. v. Kerstin Schneider. Frankfurt a. M. 2001, S. 21.
bereits … einverstanden ist: TM/Grautoff 23.4.1897.
197 *Impulsiv … Jahrhundertwende*: Wittmann S. 284.
pessimistisch … Humors: TM, Lebensabriß, a. a. O., S. 105.
198 *Übrigens … verlegen*: TM/Grautoff August 1895, 23.5./17.1./2.2.1896.
199 *in der … Infanteristen*: Koch S. 147.
Spottlachen … ist: Golo Mann, in: »Simplicissimus«, S. 9.
TM bei Langen, vgl. an Grautoff 22.12.1898 (Briefkopf); sein Engagement währte von September 1899 bis November 1900.
sämtliche … erkennbar: Schröter S. 69.
200 *in Satiren … Gemeinschaftsgefühl*: HM, Geist und Tat. Franzosen 1780–1930. Essays. Frankfurt a. M. 1997 (1931), S. 100.
Die deutschen … Verwirrung: SF an AS, Briefwechsel, 26.6.1903.
201 Zu Langens Werben vgl. TM/HM 22.12.1898, 24.10./2.11./25.11.1900, 8.1./21.1./13.2.1901.
rührt: TM/Grautoff, 22.12.1898.
202 Jahresringe: Fischer im Interview mit der Zeitschrift *Tempo*, 23.12.1929.
populären … Sorgfalt: Zit. n. S. Fischer Katalog S. 320 f.
203 *Ich hatte … seinem Tun*: Ball S. 109.
Ich … weit!: Zweig, Briefe, 1.11.1903.
204 *Ja … zu können*: TM an SF, Briefwechsel, 6.2.1906.
In zwanzig … Jahre mit: SF, Verlagskatalog 1906.

Bürger, Repräsentanten – allzumal Neurastheniker

205 Motto: Robert Lowell, Selected Poems. New York 1976 (»Obit«, S. 217).
Ich wollte … Bewahrer: Hermann Hesse, Wanderung. Frankfurt a. M. 1975 (1920), S. 11.
206 Zur Rache in *Buddenbrooks*, vgl. TM/Grautoff 14.5.1898 und Eickhölter in Wisskirchen.
Gesicht … ernst: GH, Abenteuer, S. 73.
207 *Es war … Wollust*: TM, Tb., 21.5.1921.
208 *Ich … Armen da*: Karlweis S. 166 f.
eigentliche[n] … bauen muß: Schnitzler, Jugend, S. 319.
209 *Wieviele … haben*: SF an TM, Briefwechsel, 23.3.1901.
ein Bürgerbuch … Jahrhundert: TM/HM 8.11.1913.

210 *Was … Erde!*: GH, Abenteuer, S. 632.
211 Die Theater-Einnahmen von Gerhart Hauptmann nach Sprengel in Brahm/Hauptmann, hier S. 55.
Es ist … verschwunden: Sprengel, GH/Stehr, S. 242 f.
bei schönstem … ins Thal: SF an HF, 14. 2. 1902.
212 *Musik … Stil vor*: AS, Tb., 19. 10. 1902.
213 *Proben … Kraft*: Heimann an Dehmel, Briefwechsel, S. 992.
repräsentative … verleihen: Syndram S. 39.
von innen … sich hat: SF an GH, Briefwechsel, 9. 7. 1903.
Jeder … schreiben: JW an SF, Briefwechsel, 3. 3. 1902.
214 *Ich habe … verlegt*: Unseld, Autor, S. 49.
S. Fischer … weinen?: Holm, Kopierbuch, 2. 11. 1899.
der ganze … verknüpft: SF, Notizen.
das … Beziehung: Wassermann-Speyer S. 26.
215 *Wissen … kaufen*: Holm, Kopierbuch, 27. 11. 1900.
speiste … Bequemlichkeitsehe: AS, Tb., 9. 4. 1901.
Im Haus … Talente: Wassermann-Speyer S. 27.
216 *Nur sehe … ein*: HvH, Briefe, S. 154.
gewaltsames … lassen: ebd., S. 338.
erst die … Duft: HvH zit. n. Volke S. 42.
die in … gedacht wird: Schröder zit. n. Fiechtner S. 101.
217 *bei … Elite da*: JW an SF, Briefwechsel, 8. 1. 1903.
Mit Rilke … Landschaft: Zit. n. Volke S. 89.
In Wien … Existenzen: TM an Samuel Lublinski, Briefe I, Große kommentierte Frankfurter Ausgabe, Bd. 21, 2002, 6. 12. 1908.
sehr … Gegenwart: HvH an SF, Briefwechsel, 27. 2. 1905.
Das äußere … zu sein: Bahr, Tagebücher 1888–1904. Hg. v. Reinhard Farkas. Wien u. a. 1987, 1./2./3. 12. 1903.
218 Langbehn S. 259: »*Das geistige Berlin.* Berlin ist von jeher ein Sitz des Rationalismus gewesen. Ein negativer Zug, eine gewisse geistige Leere bei und trotz aller äußeren Betriebsamkeit überwiegt im Charakter des Berliners. Bismarck hat Berlin ›eine Wüste von Ziegelsteinen und Zeitungen‹ genannt.« S. 256 f.: »Es ist kein Zufall, daß Dubois-Reymonds ›mechanische Weltanschauung‹ vorzugsweise dort ihre Verkünder und Verehrer findet, wo einst Schiller und Goethe vorzugsweise verständnislose Gegner fanden: in Berlin«; S. 269: die Deutschen als »Barbaren der Bildung«.
Hier sind … gar nicht: AS/HvH, 23. 3. 1899.
Die drei … gewundert: zit. n. Volke S. 66 f.
Sackgasse des Ästhetizismus: HvH, Briefe, S. 206.

Er hat … suchen: GH, Tschörtner S. 38.
gelegentliches Experiment: HvH an SF, Briefwechsel, 21. 9. 1900.
Berliner … Österreichertum: ebd., 12. 3. 1922.
219 *Andrians … Fischer*: Robert Boehringer (Hg.), Briefwechsel zwischen George und Hofmannsthal. München/Düsseldorf 1953, S. 188.
220 *in der … geleistet war*: Bie in Almanach 1911.
Die … beglückwünschen: TM an SF, Briefwechsel, 22. 12. 1903.
Berlin … anzustellen: Harry Graf Kessler, Das Tagebuch, Bd. 3 1897–1905. Hg. v. Carina Schäfer und Gabriele Biedermann. Stuttgart 2004. Eintrag 20./22. 12. 1898.
221 *Kraft … gewesen*: Friedrich Nietzsche, Briefwechsel mit Erwin Rohde. Leipzig 1923, Februar 1884.
Ich lehre … Erde!: Nietzsche, Zarathustra, Vorrede.
222 *Im Westen … Anlage*: Zit. n. Sarkowski S. 107.
von … künstlern: Boehringer, a. a. O., S. 188.
Steht … gelöst sein: SF an AS, Briefwechsel, 26. 6. 1903.
223 *Sie … Gisa*: AS, Tb., 23. 6. 1903.
so … konnte: SF an GH, Briefwechsel, 9. 7. 1903.
224 *gesunden … Lage*: zit. n. Helga Frisch, Die Villenkolonie Grunewald – Häuser und Leute damals und heute, Bd. IV. Berlin 2007 (mit Dank für freundliche Hinweise, auch dem Prinzen von Preußen).
Heute … Harden: AS, Briefe I, 1. 1. 1902.
225 *das Göttliche des Tanzes*: GH, Tb., 13. 10. 1903.
226 *Erlebnis … Lebens*: TM an SF, Briefwechsel, 29. 10. 1903.
227 *Vater … zur Frau*: TM/HM 27. 2. 1904.
Entschließungsangst … Seif: TM an Martens, Briefe I, a. a. O., 14. Juli 1904.
quälend … Prinz: TM an Martens, Briefe I, a. a. O., Ende September, vor 28. 8., Mitte September 1904.
das Wesentlichste … Haltung: TM an Lublinski, Briefe I, a. a. O., 23. 5. 1904.
228 *Berlin … Tiergarten-Novelle*: TM/HM 23. 12. 1904, 18. 2./17. 10. 1905.
vorderhand … nimmt: zit. n. S. Fischer Katalog S. 136.
Gott Lob … Dyspepsie: TM/HM 17. 10./5. 12. 1905, 17. 1. 1906, 5. 12. 1905, 17. 1./11. 6. 1906, 17. 10./5. 12. 1905.
231 *die garnicht … mögen*: ebd., 17. 1. 1906. Von Verlagsseite sind nur Oscar Bies Vorschläge bekannt. Sie betrafen Änderungen auf der letzten Seite, wo vereinzelte jüdische Ausdrücke allein dort stilbrechend wirkten. Mann sah es ein und besprach sich auch darüber mit Heinrich, in der Buchfassung wollte er die Änderungen zurücknehmen.

Tragikomoedie ... Stoffes: AS, Tb., 25.1.1906.
Finden ... quasi-toskanischen: Leppmann S. 225.
232 *Maison moderne*: HvH aus Paris an Bahr, Briefe, 24.3.1900.
Kunstunfug: zit. n. Friedrich Ahlers-Hestermann, Stilwende. Aufbruch der Jugend um 1900. Frankfurt a. M. u. a. 1981, S. 86.
Sie ... haben: Nansen an SF, Briefwechsel, 2.1.1913.
233 *Unmenge von Namensträgern*: Flake S. 184.
S. Fischer ... brachte: Tilla Durieux, Meine ersten neunzig Jahre. Erinnerungen. München/Berlin 1971, S. 82 f.
Eine Kunst ... mehr: zit. n. Sarkowski S. 107.
234 *wütend ... Grammophontisch*: zit. n. Robert Mächler, Das Leben Robert Walsers. Eine dokumentarische Biographie. Frankfurt a. M. 2003, S. 81, 100, 107.
alten ... Herzen: SF an HF, 9./12.5.1906.
235 *Die Aerzte ... zu sein*: SF an Hesse, Briefwechsel, 6.9.1907.
vollkommen ... leben: SF an HF, 12.5.1905.
ein Steinhaufen ... schreibt: Leppmann S. 245 f.
236 *Wir sind ... Schönes*: SF an HF, 3.5./15.5.1906.

Samuel Fischers »soziale Frage«

237 *Was ... reflectiren*: SF an HF, 3.8.1897; 7.8.1899, 3.8.1897.
239 Thomas Theodor Heine am 26. Mai 1906, kurz nach Fischers Kur auf dem Weißen Hirschen also. Kopie Material Mendelssohn, DLA.
ein religiös ... vor: TM, In Memoriam S. Fischer, Gesammelte Werke in 13 Bänden,. Frankfurt a. M. 1990, Bd. x, S. 473.
240 *wo Makel ... Adel*: TM, Der Erwählte, 1951, Kap. Die Entdeckung.
Anstalt ... Hydrotherapie: Gründungsschrift, Landesarchiv Berlin, A Rep. 042-05-01 Nr. 153.
241 *Dankst ... immer*: SF an HF, 23.4./8.5.1906.
Ueberhaupt ... anregst: SF an HF, 10.4.1900.
242 *auf dem ... Menschlichkeit*: GH, Griechischer Frühling (1907), Ausgabe Berlin 1921, S. 180 (von 266).
Diese ... Opfers: Hesse, Das Glasperlenspiel, Kap. Ein Gespräch.
243 *Sittliche ... Manne*: Friedrich Schiller, Über Anmut und Würde des Menschen, Werke Bd. IV. Frankfurt a. M. 1944, S. 174.
Optimistin ... litt: Brigitte Bermann Fischer S. 41.
besaß ... Frau: Flake S. 184, 198.
Nicht ... Antipathien: zit. n. Brigitte Bermann Fischer S. 39.

245 *ausnehmend kluge Ratschläge*: Schnitzler, Tb., 8.4.1907.
Wie … auch: TM/HM 17.10.1905. Der Artikel erschien am 30.9.1905.
246 Hedwig Dohm, Die Antifeministen. Ein Buch der Verteidigung. Berlin o. J. [1902], S. 5, die vier Kategorien der Antifeministen: »1. Die Altgläubigen. 2. Die Herrenrechtler, zu denen ich die Charakterschwachen und die Geistesdürftigen zähle. 3. Die praktischen Egoisten. 4. Die Ritter der mater dolorosa. (Unterabteilung: die Jeremiasse, die auf dem Grabe der Weiblichkeit schluchzen.)«
sie war … genommen: Brigitte Bermann Fischer S. 41.
an den … bin: zit. n. Ausstellungskatalog Nr. 52, »Karl Kraus«. Marbach 1999, S. 298, 300.
Altenberg … erkennen: SF an HF, 3.8.1897.
Genie … denke: Brigitte Bermann Fischer S. 41.
247 *Ich war … Verlag*: HF, Erinnerung an Moritz Heimann.
Dagegen … steht: SF an HF, 11.5.1906.
248 *Sehr … Sami*: SF an HF, 29.4.1906.
249 *Denn … Idealgestalt*: Brigitte Bermann Fischer S. 21, 29.
Mann … Berlin bin: SF an HF, 11./16.5.1906.
250 *und wenn … empfehlen*: SF an HF, 1.5.1906.
251 *die einzige … aufregt*: Hesse, Briefe, 25.11.1904.
die hoffen … Menschengeschlechts: Ellen Key, Das Jahrhundert des Kindes. Weinheim, Basel 1991 (Nachdruck von 1902), vorweg, S. 25 f. Vgl. Zarathustra, III. Teil, Von alten und neuen Tafeln, Nr. 12.
252 *Tyrannei … Wesens*: Gurlitt zit. n. Arne Kontze, Der Reformpädagoge Prof. Dr. Ludwig Gurlitt (1855–1931) – bedeutender Schulreformer oder »Erziehungsanarchist«? Göttingen 2001, S. 26 f., 89, 91, 94 f., 212 f.
254 *Das … Musikerziehung*: Heinrich Kupffer, Gustav Wyneken. Stuttgart 1970, S. 55.
das … Renaissance: ED 29.12.1903, Selbstzeugnisse, S. 130.
255 *in eine … Vati*: Tagebuch 28.3./1.4.1907.
Angeschlossen … gut: SF an HF, 7.12.1907.
256 *Gerhart … vertraut*: SF an HF, 20./21./23.2.1908.
alles Gute … schließen: SF an HF, 15./14./2./13.5.1906.
257 *innerhalb … eingetreten*: SF, Notizen 1907.
259 *ein großes … sorgen*: Unseld, Autor, S. 43.
Sehnsucht … Menschen: SF, Notizen 1907.
260 *Salon … sieht*: Oscar Bie, Almanach 1911, S. 80.
aus heiterem … correcteste: SF an Max Halbe, 8.12.1894, 3.8.1895 (hier die Zitate). Nachlass Mendelssohn, Monacensia.
261 *Sollten … dazu*: SF an Hesse, Briefwechsel, 18.12.1904.

262 *Herr Langen … haben*: SF an Hesse, Briefwechsel, 13. 12. 1907.
264 *schon … ließ*: Unseld, Autor, S. 11.
265 *Hauptmann … Obenhin*: Stehr, 13. 7. 1903, Sprengel S. 244.
266 *allgemeinen Romanwettlauf*: SF an AS, Briefwechsel, 8. 10. 1907.
express … Optimismus: TM/HM 16. 10. 1907.
267 *Liebe … ist*: JW an HF, Briefwechsel, 13. 10. 1904.
So genügt … machen: JW an SF, Briefwechsel, 9. 7. 1913.
Wenn … beisammen war: zit. n. Karlweis S. 126, 82.
268 *treuen … bleiben*: JW, Briefwechsel, 28. 2./13. 11. 1907. Vgl. 12. 9. 1907.
269 *Ich … Stück*: Beer-Hofmann S. 82, 13. 12. 1904.
Er ist … geschmeichelt: Schnitzler, Tb., 24. 8. 1908.
Hört … überspringen: JW, Briefwechsel, 31. 8. 1909.
270 *Haben … wäre*: SF, Briefwechsel, Spätsommer 1925.
Telegr. … andre: Schnitzler, Tb., 22. 10. 1907.
271 *Allerlei … nachgegangen*: zit. n. Briefwechsel, 16. 11. 1907.
eine … Ergriffenheit: SF an AS, Briefwechsel, 1. 12. 1907.
Im Gegensatz … Gesellschaft: Ulrich von Bülow, Marbacher Magazin 93/2001 (Schnitzler), S. 78.
272 *das … angenommen*: Schnitzler, Jugend, S. 154.
Da er … zu leicht: TM, Gesammelte Werke in 13 Bänden. Frankfurt a. M. 1990, Bd. XI, S. 725.
wegen … Lessing: Schnitzler, Tb., 5. 3. 1910.
Tommy … krank: Hedwig Pringsheim S. 335.
273 *wie der … abspricht*: Sprengel, Studien zur Moderne, S. 76 f.
väterlichen … sein: Sigmund Freud, Studienausgabe in 10 Bänden, Bd. 9. Frankfurt a. M. 1969, S. 23.
In den … kann: Rathenau S. 233.
274 *Mein … dürfen*: Tagebuch 20. 7. 1909.
irgendwo … begegnet: SF, Flake S. 308.
Ich glaube … Mitteleuropa: Kertész, a. a. O., S. 130.
Der … gefördert hat: Tagebuch 13. 7. 1909, 9. 2. 1910.
276 *frühreifer … Kritik*: Kupffer, a. a. O., S. 60.
unerhört hochmütig: Tagebuch 15. 2. 1909.
Fischers Brief an August Halm vom 24. 6. 1910 in: Peter Dudek, Versuchsacker für eine neue Jugend. Die Freie Schulgemeinde Wickersdorf 1906–1945. Bad Heilbrunn 2009, S. 332 f. Der Besuch Ellen Keys 1908, ebd., S. 194 f.
nicht … Glück: SF, 26. 12. 1909, an Wolfgang Heine, Nachlass Wyneken, Archiv der deutschen Jugendbewegung Witzenhausen.
ich … Befindens: SF an HF, 15. 3. 1909.
Vielleicht … habe: SF, Briefwechsel, 17. 6. 1910.

277 *in einem … zurückbleibt*: SF an HF, 23. 6. 1910.
er ist … ich dachte: SF an HF, 21. 6. 1910.
ich fass' … das?: Schnitzler, Tb., 25. und 26. 6. 1913.

Praeceptores Germaniae

279 *jubilieren … Lust*: SF an Salten, Briefwechsel, 21. 12. 1909.
mosaisch … hervor: Polizeiberichte von 1911, 1913. Landesarchiv Berlin, Apr.Br.Rep.030 tit 94 Nr. 10048.
280 *Allein … bin*: TM an SF, Briefwechsel, 8./20. 4. 1909.
klägliches Fiasko: TM/HM 7. 12. 1908.
nicht recht für voll: ebd., 26. 1. 1910.
281 *Nun … wird*: SF an Nansen, Briefwechsel, 20. 12. 1909.
ehrlich und heimisch: Schlawe S. 88.
Man … Macht: Heuss S. 17 f.
ein Geschenk … Stimmen: Literarischer Ratgeber, hg. durch Ferdinand Avenarius vom Dürerbund, München 1910; darin Literarischer Jahresbericht, hg. v. Dürerbunde, Weihnachten 1910, S. 38 »Ältere empfehlenswerte Prosa«; im Anzeigenheft von S. Fischer, Königliche Hoheit S. 6.
282 *solide … bestätigen*: Rilke an SF, Briefwechsel, 29. 3. 1908.
u. a. … Lust: Julius Meier-Graefe, Kunst ist nicht für Kunstgeschichte da. Briefe und Dokumente. Hg. v. Catherine Krahmer, Ingrid Grüninger. Göttingen 2001, S. 70 (an Rudolf Alexander Schröder 27. 10. 1909).
283 Arrangement mit Rilke: SF, Briefwechsel, 3. 4. 1908.
er soll's … muß: Richard Strauss, Hugo von Hofmannsthal, Briefwechsel. Hg. v. Willi Schuh. Zürich 1964. RS an HvH 5. 6. 1906.
Römerkopien … entgegenzustellen: RS, Betrachtungen und Erinnerungen, Zürich 1949, S. 186 f.
frisches … Person: HvH an RS, 11. 2. 1909; RS an HvH, 21. 4. 1909, a. a. O.
284 *überall kolossal*: RS an HvH, 5. 3. 1909, a. a. O.
Dabei … u. s. f.: HvH an RS, 12. 7. 1910, a. a. O.
Wenn … schaffen: Harry Graf Kessler, Das Tagebuch, Bd. 4 1906–1914. Hg. v. Jörg Schuster u. a. Stuttgart 2005. Eintrag 9. 2. 1909.
Bedürfnis nach Rechtfertigung: vgl. Beer-Hofmann S. 117 f. (1. 7. 1914).
Augenblicklich … gefallen: SF an HF, 21./30. 8./2. 9. 1911; vgl. Briefwechsel, 23. 8. 1911.
auf … beherrscht: Samuel Saenger, In Memoriam, S. 75.

285 *gegen … frei*: Heimann an Dehmel, Briefwechsel, 8.7.1910.
wie er … über: Saenger, In Memoriam, S. 75.
Zu Hofmannsthals Ideenklau vgl. Oscar Bie, 1.11.1932, in Tschörtner S. 144; Sprengel in Ursula Renner, G. Bärbel Schmid, Hugo von Hofmannsthal, Freundschaften und Begegnungen mit deutschen Zeitgenossen. Würzburg 1991, S. 37–53, S. 40.
wohl aber … hat: Heimann an SF, Briefwechsel, 6.8.1912.
286 *Hofmannsthal … empfand*: zit. n. Fiechtner S. 129.
Kreis … Männer: SF an Dehmel, Briefwechsel, 10.10.1911.
Mich … schätzen: SF an Nansen, Briefwechsel, 27.10.1911.
287 *anders … das?*: GH an SF, Briefwechsel, 8.12.1911.
Jetzt … Dänemark: Nansen an SF, Briefwechsel, 7.1.1913.
für … Intelligenz: Schnitzler, Tb., 5.4.1907, 24.2.1912.
das ein … verprasselt: zit. n. Leppmann S. 286 (und die Vergleichszahlen).
288 *Welche … haben*: Schnitzler, Tb., 4.5.1912.
nicht nur … Consequenzen: SF an Nansen, Briefwechsel, 11.8.1912.
289 *sicher … sichert*: SF an Nansen, ebd., 17.4.1913.
290 *Wir … spüren*: 29.12.1912, Tschörtner S. 59.
291 *Es lebe … hat!*: zit. n. Ausstellungskatalog »Gerhart Hauptmann«. Marbach 1962, S. 190.
Goethes … aussieht: Behl S. 83, 640.
irgendeine … aufzutreten: 16.11.1912, Tschörtner S. 54.
292 *Adlon … umdüstert*: Schnitzler, Tb., 28.11.1912.
Brahm … Junge!: GH, Tb., 31.10.1912.
Fischer veröffentlichte einen Nachruf auf Brahm in der *Rundschau*, vgl. In Memoriam, S. 19 f.
Eine … haben: SF an Nansen, Briefwechsel, 30.1.1912.
Fee der Trägheit: Nansen im Vorwort, Der Große Kahn, Berlin 1919.
Zu Herman Bang s. a. Joachim Kerstens Aufsatz in seiner Neuherausgabe von Bangs letzter Geschichte Der große Kahn (auch wenn dort der literarische Räuber Emil Jonas zu gut wegkommt): Herman Bang – Eines Dichters letzte Reise. Drei Erzählungen von Herman Bang, Klaus Mann und Friedrich Sieburg. Hamburg/Zürich 2009.
293 *Frau … Mitleids*: Schnitzler, Tb., 29.11.1912.
wahrhaft … bearbeitet: Bab/Handl S. 317 f.
294 *Festzustellen … bewahrt*: GH, Tb., 15.10.1903.
Zum monopolistischen Vertrag vgl. Brahm/Hauptmann S. 66. Peter Sprengel, Herausgeber ihres Briefwechsels, schreibt dort über Hauptmanns nachlassende und sich verlagernde Produktion seit 1907: »Wollte Hauptmann nicht für die Schublade produzieren oder die

Kette der ›Mißerfolge oder halben Erfolge‹ bei Brahm fortsetzen, blieben ihm unter den gegebenen Voraussetzungen nur zwei Möglichkeiten: entweder die konsequente Einstellung auf den künstlerischen Stil des Lessing-Theaters, wie er sie mit den *Ratten* genialer Weise vollzog, oder die Evasion in andere Gattungen.«
billiger … Rücksichten: Brescius S. 62.
Mein … unerwartet: GH, Tb., 28.12.1912.
an seine … Widerruf: Brescius S. 60.
295 *Er will … sage ich*: GH, Tb., 17./25.1.1913, und S. 654 f.
die Geschichte … Mord?: Leppmann S. 297 f.
296 *Altgermanist*: Leppmann S. 294.
meiner … machen: *National-Zeitung*, 3.10.1913, Feuilleton, »S. Fischers Werdegang«. Der verantwortliche Redakteur Richard Jügler, geboren 1889, leitete ab 1927 den politischen Teil der *Berliner Börsen-Zeitung* und verband dies mit einer faschismusfreundlichen Haltung gegenüber Italien. Im März 1931 traf er Mussolini. Jügler gehörte auch der sogenannten Mittwochsrunde von Journalisten an. Was war der Anlass, drei Wochen nach dem Tod des Sohnes mit der Wiedergabe eines ominösen Fischer'schen Interviews für die ungarische Zeitschrift *Pesti Naplo* den sehr geringen Platz zu füllen? Ging es um die Mitteilung des Lumpensammler-Vaters oder den tendenziösen Schlusssatz: Ein Ungar mache nur im Ausland Karriere, das habe der Ungar Fischer dem ungarischen Reporter gesagt? Man kann es vorerst nur maliziös nennen (in Zeiten der Angst vor »Überfremdung«); dieselben Versatzstücke als »Samiel's Werdegang« finden sich im Semi-Kürschner mit Bezug auf den *Pesti Naplo* und auf das Festspiel in Breslau 1913, bei dem S. Fischer durch 100 Prozent Preisaufschlag sein Geschäft gemacht habe.
Ihre … Person: Heimann an SF, Briefwechsel, 29.7.1911.
298 *unendlich variable Größe*: Dehmel an Heimann, 1.6.1911, Handschriften-Sammlung, Staatsbibliothek Hamburg/Dehmel-Archiv.
spiritistische … (Novalis): Almanach 1911, in der Reihenfolge der Zitate, S. 34, 40, 39; 42 f., 43 f., 46; 47, 49, 48, 50; 61 f., 65, 66.
301 *Organisation … Staates*: SF, Notizen.
einen … meinen: Heimann an SF, Briefwechsel, 29.7.1911.
302 *künstlerische … Gefühl*: Bab/Handl S. 297.
Das Stück … Wilhelm R.: zit. n. Grab/Schoeps S. 46.
303 *Hauptmanns … Nation*: TM, Geist und Kunst, 84. u. 98. Notiz, in: Thomas Mann-Studien Bd. 1.
Mich … Dummen: TM an Hesse, 1.4.1910, Hermann Hesse/Thomas Mann, Briefwechsel. Hg. v. Anni Carlsson. Frankfurt a. M. 1968.

symbolisch … Demokratischen: TM, Königliche Hoheit, Große kommentierte Frankfurter Ausgabe, Bd. 4.2, 2004, Kommentarband, S. 195.

304 *Die Wissenschaft … verzichten*: Langbehn S. 45 f.
Das Reich… gepriesen: Brand S. 44.

305 *dass … Freiheit*: SF, Notizen.
Statistiken: vgl. Wittmann S. 299 f.

306 *Dieses … unerträglich*: SF an Hesse, Briefwechsel, 7. 12. 1907.
repräsentative … verleihen: Syndram S. 39 (s. a. hier S. 213).

307 *Mitarbeiter … sind*: Almanach 1911, S. 74.

308 *Prüfung … Gewissens*: Saenger, In Memoriam, S. 73.
übertäubten … Denken: Rathenau S. 145, 147.

309 *wenn … thut er?*: Heimann an SF, Briefwechsel, 29. 7. 1911.
Die … bleiben: Almanach 1911, erster Satz, S. 24.
eine … zurückzudrängen: SF 1914 im Interview mit Franz Pfemfert, In Memoriam, S. 25.
die ideellen … verstanden werden: Almanach 1911, S. 26 f., 31, 29, 31 f.

310 *Der im … Deutschen*: Verlagskatalog 1906.

311 *Während … Gedächtnisses*: Almanach 1911, S. 30.
hat die … Kultur: SF, Notizen.

312 *Er soll … Intelligenz*: Gabriele Reuter, Der Amerikaner (1907), zit. n. Fischers Bibliothek. Berlin 1916, S. 89, 116, 84, 101.
ein riesiges … begreifen: Scheffler 1910, S. 7.
Berlin … machen: Brand S. 22.
weit ab … nehmen wissen: Scheffler 1910, S. 11, 146, 158, 155, 162, 163, 165, 164, 165, 166.

314 *was nun … veränderte*: Flake S. 196.
Das Reiterlied: vgl. Leppmann S. 300 (Centenarausgabe. Hg. v. Hans Egon Hass u. a. Berlin/Wien 1962 ff., Bd. 11).

315 *ärgerliche … Ulanenlied*: Heimann an SF, Briefwechsel, 2. 9. 1914.
Ich … wirken: GH, Tb., 13. 8. 1914.

Krieg

316 *Die Ärzte… hatte*: HF, Beer-Hofmann-Erinnerungen.
wie … kommen –?: Schnitzler, Tb., 26. 6. 1913.
Brioni-Krankheit: Schnitzler, Tb., 3. 8. 1913.
auch … abholte: HF, Beer-Hofmann-Erinnerungen.

317 *in … wol sind:* RBH an SF, Briefwechsel, 30. 8. 1913.
gerhart … grüßt Sie: HF an RBH, Briefwechsel, 5./7. 9. 1913.

318 *Meine … ist*: ELL an RBH, Briefwechsel, 9. 9. 1913.
jungen … quälender: MH, Grabrede, Nachlass S. Fischer.
Um … Leben: GH, Tb., 11. 9. 1913.
319 Wassermann, vgl. an SF, Briefwechsel, 9. 7. 1913.
Er hat … freuen: SF an Loerke, Briefwechsel, 30. 9. 1913.
320 *sehr … entgegenbringt*: SF an HF 23./30. 8. 1911.
schließt … Blick: FS an HF, Briefwechsel, 29. 12. 1913. »Sumurun«, eine orientalische Märchenpantomime, wurde 1910 von Max Reinhardt zur Aufführung gebracht und enthielt einen buckligen Gaukler, der in der späteren Stummfilmversion von Ernst Lubitsch gespielt wurde.
321 *schwerfällig … gethan*: SF an HF, 30. 8/2. 9. 1911.
Sonst … ihm hilft: HF an RBH, Briefwechsel, 28. 9. 1913.
322 *Ich … wird*: SF an Nansen, Briefwechsel, 26. 4. 1916.
erholungsbedürftige … Musik: Nachlass S. Fischer.
323 *Tilgen Sie … Starke*: MH an SF, Briefwechsel, 25. 7. 1914.
Kopie aus dem Gästebuch des Hotel Waldhaus, freundlich überlassen durch Felix Dietrich und Urs Kienberger.
Komm … geraten: GH, Tb., 6. 12. 1914.
324 *Die franz … sein*: GH, Tb., 6. 8. 1914.
325 *Unweigerlich … beschleunigt*: Verhey S. 14 f.
infolge … Rußlands: zit. n. Bernd Sösemann (Hg.), Theodor Wolff. Der Chronist. Krieg, Revolution und Frieden im Tagebuch 1914–1919. Düsseldorf/München 1997, Abb. nach S. 220.
Überall … Bilder: Verhey S. 11.
Schicksal … Widervernunft: HM, Macht und Mensch (Zola), S. 125.
326 *Offen … Dehmel*: RD an SF, Briefwechsel, 14. 9. 1914.
Banken … worden): Schnitzler, Tb., 1. 8. 1914.
327 *Der … rathlos*: Schnitzler, Tb., 5. 8. 1914.
Kaiser … Verfügung: Schnitzler, Tb., 23./24. 8. 1914.
328 *im Westen … sein*: AS an SF, Briefwechsel, 11. 9. 1914.
Es ist … Deutschen?: SF an AS, Briefwechsel, 25. 9. 1914.
was die … berufen: AS an SF, Briefwechsel, 30. 9. 1914.
329 *Mein … sein*: SF an Nansen, 6. 11. 1914, Nachlass Mendelssohn, Monacensia.
ist ja … kommen: SF an Nansen, Briefwechsel, 25. 10. 1914.
Wir … Sfischer: SF an Nansen, 6. 11. 1914, Nachlass Mendelssohn, Monacensia.
330 *England … England*: zit. n. Gerry Black, Jewish London. An Illustrated History. Derby 2007, S. 143, dort auch die statistischen

Daten. *Joseph Fischers* Naturalisationsantrag im National Archive; Census-Daten nach British Library; Adressen und anderes außerdem nach British Telecom, London.

331 *grösste ... (geistig)*: GH, Tb., 29.5.1917.
ein ... Prägung: TM an Martens, Briefe I, a.a.O., 11.1.1910.
jeder ... Deutschland: Kesten S. 265. Man stelle sich vor, Heinrich Mann wäre 1908 doch Autor desselben Verlages geworden. Hätte es etwas geändert?

332 *Das ... verletzen*: TM/HM 5.12.1905.
Es ist ... wohlthuender: ebd., 8.1.1904.

333 *im Inselverlag ... Sexualismus*: ebd., 5.12.1903.
das ... ›Weber‹: HM/Ewers 17.10.1894.
Hunderttausende ... Wilhelms II.: Briefentwurf HM an TM Dezember 1903; Peter Paul Schneider, in: In Spuren gehen. Festschrift für Helmut Koopmann. Tübingen 1998, S. 244.

334 *für mich ... ›Freiheit‹*: TM/HM 27.2.1904.
künstlerische ... herausfordern: TM/Grautoff 19.8.1904.
Du ... mag: TM/HM 18.2.1905.

335 *historischen ... Großstadt-Roman*: ebd., 17.1.1906.
es gilt ... halten: ebd., 23.12.1904.
Man ... Wilhelms II.: Das Eisenbahnunglück, 1908, 1. Seite.
Schauer: TM/HM 5.12.1903.

336 *das geistigste ... gab*: HM, Macht und Mensch, S. 11.
die ... Menschen: ebd., S. 125 (Zola).
Volk ... Wahrheit: ebd., S. 13–18.

337 *bürgerlich-menschlichen ... ausgedient*: TM/HM 8.11.1913.
für mich ... Luxus-Bourgeois-Dasein: ebd., 11.6.1906.

338 *Muß man ... zerschlagen*: ebd., 7.8.1914.
Kannst ... könnte?: ebd., 18.9.1914.
Und das ... zu verachten: TM an SF, 22.8.1914, Dichter über ihre Dichtungen, Bd. 14. Hg. v. Hans Wysling u. Marianne Fischer. München 1975, S. 453 f.

339 *voller ... beweist es*: TM, Gedanken im Kriege, Essays II, Große kommentierte Frankfurter Ausgabe, Bd. 15.1, 2002, S. 27–46, Zitate S. 30–33, 42 f., 28 f., 37 f., 34, 33–35, 45, 44–46, 39.

343 *nicht ... zu werden*: Kurzke, a.a.O., Bd. 15.2 Kommentarband, S. 13.
Der ... spät Mann: HM, Macht und Mensch, S. 125, 43.
(politisch ... zu schaden: TM/HM 30.12.1917.
Zum *Berliner Tageblatt* und Theodor Wolff im Krieg vgl. Sösemann, a.a.O.

344 *kreischt ... ›Zivilisation‹*: TM, Gedanken im Kriege, a.a.O., S. 41.

Berliner ... Allerweltsdusel: vgl. hier S. 139 f.
345 *Wo ist ... schreiben*: TM an SF, Briefwechsel, 7. 11. 1912.
Vor dem ... Blick: Saenger, In Memoriam, S. 74, 73.
das Erlebnis ... Fordern: SF an JW, Briefwechsel, Spätsommer 1925.
aufmerksamsten ... Zuhörern: Saenger, In Memoriam, S. 75.
346 *ein guter Mann*: TM, Tb., 24. 7. 1919.
Haben Sie ... werden: TM an SF, Briefwechsel, 14./24. 3./12. 4./16. 8. 1916.
347 *unzeitgemäßes ... Charakter*: SF an AS, Briefwechsel, 25. 12. 1918.
als künstlerische ... Grüssen: AS an SF, Briefwechsel, 15. 1. 1919.
348 *mein ... Töchterlein*: SF an AS, ebd., 29. 8. 1917.
Um 2h ... möchte: RBH an Paula, 11./12. 5. 1916. In diesen Tagen war Paul Schlenther gestorben.
die liebe ... Liebe: SF an HF 29. 6. 1917.
349 *Mindestens ... Mensch*: Flake S. 216 f.
Wir ... dastehn: SF an HH, Briefwechsel, 1. 1. 1915.
echten ... Aufputzung: MH an HH, Briefwechsel, 25. 9. 1913, u. SF am 7. 10. 1913.
ich ... von ihm: HF an HH, Briefwechsel, 24. 6. 1919.
350 *die ... richtig*: Flake S. 217.
351 *Ich ... würde*: TM an SF, Briefwechsel, 12. 4. 1916. Fischer gehörte in der Deutschen Gesellschaft dem Gesellschaftsrat und Büchergremium an.
der den ... geschaffen: Heuss S. 186.
352 *zu den ... Deutschland*: SF an Nansen, 16. 11. 1915, Material Mendelssohn Frankfurt.
353 *Seit zwei ... und klar*: MH an SF, Briefwechsel, 10. 1. 1914.
354 *Es obliegt ... Aufsätze*: S. Fischer Katalog, S. 279.
355 *schon jetzt ... Typen*: MH an SF, Briefwechsel, 5. April 1914.

Überstehen ist alles

357 *Groß ... können*: Musil, Tagebücher, Aphorismen, Essays und Reden. Hg. v. Adolf Frisé. Hamburg 1955, Januar 1914 (S. 165).
Wilhelms ... beweglich: Franz Kafka, Reisetagebücher. Frankfurt a. M. 2008, S. 82.
358 *Freund ... vermißt*: Wolff 1965, S. 36.
359 *Grundsatz ... nachzuhelfen*: Flake S. 232.
um ... sein: SF an AS, Briefwechsel, 19. 12. 1916.
Nachricht ... fest: TM, Tb., 5. 4. 1919.

Er hat … aufgefaßt: TM, Tb., 8.6.1921.
360 *Hier … wurde*: Wolff, Marbacher Magazin, S. 34 f.
Zukunft: Wolff, ebd., S. 58; im November 1916 schrieb Wolff an Heinrich Mann, in der ihm älteren Autorengeneration sehe er, dass »nur zweien die Zukunft gehört«, ihm und Karl Kraus, den er zugleich in Sonderverlag nahm.
Kerr bei Wolff: Kerr hatte am 28. Januar 1917 wohl erst brieflich mit Wolff Kontakt aufgenommen. Vgl. Briefwechsel Wolff S. 279 ff.
Herrn … arbeiten: zit. n. Wolff 1965, S. 34 f.
361 *affectiertes … bekommen*: SF an HF, 28.4.1906.
362 *Teile … verhüllen*: SF an Loerke, Briefwechsel, 29.12.1915.
der … Superlativisten: Almanach 1926, S. 17.
In … Edelkommunisten: Flake S. 196.
ich … werden: SF, Briefwechsel, 16.8.1916.
Selten … drucken: ebd., 1.3.1912.
364 *Er sprach … Verlagspflicht*: AS, Tb., 28.11.1917.
Hauptmann … widerlicher: Max Herrmann-Neisse, i. d. Reihe Verschollene und Vergessene. Hg. v. Friedrich Grieger. Wiesbaden 1951, S. 67, S. 71 f. (10.9.1914 u. 12.10.1916 an F. Grieger). Vgl. Briefwechsel George Grosz/Max H.-N., »Ist schon doll das Leben«. Hg. v. Klaus Völker. Berlin 2003, S. 19.
Geschäftsstunden … Bürgerliche: zit. n. S. Fischer Katalog, S. 289.
365 *welkte … inbrünstig*: Wilhelm Lehmann, Autobiographisches und Vermischte Schriften. Ges. Werke Bd. 8. Hg. v. Verena Kobel-Bänninger. Stuttgart 1999, S. 18 f., 33, 643.
Vorher … geschadet hat: zit. n. S. Fischer Katalog, S. 314. Loerke war zuvor ebenfalls Kleist-Preisträger gewesen.
367 *als … möglich war*: Funke S. 79 (dort die Zahlenangaben).
Die hier zum Teil paraphrasierte Korrespondenz von Hauptmann mit seinem Rechtsbeistand Pinner liegt in der Staatsbibliothek zu Berlin (GHBrNl K: Rechtsanwälte, Leo Pinner).
368 *die mir … gebucht*: GH an SF, Entwurf, Staatsbibliothek zu Berlin, GHBrNl CIa, Mappe 1920. (29.6.1920).
Damals … zu machen: Wolff 1965, S. 32 f. Kalte Ente ist eine Bowle auf Basis von Wein und Sekt.
369 *Lieber … lassen*: GH an SF, Staatsbibliothek zu Berlin, GHBrNl CIa, Mappe 1923 (17.3.1923).
370 *elastischen … dürfen*: Wolff, Briefwechsel, S. 408. Man kann nicht recht herausfinden, wer den anderen mehr für seine Zwecke eingespannt hat; vgl. S. 407–413.
Der … Zeug: HvH/Andrian 5.6.1923.

371 *hielte … Kutscherstolz*: Heimann an SF, Briefwechsel, 21.4.1921.
372 *paradoxes … empfange:* ebd., 29.7 1918.
373 *angeborenen … Intrigue*: ebd., 7.6.1921.
die Nummer … kriegt: Heimann an GH, 8.6.1921. Staatsbibliothek zu Berlin, GHBrN1 Fasz. 155A.
374 *Selbstbehauptung … wahr*: SF an GH, Briefwechsel, 8.6.1921.
an den … Kaiser: zit. n. S. Fischer Katalog, S. 631.
377 *Hacketal-Aktien … Millionen*: SF an Hesse, Briefwechsel, 17./24.10.1923.
hauptsächlich … zwangshaft: AS, Tb., 28.11., 1.12.1917.
als gestatteten … zwangshaft: AS, Tb., 21./22.3.1918. Anschließend wie datiert.
378 *mindestens … Kleinlichkeiten*: AS, Tb., 4.2.1919.
379 *Preuße … Balance*: 29.12.1917, zit. n. Killy S. 3 f.
der … zersplittert ist: HvH an SF, Briefwechsel, 12.3.1922, 16.6.1922.
Wir … Fischer, AS, Tb., wie datiert. Vgl. Wolff, Briefwechsel, S. 373–380, zum Austausch mit Jakob Wassermann 1920/21.
381 *Seit 1918 … Jude sei*: Roth, Bienert S. 256.
382 *nach … gedacht*: AS, Tb., wie datiert.
383 *Ruin … Hauses*: AS, Tb., 29.8.1922.
geborenen … Autor: AS an SF, Briefwechsel, 20.10.1923.
dass … Deutschland: Hans Jacob, 12.11.1923, Material Mendelssohn, Frankfurt a. M.
384 *Die Flotte … Stadt*: GH, Tb. 1914–1918, wie datiert und 25.12.1918.
Nachrichten … erinnerte: TM, Tb., wie datiert.
386 *Reiner … bewiesen*: Stresemann, zit. n. Verhey S. 13.
das Volk … tun: GH, Tb. 1917–1933, S. 290.
387 *Ideal … nenne*: TM, Von deutscher Republik, Gesammelte Werke in 13 Bänden. Frankfurt a. M. 1990, Bd. XI.
heikler Versuch: Wysling, Thomas-Mann-Jahrbuch Bd. 6, S. 253.
388 *großer … ist gut*: SF an TM, Briefwechsel, 10.9.1922.
389 *heimlichen … gekrönt*: SF, In Memoriam, S. 28.
Und von … viel!: Harry Graf Kessler, Das Tagebuch, Bd. 7 1919–1923. Hg. v. Angela Reinthal u.a. Stuttgart 2007. Eintrag 11.11.1922.
Wir … schrecklich ist: SF/HF an Hesse, Briefwechsel, 16.8./24.6.1919.
390 *Es ist … gegeben*: HF an Hesse, Briefwechsel, 25.12.1925.
391 *all die … Poesie*: Heimann an SF, Briefwechsel, 3.1.1922; Mai 1923; 22.12.1923.
393 *eine sehr … hätte*: Bermann Fischer, Bedroht, S. 22.

394 *Du … hinweghilft*: SF an HF aus Bad Gastein am 28. 8. 1911.
Die Juden … Stunde!: Joseph Goebbels, 2. 9. 1924, Tagebücher Bd. 1, 1924–1929. Hg. v. Ralf Georg Reuth. München 1992.
eine … verstärken: SF, Bemerkungen zur Bücherkrise, Almanach 1926, S. 80 f.
396 *die … geben*: Carl Christian Bry (eig. Decke), Verkappte Religionen. Locham 1964, S. 48 f.
397 *zeitweiligen … zu führen*: SF, Almanach 1926, S. 80–85.
399 *zur … Kulturkräfte*: zit. n. Inge Jens, Dichter zwischen rechts und links. München 1971, S. 44 f.
400 *schon … geträumt*: Eloesser, Almanach 1926, S. 13, 19.
401 *Mit … selbst*: Ebert zit. n. GH, Tb. 1917–1933, S. 289.
galgenhumoriger … Riesenjubel: Loerke, Tb., 24. 11. 1922.
abscheuliches … Wein: Heimann an SF, Material Mendelssohn Frankfurt a. M.
Übervoller … wurde: Harry Graf Kessler, Das Tagebuch, Bd. 7, a. a. O., Eintrag 24. 11. 1922.
402 *Heute früh … sehr schön*: Brigitte Bermann Fischer, März 1926 Nachlass S. Fischer.
So mit … Plänemachen: Loerke, Tb., 20. 5. 1926.
404 *erledigt … Quartanfieber*: GH an SF, Briefwechsel, 4. 1. 1925.
etwas … erweisen: TM an Hesse, a. a. O., 21. 12. 1929.
406 Arnolt Bronnen (Jahrgang 1895) bei S. Fischer: *Vatermord* 1921; *Die Geburt der Jugend* 1922.
Druck … Bewegung: SF an AS, Briefwechsel, 10. 11. 1930.
407 *In den … worden*: Albert Speer, 7. 4. 1957, Spandauer Tagebücher. Frankfurt a. M. u. a. 1975. Der Titel von Gilbert K. Chesterton muss lauten *The Napoleon of Notting Hill.*
408 *ein … vorkam*: Golo Mann S. 529.
Wissen … bekommen?: TM, Tb., 1. 4. 1933. Thomas Mann, selbst im französischen Sanary, wird von den Fischers und Bermanns dann beschworen, zurückzukehren, vgl. TM an SF, Briefwechsel, 29. 7. 1933.
der Mann … beruft: TM, Tb., 9. 5. 1933. In *Die Entstehung des Doktor Faustus* wird Thomas Mann 1949 Hauptmann als den »germanischen Liebling der jüdischen Kritik« bezeichnen und dabei an die hier notierten Aversionen anknüpfen (vgl. Gesammelte Werke in 13 Bänden. Frankfurt a. M. 1990, Bd. XI, S. 278).
409 *Faschismus … will*: TM, Neujahrs-Psycho-Analyse, Tempo, 31. 12. 1929.
Wo … Deutschland: geflügelte Worte, nach Ankunft in Amerika 1938.

Der Hinweis auf Hermann Bahrs letzte literarische Ansage stammt von Kurt Ifkovits.
Wassermann starb medizinisch an Angina pectoris oder Herzschlag.
Ihr Brief ... Humor: GH, Briefentwurf im Tagebuch, freundlicherweise im Manuskript überlassen von Peter Sprengel.
410 *Nach ... Worte*: Schickele an Roth, 28.1.1934, Joseph Roth, Briefe 1911–1939. Hg. v. Hermann Kesten. Köln 1970. Zu Fischers Ängsten vor körperlicher Gewalt äußerte sich auch: Fallada S. 104.
mein Mann ... versagt: HF an TM, Briefwechsel, 8.4.1934.
Der alte ... auch jetzt: TM, Tb., 2.5.1934.
411 *Das Buch ... Irmingard*: Bundesarchiv Berlin R 56/V 252; Handschrift vom 12.9.1934.
ihn ... Welt: Reuter, Nachruf-Manuskript im S. Fischer Nachlass.
412 *Ich ... geht*: SF an TM, Briefwechsel, 20.8.1934.
Ein ... Grab: TM, Tb., 15.10.1934.
ein ... Kämpfer: GH, 13.1.1935, zit. n. Sprengel 2009, S. 77.
Zur Odyssee der Bermanns und des Verlags siehe Bermann Fischer, Bedroht – Bewahrt.

Literatur

Bab, Julius, und Willi Handl: Wien und Berlin. Vergleichendes zur Kulturgeschichte der beiden Hauptstädte Mitteleuropas. Berlin 1918.
Bahr, Hermann: Der Antisemitismus. Ein internationales Interview. Berlin 1894.
–: Essays. Leipzig 1921.
–: Studien zur Kritik der Moderne. Weimar 2005 (1894).
–: Selbstbildnis. Berlin 1923.
Ball, Hugo: Hermann Hesse. Sein Leben und sein Werk. Berlin 1926.
Beer-Hofmann, Richard: Der Briefwechsel mit Paula 1896–1937. Hg. v. Richard M. Sheirich, zus. m. Peter Michael Braunwarth. Oldenburg 2002.
Behl, C. F. W.: Chronik von Gerhart Hauptmanns Leben und Schaffen. Würzburg 1993.
Beradt, Martin: Die Straße der kleinen Ewigkeit. Mit einem Essay und Nachruf von Eike Geisel. Reinbek 2003 (Erstausgabe posthum 1965).
»Berlin um 1900«, Ausstellungskatalog. Hg. v. Berlinische Galerie e. V. in Verbindung mit der Akademie der Künste und der Berliner Festspiele GmbH. Berlin 1984.
Bienert, Michael (Hg.): Joseph Roth in Berlin. Ein Lesebuch für Spaziergänger. Köln 1996.
Brahm, Otto: Kritische Schriften über Drama und Theater. Hg. v. Paul Schlenther. Berlin 1913. Und: Zweiter Band, Literarische Persönlichkeiten aus dem 19. Jhdt. Hg. v. Paul Schlenther. Berlin 1915.
–/Hauptmann, Gerhart: Briefwechsel 1889–1912. Erstausgabe mit Materialien. Hg. v. Peter Sprengel. Tübingen 1985.
–/Schnitzler, Arthur: Der Briefwechsel. Hg. v. Oskar Seidlin. Tübingen 1975.
Brand, Guido K.: Werden und Wandlung. Eine Geschichte der deutschen Literatur von 1880 bis heute. Berlin 1933.
Brauneck, Manfred: Literatur und Öffentlichkeit im ausgehenden 19. Jahrhundert. Studien zur Rezeption des naturalistischen Theaters in Deutschland. Stuttgart 1974.
– und Christine Müller: Naturalismus. Manifeste und Dokumente zur deutschen Literatur 1880–1900. Stuttgart 1987.

Brescius, Hans von: Gerhart Hauptmann. Zeitgeschehen und Bewusstsein in unbekannten Selbstzeugnissen. Eine politisch-biographische Studie. Bonn 1976.
Breuer, Stefan: Die Völkischen in Deutschland. Darmstadt 2008.
Broch, Hermann: Hofmannsthal und seine Zeit. Eine Studie. Frankfurt a. M. 1974 (1955).
Ewers, Hanns Heinz: Führer durch die Moderne Literatur, dreihundert Würdigungen der hervorragendsten Schriftsteller unserer Zeit. Hannover 2006 (erweiterte und korrigierte Neuausgabe von 1906).
Fallada, Hans: In meinem fremden Land. Gefängnistagebuch 1944. Hg. v. Jenny Williams und Sabine Lange. Berlin 2009.
Fiechtner, Helmut A. (Hg.): Hugo von Hofmannsthal. Der Dichter im Spiegel der Freunde. Bern 1963.
Fischer, Jens Malte: Jahrhundertdämmerung. Ansichten eines anderen Fin de siècle. Wien 2000.
Flake, Otto: Es wird Abend. Bericht aus einem langen Leben. Frankfurt a. M. 2005 (1980; 1960).
Flügge, Manfred: Heinrich Mann. Eine Biographie. Reinbek 2006.
Fontane, Theodor: Tagebücher 1866–1882, 1884–1898. Hg. v. Gotthard und Therese Erler. Berlin o. J. (1995?).
– und Martha Fontane: Ein Familienbriefnetz. Hg. v. Regina Dieterle. Berlin/New York 2002.
–: Causerien über Theater/Aufsätze zur Literatur, Nymphenburger Taschenbuch-Ausgabe in 15 Bänden, Bd. 14. München 1969.
Gall, Lothar: Walther Rathenau. Portrait einer Epoche. München 2009.
Gay, Peter: Die Republik der Außenseiter. Geist und Kultur in der Weimarer Zeit 1918–1933. Frankfurt a. M. 2004 (1970).
Goetze, Rolf: Von ›Sonnenaufgang‹ bis ›Sonnenuntergang‹. Gerhart Hauptmanns Berliner Beziehungen. Berlinische Reminiszenzen Bd. 32. Berlin 1971.
Grab, Walter, und Julius Schoeps (Hg.): Juden in der Weimarer Republik. Stuttgart/Bonn 1986.
Haas, Willy: Die literarische Welt. Erinnerungen. München 1960.
Halbe, Max: Jahrhundertwende. Geschichte meines Lebens 1893–1914. Danzig 1935.
Hanstein, Adalbert von: Das jüngste Deutschland. Zwei Jahrzehnte miterlebter Literaturgeschichte. Leipzig 1905.
Harpprecht, Klaus: Thomas Mann. Eine Biographie. Reinbek 1995.
Hart, Heinrich und Julius: Lebenserinnerungen. Rückblicke auf die Frühzeit der literarischen Moderne (1880–1900). Herausgegeben und kommentiert von Wolfgang Bunzel. Bielefeld 2006.

Hartleben, Otto Erich: Briefe an seine Frau 1887–1905. Hg. v. Franz Ferdinand Heitmüller. Berlin 1908.
–: Briefe an seine Freunde. Hg. v. Franz Ferdinand Heitmüller. Berlin 1912.
Haumann, Heiko: Geschichte der Ostjuden. Neuausgabe, München 1999.
Hauptmann, Gerhart: Notiz-Kalender 1889–1891. Hg. v. Martin Machatzke. Berlin u. a. 1982.
–: Tagebuch 1892–1894. Hg. v. Martin Machatzke, Berlin u. a. 1985.
–: Tagebücher 1897–1905; 1906–1913; 1914–1918. Hg. v. Martin Machatzke und Peter Sprengel, Berlin u. a. 1987; 1994; 1997.
–: Diarium 1917–1933. Hg. v. Martin Machatzke. Berlin u. a. 1980.
–: Das Abenteuer meiner Jugend. Buch der Leidenschaft. Berlin 2007 (geschrieben zwischen 1929 und 1935).
»Gerhart Hauptmann«. Leben und Werk. Ausstellungskatalog Nr. 10. Hg. v. Bernhard Zeller. Marbach 1962.
Hermand, Jost: Die deutschen Dichterbünde. Von den Meistersingern bis zum Pen-Club. Köln/Weimar/Wien 1998.
– und Richard Hamann: Naturalismus. Epochen deutscher Kultur von 1870 bis zur Gegenwart. Bd. 2. Frankfurt a. M. 1977 (1972).
Hesse, Hermann: Gesammelte Briefe, 1895–1921 (Bd. I). Frankfurt a. M. 1973.
Heuss, Theodor: Erinnerungen 1905–1933. Frankfurt a. M. 1965.
Hofmannsthal, Hugo von: Briefe 1890–1901. Berlin 1935.
–/Andrian, Leopold: Briefwechsel. Hg. v. Walter H. Perl. Frankfurt a. M. 1968.
–/Schnitzler, Arthur: Briefwechsel. Hg. v. Therese Nickl und Heinrich Schnitzler. Frankfurt a. M. 1983.
Holitscher, Arthur: Lebensgeschichte eines Rebellen. Meine Erinnerungen. Berlin 1924.
Houben, H. H.: Verbotene Literatur von der klassischen Zeit bis zur Gegenwart. Bd. 1 Berlin 1924, Bd. 2 Bremen 1928.
Ibsen, Henrik: Dichter über ihre Dichtungen, Bd. 10, Teil I und II. Übertragen und herausgegeben von Verner Arpe. München 1972. [DüD]
»Jugend in Wien.« Literatur um 1900. Ausstellungskatalog Nr. 24. Bearbeitet von Ludwig Greve und Werner Volke. Marbach 1974.
Karlweis, Marta: Jakob Wassermann. Bild. Kampf und Werk. Geleitwort von Thomas Mann. Amsterdam 1935.
Keilson, Hans: Gedichte und Essays. Frankfurt a. M. 2005.
Kerr, Alfred: Warum fließt der Rhein nicht durch Berlin? Briefe eines

europäischen Flaneurs 1895–1900. Hg. v. Günther Rühle. Berlin 1999.
Kesten, Hermann: Revolutionäre mit Geduld. Percha 1973, die Manns S. 261–277.
Kiaulehn, Walther: Berlin – Schicksal einer Weltstadt. München 1981 (1958).
Killy, Walther: Die deutsche Literatur (Bd. VII), 20. Jahrhundert, Texte und Zeugnisse 1880–1933. München 1967.
Kosler, Hans Christian: Peter Altenberg. Leben und Werk in Texten und Bildern. München 1981.
Krell, Max: Das alles gab es einmal. Frankfurt a. M. 1961.
Kurzke, Hermann: Thomas Mann. Das Leben als Kunstwerk. München 1999.
Landshoff-Yorck, Ruth: Klatsch, Ruhm und kleine Feuer. Biographische Impressionen. Hg. v. Claudia Schoppmann. Frankfurt a. M. 1997 (1963).
Langbehn, Julius: Rembrandt als Erzieher. Von einem Deutschen. Leipzig 1890 (anonym); 67.–71. Auflage 1922.
Leppmann, Wolfgang: Gerhart Hauptmann. Eine Biographie. Neuausgabe, München/Berlin 2007 (1995).
Loerke, Oskar: Tagebücher 1903–1939. Hg. v. Hermann Kasack. Heidelberg/Darmstadt 1955.
Lowenstein, Steven M., Paul Mendes-Flohr, Peter Pulzer und Monika Richarz: Deutsch-Jüdische Geschichte in der Neuzeit. Bd. III: Umstrittene Integration 1871–1918. München 1997.
Mann, Golo: Erinnerungen und Gedanken. Eine Jugend in Deutschland. Frankfurt a. M. 1991.
Mann, Heinrich: Briefe an Ludwig Ewers 1889–1913. Berlin 1980.
–: Macht und Mensch. Essays. Frankfurt a. M. 1989 (1919).
Mann, Thomas: Tagebücher 1918–1921 und 1933–1934. Hg. v. Peter de Mendelssohn. Frankfurt a. M. 1979 und 1977.
–: Notizbücher 1–6 (Bd. I) und 7–14 (Bd. II). Hg. v. Hans Wysling u. Yvonne Schmidlin. Frankfurt a. M. 1991 und 1992.
–: Briefe an Otto Grautoff 1894–1901 und Ida Boy-Ed 1903–1928. Hg. v. Peter de Mendelssohn. Frankfurt a. M. 1975.
Müller-Kampel, Beatrix: Jakob Wassermann. Eine biographische Collage. Wien 2007.
Münz, Dr. L.: Rabbi Eleasar, genannt Schemen Rokeach. Eine Lebensbeschreibung, zugleich eine Einführung in den Gedankengang und die Lehrmethode des rabbinischen Schriftthums. Berlin 1895.

Niefanger, Dirk, u. a. (Hg.): Jakob Wassermann, Deutscher, Jude, Literat. Göttingen 2007.
Nietzsche, Friedrich: Also sprach Zarathustra, Kritische Studienausgabe Bd. 4. Hg. v. Giorgio Colli und Mazzino Montinari. München 1999.
Nostitz, Helene von: Berlin. Erinnerung und Gegenwart. Leipzig/Berlin 1938.
Osborn, Max: Berlin 1870–1929. Der Aufstieg zur Weltstadt. Berlin 1994.
Pringsheim, Hedwig: Meine Manns. Briefe an Maximilian Harden 1900–1922. Hg. v. Helga und Manfred Neumann. Berlin 2006.
Przybyszewski, Stanislaw: Ferne komm ich her. Erinnerungen an Berlin und Krakau. Leipzig/Weimar 1985.
Rathenau, Walther: Zur Kritik der Zeit. Berlin 1912.
Ribbe, Wolfgang (Hg.): Geschichte Berlins. Bd. 2: Von der Märzrevolution bis zur Gegenwart. München 1987.
Rodewald, Dierk (Hg.): Jakob Wassermann, Deutscher und Jude. Reden und Schriften 1904–1933. Heidelberg 1984.
Roth, Joseph: Juden auf Wanderschaft. München 2006 (1927).
Rühle, Günther: Theater in Deutschland 1887–1945. Seine Ereignisse, seine Menschen. Frankfurt a. M. 2007.
Ruprecht, Erich (Hg.): Literarische Manifeste des Naturalismus 1880–1892. Stuttgart 1962.
Rürup, Reinhard: Emanzipation und Antisemitismus. Studien zur »Judenfrage« der bürgerlichen Gesellschaft. Frankfurt a. M. 1987.
Sandig, Marina: Die Liebermanns. Ein biographisches Zeit- und Kulturbild der preußisch-jüdischen Familie und Verwandtschaft von Max Liebermann. Neustadt/Aisch 2005.
Scheffler, Karl: Berlin. Ein Stadtschicksal. Berlin 1910.
–: Berlin. Wandlungen einer Stadt. Berlin 1931.
Scheible, Hartmut (Hg.): Arthur Schnitzler in neuer Sicht. München 1981.
Schlawe, Fritz: Literarische Zeitschriften, Teil I 1885–1910. Stuttgart 1965.
Schnitzler, Arthur: Jugend in Wien. Eine Autobiographie. Frankfurt a. M. 2006 (1968).
–: Briefe 1875–1912 (Bd. I). Hg. v. Therese Nickl und Heinrich Schnitzler. Frankfurt a. M. 1981. Briefe 1913–1931 (Bd. II). Hg. v. Peter Michael Braunwarth, Richard Miklin, Susanne Pertlik, Heinrich Schnitzler. Frankfurt a. M. 1984.
–: Tagebuch 1889–1931, Bd. 1–10. Unter Mitwirkung von Peter

Michael Braunwarth, Susanne Pertlik und Reinhard Urbach herausgegeben von der Kommission für literarische Gebrauchsformen der Österreichischen Akademie der Wissenschaften. Wien 1981–2000.
–: Beziehungen und Einsamkeiten. Aphorismen. Hg. v. Clemens Eich. Frankfurt a. M. 1987.
–: Marbacher Magazin 93/2001, »Sicherheit ist nirgends«. Das Tagebuch von Arthur Schnitzler. Bearbeitet von Ulrich von Bülow.
Scholz, Kai-Uwe: Bernhard Kellermann. Frankfurter Buntbücher 12. Frankfurt/Oder 1994.
Schröter, Klaus: Heinrich Mann. Reinbek 1967.
»Simplicissimus. Eine satirische Zeitschrift. München 1896–1944«. Katalog zur Ausstellung im Haus der Kunst (Carla Schulz-Hoffmann), München 1977.
Soergel, Albert: Dichtung und Dichter der Zeit. Eine Schilderung der deutschen Literatur der letzten Jahrzehnte. Leipzig 1911.
Spiel, Hilde: Glanz und Untergang. Wien 1866 bis 1938. Wien 1987.
Spiero, Heinrich: Das poetische Berlin. München 1913.
Sprengel, Peter: Literatur im Kaiserreich. Studien zur Moderne. Berlin 1993.
– (Hg.): Hermann und Hedwig Stehr im Briefwechsel mit Gerhart und Margarete Hauptmann. Berlin 2008.
–: Geschichte der deutschsprachigen Literatur 1870–1900. Von der Reichsgründung bis zur Jahrhundertwende. München 1998.
–: Der Dichter stand auf hoher Küste. Gerhart Hauptmann im Dritten Reich. Berlin 2009.
– und Georg Streim: Berliner und Wiener Moderne. Vermittlungen und Abgrenzungen in Literatur, Theater, Publizistik. Mit einem Beitrag von Barbara Noth. Wien/Köln/Weimar 1998.
Stürmer, Michael: Das ruhelose Reich. Deutschland 1866–1918. Berlin 1983.
Thomas-Mann-Jahrbuch (Bd. 6/7): Der Briefwechsel zwischen Thomas Mann und Gerhart Hauptmann. Hg. v. Hans Wysling und Cornelia Bernini. Teil 1: Briefe 1912–1924; Teil 2: Briefe 1925–1932. Frankfurt a. M. 1993/94.
Thomas-Mann-Studien (Bd. 1): Quellenkritische Studien zum Werk Thomas Manns. Hg. v. Paul Scherrer, Hans Wysling. Bern 1967; »Geist und Kunst«, Notizen zu einem Literatur-Essay, S. 123–234.
Thomas-Mann-Studien (Bd. 26): Literatur und Krankheit im Fin de Siècle (1890–1914). Frankfurt a. M. 2002.

Thomas-Mann-Studien (Bd. 30): Thomas Mann und das Judentum. Frankfurt a. M. 2004.
Trebitsch, Siegfried: Chronik eines Lebens. Zürich/Stuttgart/Wien 1951.
Tschörtner, H. D. (Hg.): Gespräche und Interviews mit Gerhart Hauptmann (1894–1946). Berlin 1994.
Ullrich, Volker: Die nervöse Großmacht. Aufstieg und Untergang des deutschen Kaiserreichs 1871–1918. Frankfurt a. M. 2007 (1997).
Verhey, Jeffrey: Der »Geist von 1914« und die Erfindung der Volksgemeinschaft. Hamburg 2000.
Volke, Werner: Hugo von Hofmannsthal. Reinbek 1967.
Wassermann, Jakob: Mein Weg als Deutscher und Jude. Berlin 1921.
Wassermann-Speyer, Julie: Jakob Wassermann und sein Werk. Wien/Leipzig 1923.
Weinzierl, Ulrich: Arthur Schnitzler. Lieben, Träumen, Sterben. Frankfurt a. M. 1994.
–: Hofmannsthal. Skizzen zu seinem Bild. Wien 2005.
Zivier, Georg: Das Romanische Café. Berlinische Reminiszenzen Bd. 9. Berlin 1965.
Zweig, Stefan: Die Welt von gestern. Erinnerungen eines Europäers. Frankfurt a. M. 2003 (1944).
–: Briefe an Freunde. Hg. v. Richard Friedenthal. Frankfurt a. M. 1978.

S. Fischer Verlagsgeschichte

Almanache:

Das XXVte Jahr. 1886–1911. Berlin 1911.
Das vierzigste Jahr. 1886–1926. Berlin 1926.
Das siebzigste Jahr. 1886–1956. Frankfurt a. M. 1956.
Barbian, Jan-Pieter: Die vollendete Ohnmacht? Schriftsteller, Verleger und Buchhändler im NS-Staat. Essen 2008. (S. Fischer S. 287–313).
Beck, Knut: 100 Jahre S. Fischer Verlag 1886–1986. Eine Bibliographie. Frankfurt a. M. 1986.
Bermann Fischer, Brigitte: Sie schrieben mir oder was aus meinem Poesiealbum wurde. Zürich 1978.
Bermann Fischer, Gottfried: Bedroht – Bewahrt. Der Weg eines Verlegers. Frankfurt a. M. 1982 (1967).
–: Wanderer durch ein Jahrhundert. Frankfurt a. M. 1994.
– und Brigitte Bermann Fischer: Briefwechsel mit Autoren. Hg. v. Reiner Stach und Karin Schlapp. Frankfurt a. M. 1990.

Fischer, Samuel, und Hedwig Fischer: Briefwechsel mit Autoren. Hg. v. Dierk Rodewald und Corinna Fiedler. Frankfurt a. M. 1989. [Briefwechsel]
»S. Fischer, Verlag«. Von der Gründung bis zur Rückkehr aus dem Exil. Ausstellungskatalog Nr. 40. Bearbeitet von Friedrich Pfäfflin und Ingrid Kussmaul, Marbach 1985. [S. Fischer Katalog]
Generalanzeiger zur Neuen Rundschau. Jahrgang I–XX (1890–1909). Zusammengestellt v. Oscar Arnstein. Berlin 1912.
In Memoriam S. Fischer 24. Dezember 1859–1959. Hg. v. Brigitte und Gottfried Bermann Fischer. Frankfurt a. M. 1960.
Johann, Ernst: S. Fischer Verlag. Vollständiges Verzeichnis aller Werke, Buchserien und Gesamtausgaben mit Anmerkungen zur Verlagsgeschichte 1886–1956. Frankfurt a. M. 1956.
Lebendiger Anteil. Hedwig Fischer und der S. Fischer Verlag. Gedenkschrift, Frankfurt a. M. (1953).
Mendelssohn, Peter de: S. Fischer und sein Verlag. Frankfurt a. M. 1970.
Pfäfflin, Friedrich: 100 Jahre S. Fischer Verlag 1886–1986, Buchumschläge. Über Bücher und ihre äußere Gestalt. Frankfurt a. M. 1986.
Stach, Reiner: 100 Jahre S. Fischer Verlag 1886–1986. Kleine Verlagsgeschichte. Frankfurt a. M. 1986.
Syndram, Karl Ulrich: Die »Rundschau« der Gebildeten und das Bild der Nation. Untersuchungen zur komparatistischen Bedeutung eines Typs bürgerlich-liberaler Zeitschriften für die Vermittlung nationaler Kunst- und Kulturvorstellungen im deutschen Sprachgebiet (1871–1914). Dissertation, Aachen 1988 (S. 97–138).
Viehöver, Vera: Diskurse der Erneuerung nach dem Ersten Weltkrieg. Konstruktionen kultureller Identität in der Zeitschrift Die Neue Rundschau. Tübingen/Basel 2004.

Andere Verlags- und Verlegergeschichten/ Buchhandelsgeschichte

»Cotta und das 19. Jahrhundert«. Aus der literarischen Arbeit eines Verlages. Ausstellungskatalog Nr. 35. Bearbeitet von Dorothea Kuhn, Anneliese Kunz, Margot Pehle. Marbach 1980.
Dahm, Volker: Das jüdische Buch im Dritten Reich. München 1993. Und:

–: Das jüdische Buch im Dritten Reich. 1. Teil: Die Ausschaltung der jüdischen Autoren, Verleger, Buchhändler. Frankfurt a. M. 1979 (Buchhändler-Vereinigung).
Diederichs, Eugen: Selbstzeugnisse und Briefe von Zeitgenossen. Zusammengestellt von Ulf Diederichs. Düsseldorf/Köln 1967.
–: Versammlungsort moderner Geister. Der Kulturverleger Eugen Diederichs und seine Anfänge in Jena 1904–1914. Ausstellungskatalog. München 1996.
Feilchenfeldt, Rahel E., und Thomas Raff: Ein Fest der Künste. Paul Cassirer, Der Kunsthändler als Verleger. München 2006.
Funke, Cornelia Caroline: »Im Verleger verkörpert sich das Gesicht seiner Zeit«. Unternehmensführung und Programmgestaltung im Gustav Kiepenheuer Verlag 1909 bis 1944. Wiesbaden 1999.
Holm, Korfiz: Das Kopierbuch Korfiz Holms (1899–1903). Ein Beitrag zur Geschichte des Albert Langen Verlags und des »Simplicissimus«. Hg. v. Helga Abret, Aldo Keel, Geleitwort Richard Lemp. Bern u. a. 1989.
–: ich kleingeschrieben. Heitere Erlebnisse eines Verlegers. München/Wien 1966.
Jäger, Georg, u. a.: Geschichte des Deutschen Buchhandels im 19. und 20. Jahrhundert. Bd. 1: Das Kaiserreich 1870–1918, Teil 1 (2001), Teil 2 (2003). Frankfurt a. M. (Buchhändler-Vereinigung).
Kiaulehn, Walther: Mein Freund der Verleger. Ernst Rowohlt und seine Zeit. Reinbek 1967.
Koch, Ernestine: Albert Langen. Ein Verleger in München. München/Wien 1969.
Köhlmeier, Michael: Idylle mit ertrinkendem Hund. Wien 2008.
Lehmstedt, Mark (Hg.): Geschichte des deutschen Buchwesens. Digitale Bibliothek »Bd.« 26. Berlin 2000.
Marbacher Magazin 43/1987 (Doppelheft): Kurt Wolff (1887–1963)/ Ernst Rowohlt (1887–1960). Bearbeitet von Friedrich Pfäfflin.
Nadolny, Sten: Ullsteinroman. München 2003.
Nutt, Harry: Bruno Cassirer. Berlin 1989.
Rühle, Günther: Die Büchermacher. Von Autoren, Verlegern, Buchhändlern, Messen und Konzernen. Frankfurt a. M. 1985.
Sarkowski, Heinz: Bruno Cassirer. Ein deutscher Verlag 1898–1938. Imprimatur, Jahrbuch für Bücherfreunde. Neue Folge Bd. VII. Frankfurt a. M. 1972, S. 107–137.
Schiffrin, André: Verlage ohne Verleger. Über die Zukunft der Bücher. Mit e. Nachwort v. Klaus Wagenbach. Berlin 2000.

Unseld, Siegfried: Der Autor und sein Verleger. Vorlesungen in Mainz und Austin. Frankfurt a. M. 1978.
–: Verleger als Beruf. Aus Anlaß des 80. Geburtstages von Heinrich Maria Ledig-Rowohlt. Privatdruck. Frankfurt a. M. 1988.
Wittmann, Reinhard: Geschichte des deutschen Buchhandels. Ein Überblick. München 1991.
Wolff, Kurt: Autoren/Bücher/Abenteuer. Betrachtungen und Erinnerungen eines Verlegers. Berlin o. J. (1965).
–: Briefwechsel eines Verlegers. 1911–1923. Hg. v. Bernhard Zeller, Ellen Otten. Frankfurt a. M. 1980 (1966).

Register

Bildnachweis

Rabbi Eleasar: aus Dr. L. Münz, Rabbi Eleasar, genannt Schemen Rokeach. Berlin 1895
Die Heimat, unteres Bild; *Gerhart in Wickersdorf; Lido, Hotel des Bains:* Deutsches Literaturarchiv, Marbach
Heinrich Mann: Heinrich Mann-Archiv, Berlin

Alle anderen Abbildungen: Archiv S. Fischer Verlag